D1721666

Radikale Beendigungsmechanismen im Gesellschaftsrecht – Russian Roulette, Texas Shoot Out und Co. aus rechtlicher, rechtsvergleichender und ökonomischer Perspektive

Inaugural-Dissertation

zur Erlangung des akademischen Grades eines Doktors der Rechte
durch die Rechtswissenschaftliche Fakultät
der Westfälischen Wilhelms-Universität zu Münster

vorgelegt von Sebastian S. Schmitt
aus Aachen

Erster Berichterstatter: Prof. Dr. Ingo Saenger

Zweiter Berichterstatter: Prof. Dr. Matthias Casper

Dekan/in: Prof. Dr. Klaus Boers

Tag der mündlichen Prüfung: 15.10.2019

Schriften zum Unternehmens- und Kapitalmarktrecht

Herausgegeben von
Jörn Axel Kämmerer, Karsten Schmidt und Rüdiger Veil

87

Sebastian S. Schmitt

Radikale Beendigungsmechanismen im Gesellschaftsrecht

Russian Roulette, Texas Shoot Out und Co.
aus rechtlicher, rechtsvergleichender und
ökonomischer Perspektive

Mohr Siebeck

Sebastian S. Schmitt, geboren 1988; Studium der Rechtswissenschaft in Münster und Paris; 2014 Erste Juristische Prüfung; 2014–2018 wissenschaftlicher Mitarbeiter am Institut für Internationales Wirtschaftsrecht (Lehrstuhl für Bürgerliches Recht, Zivilprozessrecht und Gesellschaftsrecht) der Universität Münster; 2018–2019 Magister Juris (MJur) an der University of Oxford; 2019 Promotion; seit 2014 (Zweit-)Studium Wirtschaft und Recht (B. Sc.) in Münster.

D 6
Zugl.: Münster (Westf.), Univ., Diss. der Rechtswissenschaftlichen Fakultät, 2018

ISBN 978-3-16-159478-6 / eISBN 978-3-16-159479-3
DOI 10.1628/978-3-16-159479-3

ISSN 2193-7273 / eISSN 2569-4480
(Schriften zum Unternehmens- und Kapitalmarktrecht)

Die Deutsche Nationalbibliothek verzeichnet diese Publikation in der Deutschen National-bibliographie; detaillierte bibliographische Daten sind über *http://dnb.dnb.de* abrufbar.

© 2020 Mohr Siebeck Tübingen. www.mohrsiebeck.com

Das Buch wurde von epline in Böblingen aus der Times New Roman gesetzt, von Gulde Druck in Tübingen auf alterungsbeständiges Werkdruckpapier gedruckt und von der Großbuchbinderei Spinner in Ottersweier gebunden.

Printed in Germany.

Meinen Eltern

Vorwort

Diese Arbeit lag der Rechtswissenschaftlichen Fakultät der Westfälischen Wilhelms-Universität Münster im Wintersemester 2018/2019 als Dissertation vor. Die Aktualisierung im Frühjahr 2020 wurde leider durch die Entwicklungen rund um das neue Coronavirus SARS-CoV-2 und die damit verbundenen kurzfristigen Bibliotheksschließungen beeinträchtigt. Rechtsprechung und Literatur konnten zwar größtenteils, aber nicht vollumfassend bis Ende April 2020 berücksichtigt werden. Unberücksichtigt bleiben neben einigen Neuauflagen insbesondere das in Münster nur per Fernleihe erhältliche Werk von *Tobias Mayer*, Shoot-Out-Klauseln im deutschen GmbH-Recht, Göttingen 2019 sowie die zum Ende der Überarbeitung gerade erst erschienene Dissertation von *Sönke Bock*, Gesellschaftsvertragliche Gestaltungen zur Auflösung von Pattsituationen in der Gesellschafterversammlung (Zugleich eine kritische Betrachtung sogenannter Shoot Out-Klauseln), Berlin 2020.

Mein besonderer Dank gilt meinem Doktorvater, Herrn Professor Dr. *Ingo Saenger*. Er stand mir nicht nur bei sämtlichen Problemen mit dieser Arbeit beratend zur Seite, sondern hat mir durch die Tätigkeit als wissenschaftlicher Mitarbeiter auch wertvolle Einblicke in das akademische Arbeiten erlaubt. Herrn Professor Dr. *Matthias Casper* danke ich für die rasche Erstellung des Zweitgutachtens. Mein Dank gilt auch dem restlichen Team des Münsteraner Lehrstuhls für Bürgerliches Recht, Zivilprozessrecht und Gesellschaftsrecht, das die Entstehung dieser Arbeit nicht zuletzt durch die angenehme Arbeitsatmosphäre unterstützt hat. Stellvertretend seien an dieser Stelle nur *Katharina Adolph*, LL.M., *Kira Dreibrodt*, *Torsten Fitzke*, LL.M., *Niklas Gustorff*, *Moritz Meyer*, *Janine Pietsch*, Dr. *Alexander Scheuch* und *Andrea Freund* genannt. Meine Zeit am Lehrstuhl werde ich in fachlicher und persönlicher Hinsicht stets in bester Erinnerung behalten.

Eine Reihe weiterer Personen hat zum Erfolg dieser Arbeit beigetragen. Herr Professor Dr. *Dean P. Foster* und Herr Professor Dr. *Rakesh V. Vohra* haben mir, ebenso zuvorkommend wie unbürokratisch, einen anderweitig kaum zugänglichen Aufsatz aus ihrer frühen wissenschaftlichen Phase zur Verfügung gestellt. Herrn Professor Dr. *Stephan Schmitz-Herscheidt* danke ich für wertvolle Anregungen zu den kostenrechtlichen Fragen bei der Beurkundung der hier diskutierten Klauseln, Frau *Kim Leonie Kellermann*, M.Sc. für Anmerkungen zu den ökonomischen Feinheiten. Dank gebührt auch der Bibliothek des Max-

Planck-Instituts für ausländisches und internationales Privatrecht in Hamburg, insbesondere Frau *Elke Halsen-Raffel*, die mich im Oktober 2016 zu einem kurzen Rechercheaufenthalt zum französischen Recht empfangen hat. Dem Verlag Mohr Siebeck, namentlich Frau Dr. *Julia Caroline Scherpe-Blessing*, LL.M. (Cantab), Frau Dr. *Charlotte Coy*, Frau *Ilse König* und Frau *Dominika Zgolik*, danke ich für die kompetente Betreuung; Herrn Professor Dr. *Jörn Axel Kämmerer*, Herrn Professor Dr. Dr. h.c. mult. *Karsten Schmidt* und Herrn Professor Dr. *Rüdiger Veil* danke ich für die Aufnahme in die Schriften zum Unternehmens- und Kapitalmarktrecht. Der Arbeitskreis Wirtschaft und Recht im Stifterverband für die Deutsche Wissenschaft hat die Drucklegung durch einen großzügigen Druckkostenzuschuss unterstützt; hierfür bedanke ich mich ebenfalls sehr herzlich.

Mein ganz persönlicher Dank gilt zuletzt meinen Eltern, sowohl für wertvolle Anmerkungen zum Manuskript aus nicht-juristischer Perspektive als auch für die umfassende Unterstützung über viele Jahre. Ihnen ist diese Arbeit gewidmet.

Münster, im April 2020						Sebastian S. Schmitt

Inhaltsübersicht

Inhaltsverzeichnis

Abkürzungsverzeichnis

ABGB	Allgemeines Bürgerliches Gesetzbuch
Acta Psychol.	Acta Psychologica
Actes prat. ing. sociétaire	Actes pratiques et ingénierie sociétaire
Am. Econ. Rev.	American Economic Review
Am. J. Comp. L.	American Journal of Comparative Law
Am. J. Soc.	American Journal of Sociology
Am. Math. Monthly	American Mathematical Monthly
BGE	Entscheidungen des Schweizerischen Bundesgerichts
Bull. civ.	Bulletin civil de la Cour de cassation
Bull. Joly Sociétés	Bulletin Joly Sociétés
Bus. Law.	Business Lawyer
C. civ.	Code civil
C. com.	Code de commerce
CA	Cour d'appel
Cardozo L. Rev.	Cardozo Law Review
Cass.	Cour de cassation
Cass. com.	Cour de cassation, chambre commerciale
Clev. St. L. Rev.	Cleveland State Law Review
College Math. J.	College Mathematics Journal
Colum. Bus. L. Rev.	Columbia Business Law Review
Comp. L. Y.B. Int'l Bus.	Comparative Law Yearbook of International Business
D.	Recueil Dalloz
Del. J. Corp. L.	Delaware Journal of Corporate Law
Dr. sociétés	Droit des sociétés
Dr. sociétés, actes prat.	Droit des sociétés, actes pratiques
Econ. J.	Economic Journal
Econ. Lett.	Economics Letters
Econ. Theory	Economic Theory
Eur. Company & Fin. L. Rev.	European Company and Financial Law Review
Eur. Econ. Rev.	European Economic Review
Games & Econ. Behav.	Games and Economic Behavior
Gaz. Pal.	Gazette du Palais
Harv. Bus. Rev.	Harvard Business Review
Harv. Int'l L. Club J.	Harvard International Law Club Journal
Harv. L. Rev.	Harvard Law Review
J. Bus. L.	Journal of Business Law
J. Corp. L.	Journal of Corporation Law
J. Econ. & Mgmt. Strategy	Journal of Economics & Management Strategy
J. Econ. Behav. & Org.	Journal of Economic Behavior & Organization

J. Econ. Lit.	Journal of Economic Literature
J. Econ. Persp.	Journal of Economic Perspectives
J. Econ. Theory	Journal of Economic Theory
J. Inst. & Theor. Econ.	Journal of Institutional and Theoretical Economics
J. Mo. B.	Journal of the Missouri Bar
J. Small Bus. & Enterprise Dev.	Journal of Small Business and Enterprise Development
JCP E	Juris-classeur périodique, édition entreprise/La semaine juridique – entreprise et affaires
LJ	Liechtenstein-Journal
Math. Gaz.	Mathematical Gazette
Math. Intell.	Mathematical Intelligencer
Math. Mag.	Mathematics Magazine
Math. Soc. Sci.	Mathematical Social Sciences
Mgmt. Sci.	Management Science
Minn. L. Rev.	Minnesota Law Review
Miss. L.J.	Mississippi Law Journal
Nev. L.J.	Nevada Law Journal
NZ	Österreichische Notariatszeitung
OR	Obligationenrecht
Oxf. Econ. Pap.	Oxford Economic Papers
Prac. Law.	Practical Lawyer
RAND J. Econ.	RAND Journal of Economics
RDAI/Int'l Bus. L.J.	Revue de droit des affaires internationales/International Business Law Journal
RDC	Revue des contrats
Real Prop. Prob. & Tr. J.	Real Property, Probate and Trust Journal
REPRAX	Zeitschrift zur Rechtsetzung und Praxis im Gesellschafts- und Handelsregisterrecht
Rev. Econ. Stud.	Review of Economic Studies
Rev. sociétés	Revue des sociétés
RJDA	Revue de jurisprudence de droit des affaires
RLDA	Revue Lamy droit des affaires
RLDC	Revue Lamy droit civil
RTD civ.	Revue trimestrielle de droit civil
RTD com.	Revue trimestrielle de droit commercial
RTDF	Revue trimestrielle de droit financier
SJZ	Schweizerische Juristen-Zeitung/Revue suisse de jurisprudence
Soc. Choice & Welfare	Social Choice and Welfare
SZW/RSDA	Schweizerische Zeitschrift für Wirtschafts- und Finanzmarktrecht/Revue suisse de droit des affaires et du marché financier
T. com.	Tribunal de commerce
U. Chi. L. Rev.	University of Chicago Law Review
Va. L. Rev.	Virginia Law Review
Wash. & Lee L. Rev.	Washington and Lee Law Review
Wash. U.L. Rev.	Washington University Law Review
WISU	Das Wirtschaftsstudium
Wm. & Mary L. Rev.	William & Mary Law Review

WPS	Working Paper Series
Yale J. on Reg.	Yale Journal on Regulation
Yale L.J.	Yale Law Journal
ZfB	Zeitschrift für Betriebswirtschaft

Hinsichtlich inländischer Abkürzungen sei verwiesen auf das Standardwerk *Kirchner, Hildebert* (Begr.)/*Böttcher, Eike:* Abkürzungsverzeichnis der Rechtsprache, 9. Auflage, Berlin/Boston 2018. Weitere ausländische Abkürzungen finden sich in den jeweiligen nationalen Zitierstandards, soweit solche existieren (für die Vereinigten Staaten das Bluebook [A Uniform System of Citation], 20. Auflage, Cambridge 2016, für Kanada der Canadian Guide to Uniform Legal Citation/Manuel canadien de référence juridique, 9. Auflage, Toronto 2018, für Australien der Australian Guide to Legal Citation, 4. Auflage, Melbourne 2018).

Teil 1

Einleitung

§ 1 „Wundermittel" zur Konfliktlösung im Gesellschaftsrecht?

„Pattsituationen [...] sind Teufelszeug."[1]

„Beim Betreten des Konferenzraumes zog er in James-Bond-Pose sein Dienst-Handy wie einen Revolver aus der Hose, zeigte auf die Murdoch-Leute und brüllte laut: ‚Shoot-out' – eine komödiantische Anspielung auf die anstehende Entscheidungsschlacht um Vox."[2]

Die Gründung einer Gesellschaft ist bei den zukünftigen Gesellschaftern mit einer Reihe von Hoffnungen und Wünschen verbunden, zu denen nicht zuletzt eine gute und möglichst reibungslose Zusammenarbeit zählt. Leider wird diese Hoffnung allzu oft enttäuscht. Entweder war man sich im Kreis der Gesellschafter schon zu Beginn nicht in allen Punkten so einig, wie es anfangs vielleicht noch den Anschein hatte, oder im Verlauf der Kooperation zeigen sich erste Differenzen. Zunächst mögen es nur kleinere Unstimmigkeiten sein, doch dreht sich die Eskalationsspirale[3] immer weiter, können früher oder später auch elementare Beschlüsse betroffen und damit der wirtschaftliche Fortbestand der Gesellschaft gefährdet sein.[4] Führt dies zu einer Selbstblockade, bei der sich die Gesellschafter durch entgegengesetztes Abstimmungsverhalten untereinander „stilllegen", und sind alle sonstigen Konfliktvermeidungs- und -lösungsmechanismen ausgeschöpft,[5] lässt sich die Funktionsfähigkeit der Gesellschaft oft nur durch eine Trennung der zerstrittenen Gesellschafter wiederherstellen.[6]

---

[1] *O. V.*, LJ 2014, 29, 29. Plastisch von der „Achillesferse des Gesellschaftsrechts" spricht *Wälzholz*, NWB 2018, 190, 190, ganz ähnlich *Wedemann*, Gesellschafterkonflikte, 2013, S. 1.

[2] *Jakobs*, Der Spiegel 50/1999, 108, 108 zu einer zwischen den Anteilseignern eines deutschsprachigen Privatsenders vereinbarten Russian Roulette-Klausel. Dieses Beispiel findet auch Erwähnung bei *de Frutos/Kittsteiner*, 39 RAND J. Econ. 184, 185, Fn. 3 (2008).

[3] Als grundlegend gilt in diesem Zusammenhang das Eskalationsmodell von *Glasl*, Konfliktmanagement, 11. Aufl. 2013, S. 235 ff. m. w. N.

[4] Statt vieler *Schulte/Sieger*, NZG 2005, 24, 24; *Elfring*, NZG 2012, 895, 895; *Holler/Frese*, BB 2014, 1479, 1479; *Willms/Bicker*, BB 2014, 1347, 1347.

[5] Siehe zu diesen statt vieler *Kallrath*, notar 2014, 75, 76 ff.; *Robles y Zepf/Girnth/Stumm*, BB 2016, 2947, 2947 ff.; *Wälzholz*, NWB 2018, 190, 192 ff.

[6] *Willms/Bicker*, BB 2014, 1347, 1347. Vgl. auch *Werner*, GmbHR 2005, 1554, 1554; *Werner*, NWB 2011, 1551, 1551 f.; *Schroeder/Welpot*, NZG 2014, 609, 610; *Schwartz/Wendenburg*, in: Trenczek/Berning/Lenz/Will, Mediation, 2. Aufl. 2017, 5.6 Rn. 6. *Kozyris*, 17 Am.

In der anfänglichen Euphorie machen sich die Beteiligten aber zuweilen wenig Gedanken darüber, wie sich die Zusammenarbeit im Streitfall in geordneter Form wieder beenden ließe – oder vertrauen schlicht darauf, dass man sich „dann schon einigen" werde.[7] Tatsächlich erweisen sich spontan ausgehandelte Lösungen zur Trennung aber häufig als wenig realistisch, insbesondere dann, wenn dieses Ziel durch das Ausscheiden eines Gesellschafters unter Übertragung seiner Anteile auf einen Mitgesellschafter erreicht werden soll.[8]

Diese grundlegende Problematik ist der kautelarjuristischen Praxis seit Jahren bekannt. Es liegt an den rechtlichen Beratern, vor dem Risiko der Selbstblockade zu warnen und einen geeigneten Konfliktlösungsmechanismus vorzuschlagen,[9] aber auch anzuregen, die Frage der Beendigung der Gesellschaft zu regeln[10]. Geschieht dies nicht und stellt man letztendlich fest, dass das Ausscheiden eines Gesellschafters unvermeidlich ist, kann es schon zu spät sein. Wer soll die Gesellschaft verlassen, wer übernimmt die Anteile des Ausscheidenden und, vor allem, zu welchem Preis?[11] Solche Fragen lassen sich nach bereits eingetretenem Konfliktfall kaum mehr einvernehmlich klären. Doch selbst falls die Parteien einen grundsätzlich geeigneten Mechanismus vereinbart haben, werden die anschließenden „Verteilungskämpfe" oft erbittert geführt. Die Frage nach der angemessenen Abfindungshöhe ist besonders häufig Gegenstand zäher Diskussionen und anschließender rechtlicher Auseinandersetzungen.[12] Der Ausscheidende möchte aus wirtschaftlich nachvollziehbaren Gründen so viel Geld wie möglich für seine Anteile erhalten, die Gesellschaft und so auch die verbleibenden Gesellschafter ihm aber, ebenso nachvollziehbar, nur so wenig wie möglich zahlen.[13] Allein durch die Entscheidung über die Person des Ausscheidenden ist der Streit zwischen den Gesellschaftern also noch nicht zwingend endgültig gelöst.

Hier versprechen die in dieser Arbeit im Fokus stehenden Klauseln Abhilfe, die unter einer Vielzahl verschiedener Bezeichnungen bekannt sind, unter ande-

---

J. Comp. L. 503, 524 (1969) spricht bildlich von „drastic surgery", die zur Lösung des Konflikts erforderlich ist.

[7] Vgl. *Schwartz/Wendenburg*, in: Trenczek/Berning/Lenz/Will, Mediation, 2. Aufl. 2017, 5.6 Rn. 5.

[8] Als „bloße Illusion" bezeichnen diese Hoffnung *Schulte/Sieger*, NZG 2005, 24, 25; *Draxler*, Private Equity Exit, 2010, S. 138; *Weidmann*, DStR 2014, 1500, 1501; *Schulte/Pohl*, Joint-Venture-Gesellschaften, 4. Aufl. 2015, Rn. 790. Inhaltlich ebenso *Werner*, GmbHR 2005, 1554, 1556; *Werner*, NWB 2011, 1551, 1552.

[9] Siehe z. B. die Ausführungen von *Schulte/Pohl*, Joint-Venture-Gesellschaften, 4. Aufl. 2015, Rn. 686 ff.; *Lutz*, Gesellschafterstreit, 5. Aufl. 2017, Rn. 546 a ff.

[10] Vgl. *Bachmann/Eidenmüller/Engert/Fleischer/Schön*, Rechtsregeln, 2012, S. 69.

[11] *Svernlov*, 1991 J. Bus. L. 601, 616; *Kallrath*, notar 2014, 75, 82. Vgl. auch *Werner*, NWB 2011, 1551, 1552.

[12] Statt vieler *Schulte/Sieger*, NZG 2005, 24, 25; *Schmolke*, ZIP 2014, 897, 898; *Schmolke*, in: Vogt/Fleischer/Kalss, Gesellschafts- und KapitalmarktR, 2014, S. 107, 125; *Langenfeld/Miras*, GmbH-Vertragspraxis, 7. Aufl. 2015, Rn. 376.

[13] *Schroeder/Welpot*, NZG 2014, 609, 610; *Heusel/Goette*, GmbHR 2017, 385, 391.

rem dem titelgebenden Russian Roulette und Texas Shoot Out. Im Schrifttum sind diese Klauseln zum Teil als (zu) drastische, unseriöse[14], auf dem Grundsatz „Fressen oder gefressen werden"[15] beruhende Konfliktlösungs- und Beendigungsmechanismen verschrien. Im Gegenzug locken sie aber damit, nicht nur vergleichsweise unkompliziert denjenigen zu bestimmen, der die Gesellschaft verlassen muss, sondern auch mittels eines speziellen Preisfindungsverfahrens einen wertgerechten Ausstiegspreis zu ermitteln. Das Ausscheiden eines Gesellschafters wäre so innerhalb verhältnismäßig kurzer Zeit vollzogen, langwierige Rechtsstreitigkeiten würden vermieden. Das klingt zunächst nach einem kautelarjuristischen „Wundermittel"[16] – und damit fast zu schön, um wahr zu sein. Tatsächlich werden die Vorteile des Verfahrens mit einigen Nachteilen in Form potenzieller rechtlicher und wirtschaftlicher Probleme und Unsicherheiten teuer erkauft. Wie sich zeigen wird, gibt es aber durchaus Konstellationen, in denen „radikale Ausstiegsklauseln"[17] tatsächlich das halten, was sie versprechen.

§ 2 Forschungsstand und Forschungsziel

Die Einschätzung des Forschungsstands zu Russian Roulette, Texas Shoot Out und Co. hängt erheblich vom eingenommenen Blickwinkel ab. Die Quellenlage mag daher entweder noch übersichtlich und konzentriert oder kaum mehr überschaubar und stark fragmentiert erscheinen. Legt man den Fokus zunächst auf die rein deutsche (nicht einmal deutschsprachige) rechtswissenschaftliche Diskussion, finden sich nur vergleichsweise wenige detaillierte Stellungnahmen zu den hier diskutierten Klauseln. Noch dünner wird es mit Blick auf gerichtliche Äußerungen. Es gibt mit einem Urteil des Oberlandesgerichts Nürnberg aus dem Jahr 2013[18] derzeit nur eine einzige (!) Entscheidung eines deutschen Gerichts, die sich der Vereinbarkeit solcher Klauseln mit dem deutschen Recht widmet – und selbst das nur in einem *obiter dictum*[19]. Die hier diskutierten Vereinbarungen wurden zwar auch in anderem Zusammenhang zumindest erwähnt, aber lediglich vor einem sozialrechtlichen Hintergrund besprochen.[20] Die ins-

---

[14] In diesem Sinne jedenfalls für Familiengesellschaften *Kormann/Schmeing*, FuS 2016, 13, 18.

[15] So *Valdini/Koch*, GWR 2016, 179, 179.

[16] So *Wedemann*, Gesellschafterkonflikte, 2013, S. 493; *Brockmann*, Shoot-Out-Klauseln, 2017, S. 3.

[17] So die Formulierung bei *Schulte/Sieger*, NZG 2005, 24 ff., die in der vorliegenden Arbeit mehrfach aufgegriffen wird.

[18] OLG Nürnberg, Urteil v. 20.12.2013 – Az. 12 U 49/13, NJW-RR 2014, 418 ff.

[19] So statt vieler *Schaper*, DB 2014, 821, 822; *Schroeder/Welpot*, NZG 2014, 609, 614; *Lange/Sabel*, NZG 2015, 1249, 1251.

[20] So in SG München, Urteil v. 20.05.2014 – Az. S 47 R 2095/13, BeckRS 2014, 120004; LSG Bayern, Urteil v. 12.11.2015 – Az. L 14 R 731/14, BeckRS 2015, 118216.

gesamt vergleichsweise spärliche Quellenlage lässt daher auf ein bisher eher oberflächlich untersuchtes vertragliches Gestaltungsmittel schließen.

Eine breiter angelegte Betrachtung zeigt jedoch ein gänzlich anderes Bild. Zum einen sind Russian Roulette, Texas Shoot Out und ähnliche Mechanismen mittlerweile in einer Vielzahl an Rechtsordnungen international verbreitet und in vielen dieser Länder liegen neben wissenschaftlichen Stellungnahmen auch erste Urteile zur Vereinbarkeit mit dem jeweiligen nationalen Recht vor. Die dort enthaltenen Wertungen können aufgrund der nationalen Besonderheiten zwar nur zurückhaltend ins deutsche Recht übertragen werden, allerdings dreht sich die Diskussion in den einzelnen Staaten immer wieder um ähnliche Probleme, zu denen kaum spezifische gesetzliche Vorgaben existieren. Vor diesem Hintergrund bietet es sich an, Wertungen und Lösungsansätze ausgesuchter ausländischer Rechtsordnungen auch im Rahmen des deutschen Rechts zu berücksichtigen. Zum anderen haben die hier behandelten Klauseln seit längerem das Interesse des wirtschaftswissenschaftlichen Schrifttums geweckt. Die ökonomischen Erkenntnisse über eine mögliche (In-)Effizienz und (Un-)Fairness des Verfahrens können Impulse für die Frage nach der Geeignetheit der Verfahren und deren vertragliche Gestaltung geben.

Sowohl die internationale Verbreitung als auch die ökonomischen Befunde wurden und werden im deutschen rechtswissenschaftlichen Schrifttum bisher weitgehend ignoriert – und wenn überhaupt, dann eher oberflächlich behandelt. An diesem Befund haben auch die zwischenzeitlich zur Thematik erschienenen rechtswissenschaftlichen Dissertationen[21] kaum etwas geändert. Die vorliegende Arbeit soll diese Lücke schließen. Sie ist dabei nicht als definitives Handbuch der hier diskutierten Mechanismen zu verstehen, versucht also nicht, sämtliche Aspekte des Verfahrens umfassend abzudecken. Sie untersucht vielmehr einzelne, besonders relevante Problembereiche und erörtert sie vertiefter, als dies bisher im Schrifttum geschehen ist. Gleichzeitig bindet diese Arbeit die rechtliche Lage in anderen Ländern und die wirtschaftswissenschaftlichen Erkenntnisse in die Untersuchung ein und gibt auf dieser Grundlage Empfehlungen und Einschätzungen für die Rechtspraxis. Dazu wird erstmals in detaillierter Form und anhand ausgewählter Entscheidungen die Diskussion zu Russian Roulette, Texas Shoot Out und Co. in Frankreich und den Vereinigten Staaten dargestellt und das mittlerweile recht umfangreiche wirtschaftswissenschaftliche Schrifttum möglichst allgemeinverständlich aufbereitet. Im Zusammenspiel mit den im Einzelnen bisher ungeklärten Fragen der Zulässigkeit nach deutschem Recht zeigt sich so ein problembezogenes und interdisziplinäres Bild aus nationaler und rechtsvergleichender Perspektive.

---

[21] *Brockmann*, Shoot-Out-Klauseln, 2017; *Hornung*, Shoot-Out-Klauseln, 2018.

§ 3 Gang der Untersuchung

Der Aufbau folgt vor dem Hintergrund der hohen praktischen Relevanz grob dem Gedankengang einer anwaltlichen Beratungssituation: Vorüberlegungen – rechtliche Zulässigkeit – praktische Umsetzung. Eingangs stellt sich also untechnisch gesprochen die Frage, „worum es überhaupt geht" (Teil 2). Geklärt werden zunächst allgemeine Aspekte von Russian Roulette, Texas Shoot Out und Co., unter anderem ihr Aufbau, ihre Funktionsweise und erste, grobe Wahlmöglichkeiten des Mandanten (§ 4). Mit diesen Informationen ist es bereits möglich, auf Besonderheiten der spezifischen Beratungssituation einzugehen und die Klausel inhaltlich weitestgehend zu konkretisieren. Eine eindeutige Trennung dieser Grundlagen von Fragen der bestmöglichen rechtspraktischen Umsetzung ist dabei naturgemäß nicht immer möglich, zumal einige dieser „taktischen" Aspekte schon für die Frage der rechtlichen Zulässigkeit relevant sind und daher vorab besprochen werden müssen. Bereits an dieser Stelle erfolgt außerdem der komprimierte Blick auf ausländische Rechtsordnungen, um ein erstes Gespür für die rechtlichen Probleme zu vermitteln und die gefundenen Ergebnisse an geeigneter Stelle in die Diskussion zum deutschen Recht einfließen lassen zu können (§ 5).

Anschließend folgt mit der Zulässigkeit nach deutschem Recht das Herzstück der Untersuchung (Teil 3), das sich auf vier Problemkomplexe herunterbrechen lässt. Erstens geht es um eventuelle Formpflichten im Zusammenhang mit der Vereinbarung und auch der Ausübung der Klauseln nach dem GmbHG (§ 6). Zweitens wird kurz auf die Frage eingegangen, ob es sich bei Russian Roulette, Texas Shoot Out und Co. möglicherweise um ein Spiel im Sinne des § 762 BGB handelt (§ 7). Drittens geht es darum, ob und inwiefern zwingende Kündigungs- und Austrittsrechte der Parteien durch die hier behandelten Vereinbarungen tangiert werden (§ 8). Abschließend folgt mit der Diskussion über Sittenwidrigkeits- und Missbrauchsaspekte der wohl umstrittenste Punkt radikaler Ausstiegsklauseln (§ 9), bei dem die rechtliche Kontrolle nach §§ 138 Abs. 2, 242 BGB im Mittelpunkt steht.

Nachdem geklärt ist, dass solche Klauseln bei entsprechend sorgfältiger Gestaltung zumindest rechtswirksam vereinbart werden *können*, geht es zuletzt um die Frage der praktischen Anwendung (Teil 4). Zunächst werden kurz die allgemeinen Vor- und Nachteile der Klauseln erörtert (§ 10) und anschließend ausführlich um einen besonderen dieser Vor- bzw. Nachteile ergänzt, nämlich die Spezialfrage der Effizienz und Fairness im ökonomischen Sinne (§ 11). Zuletzt bleibt noch die Frage der rechtspraktischen Realisierung zu klären (§ 12). Dabei verzichtet diese Arbeit bewusst auf einen konkreten Formulierungsvorschlag, hinsichtlich dessen insbesondere auf die einschlägigen, mehrfach zitierten Vertragshandbücher verwiesen sei. In § 12 wird vielmehr die Frage nach geeigneten Gesellschafter- und Beteiligungskonstellationen sowie nach dem günstigsten Zeitpunkt und Regelungsort der Vereinbarung behandelt.

Im Rahmen der Schlussbetrachtung (Teil 5) wird zunächst ein abschließender (Rück-)Blick auf Russian Roulette, Texas Shoot Out und Co. geworfen (§ 13), bevor die wichtigsten Erkenntnisse thesenartig zusammengefasst werden (§ 14).

Teil 2

Thematischer und rechtsvergleichender Überblick

Zu Beginn dieser Arbeit muss man sich die Grundlagen der hier diskutierten Klauseln vor Augen führen, zu denen neben dem jeweiligen Ablauf auch ihre grobe rechtliche Struktur, die terminologische Differenzierung und das häufigste praktische Anwendungsfeld der Joint Ventures gehören. Der Blick auf andere Länder sorgt anschließend nicht nur für ein besseres Verständnis der rechtlichen Schwierigkeiten, sondern ermöglicht es auch, Wertungen aus ausländischen Rechtsordnungen speziell für die nachfolgende Diskussion im deutschen Recht herauszuarbeiten.

§ 4 Grundlagen radikaler Exitklauseln

A. Ablauf und Spielarten

Radikale Exitklauseln existieren in einer ganzen Reihe verschiedener Spielarten, die sich oft nur in Nuancen, teilweise dagegen auch recht deutlich unterscheiden. Sämtliche Varianten folgen aber einem zweistufigen Aufbau, der stets mit dem Ausscheiden eines Gesellschafters endet: Auf ein „auslösendes Moment" folgt das Verfahren zur Ermittlung des Preises und der Käufer- bzw. Verkäuferrolle.[1]

I. Initiierung

Eine entscheidende Weichenstellung ergibt sich eingangs aus der Frage, unter welchen Umständen die Klausel überhaupt ausgelöst werden kann. Die Parteien können auf die Reichweite ihrer Vereinbarung in verschiedenster Weise Einfluss nehmen, wobei sich die Vielfalt der Möglichkeiten und kautelarjuristischen Überlegungen zumindest in diesem Punkt kaum im finalen Text der Klausel widerspiegelt.

1. Abkühlungsphase

Vor das eigentliche Verfahren kann von den Parteien zunächst eine sogenannte Abkühlungs-[2] oder Verhandlungsphase[3] geschaltet werden (im englischsprachigen Schrifttum als *Cooling Off*-Periode[4] bezeichnet), die mit Zugang der Auslösungserklärung des initiierenden Gesellschafters beginnt. Diese Phase eröffnet letztmalig die Möglichkeit einer einvernehmlichen Lösung und soll gleichzeitig dazu beitragen, dass der Anbietende vor dem häufig anzutreffen-

---

[1] In diesem Sinne auch *de Frutos/Kittsteiner*, 39 RAND J. Econ. 184, 185 (2008); *Fleischer/Schneider*, DB 2010, 2713, 2713; *Werner*, NWB 2011, 1551, 1553.

[2] *Schulte/Sieger*, NZG 2005, 24, 26; *Werner*, NWB 2011, 1551, 1553; *Schulte/Pohl*, Joint-Venture-Gesellschaften, 4. Aufl. 2015, Rn. 797.

[3] *Werner*, NWB 2011, 1551, 1553; *Fett/Spiering*, in: Fett/Spiering, Hdb. Joint Venture, 2. Aufl. 2015, Kap. 7 Rn. 593, 562 ff. Vgl. auch *Schwarz*, in: Walz, ADR-Formularbuch, 2. Aufl. 2017, Kap. 21 Rn. 29.

[4] *Hoberman*, 2001 Colum. Bus. L. Rev. 231, 244; *Carey*, 39 Real Prop. Prob. & Tr. J. 651, 662 (2005); *Fleischer/Schneider*, 9 Eur. Company & Fin. L. Rev. 35, 38 (2012).

den Hintergrund einer emotional aufgeladenen Konfliktsituation überdenkt, ob
er das eigentliche Verfahren zur Übertragung der Anteile tatsächlich einleiten
will.[5] Gerade der letzte Punkt sollte nicht unterschätzt werden, scheitern Verhandlungen doch nicht nur an inhaltlichen Differenzen, sondern oft auch an der
Missachtung von Emotionen, die das Handeln der Parteien maßgeblich (mit-)
bestimmen.[6] Erst nach fruchtlosem Verstreichen der vereinbarten (Verhand-
lungs-)Frist kann das Verfahren der Klausel durch eine entsprechende, initiierende Mitteilung tatsächlich in Gang gesetzt bzw. weitergeführt werden.[7]

2. Beschränkte oder freie Anwendbarkeit?

Nach der Entscheidung über eine eventuelle Abkühlungsphase geht es darum,
die Breite des Anwendungsbereichs zu definieren. In dieser Hinsicht bestehen
zwei Möglichkeiten. Zum einen kann die Ausübbarkeit an einen „Auslösetat-
bestand"[8] geknüpft werden (insbesondere im englischsprachigen Schrifttum
auch als *Trigger(ing) Event* bezeichnet[9]). Durch die Verknüpfung mit einem
solchen auslösenden Umstand wird die Klausel und somit das eigentliche
(Preisermittlungs-)Verfahren von einem zukünftigen und ungewissen Ereig-
nis abhängig gemacht, rechtstechnisch also nach § 158 Abs. 1 BGB aufschiebend bedingt.[10] Zum anderen kann die Klausel auch (voraussetzungs-)frei ausgestaltet, d. h. nicht vom Vorliegen bestimmter Umstände abhängig gemacht

---

[5] Statt vieler *Schulte/Sieger*, NZG 2005, 24, 26; *Werner*, NWB 2011, 1551, 1553; *Schul-
te/Pohl*, Joint-Venture-Gesellschaften, 4. Aufl. 2015, Rn. 797. Zurückhaltend gegenüber Abkühlungsphasen *Hoberman*, 2001 Colum. Bus. L. Rev. 231, 244 („could be a costly waste
of time"). – Zur Dauer: *Schulte/Sieger*, NZG 2005, 24, 26 (etwa ein Monat); *Werner*, NWB
2011, 1551, 1553; *Natterer*, in: Hamann/Sigle, Vb. GesR, 2. Aufl. 2012, § 5 Rn. 226 (jeweils
ein Monat); *Schulte/Pohl*, Joint-Venture-Gesellschaften, 4. Aufl. 2015, Rn. 797 (etwa ein
Monat); *Brockmann*, Shoot-Out-Klauseln, 2017, S. 314; *Schwarz*, in: Walz, ADR-Formularbuch, 2. Aufl. 2017, Kap. 21 Rn. 25 Nr. 1.1., Rn. 68 Nr. 1.1. (jeweils 30 Tage). Strenger *van de
Sande*, in: Hopt, Vertrags- und Formularb., 4. Aufl. 2013, Form. II.H.1 § 6 Abs. 3 (zwei Wochen) und *Giesen*, in: Seibt, Beck'sches Fb. M&A, 3. Aufl. 2018, Form. G. II § 18.1 (15 Bank-
arbeitstage). Vage *Fett/Spiering*, in: Fett/Spiering, Hdb. Joint Venture, 2. Aufl. 2015, Kap. 7
Rn. 562 ff. („einige Wochen").

[6] So *Berger/Bernhardt/Bernhardt*, ZKM 2011, 40, 40 mit Verweis auf *Fisher/Shapiro*,
Beyond Reason, 2005, S. 183 ff. Vgl. auch *Kahneman/Tversky*, in: Arrow/Mnookin/Ross/
Tversky/Wilson, Barriers, 1995, S. 44, 45; *Berger/Bernhardt/Bernhardt*, ZKM 2011, 68 ff.

[7] *Schulte/Sieger*, NZG 2005, 24, 26; *Werner*, NWB 2011, 1551, 1553; *Schulte/Pohl*, Joint-
Venture-Gesellschaften, 4. Aufl. 2015, Rn. 798.

[8] *Fleischer/Schneider*, DB 2010, 2713, 2713; *Schmolke*, Selbstbindung, 2014, S. 557, 679.

[9] *Wolf*, Int'l Joint Ventures, 3. Aufl. 2011, S. 139 Nr. 5.21; *Hewitt/Howley/Parkes*, Joint
Ventures, 6. Aufl. 2016, S. 249 Rn. 10-15. Exemplarisch aus der deutschsprachigen Literatur
Wedemann, Gesellschafterkonflikte, 2013, S. 498; *Groß*, ErbStB 2014, 284, 287.

[10] So ausdrücklich nur *Valdini/Koch*, GWR 2016, 179, 180. Vgl. auch *Goulding/Boxell/
Costelloe/Hellwig*, in: Micheler/Prentice, Joint Ventures, 2000, S. 151, 155 („conditioned upon
certain circumstances"); *Schiller/Diener*, Actes prat. ing. sociétaire 2002, sept./oct., 32, 33
(„condition suspensive").

werden.[11] In diesem Fall kann das Ausstiegsverfahren grundsätzlich jederzeit in Gang gesetzt werden.[12]

Sofern die Entscheidung der Parteien für die eine oder andere Variante im Einzelfall nicht klar aus der Formulierung hervorgeht, lässt sich ein Trigger Event unter Umständen im Wege ergänzender Vertragsauslegung in den Vertrag „hineinlesen", insbesondere dann, wenn der Vertrag anderenfalls aus rechtlichen Gründen unwirksam wäre[13] – bei einer klaren Entscheidung *für* die jederzeitige Ausübbarkeit ist das allerdings nicht möglich.[14]

Neben oder statt einer inhaltlichen Beschränkung kann bei der Einleitung des Verfahrens auch eine zeitliche Restriktion vorgesehen werden, sodass der Anbietende an Aktions- oder Ausübungsfristen gebunden ist.[15] Sie gestatten die Initiierung des Verfahrens zur Wahrung eines gewissen Rechtsfriedens[16] lediglich innerhalb eines konkreten Zeitfensters, das z. B. durch das Verstreichen der Cooling Off-Periode oder direkt durch den Eintritt des Trigger Events eröffnet werden kann.

3. Deadlock als typisches Trigger Event

In der Praxis wird von den Parteien häufig ein sogenannter *Deadlock* als Trigger Event festgelegt.[17] Gemeint ist damit allgemein eine Situation, in der sich die

---

[11] *Heckschen*, in: Heckschen/Heidinger, GmbH, 4. Aufl. 2018, Kap. 4 Rn. 449 sieht die freie Variante, als einer von wenigen im deutschsprachigen Schrifttum, anscheinend sogar als Grundsatz an. Sie entspricht auch der tendenziell überwiegenden Rechtspraxis bei US-amerikanischen LLCs, *Gomtsian*, 53 Am. Bus. L.J. 677, 725 f. (2016) – kaum nachvollziehbar daher *Hornung*, Shoot-Out-Klauseln, 2018, S. 234, der voraussetzunglos anwendbare Klauseln pauschal als „unzweckmäßig" ablehnt. Für nach deutschem Recht sogar gänzlich unzulässig hält eine voraussetzungslose Ausübbarkeit wohl *Giehl*, in: Weise/Krauß, Beck'sche OF Vertrag, 52. Ed. 2020, 7.8.2.2.3 Rn. 3 (Stand: 01.12.2019).

[12] So lag der Fall z. B. bei Valinote v. Ballis, No. 00 C 3089, 2001 WL 1135871 (N.D. Ill. Sept. 25, 2001), *aff'd*, 295 F.3d 666 ff. (7th Cir. 2002). Gestaltungsvorschläge mit jederzeitiger Ausübbarkeit finden sich bei *Langenfeld/Miras*, GmbH-Vertragspraxis, 7. Aufl. 2015, Rn. 377 M 50; *Dorsel*, in: Wurm/Wagner/Zartmann, Rechtsfb., 17. Aufl. 2015, Kap. 119 Rn. 150 M 119.37.

[13] Näher zu möglichen Gründen unten S. 120 ff.

[14] *Valdini/Koch*, GWR 2016, 179, 180.

[15] *Werner*, NWB 2011, 1551, 1553 (ein Monat); *Schwarz*, in: Walz, ADR-Formularbuch, 2. Aufl. 2017, Kap. 21 Rn. 25 Nr. 1.2., Rn. 68 Nr. 1.2. (30 Tage). Abweichend einerseits *Natterer*, in: Hamann/Sigle, Vb. GesR, 2. Aufl. 2012, § 5 Rn. 226; *van de Sande*, in: Hopt, Vertrags- und Formularb., 4. Aufl. 2013, Form. II.H.1 § 6 Abs. 3; *Brockmann*, Shoot-Out-Klauseln, 2017, S. 315 ff. (jeweils zwei Wochen bzw. 14 Tage), andererseits *Giesen*, in: Seibt, Beck'sches Fb. M&A, 3. Aufl. 2018, Form. G. II § 18.1 (sechs Wochen). Für eine jederzeitige Ausübbarkeit *Langenfeld/Miras*, GmbH-Vertragspraxis, 7. Aufl. 2015, Rn. 377 M 50; *Dorsel*, in: Wurm/Wagner/Zartmann, Rechtsfb., 17. Aufl. 2015, Kap. 119 Rn. 150 M 119.37.

[16] Vgl. *Schulte/Sieger*, NZG 2005, 24, 26; *Schulte/Pohl*, Joint-Venture-Gesellschaften, 4. Aufl. 2015, Rn. 796; *Schwarz*, in: Walz, ADR-Formularbuch, 2. Aufl. 2017, Kap. 21 Rn. 30.

[17] Statt vieler *Fleischer/Schneider*, DB 2010, 2713, 2713; *Schmolke*, ZIP 2014, 897, 898; *Schmolke*, in: Vogt/Fleischer/Kalss, Gesellschafts- und KapitalmarktR, 2014, S. 107, 125.

Beteiligten nicht einig sind, aufgrund der Stimmverhältnisse gegenseitig blockieren und so keine Entscheidung (mehr) treffen können.[18] Weitestgehend bedeutungsgleich werden im deutschsprachigen Schrifttum auch die Begriffe Pattsituation[19], Entscheidungsstillstand[20] und Selbstblockade[21] verwendet.[22] Die häufig synonym zum Trigger Event genutzte Bezeichnung *Deadlock Event*[23] ist dagegen zumindest missverständlich. Sie suggeriert, dass Trigger und Deadlock austauschbare Begriffe seien. Tatsächlich ist der Begriff des Deadlocks enger und stellt eben „nur" den praktisch häufigsten, aber keineswegs einzigen Fall eines Trigger Events dar.[24]

In der Ausgestaltung der Einzelheiten sind die Parteien weitgehend frei. So sind beispielsweise Konkretisierungen des Trigger Events dahingehend möglich (und wie sich noch zeigen wird auch sinnvoll), dass nur eine Pattsituation in *wesentlichen* Entscheidungen den Anwendungsbereich der Klausel eröffnet.[25] In dieser Hinsicht bietet es sich an, numerische Schwellenwerte für die wirtschaftliche Relevanz festzulegen[26] und/oder sich für die Frage nach der strukturellen Bedeutung der Entscheidung am Katalog des § 46 GmbHG zu orientieren.[27]

Das Problem des Entscheidungspatts kann im Übrigen sowohl auf der Gesellschafterebene als auch auf der Ebene der Geschäftsführung auftreten (vgl. z.B. § 47 Abs. 1 GmbHG einerseits, § 35 Abs. 2 S. 1 GmbHG andererseits).[28] Für die hier diskutierten Klauseln spielt diese Differenzierung allerdings nur in bestimmten Fällen eine Rolle. Für die Frage der Konflikt*lösung* ist sie zunächst

---

[18] In diesem Sinne statt vieler *Elfring*, NZG 2012, 895, 895; *Holler/Frese*, BB 2014, 1479, 1479; *Hewitt/Howley/Parkes*, Joint Ventures, 6. Aufl. 2016, S. 240 Rn. 10-01; *Lutz*, Gesellschafterstreit, 5. Aufl. 2017, Rn. 70; *Singleton*, Joint Ventures, 5. Aufl. 2017, S. 24 Nr. 1.71.

[19] *Werner*, NWB 2011, 1551, 1551; *Bachmann/Eidenmüller/Engert/Fleischer/Schön*, Rechtsregeln, 2012, S. 68; *Dauner-Lieb/Winnen*, in: FS Brambring, 2012, S. 45, 45; *Heeg*, BB 2014, 470, 470; *Holler/Frese*, BB 2014, 1479, 1479; *Kallrath*, notar 2014, 75, 75.

[20] *Elfring*, NZG 2012, 895, 895; *Hauschild/Kallrath*, in: Hauschild/Kallrath/Wachter, Notarhdb., 2. Aufl. 2017, § 16 Rn. 405.

[21] *Heeg*, BB 2014, 470, 470; *Schaper*, DB 2014, 821, 821; *Schmolke*, Selbstbindung, 2014, S. 536.

[22] Differenzierend anscheinend *Wolfram*, US-amerikanischer Deadlock, 1999, S. 2 ff.

[23] So z.B. *Willms/Bicker*, BB 2014, 1347, 1347; *Willms/Bicker*, CF 2014, 237, 237; *Beisel*, in: Beisel/Klumpp, Unternehmenskauf, 7. Aufl. 2016, § 8 Rn. 109; *Hanke*, in: Dauner-Lieb/ Heidel/Ring, BGB, Bd. 2/2, 3. Aufl. 2016, § 737 Rn. 14.

[24] Zu weiteren Trigger Events z. B. *Carey*, 39 Real Prop. Prob. & Tr. J. 651, 662 f. (2005).

[25] *Hoberman*, 2001 Colum. Bus. L. Rev. 231, 232, 245; *Fleischer/Schneider*, DB 2010, 2713, 2713; *Hewitt/Howley/Parkes*, Joint Ventures, 6. Aufl. 2016, S. 249 Rn. 10-15. Vgl. auch *De Ly*, RDAI/Int'l Bus. L.J. 1995, 279, 290 f.

[26] Skeptisch dagegen *Brockmann*, Shoot-Out-Klauseln, 2017, S. 227 f.

[27] *Elfring*, NZG 2012, 895, 896; *Willms/Bicker*, BB 2014, 1347, 1350; *Grau*, CF 2015, 39, 40. Vgl. auch *Seel*, Joint Ventures in der Konzernrechnungslegung, 2013, S. 103.

[28] *Elfring*, NZG 2012, 895, 895 f.; *Willms/Bicker*, BB 2014, 1347, 1350. Aus dem englischsprachigen Schrifttum *Hewitt/Howley/Parkes*, Joint Ventures, 6. Aufl. 2016, S. 241 Rn. 10-02, siehe auch *Bungert*, GmbH im US-amerikanischen Recht, 1993, S. 64; *Merkt*, US-amerikanisches GesellschaftsR, 3. Aufl. 2013, Rn. 831.

eher am Rande von Bedeutung. Die Klauseln stützen sich für die Entscheidung, wer die Gesellschaft verlassen muss, auf die Wertschätzung der Parteien für ihre Gesellschaftsanteile, ausgedrückt durch die Höhe der individuellen Zahlungsbereitschaft. Auf Geschäftsführer, die *nicht* gleichzeitig Gesellschafter sind (vgl. z. B. § 6 Abs. 3 S. 1, 2. Var. GmbHG), lässt sich dieses Verfahren nicht übertragen. Handelt es sich dagegen um *Gesellschafter*-Geschäftsführer (vgl. z. B. § 6 Abs. 3 S. 1, 1. Var. GmbHG), muss für den Fall eines Ausscheidens als Gesellschafter geklärt werden, ob damit gleichzeitig auch die Anstellung als Geschäftsführer enden soll (was häufig der Fall sein dürfte). Vor allem spielt die Unterscheidung aber eine Rolle für die Frage der Konflikt*entstehung*: Die Parteien müssen entscheiden, ob *nur* eine Selbstblockade auf der Gesellschafterebene oder *auch* auf der Geschäftsführungsebene zum Auslösen der Klausel berechtigen, also in den Kreis der Trigger Events aufgenommen werden soll.[29]

4. Entscheidungsfreiheit oder automatisierte Einleitung?

Entscheiden sich die Gesellschafter für die inhaltlich bedingte Variante, haben sie noch eine weitere Wahlmöglichkeit: Soll es sich nach Eintritt des Trigger Events um einen automatisierten Ablauf handeln, der unabhängig vom Verhalten der Parteien in Gang gesetzt wird?[30] Oder soll das Verfahren erst auf den Entschluss eines Gesellschafters hin eingeleitet werden? Wird es ohne Mitwirkung der Parteien, also „antragslos", in Gang gesetzt, erhöht dies im Vorfeld den Einigungsdruck und minimiert Verzögerungen. Andererseits sichert die auf einem Entschluss beruhende Version größtmögliche (Ver-)Handlungsfreiheit.

Im Schrifttum wird ganz überwiegend die auf einer Erklärung eines Gesellschafters beruhende Variante zugrunde gelegt, häufig aber nur implizit (beispielsweise unter Bezug auf ein „Recht zur Einleitung").[31] Die meisten Autoren ziehen also die antragsgebundene Einleitung der automatisierten Variante vor, auch wenn die alternative Regelungsmöglichkeit an dieser Stelle vereinzelt gar nicht bekannt zu sein scheint.

II. Preisermittlungsverfahren am Beispiel des Russian Roulette

An die Einleitung des Verfahrens schließt sich die Ermittlung des Kaufpreises sowie die Verteilung der Käufer- und Verkäuferrolle an. In diesem zwei-

---

[29] Explizit zurückhaltend bei der Ausweitung auf die Geschäftsführungsebene *FitzGerald/ Caulfield*, Shareholders' Agreements, 7. Aufl. 2017, S. 272 Rn. 9-17.

[30] So die vertragliche Gestaltung bei Larken Minnesota, Inc. v. Wray, 881 F. Supp. 1413 ff. (D. Minn. 1995).

[31] Siehe z. B. *Werner*, GmbHR 2005, 1554, 1556; *Wälzholz*, GmbH-StB 2007, 84, 86; *Fleischer/Schneider*, DB 2010, 2713, 2714; *Hewitt/Howley/Parkes*, Joint Ventures, 6. Aufl. 2016, S. 248 Rn. 10-15 und, exemplarisch nur zum Russian Roulette, *Brockmann*, Shoot-Out-Klauseln, 2017, S. 51.

ten Schritt entscheidet sich, wer wessen Anteile zu welchem Preis übernimmt. Exemplarisch wird nachfolgend der Ablauf einer typischen *Russian Roulette*-Klausel als Ausgangspunkt dargestellt.

1. Initiierende Erklärung des Anbietenden

Nach der Klausel steht jedem Gesellschafter eine der folgenden Möglichkeiten zu: Er kann anbieten, sämtliche seiner eigenen Anteile an den Mitgesellschafter zu verkaufen und abzutreten (*One Way Sell*) oder überlässt dem Angebotsempfänger unmittelbar die Wahl, ob dieser kaufen oder verkaufen möchte (*Offer to Buy or Sell*).[32] Zumindest theoretisch denkbar ist, dass der initiierende Gesellschafter den Kauf der Anteile seines Mitgesellschafters anbietet (*One Way Buy*), auch wenn diese Variante meist unerwähnt bleibt.[33] Bei der Vereinbarung der Klausel müssen sich die Gesellschafter für eine dieser Gestaltungsvarianten entscheiden. Für den Fall, dass keiner der Gesellschafter das Verfahren einleiten will, kann zur Erhöhung des Einigungsdrucks vereinbart werden, dass die Gesellschaft nach Ablauf einer gewissen Frist liquidiert werden muss.[34]

In seiner Erklärung hat der initiierende Gesellschafter einen Preis zu nennen,[35] zu dem er verkaufen (One Way Sell), kaufen (One Way Buy) oder die Entscheidung direkt dem Angebotsempfänger überlassen will (Offer to Buy or Sell). Bei paritätischer Beteiligung zweier Gesellschafter bezieht sich der Preis auf ein Beteiligungspaket in Höhe von 50 % aller Anteile. Bei ungleichen Beteiligungsquoten ist ein Preis pro Anteil mit einem Nennbetrag von einer Geldeinheit (z. B. ein Euro oder ein US-Dollar) anzugeben.[36]

2. Reaktion und Erklärung des Angebotsempfängers

Der Angebotsempfänger hat daraufhin (nur) die Wahl, ob er zu dem vorgeschlagenen Preis selbst kaufen oder lieber verkaufen will. Die soeben geschilderten Varianten (One Way Sell, One Way Buy, Offer to Buy or Sell) geben damit zwar einen guten Überblick über die strukturellen Umsetzungsmöglichkeiten, unterscheiden sich im Ergebnis aber nicht. Sie dürfen deshalb auch nicht da-

---

[32] So die Differenzierung bei *Schulte/Sieger*, NZG 2005, 24, 25; *Becker*, Hinauskündigungsklauseln, 2010, S. 135 f.; *CMS Hasche Sigle*, Rechtsratgeber Joint Venture, 2013, S. 90 ff.; *Eckhardt*, in: Eckhardt/Hermanns, Kölner Hdb. GesR, 3. Aufl. 2017, Kap. 2 Rn. 295.

[33] Dazu *Brockmann*, Shoot-Out-Klauseln, 2017, S. 56 f. m. w. N.

[34] *Natterer*, in: Hamann/Sigle, Vb. GesR, 2008, § 5 Rn. 225; *Fett/Spiering*, in: Fett/Spiering, Hdb. Joint Venture, 2. Aufl. 2015, Kap. 7 Rn. 593.

[35] Erneut statt vieler *Schulte/Sieger*, NZG 2005, 24, 25; *Becker*, Hinauskündigungsklauseln, 2010, S. 135 f.; *CMS Hasche Sigle*, Rechtsratgeber Joint Venture, 2013, S. 90 ff.; *Eckhardt*, in: Eckhardt/Hermanns, Kölner Hdb. GesR, 3. Aufl. 2017, Kap. 2 Rn. 295.

[36] *Hoberman*, 2001 Colum. Bus. L. Rev. 231, 233; *Wälzholz*, GmbH-StB 2007, 84, 86; *Wedemann*, Gesellschafterkonflikte, 2013, S. 495 f. Vgl. auch *Dorsel*, in: Wurm/Wagner/Zartmann, Rechtsfb., 17. Aufl. 2015, Kap. 119 Rn. 150 M 119.37. Näher zum Ganzen *Brockmann*, Shoot-Out-Klauseln, 2017, S. 243 ff.

hingehend missverstanden werden, dass es sich um komplett verschiedene Verfahren mit anderer rechtlicher Konstruktion handelt.[37] Nach Abschluss des Verfahrens scheidet jedenfalls einer der Beteiligten aus der Gesellschaft aus und überträgt seine Anteile auf einen verbleibenden Gesellschafter.

Wie sich noch zeigen wird, sind die hier diskutierten Klauseln vor allem bei *Zwei*personengesellschaften beliebt. Für diesen Fall sind nach abgeschlossenem Verfahren sämtliche Anteile in einer Person vereint, sodass selbst qualifizierte Mehrheitsentscheidungen nicht mehr blockiert werden können und die Gesellschaft rechtlich und wirtschaftlich wieder handlungsfähig ist.[38] Der verbleibende, dann alleinige Gesellschafter kann die Gesellschaft in eigener Regie beispielsweise fortführen oder veräußern, sofern die entsprechende Gesellschaftsform überhaupt mit nur einem Gesellschafter existieren kann (vgl. einerseits z. B. § 1 GmbHG für die Kapitalgesellschaften, andererseits § 705 BGB für die Personengesellschaften)[39]. In Mehrpersonenkonstellationen ist die Situation komplexer, auch hier führt die Klausel aber zu einer vereinfachten Beteiligungsstruktur. Eine erleichterte Entscheidungsfindung ist damit allerdings im Gegensatz zur Zweipersonenkonstellation nicht zwingend verbunden.[40]

Bei genauer Betrachtung kann der Angebotsempfänger neben „Kauf" und „Verkauf" noch auf eine dritte Art reagieren: überhaupt nicht. Schweigt er, kann seinem Verhalten nach allgemeinen rechtsgeschäftlichen Prinzipien grundsätzlich keinerlei Erklärungswert beigemessen werden,[41] es fällt also weder eine Entscheidung für den Kauf noch für den Verkauf. Ohne weitere Vorkehrungen stünde das Verfahren an dieser Stelle still. Der Empfänger hat sich in der Klausel zwar dazu verpflichtet, für den Fall der Initiierung des Verfahrens eine Willenserklärung abzugeben. Diese Abgabe könnte im Rahmen einer Zwangsvollstreckung grundsätzlich nach § 894 S. 1 ZPO fingiert werden. Die Entscheidung über die Verteilung der Käufer- und Verkäuferrolle ist allerdings noch vollkommen offen und auch die Höhe des Kaufpreises steht bei bestimmten Spielarten (wie beispielsweise dem Texas Shoot Out) selbst nach Abgabe der initiierenden Erklärung noch nicht endgültig fest. Die potenzielle Erklärung des Angebotsempfängers ist damit für die fingierende Wirkung nach § 894 S. 1 ZPO deutlich zu unbestimmt.[42] Weil nach überwiegender Auffassung ein Vorgehen über § 888

---

[37] Kritisch näher zum Ganzen *Brockmann*, Shoot-Out-Klauseln, 2017, S. 276 ff.

[38] Vgl. zum Ganzen statt vieler *Schulte/Sieger*, NZG 2005, 24, 25; *Becker*, Hinauskündigungsklauseln, 2010, S. 135 f.; *CMS Hasche Sigle*, Rechtsratgeber Joint Venture, 2013, S. 90 ff.; *Fett/Spiering*, in: Fett/Spiering, Hdb. Joint Venture, 2. Aufl. 2015, Kap. 7 Rn. 592.

[39] *Brockmann*, Shoot-Out-Klauseln, 2017, S. 66 f.

[40] Näher zu den besonderen Herausforderungen in Mehrpersonenkonstellationen unten S. 193 ff.

[41] Statt vieler *Dörner*, in: Schulze u. a., BGB, 10. Aufl. 2019, Vorb. zu § 116–144 Rn. 2; *Wendtland*, in: Bamberger/Roth/Hau/Poseck, BeckOK BGB, 53. Ed. 2020, § 133 Rn. 10 (Stand: 01.02.2020).

[42] Allgemein zum meist unproblematischen Bestimmtheitserfordernis *Rensen*, in: Wieczo-

ZPO ebenso an dieser fehlenden Bestimmtheit scheitert,[43] helfen zwangsvollstreckungsrechtliche Mittel vorerst nicht weiter.

Möglicherweise kann die aufgrund der fehlenden Erklärung noch bestehende „Lücke" zwar materiell-rechtlich durch ergänzende Vertragsauslegung geschlossen werden, sodass das Wahlrecht im Fall der Untätigkeit des Empfängers in analoger Anwendung des § 264 Abs. 2 BGB auf den initiierenden Gesellschafter überginge und in der Folge eine Zwangsvollstreckung möglich wäre.[44] Um unnötige Verzögerungen und auch die rechtliche Unsicherheit dieses Ergebnisses zu vermeiden, bietet es sich jedoch an, diesen Fall schlicht vorab vertraglich zu regeln.

Die üblichen Formulierungsvorschläge beugen solchen Situationen und dem inhärenten Missbrauchsrisiko deshalb vor, indem sie das Preisermittlungsverfahren so ausgestalten, dass es ohne jegliche Mitwirkung des Angebotsempfängers ablaufen kann („Automatismus"[45]). In der Regel muss dessen Antwort innerhalb einer gewissen Frist erfolgen,[46] die es aber noch ermöglichen soll, eine durchdachte Entscheidung zu treffen und gegebenenfalls Angebote für eine externe Finanzierung des Kaufpreises einzuholen. Reagiert der Empfänger nicht oder nicht innerhalb der vereinbarten Frist, wird eine der Wahlmöglichkeiten

---

rek/Schütze, ZPO, Bd. 10/2, 4. Aufl. 2015, § 894 Rn. 14; *Gruber*, in: Rauscher/Krüger, MüKo ZPO, Bd. 2, 5. Aufl. 2016, § 894 Rn. 11; *Kießling*, in: Saenger, ZPO, 8. Aufl. 2019, § 894 Rn. 5.

[43] BGHZ 190, 1, 4 ff.; *Rensen*, in: Wieczorek/Schütze, ZPO, Bd. 10/2, 4. Aufl. 2015, § 894 Rn. 14; *Gruber*, in: Rauscher/Krüger, MüKo ZPO, Bd. 2, 5. Aufl. 2016, § 894 Rn. 11; *Kießling*, in: Saenger, ZPO, 8. Aufl. 2019, § 894 Rn. 5.

[44] So in diesem Zusammenhang nur *Becker*, Hinauskündigungsklauseln, 2010, S. 142. Vgl. aus prozessualer Sicht *Bartels*, in: Bork/Roth, Stein/Jonas ZPO, Bd. 8, 23. Aufl. 2017, § 894 Rn. 32 f.

[45] *Otto*, GmbHR 1996, 16, 20; *Binz/Mayer*, NZG 2012, 201, 210.

[46] *Schulte/Sieger*, NZG 2005, 24, 26 („etwa ein Monat"); *Joint Task Force*, 63 Bus. Law. 385, 476 (2008); *Becker*, Hinauskündigungsklauseln, 2010, S. 146 f. (jeweils 30 Tage); *Werner*, NWB 2011, 1551, 1554 (ein Monat); *Lohr*, GmbH-StB 2014, 93, 94 ([mindestens] vier Wochen); *Binnewies/Wollweber*, Gesellschafterstreit, 2017, Rn. 91, Abs. 3 (vier Wochen). Großzügiger dagegen *Langenfeld/Miras*, GmbH-Vertragspraxis, 7. Aufl. 2015, Rn. 377 M 50; *Dorsel*, in: Wurm/Wagner/Zartmann, Rechtsfb., 17. Aufl. 2015, Kap. 119 Rn. 150 M 119.37 (jeweils sechs Wochen). Noch darüber hinaus *Langefeld-Wirth*, in: Langefeld-Wirth, Joint-Ventures, 1990, S. 190; *Huber*, in: Meier-Schatz, Kooperations- und Joint-Venture-Verträge, 1994, S. 9, 51; *Draxler*, Private Equity Exit, 2010, S. 142; *Schwarz*, in: Walz, ADR-Formularbuch, 2. Aufl. 2017, Kap. 25 Nr. 1.3., Rn. 68 Nr. 1.3. (jeweils 60 Tage); *Natterer*, in: Hamann/Sigle, Vb. GesR, 2. Aufl. 2012, § 5 Rn. 226; *Giehl*, in: Weise/Krauß, Beck'sche OF Vertrag, 52. Ed. 2020, 7.8.2.2.3 (Stand: 01.12.2019) (jeweils zwei Monate). Extrem großzügig *Otto*, GmbHR 1996, 16, 20 (3–6 Monate, zustimmend wohl *Wälzholz*, GmbH-StB 2007, 84, 87) und *Beisel*, in: Beisel/Klumpp, Unternehmenskauf, 7. Aufl. 2016, § 8 Rn. 110 (6 Monate). Strenger dagegen *Fischerlehner*, Abfindungsklauseln, 2016, S. 222 (drei Wochen), *Singleton*, Joint Ventures, 5. Aufl. 2017, S. 589 Nr. 15.3 („20 Business Days") und *Brockmann*, Shoot-Out-Klauseln, 2017, S. 331 (14 Tage). Ohne nähere Begründung differenzierend zwischen Russian Roulette und Texas Shoot Out *Ritz*, Joint-Venture-Vertrag, 2010, S. 21 f., 74 ff. (30 bzw. 20 Tage).

fingiert (Annahme oder Ablehnung bzw. Kauf oder Verkauf),[47] eventuell verbunden mit einer für den Untätigen nachteilhaften, prozentualen Veränderung des Kaufpreises[48]. Alternativ kann auch geregelt werden, dass das Wahlrecht schlicht an den Anbietenden zurückfällt.[49]

III. Varianten und Abwandlungen

Neben der Russian Roulette-Klausel existieren nicht nur unzählige weitere Varianten radikaler Ausstiegsklauseln, teils mit mehreren Untervarianten, sondern auch verschiedene Mischformen, die nicht in allen Einzelheiten behandelt werden können. Der nachfolgende Abschnitt konzentriert sich auf die wichtigsten Erscheinungsformen.

1. Texas Shoot Out/Sale Shoot Out

Besondere Erwähnung verdienen zunächst die Spielarten des titelgebenden *Texas Shoot Out* und des *Sale Shoot Out*. Bei diesen Varianten bietet der initiierende Gesellschafter entweder den Kauf der „gegnerischen" Anteile (Texas Shoot Out) oder den Verkauf der eigenen Anteile zu einem bestimmten Preis an (Sale Shoot Out, eher selten[50]). Strukturell bildet der Texas Shoot Out also das Äquivalent zum One Way *Buy*-Russian Roulette, der Sale Shoot Out dagegen zum One Way *Sell*-Russian Roulette. Im Unterschied zum Russian Roulette eröffnet das Shoot Out-Verfahren jedoch die Möglichkeit, den genannten Preis zu überbieten (Texas Shoot Out) bzw. zu unterbieten[51] (Sale Shoot Out).[52] Dadurch wird ein Versteigerungselement eingeführt, das eine angemessenere Preisfindung gewährleisten soll,[53] tendenziell aber auch das Ende des Verfahrens verzögert. Der „Bieterwettbewerb" zwischen den Parteien dauert so lange

---

[47] *Fleischer/Schneider*, DB 2010, 2713, 2714; *Fett/Spiering*, in: Fett/Spiering, Hdb. Joint Venture, 2. Aufl. 2015, Kap. 7 Rn. 592; *Heckschen*, in: Heckschen/Heidinger, GmbH, 4. Aufl. 2018, Kap. 4 Rn. 448.

[48] *Schulte/Sieger*, NZG 2005, 24, 26; *Fleischer/Schneider*, DB 2010, 2713, 2714; *CMS Hasche Sigle*, Rechtsratgeber Joint Venture, 2013, S. 95; *Fett/Spiering*, in: Fett/Spiering, Hdb. Joint Venture, 2. Aufl. 2015, Kap. 7 Rn. 592; *Schulte/Pohl*, Joint-Venture-Gesellschaften, 4. Aufl. 2015, Rn. 801.

[49] *Grau*, CF 2015, 39, 45; *Dorsel*, in: Wurm/Wagner/Zartmann, Rechtsfb., 17. Aufl. 2015, Kap. 119 Rn. 150 M 119.37; *Schwarz*, in: Walz, ADR-Formularbuch, 2. Aufl. 2017, Kap. 21 Rn. 25 Nr. 1.4., Rn. 68 Nr. 1.6. Vgl. auch *Becker*, Hinauskündigungsklauseln, 2010, S. 142.

[50] *Grau*, CF 2015, 39, 45, Fn. 97.

[51] Insoweit missverständlich *Binnewies/Wollweber*, Gesellschafterstreit, 2017, Rn. 91.

[52] Zum Ganzen statt vieler *Fleischer/Schneider*, DB 2010, 2713, 2714; *Schmolke*, in: Vogt/Fleischer/Kalss, Gesellschafts- und KapitalmarktR, 2014, S. 107, 126; *Robles y Zepf/Girnth/Stumm*, BB 2016, 2947, 2949 f. Zweifelhaft *Hornung*, Shoot-Out-Klauseln, 2018, S. 217, der im Fall des Texas Shoot Out von einer *Pflicht* des Angebotsempfängers zum Überbieten ausgeht, sofern dieser auf das Angebot nicht reagiert.

[53] Vgl. *Schwarz*, in: Walz, ADR-Formularbuch, 2. Aufl. 2017, Kap. 21 Rn. 63 f.

an, bis eine Seite nicht zu einem weiteren Auf- bzw. Abschlag bereit ist und das Angebot der Gegenseite annimmt.

Die Möglichkeit eines numerisch abweichenden, neuen Angebots als Reaktion auf das ursprüngliche Angebot gibt jedoch eine Möglichkeit zum Missbrauch. Durch nur minimal abweichende Gegenangebote ließe sich das Verfahren in die Länge ziehen. Vertragsgestalterisch kann diese Lücke dadurch geschlossen werden, dass für ein neues Angebot eine prozentuale Mindestabweichung vom vorherigen Angebot vorgesehen wird.[54] Häufig wird aufgrund dieses Manipulationsrisikos das Verfahren des (theoretisch unendlichen) gegenseitigen Über- bzw. Unterbietens auch so abgewandelt, dass es bei beidseitiger Kauf- bzw. Verkaufsabsicht zu einer finalen, gleichzeitigen Abgabe von Angeboten im Sinne der nachfolgend geschilderten Spielart kommt.[55]

2. Sealed Bid

Als weitere Variante existiert das *Sealed Bid*-Verfahren, unter anderem auch als sizilianische Eröffnung[56], *Blind Bid*[57] oder, etwas sperrig, als „Angebotshinterlegungsverfahren"[58] bezeichnet.[59] Alle Gesellschafter geben hierbei ein „verdecktes", für die anderen vorab nicht einsehbares Kaufangebot für die Anteile der Mitgesellschafter ab, üblicherweise gegenüber einem Dritten (z. B. einem Notar),[60] bei zweigliedrigen Gesellschaften eventuell „nur" gegenüber dem jeweils anderen[61]. Nach erfolgreicher Abgabe der Angebote darf der Gesellschaf-

---

[54] *Schwarz*, in: Walz, ADR-Formularbuch, 2. Aufl. 2017, Kap. 21 Rn. 68 Nr. 1.3.b) schlägt 10 % vor, *Fischerlehner*, Abfindungsklauseln, 2016, S. 222 in einer leicht abgewandelten Variante 5 %. Ohne konkrete Festlegung *Dauner-Lieb/Winnen*, in: FS Brambring, 2012, S. 45, 69. Vgl. auch *Robles y Zepf/Girnth/Stumm*, BB 2016, 2947, 2949 f., die eine Obergrenze für die maximale Anzahl der Erhöhungen ansprechen.

[55] So z. B. *Schroeder/Welpot*, NZG 2014, 609, 611; *Brockmann*, Shoot-Out-Klauseln, 2017, S. 43. Ähnlich die recht komplexe Variante bei *Heussen*, in: Heussen/Pischel, Hdb. Vertragsverhandlung, 4. Aufl. 2014, Teil 2 Rn. 339 ff. („Mexican-Stand-off").

[56] OLG Nürnberg NJW-RR 2014, 418, 419 f.; *Willms/Bicker*, BB 2014, 1347, 1347; *Willms/Bicker*, CF 2014, 237, 237; *Langenfeld/Miras*, GmbH-Vertragspraxis, 7. Aufl. 2015, Rn. 380. *Niewiarra*, Unternehmenskauf, 3. Aufl. 2006, S. 105 begründet diese Bezeichnung mit ihrer auf den ersten Blick fehlenden Seriosität. Nach Ansicht des Verfassers erscheint es zumindest auch denkbar, dass der Begriff auf die sizilianische Eröffnung bzw. Verteidigung im Schachspiel zurückgeht.

[57] *Nater*, Willensbildung, 2010, S. 210; *Wedemann*, Gesellschafterkonflikte, 2013, S. 495.

[58] *Otto*, GmbHR 1996, 16, 19; *Werner*, NWB 2011, 1551, 1555; *Dauner-Lieb/Winnen*, in: FS Brambring, 2012, S. 45, 68.

[59] Zu diesen und weiteren Bezeichnungen auch *Brockmann*, Shoot-Out-Klauseln, 2017, S. 39.

[60] Statt vieler *Fleischer/Schneider*, DB 2010, 2713, 2714; *Werner*, NWB 2011, 1551, 1555; *van de Sande*, in: Hopt, Vertrags- und Formularb., 4. Aufl. 2013, Form. II.H.1 § 6 Abs. 3.

[61] So der Formulierungsvorschlag von *Meier*, Die AG, 3. Aufl. 2005, S. 216 f. Inhaltlich ebenso *Tschäni*, in: Tschäni, M&A III, 2001, S. 51, 65; *Tschäni/Diem/Wolf*, M&A-Transaktionen, 2. Aufl. 2013, Kap. 7 Rn. 41.

ter mit dem höheren Angebot die Anteile des anderen zu diesem (höheren[62]) Preis übernehmen (*Highest Sealed Bid*, in der Auktionstheorie unter anderem auch als *First-Price Sealed Bid* bezeichnet[63]). Alternativ kann ein Dritter einen angemessenen Preis für die Anteile festlegen (ohne diesen den Parteien offenzulegen). Wer mit seinem Angebot näher an diesem Wert liegt, darf und muss die Anteile des Mitgesellschafters zu diesem Wert übernehmen (*Fairest Sealed Bid*).[64]

Interessanterweise wird die Abgabe der Angebote gegenüber einem Dritten nur für das Sealed Bid oder ähnliche Varianten mit Auktionselementen, aber soweit ersichtlich nahezu gar nicht für das Russian Roulette oder Texas Shoot Out diskutiert.[65] Einen sachlichen Grund gibt es dafür kaum, denn eine gewisse Manipulationsanfälligkeit ist allen Varianten gemein. Bestreitet der Angebotsempfänger beispielsweise den Zugang des Angebots oder dessen konkrete Höhe, könnte er bei eventuellen Beweisschwierigkeiten den Anbietenden faktisch zu einer erneuten Abgabe des Angebots zwingen und so in missbräuchlicher Weise das Verfahren in die Länge ziehen. Um solche Risiken zu vermeiden, kann es sinnvoll sein, eine ebenso zentrale wie neutrale Stelle zu schaffen. Ob die entsprechenden Gefahren allerdings die erheblichen zusätzlichen Kosten durch die pauschale Einschaltung eines Notars rechtfertigen, ist schwer zu beantworten. In vielen Fällen dürfte eine Abgabe gegenüber dem Mitgesellschafter genügen, zumal dem Anbietenden immer noch die Möglichkeit der Zustellung durch einen Gerichtsvollzieher nach § 132 BGB, §§ 191 ff. ZPO bleibt. *Brockmann* will dem Notar kraft Vereinbarung sogar umfangreiche verfahrensleitende Kompetenzen zuweisen, sodass er beispielsweise nicht nur kontrollieren soll, ob die Voraussetzungen zur Einleitung des Verfahrens überhaupt erfüllt sind, sondern auch ein Vetorecht bei missbräuchlichem Verhalten geltend machen kann.[66] Abgesehen von sonstigen Vor- und Nachteilen setzt dieser Vorschlag offensichtlich eine gewisse Erfahrung des Notars im Umgang mit den hier diskutierten Vereinbarungen voraus, an der man im Einzelfall zweifeln kann.[67]

---

[62] Und typischerweise nicht etwa niedrigeren, so aber anscheinend *Opitz*, in: Kronke/Melis/Kuhn, Hdb. Int. WirtschaftsR, 2. Aufl. 2017, Teil K Rn. 858, Fn. 1.

[63] Siehe statt vieler *Milgrom/Weber*, 50 Econometrica 1089, 1089 (1982); *McAfee/McMillan*, 25 J. Econ. Lit. 699, 702 (1987); *Krishna*, Auction Theory, 2. Aufl. 2010, S. 2.

[64] Zum Ganzen *Fleischer/Schneider*, DB 2010, 2713, 2714; *Fett/Spiering*, in: Fett/Spiering, Hdb. Joint Venture, 2. Aufl. 2015, Kap. 7 Rn. 602; *Hewitt/Howley/Parkes*, Joint Ventures, 6. Aufl. 2016, S. 249 f. Rn. 10-16 f. *Schroeder/Welpot*, NZG 2014, 609, 611 erkennen im Fairest Sealed Bid zu Recht Parallelen zum Streitbeilegungsmechanismus der Pendelschlichtung.

[65] Eine der wenigen Ausnahmen findet sich bei *Brockmann*, Shoot-Out-Klauseln, 2017, S. 239 ff.

[66] *Brockmann*, Shoot-Out-Klauseln, 2017, S. 240 f.

[67] Vgl. dazu auch unten S. 209 f.

3. Deterrent Approach

Im Fall des *Deterrent Approach* wird nach eingeleitetem Verfahren zunächst der objektive Wert der Anteile nach einem zuvor festgelegten Bewertungsverfahren ermittelt, sodass er sich recht deutlich von der für die anderen Varianten typischen Preisfestlegung zwischen den Parteien unterscheidet. Der Angebotsempfänger hat die Wahl, ob er die Anteile des Anbietenden mit einem bestimmten, vorher festgelegten *Ab*schlag erwirbt oder seine eigenen Anteile mit einem *Auf*schlag in gleicher Höhe veräußert.[68] Der Auf- oder Abschlag hat für die initiierende Partei abschreckende Wirkung (*deterrent*[69]) und soll verhindern, dass das Verfahren überhastet und unbedacht (und wohl oft auch überhaupt) in Gang gesetzt wird.[70]

IV. Dogmatik des Vertragsschlusses

Die dogmatischen Feinheiten des Vertragsschlusses im Rahmen von Russian Roulette, Texas Shoot Out und Co. können sich je nach der gewählten Spielart unterscheiden, stellen den Rechtsanwender aber insgesamt nicht vor größere Probleme – was zumindest zum Teil erklären mag, warum sich nur wenige Stimmen im Schrifttum ausdrücklich dazu äußern. Sämtliche Varianten lassen sich auf allgemeine vertragsrechtliche Grundsätze zurückführen. Die „Kunst" besteht darin, sich von dem auf den ersten Blick ungewohnten Preisermittlungsverfahren nicht verunsichern zu lassen, sondern schlicht die Angebots- und Annahmeerklärung der Parteien präzise herauszuarbeiten. Nachfolgend sei dies exemplarisch für den Fall eines „klassischen" (Offer to Buy or Sell) Russian Roulette gezeigt.[71]

Der initiierende Gesellschafter gibt offensichtlich ein Angebot auf Abschluss eines Kaufvertrags über Gesellschaftsanteile im genannten Umfang zu einem bestimmten Preis ab. Bei genauer Betrachtung handelt es sich aber nicht nur um *ein* Angebot, denn ob der Initiator kauft oder verkauft, hängt allein von der Erklärung des Angebotsempfängers ab. Es handelt sich vielmehr um *zwei* Angebote, von denen eines auf den *Kauf*, das andere auf den *Verkauf* gerichtet ist. Der Angebotsempfänger nimmt eines dieser Angebote an, im Normalfall durch

---

[68] *Fleischer/Schneider*, DB 2010, 2713, 2714; *Hewitt/Howley/Parkes*, Joint Ventures, 6. Aufl. 2016, S. 251 Rn. 10-19 (jeweils 20 %). Zu einer leicht abgewandelten Variante *Marchand*, Clauses contractuelles, 2008, S. 141 (25 %).

[69] Sprachlich unsauber *Marchand*, Clauses contractuelles, 2008, S. 141 („Detterence [sic!] approach").

[70] Zum Ganzen z. B. *Fleischer/Schneider*, DB 2010, 2713, 2714; *Willms/Bicker*, BB 2014, 1347, 1347 f.; *Hewitt/Howley/Parkes*, Joint Ventures, 6. Aufl. 2016, S. 251 Rn. 10-19. Vgl. auch *Wälzholz*, NWB 2018, 190, 197.

[71] In allen Einzelheiten (auch zu den übrigen Varianten) *Brockmann*, Shoot-Out-Klauseln, 2017, S. 32 ff., 63 f., kritisch auch dort S. 276 ff. zur „Unterscheidung" zwischen One Way Buy, One Way Sell und Offer to Buy or Sell.

ausdrückliche Erklärung, und lehnt dadurch zeitgleich das andere im Sinne des § 146, 1. Var. BGB ab.[72]

Für die üblichen Abwandlungen gilt im Kern nichts anderes. Erweiterungen des Preisermittlungsverfahrens lässt sich ebenfalls mit den §§ 145 ff. BGB Herr werden; so liegt im Fall eines höheren Gebots beim Texas Shoot Out beispielsweise ein neuer Antrag mit verändertem Kaufpreis im Sinne des § 150 Abs. 2 BGB vor, worin gleichzeitig die Ablehnung des „alten" Angebots zu sehen ist.[73]

B. Terminologie

Die einzelnen Spielarten radikaler Ausstiegsklauseln „glänzen" mit einer kaum mehr zu überblickenden Vielfalt verschiedenster Bezeichnungen.[74] Wie bereits angeklungen sind die soeben erläuterten Varianten der Klauseln daher weder abschließend, noch ist ihre Differenzierung eindeutig. Es handelt sich auch nicht um rechtlich getrennte Kategorien, sondern um eine rein inhaltliche Unterteilung zur Strukturierung der Begrifflichkeiten.[75] Eine umfassende Systematisierung des Sprachgebrauchs würde den Rahmen dieser Arbeit spätestens dann sprengen, wenn das nichtdeutschsprachige Ausland umfassend miteinbezogen werden soll.[76] Um die terminologische Verwirrung zu vollenden, wird zum Teil nicht nur dieselbe Konstellation unterschiedlich bezeichnet, sondern auch dieselbe Bezeichnung für unterschiedliche Konstellationen verwendet. Der nachfolgende Abschnitt ist aufgrund all dieser Punkte notwendigerweise überblicksartig. Er zeigt allerdings selbst so, dass die gewählten Bezeichnungen häufig den riskanten, auf den ersten Blick dubios anmutenden Charakter der Klauseln und ihren unsicheren Ausgang widerspiegeln.[77]

I. Deutschsprachiger Raum

In Deutschland dürfte die oben geschilderte Unterteilung in Russian Roulette[78], Texas Shoot Out, Sealed Bid und Deterrent Approach mit den jeweils dar-

---

[72] Zum Ganzen *Schulte/Sieger*, NZG 2005, 24, 27; *Schulte/Pohl*, Joint-Venture-Gesellschaften, 4. Aufl. 2015, Rn. 807; *Brockmann*, Shoot-Out-Klauseln, 2017, S. 54; *Schwarz*, in: Walz, ADR-Formularbuch, 2. Aufl. 2017, Kap. 21 Rn. 8.

[73] Näher zur genauen Bestimmung der Kaufsache und den Unterschieden zwischen Personen- und Kapitalgesellschaften *Brockmann*, Shoot-Out-Klauseln, 2017, S. 241 ff.

[74] In diesem Sinne auch *Brockmann*, Shoot-Out-Klauseln, 2017, S. 19.

[75] Löblich, wenn auch nur eingeschränkt zielführend daher die umfassenden Abgrenzungsversuche von *Brockmann*, Shoot-Out-Klauseln, 2017, S. 32 ff.

[76] Eine beeindruckende, wenn auch ebenfalls nicht abschließende Auflistung dutzender gängiger Bezeichnungen findet sich bei *Brockmann*, Shoot-Out-Klauseln, 2017, S. 19 ff.

[77] Vor diesem Hintergrund zur Zurückhaltung bei der Bezeichnung mahnend *Schwarz*, in: Walz, ADR-Formularbuch, 2. Aufl. 2017, Kap. 21 Rn. 28.

[78] Zweifelhaft *Binz*, Börsen-Zeitung 250/2009, 30.12.2009, S. 2 („amerikanisches Roulette").

gestellten Inhalten wohl dem überwiegenden Sprachgebrauch entsprechen, sie wird daher im Rahmen dieser Arbeit zugrunde gelegt. Abseits dessen wird es schnell unübersichtlich. So wird von Teilen des Schrifttums beispielsweise inhaltlich eine Russian Roulette-Klausel (nach hier vertretenem Verständnis) geschildert, diese aber als Texan Shoot Out bezeichnet[79] – wohl in Anlehnung an den US-amerikanischen Sprachgebrauch. Des Weiteren wird häufig ein Sealed Bid (nach hier vertretenem Verständnis) als Texas Shoot Out betitelt[80] oder unter dem Namen Texas Shoot Out, wie bereits geschildert, ein „Mischverfahren" mit Elementen des Sealed Bid verstanden[81]. Der Begriff des *Texas* Shoot Out darf im Übrigen nicht mit dem des bloßen Shoot Out verwechselt werden. Letzterer wird in Form von Shoot Out-*Klauseln* nicht selten als Sammelbegriff für verschiedenste Klauseltypen verwendet.[82] Zu allem Überfluss sorgen die (wenn auch zu Recht) synonym verwendeten Begriffe des Texa*s* Shoot Out und Texa*n* Shoot Out schon auf rein sprachlich-grammatischer Ebene für gewisse Verwirrung.[83]

Im schweizerischen Schrifttum findet sich darüber hinaus der Begriff der „Kauf-Verkauf-Klausel",[84] offenbar in direkter Anlehnung an die US-amerika-

---

[79] *Wälzholz*, GmbH-StB 2007, 84, 86; *Silberberger*, Unternehmensbeteiligungsgesellschaft, 2010, S. 132; *Langenfeld/Miras*, GmbH-Vertragspraxis, 7. Aufl. 2015, Rn. 375.

[80] *Englisch/von Schnurbein*, in: Lorz/Pfisterer/Gerber, Beck'sches Fb. GmbHR, 2010, Form. C.III.2. Rn. 39; *Cziupka*, in: Scholz, GmbHG, Bd. 1, 12. Aufl. 2018, § 3 Rn. 107.

[81] Siehe dazu bereits oben S. 19 f.

[82] So z. B. bei *Fleischer/Schneider*, BB 2010, 2713 ff.; *Bachmann/Eidenmüller/Engert/Fleischer/Schön*, Rechtsregeln, 2012, S. 70; *Schmolke*, ZIP 2014, 897 ff.; *Hanke*, in: Dauner-Lieb/Heidel/Ring, BGB, Bd. 2/2, 3. Aufl. 2016, § 737 Rn. 14; *Großfeld/Egger/Tönnes*, Unternehmensbewertung, 8. Aufl. 2016, Rn. 1488; *Brockmann*, Shoot-Out-Klauseln, 2017, S. 23 ff. Anders einerseits OLG Nürnberg NJW-RR 2014, 418, 419; *Binnewies/Wollweber*, Gesellschafterstreit, 2017, Rn. 91, Fn. 2, die die beiden Begriffe wohl synonym verwenden, andererseits *Schöne*, in: Bamberger/Roth/Hau/Poseck, BeckOK BGB, 53. Ed. 2020, § 737 Rn. 25 (Stand: 01.02.2020), der den Shoot Out anscheinend für eine weitere Variante neben dem Texas Shoot Out hält.

[83] Die Bezeichnung Texan Shoot Out verwenden, neben den oben in Fn. 79 genannten Quellen, z. B. *Schulte/Sieger*, NZG 2005, 24 ff.; *Becker*, Hinauskündigungsklauseln, 2010, S. 135 ff.; *Fett/Spiering*, in: Fett/Spiering, Hdb. Joint Venture, 2. Aufl. 2010, Kap. 7 Rn. 601 f.; *Göthel*, in: Göthel, M&A-Transaktionen, 4. Aufl. 2015, § 39 Rn. 39; *Schulte/Pohl*, Joint-Venture-Gesellschaften, 4. Aufl. 2015, Rn. 794 f. Ob eine der Schreibweisen in sprachlicher Hinsicht die „richtige" ist, ist nicht leicht zu beantworten. Es fällt auf, dass deutschsprachige Werke den Ausdruck Texan Shoot Out zu bevorzugen scheinen, in englischsprachigen Publikationen dagegen der Begriff des Texas Shoot Out überwiegt, siehe z. B. *Brandenburger/Nalebuff*, Coopetition, 1996, S. 52 ff.; *Trhal*, Experimental Studies on Partnership Dissolution, 2009, S. 5, Fn. 3; *Brooks/Landeo/Spier*, 41 RAND J. Econ. 649 ff. (2010); *Hewitt/Howley/Parkes*, Joint Ventures, 6. Aufl. 2016, S. 249 Rn. 10-16. Unfreiwillig amüsant *Hohmuth*, ZIP 2016, 658, 661 f., der teilweise den unzutreffenden Begriff „Texan-Shout-Out" [sic!] verwendet, ähnlich *Heussen*, in: Heussen/Pischel, Hdb. Vertragsverhandlung, 4. Aufl. 2014, Teil 2 Rn. 337 („Mexican Shoutout" [sic!]).

[84] *von der Crone*, SJZ 1993, 37, 42 ff.; *Clopath*, SJZ 1993, 157, 157.

nische Terminologie. Das Oberlandesgericht Wien spricht in seinem Beschluss ganz allgemein von einem „Dead-Lock-Verfahren".[85]

II. Englischsprachiger Raum und Frankreich

Vor allem im US-amerikanischen Raum dominieren die Begriffe des *Texas Shoot Out*[86], der *Shotgun Clause*[87] oder des unspezifischen *Buy-Sell (Agreement)*[88], wobei leichte sprachliche Abweichungen häufig sind (z. B. Buy *or* Sell oder *provision* statt *agreement*).[89] Alle diese Bezeichnungen werden oft entweder synonym oder als Sammelbegriff für verschiedene Gestaltungsmöglichkeiten verwendet, eine klare Unterscheidung gibt es meist nicht.[90] So darf insbesondere der Begriff *Texas Shoot Out* im englischsprachigen Schrifttum nicht dazu verleiten, von einem Verfahren mit Versteigerungselementen auszugehen, wie es in dieser Arbeit zugrunde gelegt wird. Vielmehr sind sowohl *Shotgun Clause* als auch *Texas Shoot Out* in englischsprachigen Texten häufig ein (Offer to Buy or Sell) Russian Roulette nach hier vertretenem Begriffsverständnis.[91] Daneben existieren unzählige weitere Begriffe, von denen beispielhaft nur die aus deutscher Sicht recht eigentümlichen Bezeichnungen der *Candy Bar Method*[92] und *Marco Polo Clause*[93] genannt seien.[94]

---

[85] OLG Wien, Beschluss v. 20.04.2009 – Az. 28 R 53/09h, BeckRS 2014, 02174.

[86] RDO Foods Co. v. United Brands Int'l, Inc., 194 F. Supp. 2d 962, 974 (D.N.D. 2002); *Brandenburger/Nalebuff*, Co-opetition, 1996, S. 52 ff.; *Brooks/Landeo/Spier*, 41 RAND J. Econ. 649 ff. (2010). Auch hier findet man verschiedene Schreibweisen, neben dem in dieser Arbeit verwendeten Texas Shoot Out vor allem Texas Shootout.

[87] Damerow Ford Co. v. Bradshaw, 876 P.2d 788, 792 ff. (Or. Ct. App. 1994); *Behrens*, in: Carter/Cushman/Hartz, Hbk. of Joint Venturing, 1988, S. 97, 102; *Foster/Vohra*, Ohio State WPS 93-58, 1 ff. (1993); *Landeo/Spier*, 121 Econ. Lett. 390 ff. (2013); *Landeo/Spier*, 31 Yale J. on Reg. 143 ff. (2014).

[88] Universal Studios Inc. v. Viacom Inc., 705 A.2d 579, 583 ff. (Del. Ch. 1997); *Karalis*, Int'l Joint Ventures, 1992, § 4.23 S. 158 f.; *Foster/Vohra*, Ohio State WPS 93-58, 1 ff. (1993); *Hoberman*, 2001 Colum. Bus. L. Rev. 231, 232 f., 242 ff.; *Carey*, 39 Real Prop. Prob. & Tr. J. 651 ff. (2005).

[89] Ähnlich gestaltet sich auch der Sprachgebrauch im übrigen englischsprachigen Ausland, siehe z. B. aus dem britischen Rechtskreis *Reece Thomas/Ryan*, Shareholders' Agreements, 4. Aufl. 2014, S. 137 Nr. 5.22, S. 291 Nr. 8.95 ff.; *Hewitt/Howley/Parkes*, Joint Ventures, 6. Aufl. 2016, S. 248 ff. Rn. 10-15 ff.

[90] Vgl. z. B. *Gerchak/Fuller*, 38 Mgmt. Sci. 48, 48 (1992); *Carey*, 39 Real Prop. Prob. & Tr. J. 651, 708 f. (2005).

[91] So bei *Brooks/Landeo/Spier*, 41 RAND J. Econ. 649, 649 f., Fn. 1 (2010); *Li/Wolfstetter*, 62 Oxf. Econ. Pap. 529, 530 (2010); Forbush v. Adams, 460 S.W.3d 1, 3, Fn. 1 (Mo. Ct. App. 2014). Eher wie hier dagegen aus britischer Perspektive *Hewitt/Howley/Parkes*, Joint Ventures, 6. Aufl. 2016, S. 248 ff. Rn. 10-15 ff.

[92] So *Tannenbaum*, 45 Prac. Law. 55, 65 (1999).

[93] So *Burnett/Bath*, Law of International Business, 2009, S. 429, Fn. 255.

[94] Dieses und weitere Beispiele finden sich in der umfangreichen Auflistung bei *Carey*, 39 Real Prop. Prob. & Tr. J. 651, 708 f. (2005). Siehe auch *Landeo/Spier*, 31 Yale J. on Reg. 143, 144, Fn. 13 (2014).

Im französischen Schrifttum wird wohl überwiegend der Begriff *clause (de) buy or sell*[95] oder auch *convention (de) buy or sell*[96] bevorzugt, der sich ersichtlich am US-amerikanischen Original orientiert, dicht gefolgt von der in den einheimischen Sprachgebrauch überführten *clause d'offre alternative*[97]. Sämtliche dieser Begriffe werden weitgehend synonym verwendet,[98] immerhin bemüht man sich aber teilweise um eine terminologische Differenzierung zwischen den einzelnen Varianten[99]. Ferner existieren weitere, teils bizarre (Fantasie-) Bezeichnungen,[100] von denen hier stellvertretend nur die *clause omelette*[101] erwähnt sei.

C. Joint Ventures als Hauptanwendungsfall

Radikale Ausstiegsklauseln können grundsätzlich rechtsformunabhängig in sämtlichen Gesellschaften eingesetzt werden,[102] erfreuen sich aber in *Joint Ventures* besonderer Beliebtheit[103]. Sie werden unter anderem auch für Familiengesellschaften[104] und unter dem Begriff des *Private Equity*[105] diskutiert, wobei

---

[95] Statt vieler *Fages*, RTD civ. 2009, 525 ff.; *Massart*, Bull. Joly Sociétés 2012, 198, 198 ff., § 131; *Poracchia*, RTDF 2012, n° 2, 109, 109 f.

[96] *Fages*, Rev. sociétés 2012, 81, 83 f.; *Hovasse*, Dr. sociétés 2009, n° 7, 20, 20, comm. 136.

[97] Statt vieler *Charvériat/Couret*, Société par actions simplifiée, 3. Aufl. 2001, S. 230 Nr. 2091; *Le Fichant*, in: Bonneau/Le Dolley/Le Nabasque, sortie de l'investisseur, 2007, S. 153, 159 Nr. 18; *Louit/Marty*, RTDF 2007, n° 1, 84, 84 ff.

[98] Vgl. z. B. *Plantin*, JCP E 2000, n° 42, 1646, 1647; *Le Nabasque*, in: Loquin, séparations internationales d'entreprises, 2004, S. 149, 163; *Dondero*, D. 2008, 1024, 1025 f.; *Dross*, Clausier, 3. Aufl. 2016, S. 85; *Germain/Magnier*, in: Germain, Traité de droit des affaires, Bd. 2, 22. Aufl. 2017, S. 445 Nr. 2174, Fn. 303.

[99] Instruktiv *Pironon*, joint ventures, 2004, S. 106 Rn. 210. Siehe auch *Mortier*, Dr. sociétés 2016, n° 1, 10, 10 f., comm. 1.

[100] Siehe im Einzelnen z. B. die Aufzählungen bei *Le Cannu*, RTD com. 2007, 169, 170; *Heinich*, Rev. sociétés 2014, 475, 485, Fn. 102; *Borga*, in: Buy/Lamoureux/Mestre/Roda, principales clauses, 2. Aufl. 2018, S. 97, 97 Nr. 186 und noch *Charvériat/Couret/Sébire/Zabala*, Sociétés commerciales, 49. Aufl. 2017, S. 1199 Rn. 69178.

[101] Erwähnt wird dieser Begriff z. B. bei *Le Cannu*, RTD com. 2007, 169, 170; *Fages*, RTD civ. 2009, 525, 525.

[102] *Dauner-Lieb/Winnen*, in: FS Brambring, 2012, S. 45, 68; *Brockmann*, Shoot-Out-Klauseln, 2017, S. 170. Instruktiv ist die Verknüpfung mit erbrechtlichen Problemen bei *Rodewald*, in: Centrale für GmbH Dr. Otto Schmidt, GmbH-Hdb., Rn. I 1095 (Stand: 166. Lfrg., Oktober 2018).

[103] Statt vieler *Werner*, GmbHR 2005, 1554, 1556; *Bömeke*, in: Mankabady, Joint Ventures, 3. Aufl. 2008, S. 247, 293; *Wedemann*, Gesellschafterkonflikte, 2013, S. 492; *Hauschild/Kallrath*, in: Hauschild/Kallrath/Wachter, Notarhdb., 2. Aufl. 2017, § 16 Rn. 404.

[104] *Binz*, Börsen-Zeitung 250/2009, 30.12.2009, S. 2. *Lange/Sabel*, NZG 2015, 1249, 1250 f., für insoweit „unüblich" hält die Klauseln aber *Wälzholz*, NWB 2018, 190, 197. Auch inhaltlich skeptisch gegenüber der Verwendung in Familiengesellschaften *Kormann/Schmeing*, FuS 2016, 13, 16 ff.

[105] Siehe z. B. *Weber*, in: Weber, Entwicklungen im KapitalmarktR, 2000, S. 21, 54 f.; *Draxler*, Private Equity Exit, 2010, S. 137 ff.; *Schalkowski*, Einflussnahme, 2013, S. 220.

eine gewisse Schnittmenge mit typischen Joint Venture-Konstellationen besteht. Die nachfolgend dargestellten gesellschaftsrechtlichen Grundlagen von Joint Ventures geben einen ersten Hinweis auf mögliche gestalterische Schwierigkeiten und sind auch im weiteren Verlauf dieser Arbeit immer wieder von Bedeutung.

I. Begriffsbestimmung und Erscheinungsformen

Schon begrifflich ergeben sich im Hinblick auf Joint Ventures erste Schwierigkeiten, denn eine klar umrissene und einheitliche Definition gibt es nicht.[106] Eine der möglichen Übersetzungen aus dem Englischen als „gemeinsames Wagnis"[107] gibt immerhin einen Anhaltspunkt für den Minimalkonsens: Mindestens zwei Beteiligte schließen sich zusammen, um einen wirtschaftlichen Zweck zu verfolgen.[108] Letztlich steht der Begriff des Joint Ventures aber nur stellvertretend und allgemein für (auch rechtlich) ganz unterschiedliche Formen der Unternehmenskooperation.[109]

Ungeachtet der definitorischen Schwierigkeiten lassen sich Joint Ventures grob in *Equity Joint Ventures* und *Contractual Joint Ventures* unterteilen. Nach deutschem Verständnis[110] fußen *Contractual* Joint Ventures allein auf einer schuldrechtlichen Vereinbarung zwischen den Parteien, unter anderem auch als Grund(lagen)vereinbarung[111], Konsortial-[112] oder Joint Venture-Vertrag[113] bezeichnet. Es gibt keinen darüber hinausgehenden „formalen Gründungsakt",[114]

---

[106] Aus dem umfangreichen Schrifttum statt aller *Langefeld-Wirth*, RIW 1990, 1, 1; *Göthel*, Joint Ventures, 1999, S. 29, 33 ff.; *Stephan*, in: Schaumburg, Joint Ventures, 1999, S. 97, 99; *Schulte*, in: Schulte/Schwindt/Kuhn, Joint Ventures, 2009, § 1 Rn. 1. Aus schweizerischer Perspektive *Knobloch*, in: Vogt/Fleischer/Kalss, Gesellschafts- und KapitalmarktR, 2014, S. 137, 138.

[107] So z. B. *Göthel*, Joint Ventures, 1999, S. 29; *Winkler*, in: Riesenhuber, Perspektiven, 2008, S. 44, 52; *Schmolke*, in: Vogt/Fleischer/Kalss, Gesellschafts- und KapitalmarktR, 2014, S. 107, 107 f.

[108] Ähnlich *Göthel*, BB 2014, 1475, 1475; *Schmolke*, in: Vogt/Fleischer/Kalss, Gesellschafts- und KapitalmarktR, 2014, S. 107, 108; *Fett/Spiering*, in: Fett/Spiering, Hdb. Joint Venture, 2. Aufl. 2015, Kap. 1 Rn. 1.

[109] Statt vieler *Martinek*, Moderne Vertragstypen, Bd. 3, 1993, S. 210, 210, 216 f.; *Fett/Spiering*, in: Fett/Spiering, Hdb. Joint Venture, 2. Aufl. 2015, Kap. 1 Rn. 1; *Göthel*, BB 2014, 1475, 1475.

[110] Zum im Ausland teilweise abweichenden Begriffsverständnis *Stephan*, in: Schaumburg, Joint Ventures, 1999, S. 97, 99, Fn. 2.

[111] *Schulte/Pohl*, Joint-Venture-Gesellschaften, 4. Aufl. 2015, Rn. 81 ff.; *Stengel*, in: Prinz/Kahle, Beck'sches Hdb. Personengesellschaften, 5. Aufl. 2020, § 22 Rn. 40.

[112] *Mestmäcker*, in: Mestmäcker/Blaise/Donaldson, Gemeinschaftsunternehmen, 1979, S. 9, 12; *Schmolke*, in: Vogt/Fleischer/Kalss, Gesellschafts- und KapitalmarktR, 2014, S. 107, 108.

[113] *Ebenroth*, JZ 1987, 265, 266; *Göthel*, BB 2014, 1475, 1475; *Stengel*, in: Prinz/Kahle, Beck'sches Hdb. Personengesellschaften, 5. Aufl. 2020, § 22 Rn. 40.

[114] *Elfring*, NZG 2012, 895, 895.

insbesondere wird nicht eigens eine neue Gesellschaft gegründet, um das wirtschaftliche Ziel zu erreichen. Allein durch ihre schuldrechtliche Absprache gründen die Parteien jedoch in aller Regel bereits eine Gesellschaft bürgerlichen Rechts nach §§ 705 ff. BGB[115] – eine Tatsache, die oft nicht allen Beteiligten bekannt ist[116].

Ein *Equity* Joint Venture liegt vor, wenn die Parteien für ihre Zwecke eine neue Gesellschaft gründen und es so zu einer „organisatorischen Verselbständigung"[117] ihrer Zielsetzung kommt. Diese eigens gegründete Gesellschaft wird unter anderem als Projektgesellschaft[118] bezeichnet und trägt das sogenannte Gemeinschaftsunternehmen[119]. Neben der Grundlagenvereinbarung existiert bei Equity Joint Ventures also noch ein zweiter Gesellschaftsvertrag, nämlich der der Projektgesellschaft, wobei die beiden Vereinbarungen streng voneinander zu trennen sind. Diese Differenzierung führt zu der typischen zweistufigen Struktur von Equity Joint Ventures.[120]

II. Gesellschaftsform und Formpflichten

Der Begriff des Joint Ventures ist nicht zwingend mit einer bestimmten Rechtsform verbunden, er ist also „rechtsformneutral". Folglich bedarf der Joint Venture-Vertrag grundsätzlich auch keiner besonderen Form.[121] Sofern er jedoch zur Errichtung einer Projektgesellschaft verpflichtet, sind für ihn bereits die Formvorschriften dieser Projektgesellschaft einzuhalten, insbesondere die Pflicht zur notariellen Beurkundung nach § 2 Abs. 1 GmbHG, § 128 BGB, §§ 6 ff. BeurkG.[122] Da von beratender Seite die GmbH, sei es in Reinform oder als GmbH & Co. KG, überwiegend als geeignete Rechtsform für Projektgesellschaften empfohlen wird[123] und sich demzufolge auch in der Rechtspraxis

---

[115] Statt vieler *Göthel*, BB 2014, 1475, 1476; *Schmolke*, in: Vogt/Fleischer/Kalss, Gesellschafts- und KapitalmarktR, 2014, S. 107, 108; *Billing*, in: Fett/Spiering, Hdb. Joint Venture, 2. Aufl. 2015, Kap. 8 Rn. 3 ff.

[116] Vgl. *Schulte*, in: Schulte/Schwindt/Kuhn, Joint Ventures, 2009, § 1 Rn. 1.

[117] So *Stephan*, in: Schaumburg, Joint Ventures, 1999, S. 97, 99.

[118] *Stephan*, in: Schaumburg, Joint Ventures, 1999, S. 97, 99; *Winkler*, in: Riesenhuber, Perspektiven, 2008, S. 44, 53; *Göthel*, BB 2014, 1475 ff.

[119] *Schulte*, in: Schulte/Schwindt/Kuhn, Joint Ventures, 2009, § 1 Rn. 8; *Schmolke*, in: Vogt/Fleischer/Kalss, Gesellschafts- und KapitalmarktR, 2014, S. 107, 108.

[120] Statt aller *Schulte*, in: Schulte/Schwindt/Kuhn, Joint Ventures, 2009, § 1 Rn. 9; *Schmolke*, in: Vogt/Fleischer/Kalss, Gesellschafts- und KapitalmarktR, 2014, S. 107, 108; *Fett/Spiering*, in: Fett/Spiering, Hdb. Joint Venture, 2. Aufl. 2015, Kap. 2 Rn. 9; *Schulte/Pohl*, Joint-Venture-Gesellschaften, 4. Aufl. 2015, Rn. 18.

[121] So ausdrücklich *Billing*, in: Fett/Spiering, Hdb. Joint Venture, 2. Aufl. 2015, Kap. 8 Rn. 3. Siehe dazu auch unten S. 206.

[122] Statt vieler *van de Sande*, in: Hopt, Vertrags- und Formularb., 4. Aufl. 2013, Form. II.H.1 Nr. 2; *Heinze*, in: Fleischer/Goette, MüKo GmbHG, Bd. 1, 3. Aufl. 2018, § 2 Rn. 209; *Altmeppen*, GmbHG, 9. Aufl. 2019, § 2 Rn. 50.

[123] So von *Schulte*, in: Schulte/Schwindt/Kuhn, Joint Ventures, 2009, § 2 Rn. 178; *Fett/*

durchgesetzt hat[124], kommt den Formvorschriften des GmbHG ohnehin besondere Bedeutung zu. Wie sich noch zeigen wird, spielt für die Vereinbarung von Russian Roulette, Texas Shoot Out und Co. deshalb neben § 2 Abs. 1 GmbHG auch § 15 GmbHG eine zentrale Rolle.

D. Zwischenfazit: Gestalterische Freiheit und terminologische Verwirrung

Die Ausführungen zum Ablauf des Verfahrens haben gezeigt, wie entscheidend eine sorgfältige vertragliche Gestaltung ist. Sowohl das Trigger Event als auch die vorgeschalteten Mechanismen fungieren als rechtliches „Nadelöhr" und legen fest, wie wahrscheinlich eine Trennung der Gesellschafter durch das vereinbarte Preisermittlungsverfahren tatsächlich ist. Je weiter man den Anwendungsbereich durch ein eng umrissenes, konkret formuliertes Trigger Event einschränkt und je mehr man zusätzlich von zwingenden vorgeschalteten Verfahren zur „Abkühlung" und gütlichen Einigung Gebrauch macht, desto unwahrscheinlicher wird es, dass es überhaupt zur Initiierung der Klausel kommt.[125] Die auf den ersten Blick große gestalterische Freiheit wird also durch die Interessen der Parteien begrenzt. Wie sich im Detail noch zeigen wird, sollte von ihnen regelmäßig kein jederzeit und voraussetzungslos anwendbares Trennungsrecht, sondern ein eng umrissener Notfallmechanismus gewünscht sein. Für den Fall, dass die Klausel tatsächlich einmal zur Anwendung kommt, sind insbesondere klare Reaktionsfristen unerlässlich, um die angesprochenen Manipulationsmöglichkeiten bestmöglich zu vermeiden.

Spiering, in: Fett/Spiering, Hdb. Joint Venture, 2. Aufl. 2015, Kap. 7 Rn. 224; *Schulte/Pohl*, Joint-Venture-Gesellschaften, 4. Aufl. 2015, Rn. 67; *Stengel*, in: Prinz/Kahle, Beck'sches Hdb. Personengesellschaften, 5. Aufl. 2020, § 22 Rn. 7.

[124] *Gansweid*, Tochtergesellschaften, 1976, S. 51; *Goulding/Boxell/Costelloe/Hellwig*, in: Micheler/Prentice, Joint Ventures, 2000, S. 151, 153; *Winkler*, in: Riesenhuber, Perspektiven, 2008, S. 44, 54; *CMS Hasche Sigle*, Rechtsratgeber Joint Venture, 2013, S. 35; *Reinhard*, in: Wachter, Praxis des Handels- und GesellschaftsR, 4. Aufl. 2018, § 20 Rn. 11; *Wirbel*, in: Gummert/Weipert, Münchener Hdb. GesR, Bd. 1, 5. Aufl. 2019, § 28 Rn. 5. – In der Schweiz zeigte sich dagegen jedenfalls bis vor Kurzem (noch) eine Vorherrschaft der Aktiengesellschaft nach Art. 620 ff. OR, auch außerhalb von Joint Ventures, *Brechbühl/Emch*, SZW/RSDA 2007, 271, 271 f.; *Vogt*, in: Vogt/Fleischer/Kalss, Gesellschafts- und KapitalmarktR, 2014, S. 177, 177; *Baudenbacher*, in: Honsell/Vogt/Watter, ObligationenR II, 5. Aufl. 2016, Vor Art. 620 Rn. 3. Infolge einer grundlegenden Reform ist die Bedeutung der GmbH jedoch auch in der Schweiz gestiegen, *Baudenbacher/Göbel/Speitler*, in: Honsell/Vogt/Watter, ObligationenR II, 5. Aufl. 2016, Art. 772 Rn. 2. Einzelheiten zu dieser Reform finden sich z. B. bei *Böckli*, in: Böckli/Forstmoser, GmbH-Recht, 2006, S. 1 ff.; *Ammann*, RIW 2007, 735 ff.; *Baudenbacher/Göbel/Speitler*, in: Honsell/Vogt/Watter, ObligationenR II, 5. Aufl. 2016, Art. 772 Rn. 1 a f. sowie, explizit im Zusammenhang mit Joint Ventures, bei *Gericke/Dalla Torre*, in: Kunz/Jörg/Arter, Gesellschaftsrecht VII, 2012, S. 19, 33 ff.

[125] Vgl. umfassend *De Ly*, RDAI/Int'l Bus. L.J. 1995, 279, 288 ff.

Im Hinblick auf die verschiedenen Spielarten ist das Russian Roulette als Grundversion zu verstehen.[126] Andere Varianten führen zusätzliche Elemente ein, etwa den Versteigerungsgedanken (Texas Shoot Out) oder die Geheimheit und Gleichzeitigkeit der Angebotsabgabe (Sealed Bid). Unabhängig von der konkreten Spielart endet das Verfahren in einer Zweipersonengesellschaft stets mit der alleinigen Anteilsinhaberschaft des einen und dem Ausscheiden des anderen Gesellschafters. Zur Identifizierung der vereinbarten Variante kann man sich aufgrund der angesprochenen terminologischen Schwierigkeiten nicht (allein) an der Bezeichnung der vereinbarten Klausel orientieren. Um Verwechslungen vorzubeugen, ist es vor allem im internationalen Kontext wichtig, das eigene Begriffsverständnis offenzulegen und sich auf *inhaltliche* Unterscheidungskriterien zu konzentrieren. Die verwendeten Namen sind ohnehin häufig reine Fantasiebegriffe der Gestaltungspraxis, deren etymologischer Hintergrund oft ungeklärt ist. Die hier vorgenommene Differenzierung nimmt deshalb nicht für sich in Anspruch, die „richtige" zu sein. Sie erlaubt es aber immerhin, die dargestellten Varianten klar voneinander abzugrenzen und entspricht wohl auch dem überwiegenden Sprachgebrauch in der deutschen Fachliteratur.

Die nachfolgenden Ausführungen konzentrieren sich vor allem auf die häufigen Spielarten des Russian Roulette und des Texas Shoot Out, lassen sich aber grundsätzlich auf andere Varianten übertragen. Auf die Verwendung eines Sammel- oder Oberbegriffs wurde aufgrund der bestehenden sprachlichen und terminologischen Verwirrung und im Gegensatz zu anderen Arbeiten[127] verzichtet. Wegen der unüberschaubaren Vielfalt an Gestaltungsmöglichkeiten kann diese Arbeit ohnehin keine generelle Geltung für sämtliche Spielarten beanspruchen; in besonders relevanten Fällen werden die Unterschiede bei der rechtlichen Behandlung explizit herausgehoben.

---

[126] Anders *Brockmann*, Shoot-Out-Klauseln, 2017, S. 52.
[127] Siehe z. B. *Brockmann*, Shoot-Out-Klauseln, 2017, S. 23 ff.; *Hornung*, Shoot-Out-Klauseln, 2018, S. 215 ff.

§ 5 Internationale Perspektive

Russian Roulette- und Texas Shoot Out-Klauseln laden in besonderem Maße dazu ein, den Blick auch auf ausländische Rechtsordnungen zu richten. Das liegt nicht allein an ihrem sehr wahrscheinlichen, obgleich nicht klar nachweisbaren Ursprung im US-amerikanischen Raum,[1] sondern allgemein an ihrer erheblichen internationalen Verbreitung. Eine umfassende Analyse ist allerdings im Rahmen dieser Arbeit weder möglich noch zielführend, sodass der nachfolgende Überblick in mehrfacher Weise limitiert ist.

Zum einen beschränkt er sich auf ausgewählte Aspekte der untersuchten Rechtsordnungen, die für das deutsche Recht und diese Arbeit besonders relevant sind, wobei der Rechtsprechung große Bedeutung zukommt. Daraus resultiert nicht nur eine eingeschränkte Breite der Darstellung, sondern auch eine begrenzte Tiefe, sodass nicht sämtliche Details abgebildet werden können. Zum anderen konzentriert er sich auf wenige ausgewählte Rechtsordnungen, namentlich die der USA und Frankreichs. Das US-amerikanische Recht eignet sich für eine rechtsvergleichende Betrachtung nicht nur deshalb besonders gut, weil die hier diskutierten Vereinbarungen wohl vor dessen Hintergrund entwickelt wurden, sondern auch, weil dem US-amerikanischen (Gesellschafts-) Recht nach wie vor erhebliche wirtschaftliche Bedeutung zukommt. Im Unterschied dazu ist das französische Gesellschaftsrecht auf internationalem Niveau kaum von Belang. Erstaunlicherweise ergingen aber gerade zum französischen Recht bereits eine ganze Reihe von Urteilen zu Russian Roulette- und Texas Shoot Out-Klauseln über sämtliche Instanzen. Eine genauere Betrachtung dieser Entscheidungen ermöglicht nicht nur in gewissem Maße Rückschlüsse auf das deutsche Recht, sondern zeigt vor allem, wie unterschiedlich der Blick auf die Klauseln aus US-amerikanischer und französischer Sicht ausfällt und wie sich die gerichtlichen Stellungnahmen in ihrem juristischen und wirtschaftlichen Verständnis qualitativ unterscheiden. Gleichzeitig soll das französische Recht als Vertreter des kontinentaleuropäischen *Civil Law*-Rechtskreises ein Gegengewicht zum stark an Präjudizien orientierten[2] *Common Law*[3] bilden und so eine ausgeglichene Betrachtung gewährleisten.

---

[1] Näher dazu *Brockmann*, Shoot-Out-Klauseln, 2017, S. 26 f.

[2] Vgl. *Burnham*, Law and Legal System of the US, 6. Aufl. 2016, S. 41 ff.

[3] Vgl. zum uneinheitlichen Gebrauch dieses Begriffs *Burnham*, Law and Legal System of the US, 6. Aufl. 2016, S. 42.

A. Frankreich

Französische Gerichte mussten sich in der jüngeren Vergangenheit bereits mehrfach mit radikalen Ausstiegsklauseln befassen – und sei es auch nur am Rande.[4] Teile des französischen Schrifttums hielten landeseigene Urteile zur Thematik aber jedenfalls bis vor Kurzem immer noch für selten.[5] Aus isoliert nationaler Perspektive mag dies zutreffen, gerade im Vergleich zu Deutschland gibt es mittlerweile aber bereits eine umfassende Rechtsprechung, die die Klauseln unter verschiedenen Aspekten beleuchtet. Auch im französischen Schrifttum wurden die hier behandelten Mechanismen bereits Anfang der 1990er-Jahre diskutiert[6] und fanden in den 1970er-Jahren zumindest schon Erwähnung[7].

I. Ausschlussklausel und Sanktionscharakter

Zwischen 2006 und 2007 ergingen in einem Verfahren über sämtliche Instanzen mehrere Entscheidungen zu einer abgewandelten Form der in dieser Arbeit diskutierten Klauseln. In einem recht unübersichtlichen Beteiligungsgeflecht mit vielfachen Unterbeteiligungen[8] standen sich die beiden einzigen Gesellschafter eines gemeinsamen Unternehmens gegenüber (die konkrete Rechtsform sei an dieser Stelle ausgeblendet). Die Parteien stritten über die Wirksamkeit einer außerhalb der Satzung getroffenen Vereinbarung, der streitgegenständlichen Klausel.[9] Deren Trigger Event war ein tiefgreifendes Zerwürfnis („profond désaccord"), das entweder aus einem beträchtlichen Verstoß („manque-

---

[4] Siehe neben den nachfolgenden Urteilen z. B. auch T. com. Paris, 3 avr. 2001; CA Paris, 25e ch. sect. A, 21 déc. 2001, n° 2001/09384, Bull. Joly Sociétés 2002, 509 ff., § 110, dazu *Le Nabasque*, Bull. Joly Sociétés 2002, 509, 513 ff., § 110; *Monnet/Vidal*, Dr. sociétés 2002, n° 7, 18, 20 f., comm. 137; *Lucas*, RDC 2003, 165 ff. Siehe ebenfalls T. com. Paris, 9 avr. 2013, n° 2013/000486; CA Paris, pôle 5, ch. 8, 10 mars 2015, n° 13/21286, Dr. sociétés 2015, n° 7, 35 f., comm. 135, dazu *Brignon*, Dr. sociétés 2015, n° 7, 8, 9 f., étude 11; *Legros*, Dr. sociétés 2015, n° 7, 35, 36 f., comm. 135. Siehe zuletzt noch CA Aix, pôle 3, ch. 4, 13 juin 2019, n° 18/18352.

[5] *Le Fichant*, in: Bonneau/Le Dolley/Le Nabasque, sortie de l'investisseur, 2007, S. 153, 159 Nr. 18 („peu fréquemment portées devant les juridictions"); *Libchaber*, Defrénois 2009, 2324, 2325, art. 39040; *Massart*, Bull. Joly Sociétés 2012, 198, 198, § 131, jüngst noch *Siguier/Casal*, Dr. sociétés 2016, n° 4, 53, 53, pratique 1 („quasi-inexistante"). Positiver dagegen *Dondero*, in: Boizard/Raimbourg, Ingénierie financière, fiscale et juridique, 3. Aufl. 2015, S. 778 Nr. 224.65 („reconnue [...] par la jurisprudence").

[6] So z. B. bei *Parléani*, Rev. sociétés 1991, 1, 24; *Le Nabasque/Dunaud/Elsen*, Dr. sociétés, actes prat. 1992, n° 5, 2, 13 ff.; *Prat*, pactes d'actionnaires, 1992, S. 92 ff. Nr. 158 ff.

[7] Siehe das Klauselbeispiel bei *Hoppenot*, in: o. V., filiale commune (colloque de Paris), 1975, S. 6, 16 f.

[8] Siehe dazu die Übersicht in Bull. Joly Sociétés 2007, 72, 73, § 7.

[9] Diese Klausel ist im Kern in den nachfolgend besprochenen Entscheidungen der ersten beiden Instanzen abgedruckt, T. com. Paris, 2e ch., 17 oct. 2006, n° 2006/051957, Bull. Joly Sociétés 2007, 72, 75 f., § 7; CA Paris, 3e ch. B, 15 déc. 2006, n° 06/18133, Bull. Joly Sociétés 2007, 479, 479 f., § 124.

ment important") gegen den Gesellschaftsvertrag oder aus einer wesentlichen Veränderung der Geschäftspolitik der Gesellschaft resultieren musste („changement substantiel de la politique").[10] Nach dem insoweit unpräzise formulierten Text der Klausel konnte derjenige, von dem eine entsprechende Beschlussfassung ausging („à l'origine de la décision"), das Verfahren allerdings nicht selbst auslösen und hatte auch keine Wahl zwischen Kauf und Verkauf. Die *andere* Partei durfte vielmehr allein entscheiden, ob sie ihre eigenen Anteile verkaufen oder die Anteile des „verantwortlichen" Mitgesellschafters kaufen wollte. Deshalb war eine Anpassung des Preisfindungsmechanismus erforderlich, damit das Verfahren nicht vollständig in der Hand eines einzigen Gesellschafters lag. Entgegen einer typischen Russian Roulette-Klausel wurde der Preis durch ein bereits *ex ante* festgelegtes Verfahren zur Unternehmensbewertung ermittelt. Einer der Gesellschafter wollte die Klausel nach (seines Erachtens) eingetretenem Trigger Event auslösen, der andere machte vor Gericht unter anderem die Unwirksamkeit der Vereinbarung geltend.

1. Entscheidungen der Gerichte

Der Pariser *tribunal de commerce* (Handelsgericht) ging in erster Instanz[11] davon aus, dass die vorliegende Klausel nicht als unzulässige, außerhalb der Satzung geregelte Ausschlussklausel (*clause d'exclusion*, vergleichbar einer Hinauskündigungsklausel im deutschen Recht[12]) zu qualifizieren[13] und daher wirksam sei. Nach französischem Recht kann eine solche Ausschlussklausel zwar zulässig sein, muss aber beispielsweise im Fall der französischen *société par actions simplifiée* (SAS) zumindest in der Satzung vereinbart werden,[14] siehe Art. L227-16 C. com.[15] Zur Begründung führte das Gericht aus, der betroffene Gesellschafter solle gerade nicht ausgeschlossen, sondern „nur" dazu verpflichtet werden, seine eigenen Anteile zu verkaufen oder die Anteile des Mitgesellschafters zu kaufen. Diese gegenseitigen Kauf- bzw. Verkaufsverspre-

---

[10] Zu Recht kritisch gegenüber diesem Trigger Event *Lucas*, Bull. Joly Sociétés 2007, 479, 484, § 124; *Couret/Jacomet*, RJDA 10/2008, 951, 954. Vgl. auch *Dross*, Clausier, 3. Aufl. 2016, S. 89.

[11] T. com. Paris, 2e ch., 17 oct. 2006, nᵒ 2006/051957, Bull. Joly Sociétés 2007, 72 ff., § 7. Dazu *Louit/Marty*, RTDF 2007, nᵒ 1, 84 ff. sowie knapp *Couret/Jacomet*, RJDA 10/2008, 951, 953 f.

[12] Dazu ausführlich unten S. 120 ff.

[13] Anders anscheinend ohne nähere Begründung *Mekki*, Rev. sociétés 2016, 563, 567.

[14] Ausführlich zu den Anforderungen an Ausschlussklauseln nach französischem Recht *Le Nabasque/Dunaud/Elsen*, Dr. sociétés, actes prat. 1992, nᵒ 5, 2, 8 ff.; *Dariosecq/Métais*, Bull. Joly Sociétés 1998, 908 ff., § 286; *Mousseron*, conventions sociétaires, 2. Aufl. 2014, S. 283 ff. Nr. 404 ff.

[15] Zum Ganzen *Uettwiller/Prieur*, RLDA 2003, suppl. nᵒ 57, 13, 20. Näher zu Art. L227-16 C. com. *Le Cannu/Dondero*, Droit des sociétés, 8. Aufl. 2019, S. 737 ff. Rn. 1052 ff. Vgl. knapp zu den hier diskutierten Klauseln in der SAS auch *Germain/Périn*, SAS, 6. Aufl. 2016, S. 526 Rn. 750.

chen seien zwischen den Gesellschaftern frei vereinbart („librement consentie[s]"[16]) und daher nicht zu beanstanden.

Die Pariser *cour d'appel* (Appellationsgericht) hielt die Entscheidung der Vorinstanz mit ähnlicher Begründung aufrecht.[17] Der betroffene Gesellschafter werde durch die Vereinbarung nicht zum Ausscheiden gezwungen („n'est pas imposée"[18]) und es gehe nicht um eine Sanktionierung seines Verhaltens („n'est pas une sanction"[19]).

In der letzten Instanz musste sich die *Cour de cassation* (Kassationsgerichtshof) dann gar nicht mehr mit der Abgrenzung zur *clause d'exclusion* befassen.[20] Es ging an diesem Punkt nur noch um die im französischen Recht diffizile und viel diskutierte Frage der Laufzeit und Kündbarkeit von Gesellschaftervereinbarungen (*pactes d'actionnaires*),[21] die an dieser Stelle nicht näher behandelt werden soll.

2. Stellungnahme

Die Entscheidungen sind offenbar von dem Wunsch getragen, die vereinbarte Klausel aufrecht zu erhalten. Diese Intention ist aus rechtspraktischer Perspektive zu begrüßen, die vorgebrachten Argumente sind aber nicht durchgehend überzeugend. Insbesondere die vom *tribunal de commerce* und der *cour d'appel* vorgenommene Abgrenzung zwischen der streitgegenständlichen Klausel und einer *clause d'exclusion* erscheint zweifelhaft. Wie der in Frage stehenden Klausel müssen nämlich auch einer allgemeinen Ausschlussklausel zum Zeitpunkt der Vereinbarung sämtliche Gesellschafter zustimmen. Obendrein führen beide Regelungen dazu, dass eine der Parteien ihre Gesellschafterstellung verliert – und zwar möglicherweise im konkreten Fall *gegen* ihren Willen. Jedenfalls taugt das Argument, dass die Klausel frei vereinbart und nicht aufgezwungen wurde, daher nicht zur Differenzierung.[22]

Zweifelhaft ist auch die Aussage, der Klausel fehle es im Gegensatz zu einer typischen Ausschlussklausel am „sanktionierenden Charakter". Das mag für eine typische Vereinbarung mit dem Trigger Event eines Deadlocks noch überzeugen. Im vorliegenden Fall haben die Parteien aber gerade ein Verursacher-

---

[16] T. com. Paris, 2e ch., 17 oct. 2006, n° 2006/051957, Bull. Joly Sociétés 2007, 72, 76, § 7.

[17] CA Paris, 3e ch. B, 15 déc. 2006, n° 06/18133, Bull. Joly Sociétés 2007, 479 ff., § 124.

[18] CA Paris, 3e ch. B, 15 déc. 2006, n° 06/18133, Bull. Joly Sociétés 2007, 479, 480, § 124.

[19] CA Paris, 3e ch. B, 15 déc. 2006, n° 06/18133, Bull. Joly Sociétés 2007, 479, 480, § 124.

[20] Cass. com., 6 nov. 2007, n° 07-10620 und 07-10785, Bull. Joly Sociétés 2008, 125 ff., § 31.

[21] Dazu *Moury*, D. 2007, 2045 ff.; *U.*, Banque & Droit 2007, n° 113, 71 ff.; *Constantin*, JCP E 2008, n° 25, 33, 34 ff., 1829; *Dondero*, D. 2008, 1024, 1025 ff.; *Hovasse*, Dr. sociétés 2008, n° 1, 24, 25, comm. 10; *Vamparys*, Bull. Joly Sociétés 2008, 125, 127 ff., § 31.

[22] In diesem Sinne auch *Le Cannu*, RTD com. 2007, 169, 171; *Hovasse*, Dr. sociétés 2007, n° 7, 27, 28, comm. 137; *Dondero*, D. 2008, 1024, 1026. Differenzierend *Lucas*, Bull. Joly Sociétés 2007, 72, 82, § 7; *Lucas*, Bull. Joly Sociétés 2007, 479, 483, § 124.

prinzip zugrunde gelegt, nach dem derjenige in der schwächeren Position ist, der „ursächlich" („à l'origine d[e]") für die zum Zerwürfnis führende Entscheidung ist – ein Umstand, der übrigens im Einzelfall alles andere als leicht zu klären sein dürfte[23]. So schwammig diese Formulierung auch sein mag, ihre faktische und intendierte disziplinierende Wirkung lässt sich kaum leugnen.[24] Es geht den Parteien gerade darum, den „Haussegen" innerhalb der Gesellschaft aufrecht zu erhalten und denjenigen abzuschrecken und zu maßregeln, der für ein Missverhältnis zwischen den Gesellschaftern sorgt oder sorgen will.

II. *Pflichtverletzung durch zu niedriges Angebot*

In einem weiteren Fall ging es um eine Holdinggesellschaft, bestehend aus zwei nicht paritätisch beteiligten Gesellschaftergruppen. Die Mehrheitsgruppe hielt rund zwei Drittel der Anteile, die Minderheitsgruppe rund ein Drittel. Ein Dritter wandte sich an die Mehrheitsgruppe und bekundete sein Interesse daran, sämtliche (!) Anteile an der Holdinggesellschaft zu einem Preis von 5,9 Millionen Euro zu erwerben (zuzüglich eines hier im Detail nicht relevanten Aufschlags in Höhe von 500.000 Euro). Die Mehrheitsgruppe gab dem Dritten gegenüber wahrheitsgemäß an, dass ihr nicht sämtliche Anteile gehören, verpflichtete sich aber bereits zu diesem Zeitpunkt zum Verkauf sämtlicher Anteile. Im Vertrag wurde als „Vorbedingung" (*condition préalable*) vereinbart, dass vor der Abtretung sämtlicher Anteile noch die Anteile der Minderheitsgruppe bis spätestens zu einem konkret genannten Termin durch die Mehrheitsgruppe erworben werden sollten.

Um an diese Anteile der Minderheitsgruppe zu gelangen, löste die Mehrheitsgruppe letztlich eine vereinbarte Russian Roulette-Klausel aus (von der der Dritte im Übrigen wusste). Die Mehrheitsgruppe bot an, sämtliche Anteile der Minderheitsgruppe zu einem Preis von rund 3.000 Euro pro Anteil zu erwerben.[25] Letztere lehnte ab, entschied sich damit zum Kauf, zahlte den entsprechenden Betrag an die Mehrheitsgruppe und veräußerte kurz darauf sämtliche Anteile an einen Vierten. Der Dritte ging damit leer aus und verlangte unter anderem hohen Schadensersatz in Höhe von mehr als 20 Millionen Euro von der Mehrheitsgruppe.

---

[23] Kritisch auch *Borga*, in: Buy/Lamoureux/Mestre/Roda, principales clauses, 2. Aufl. 2018, S. 97, 97 f. Nr. 188.

[24] In diesem Sinne auch *Lucas*, Bull. Joly Sociétés 2007, 479, 483, § 124. Im Sinne der Gerichte dagegen *Borga*, in: Buy/Lamoureux/Mestre/Roda, principales clauses, 2. Aufl. 2018, S. 97, 99 Nr. 193, allerdings ohne konkreten Bezug zu dieser Entscheidung, und *Dross*, Clausier, 3. Aufl. 2016, S. 86.

[25] Das zusätzlich bestehende Optionsrecht eines Einzelgesellschafters der Minderheitsgruppe auf eine geringe Zahl an Anteilen sei an dieser Stelle ausgeblendet.

1. Entscheidungen der Gerichte

Sowohl der *tribunal de commerce* von Nanterre[26] als auch die Versailler *cour d'appel*[27] gingen davon aus, dass es sich bei der zwischen Mehrheitsgruppe und Drittem vereinbarten „Vorbedingung" um eine aufschiebende Bedingung (*condition suspensive*[28]) im rechtlichen Sinne handelt. Diese Bedingung sei innerhalb der verabredeten Frist nicht eingetreten, sodass die vertragliche Verpflichtung zur Veräußerung sämtlicher Anteile gar nicht erst entstanden sei. Dem Dritten stehe daher lediglich ein deutlich geringerer Schadensersatz in Höhe von einigen hunderttausend Euro wegen „Verlust einer Chance" zu (*perte d'une chance*, einer Art der Wahrscheinlichkeitshaftung[29]), nicht dagegen der geltend gemachte, deutlich höhere und umfassende Schadensersatz wegen Nichterfüllung der kaufvertraglichen Verpflichtung.

Die *Cour de cassation* zog dagegen zusätzlich Art. 1178 C. civ. a. F.[30] heran,[31] eine dem deutschen § 162 Abs. 1 BGB sehr ähnliche Vorschrift. Der Kassationsgerichtshof führte aus, dass der vom Mehrheitsgesellschafter für die Anteile des Minderheitsgesellschafters gebotene Preis im Vergleich zu dem Preis, den der Dritte wiederum dem Mehrheitsgesellschafter angeboten hat, sehr niedrig bemessen sei. Indem der Mehrheitsgesellschafter dem Minderheitsgesellschafter nur einen Preis deutlich *unter* seinem eigenen „Realisationswert" („valeur de réalisation"[32], gemeint ist hier der Verkaufspreis gegenüber dem Dritten) angeboten hat, habe ersterer seine gegenüber dem Dritten bestehende vertragliche Pflicht zur Verschaffung von 100 % der Anteile nicht ordnungsgemäß erfüllt und den Eintritt der Bedingung verhindert. Diese Bedingung sei

---

[26] T. com. Nanterre, 6e ch., 27 juill. 2006, n° 2006/F1072.

[27] CA Versailles, 12e ch. sect. 1, 6 nov. 2007, n° 06/06609.

[28] Ausführlich zur Bedingung im französischen Recht *Malaurie/Aynès/Stoffel-Munck*, Droit des obligations, 10. Aufl. 2018, S. 727 ff. Nr. 1304 ff.; *Fages*, Droit des obligations, 9. Aufl. 2019, S. 139 ff. Nr. 148 ff.

[29] Sie kann sowohl in vertraglichen als auch außervertraglichen Rechtsverhältnissen eine Rolle spielen, näher *Bacache-Gibeili*, in: Larroumet, Traité de droit civil, Bd. 5, 3. Aufl. 2016, S. 435 ff. Nr. 383 ff., S. 965 ff. Nr. 820 ff.; *Malaurie/Aynès/Stoffel-Munck*, Droit des obligations, 10. Aufl. 2018, S. 147 f. Nr. 242; *Fages*, Droit des obligations, 9. Aufl. 2019, S. 277 f. Nr. 327, S. 334 f. Nr. 382, jeweils m. w. N. Aus der deutschsprachigen Literatur *Großerichter*, Hypothetischer Geschehensverlauf, 2001, S. 93 ff.; *Mäsch*, Chance und Schaden, 2004, S. 163 ff. Knapp auch *Ehlgen*, Proportionalhaftung, 2013, S. 179 ff.

[30] Die Vorschrift wurde nach der großen französischen Schuldrechtsreform im Jahr 2016 (Ordonnance portant réforme du droit des contrats, du régime général et de la preuve des obligations, 10 févr. 2016, n° 2016-131) leicht verändert in Art. 1304-3 Abs. 1 C. civ. n. F. überführt, näher dazu z. B. *Mercadal*, Réforme du droit des contrats, 2016, S. 242 f. Nr. 1014 f.; *Chantepie/Latina*, nouveau droit des obligations, 2. Aufl. 2018, S. 702 ff. Nr. 770 ff.

[31] Cass. com., 28 avr. 2009, n° 08-13044 und 08-13049, Dr. sociétés 2009, n° 7, 20, comm. 136. Dazu *Hovasse*, Dr. sociétés 2009, n° 7, 20 f., comm. 136; *Poracchia*, RTDF 2012, n° 2, 109, 109 f.

[32] Cass. com., 28 avr. 2009, n° 08-13044 und 08-13049, Dr. sociétés 2009, n° 7, 20, 20, comm. 136.

folglich nach Art. 1178 C. civ. a. F. als eingetreten anzusehen und der Kaufvertrag damit zustande gekommen. Somit stand dem Kläger nach Ansicht des
Kassationsgerichtshofs nicht nur der geringe Schadensersatz wegen einer *perte
d'une chance* zu. Die *Cour de cassation* verwies das Verfahren zurück an die
Versailler *cour d'appel*. Diese setzte in ihrer Entscheidung[33] die höchstinstanzlichen Vorgaben zwar im Ergebnis um, ging aber nicht von einem aufschiebend
bedingten, sondern einem *un*bedingten, bereits endgültig wirksamen Kaufvertrag aus. Die *Cour de cassation* stellte diese rechtliche Fehleinschätzung nach
eingelegter Revision zwar fest,[34] wies das Rechtsmittel aber im Ergebnis dennoch zurück.[35]

2. Stellungnahme

Der Fall ist nicht zuletzt deshalb interessant, weil sich die Situation mit sehr
ähnlichen einschlägigen Normen auch im deutschen Recht ergeben kann. Zusätzlich gibt der Sachverhalt bereits einen ersten Hinweis auf das Missbrauchsrisiko durch einen „zu niedrigen" Kaufpreis, das Russian Roulette- und Texas
Shoot Out-Klauseln innewohnt.

Die Argumentation der *Cour de cassation* ist in weiten Teilen stringent und
insbesondere die Qualifizierung der „Vorbedingung" als (aufschiebende) Bedingung im Rechtssinne vermag zu überzeugen.[36] Bedenklich ist aber, dass im
Angebot der Mehrheitsgruppe an die Minderheitsgruppe ein Verhalten gesehen
wird, das den Bedingungseintritt gegenüber dem Dritten im Sinne des Art. 1178
C. civ. a. F. verhindert und durch das die Pflicht „nicht redlich" erfüllt worden
sein soll („n'ont pas loyalement exécuté leur obligation"[37], vgl. auch die Pflicht
der *exécution de bonne foi*, eine dem deutschen Treu und Glauben nach § 242
BGB ähnliche, aber keineswegs identische Rechtsfigur,[38] Art. 1134 Abs. 3 C.
civ. a. F.[39]/Art. 1104 Abs. 1 C. civ. n. F.).

a) Zufälligkeit des Verfahrens

Zunächst ist festzustellen, dass die Mehrheitsgruppe immerhin nicht untätig ge-
blieben ist, sondern sich durch Auslösen der Klausel zumindest darum bemüht

---

[33] CA Versailles, 12e ch. sect. 2, 16 sept. 2010, n° 09/06271.
[34] Cass. com., 20 sept. 2011, n° 10-27186, Rev. sociétés 2012, 81 ff., dazu knapp *Borga*, in:
Buy/Lamoureux/Mestre/Roda, principales clauses, 2. Aufl. 2018, S. 97, 100 Nr. 195.
[35] Siehe auch *Massart*, Bull. Joly Sociétés 2012, 198, 199, § 131.
[36] In diesem Sinne auch *Mortier*, Dr. sociétés 2012, n° 6, 12, 14, comm. 97.
[37] Cass. com., 28 avr. 2009, n° 08-13044 und 08-13049, Dr. sociétés 2009, n° 7, 20, 20,
comm. 136.
[38] Umfassend *Sonnenberger*, in: FS Odersky, 1996, S. 703, 703 ff.
[39] Zur Differenzierung zwischen Art. 1178 C. civ. a. F. und Art. 1134 Abs. 3 C. civ. a. F.
Libchaber, Defrénois 2009, 2324, 2327, art. 39040.

hat, sämtliche Anteile zu erlangen.[40] Dass sie aus dem Verfahren selbst als „Verlierer" hervorgegangen ist, kann ihr nicht ohne Weiteres zum Vorwurf gemacht werden (anderes mag gelten, falls tatsächlich nur ein „prix symbolique"[41] angeboten worden wäre). Es ist vielmehr gerade charakteristisch für die vereinbarte Russian Roulette-Klausel, dass ihr Ausgang zufällig ist („aléatoire dans son résultat"[42]). Vorab ist es in den seltensten Fällen möglich, den späteren Alleingesellschafter sicher vorherzusagen, weil das Ergebnis nicht nur von dem angebotenen Preis, sondern auch von *ex ante* oft nicht genau bekannten sonstigen Erwägungen des Angebotsempfängers abhängt.[43] Zu Recht wird darauf hingewiesen, dass die Situation zumindest für den vorliegenden Fall des Verkaufs an einen Dritten vollständig hätte entschärft werden können: Eine *Drag Along*-Klausel (*clause d'entraînement*) hätte es der Mehrheitsgruppe ermöglicht, die Minderheitsgruppe zum Verkauf ihrer Anteile zu zwingen.[44]

b) Disproportional niedriges Übernahmeangebot

Zweifelhaft wird die Argumentation der *Cour de cassation* aber spätestens dann, wenn sie sich zur Begründung auf das „zu niedrige" Angebot der Mehrheitsgruppe gegenüber der Minderheitsgruppe stützt. Tatsächlich hat die Mehrheitsgruppe lediglich rund 3.000 Euro pro Anteil geboten, während das Angebot des Dritten bei umgerechnet knapp 6.000 Euro lag (ohne den erwähnten Aufschlag, der Minderheitsgruppe war diese Differenz im Übrigen auch der Höhe nach bekannt[45]). Zweifellos versuchte die Mehrheitsgruppe, durch einen möglichst günstigen „Einkaufspreis" ihren Gewinn beim späteren Weiterverkauf an den Dritten zu erhöhen.[46] Möglicherweise unterschätzte sie auch die Finanzkraft der Minderheitsgruppe und rechnete nicht damit, dass diese das Geld für die Übernahme des deutlich größeren Anteils der Mehrheitsgruppe überhaupt aufbringen konnte.[47]

---

[40] *Libchaber*, Defrénois 2009, 2324, 2326 f., art. 39040.

[41] *Libchaber*, Defrénois 2009, 2324, 2327, art. 39040. Ganz ähnlich auch *Schlumberger*, contrats préparatoires, 2013, S. 128, Fn. 128.

[42] So *Libchaber*, Defrénois 2009, 2324, 2327, art. 39040. Vgl. auch *Schlumberger*, contrats préparatoires, 2013, S. 127 f., Fn. 128.

[43] *Libchaber*, Defrénois 2009, 2324, 2327, art. 39040.

[44] *Massart*, Bull. Joly Sociétés 2012, 198, 200, § 131; *Mortier*, Dr. sociétés 2012, n° 6, 12, 13, comm. 97. Näher zu Drag Along und Tag Along aus französischer Perspektive *Vamparys*, Bull. Joly Sociétés 2005, 821 ff., § 188, aus deutscher Sicht *Wälzholz*, GmbH-StB 2007, 84, 87; *Fleischer/Schneider*, DB 2012, 961 ff.

[45] *Massart*, Bull. Joly Sociétés 2012, 198, 199, § 131.

[46] *Fages*, RTD civ. 2009, 525, 527; *Fages*, Rev. sociétés 2012, 81, 84; *Mortier*, Dr. sociétés 2012, n° 6, 12, 14, comm. 97.

[47] *Libchaber*, Defrénois 2009, 2324, 2326 f., art. 39040.

aa) Der Preis des Dritten

Man mag noch akzeptieren, dass die Frage eines unzulässigen „Verhinderns" im Sinne des Art. 1178 C. civ. a. F. im konkreten Fall maßgeblich vom Verhältnis der beiden angebotenen Preise abhängen soll – selbst wenn schon das keineswegs zwingend erscheint. Den von der Mehrheitsgruppe gegenüber der Minderheitsgruppe genannten Preis setzt die *Cour de cassation* also in Bezug zu dem Preis, den der Dritte wiederum der Mehrheitsgruppe angeboten hat.

Selbst wenn man dieser Prämisse folgt, müsste aber zumindest der vom Dritten genannte Preis näher untersucht werden. Die Gerichte und auch das Schrifttum gehen anscheinend geschlossen und ohne nähere Begründung davon aus, dass dieser Preis der „richtige" ist, d. h. wohl dem normalerweise realisierbaren Marktwert der Anteile entspricht oder zumindest sehr nahekommt. Diese Annahme mag im konkreten Fall zutreffen, die Differenz der verglichenen Preise kann aber von Fall zu Fall erheblich variieren, falls der Dritte aus beliebigen Gründen ein Angebot deutlich *über* oder *unter* dem Marktwert unterbreitet. Als extremes Beispiel mag man sich vorstellen, dass der Dritte den doppelten üblicherweise erzielbaren Preis biete, um sich z. B. Marktanteile zu sichern und Konkurrenten zu verdrängen. Gleichzeitig kann man sich vorstellen, dass die Mehrheitsgruppe der Minderheitsgruppe den Ankauf knapp unter Marktpreis anbiete. Ob man der Mehrheitsgruppe dann immer noch vorwerfen kann, dass ihr Angebot unangemessen niedrig und disproportional ist, weil es nur knapp der Hälfte des Weiterverkaufspreises entspricht (wie im entschiedenen Fall auch), scheint zumindest zweifelhaft. Die *Cour de cassation* würde diesen hypothetischen Fall aber wohl tatsächlich zulasten der Mehrheitsgruppe entscheiden.

Zuletzt wird im französischen Schrifttum noch auf einen weiteren Punkt hingewiesen: Die Mehrheitsgruppe gab gegenüber dem Dritten spezielle Garantien für den Fall der nachträglichen Veränderung der Passiva ab (*garantie [d'actif et] de passif*[48]); die Mehrheitsgruppe erhielt solche Garantien von der Minderheitsgruppe im Gegenzug aber *nicht*.[49] Dieser Aspekt muss Eingang in die rechtliche Beurteilung finden. Wer nämlich als Käufer (eventuell sogar großzügige) Garantieerklärungen des Verkäufers erhält, kann einen höheren Kaufpreis zahlen. Umgekehrt wird der schwach oder sogar überhaupt nicht abgesicherte Käufer versuchen, mit einem entsprechenden Risikoabschlag auf den Kaufpreis gegenzusteuern. Beides vereint kann auch hier dazu führen, dass die angebotenen Preise aus guten Gründen erheblich auseinanderfallen, ohne

---

[48] Näher dazu *Velardocchio-Flores*, accords extra-statutaires, 1993, S. 155 ff. Nr. 159 ff.; *Mousseron*, conventions sociétaires, 2. Aufl. 2014, S. 283 ff. Nr. 404 ff.; *Goyet*, in: Boizard/ Raimbourg, Ingénierie financière, fiscale et juridique, 3. Aufl. 2015, S. 1222 ff. Nr. 412.70 ff.

[49] *Massart*, Bull. Joly Sociétés 2012, 198, 199 f., § 131. Missverständlich dagegen *Mortier*, Dr. sociétés 2012, n° 6, 12, 14, comm. 97.

dass man darin zwingend ein korrekturbedürftiges „Verhindern" im Sinne des Art. 1178 C. civ. a. F. erkennen muss.

bb) Der Preis der Mehrheitsgruppe

Unabhängig davon wirft die Entscheidung der *Cour de cassation* noch eine weitere Frage auf: Wie sollen noch zulässige Fälle von unzulässigen abgegrenzt werden, d. h. wo verläuft die Grenze zwischen noch akzeptabler „Gewinnmaximierung" und überzogener „Profitgier"? Ob das Urteil beispielsweise ebenso ausgefallen wäre, wenn die Mehrheitsgruppe der Minderheitsgruppe einen Preis in Höhe von 60, 70 oder 80% des Weiterverkaufspreises angeboten hätte, lässt sich wohl nur einzelfallbezogen beantworten, und auch Grenzwerte in Form von Faustregeln würden lediglich ein Minimum an Rechtssicherheit schaffen. Man wird jedenfalls kaum wirtschaftlich vernünftig annehmen können, dass *jegliche* Unterschreitung des Preises, den die Mehrheitsgruppe selbst realisieren kann, automatisch ein unangemessen niedriges Angebot darstellt. Das gilt erst recht vor dem Hintergrund, dass selbst ein gleich großes (oder sogar höheres) Angebot im Rahmen einer Russian Roulette-Klausel eben *nicht* sicher zu einem Erwerb der Anteile führt.[50]

Zwar ließe sich argumentieren, dass die hier diskutierten Klauseln aufgrund ihres überwiegend zufälligen Ausgangs ganz generell nicht dazu geeignet sind, den Erwerb von Beteiligungen umzusetzen. Folglich wäre der Kaufinteressent primär dazu gehalten, den Erwerb über schlichte Kaufangebote, Optionsrechte oder ähnliche, im Ergebnis sicherere Erwerbsmöglichkeiten umzusetzen. Im konkreten Fall bot die Mehrheitsgruppe der Minderheitsgruppe aber sogar erfolglos an, zu den bereits ausgehandelten Konditionen ebenfalls ihre Anteile zu veräußern (wenn man so will also ein *ad hoc* vorgeschlagener *Tag Along*). Die *Cour de cassation* misst diesem Umstand anscheinend keine besondere Bedeutung bei und äußert sich auch in ihrer Urteilsbegründung nicht näher dazu. Richtigerweise ist das Verhalten der Mehrheitsgruppe für die (im Wortlaut des Art. 1178 C. civ. a. F. nicht angelegte) Frage des Verschuldens (*faute*) aber zumindest mildernd zu berücksichtigen.[51]

III. Bestimmtheit des Kaufpreises

Zuletzt sei noch auf das in den Einzelheiten technische und komplexe Problem der Bestimmtheit bzw. Bestimmbarkeit des Kaufpreises hingewiesen. Nach französischem Recht besteht diesbezüglich erheblicher Diskussionsbedarf, für das deutsche Recht ist dieser Aspekt später eher mittelbar interessant.

---

[50] So auch *Libchaber*, Defrénois 2009, 2324, 2327, art. 39040.

[51] Siehe statt vieler Entscheidungen zum schwammig gehandhabten Verschuldenserfordernis des Art. 1178 C. civ. a. F. Cass., 3e ch. civ., 15 déc. 2010, n° 10-10473, Bull. civ. 2010, III, n° 225; Cass., 3e ch. civ., 6 juill. 2011, n° 09-72470.

1. Sachverhalt und Entscheidung des Gerichts

Ausgangspunkt soll eine erst kürzlich ergangene Entscheidung der *Cour de cassation* sein.[52] In einer der deutschen GmbH vergleichbaren französischen SARL (*société à responsabilité limitée*) mit paritätischen Beteiligungsquoten nutzten die beiden einzigen Gesellschafter im Rahmen der Beendigung der Zusammenarbeit ein *ad hoc* vereinbartes Highest Sealed Bid-Verfahren. Einer der beiden gab ein Angebot mit dem wörtlichen Inhalt „néant" ab (sinngemäß „nichts"), der andere eines in Höhe von 5.000 Euro. Nachdem er vor der *cour d'appel* von Poitiers unterlag,[53] wandte sich der Gesellschafter mit dem niedrigeren Gebot im Wege der Revision an die *Cour de cassation*. Er wollte den Verkauf seiner Anteile an den Mitgesellschafter zum genannten, höheren Preis nicht akzeptieren und rügte insbesondere die vorab unbestimmte und einseitig festgelegte Höhe des Kaufpreises vor dem Hintergrund der Art. 1583, 1589, 1591 C. civ.

Die *Cour de cassation* wies die Revision zurück. Sie führte zur Begründung lediglich knapp aus, dass sich die Beteiligten auf ein konkretes Verfahren zur Berechnung des Kaufpreises und zur Verteilung der Käufer- und Verkäuferrolle geeinigt hätten („convenus d'une procédure précise d'achat"[54]). Der Preis sei daher nicht lediglich einseitig festgelegt und der Kauf auch nicht von späteren Absprachen abhängig, mithin final im Sinne des Art. 1583 C. civ.[55]

2. Stellungnahme

Im französischen Diskurs zu radikalen Ausstiegsvereinbarungen stellen sich unter dem Schlagwort der Bestimmtheit (*détermination*) oder Bestimmbarkeit (*déterminabilité*) neben Fragen zur genauen Höhe des Kaufpreises auch solche zum potestativen Charakter (*potestativité*) der Kaufpreisfestlegung. In der Diskussion fließen verschiedene Besonderheiten des französischen Rechts zusammen und nicht immer wird klar zwischen den einzelnen, im Folgenden überblicksartig dargestellten Aspekten und Argumenten unterschieden.

a) Gesetzliche Grundlagen der Kaufpreisfestlegung

Ausgangspunkt sind die vom Revisionskläger vorgebrachten Art. 1583, 1589 und 1591 C. civ. Das französische Recht verlangt dort nicht nur, dass der Preis der Höhe nach determiniert ist, sondern auch, dass diese Festlegung auf einer

---

[52] Cass. com., 29 sept. 2015, n° 14-15040, Dr. sociétés 2016, n° 1, 10, comm. 1. Dazu *Barbier*, RTD civ. 2016, 98, 99 f.; *Mestre/Mestre-Chami*, RLDA 2016, n° 115, 39, 39 f.; *Moury/François*, D. 2016, 407, 408 ff. Vgl. mit Hinweis auf die „Originalität" der Vereinbarung auch knapp *Rontchevsky*, Rev. sociétés 2018, 151, 152.

[53] CA Poitiers, 2e ch. civ., 3 déc. 2013.

[54] Cass. com., 29 sept. 2015, n° 14-15040, Dr. sociétés 2016, n° 1, 10, 10, comm. 1.

[55] Zum Ganzen Cass. com., 29 sept. 2015, n° 14-15040, Dr. sociétés 2016, n° 1, 10, 10, comm. 1.

einvernehmlichen Absprache der Parteien beruht (Art. 1591 C. civ.) und nicht einseitig vorgegeben wird.[56] Eng damit verbunden war und ist die latente Gefahr der Nichtigkeit von Russian Roulette- und Texas Shoot Out-Klauseln nach Art. 1174 C. civ. a. F.,[57] mittlerweile inhaltlich ähnlich, aber leicht entschärft in Art. 1304-2 C. civ. n. F. geregelt. Insbesondere die alte Fassung der Norm wirkte aus deutscher Perspektive befremdlich, hatte sie doch grundsätzlich die Nichtigkeit sämtlicher (!) Verpflichtungen zur Folge, die unter einer reinen Potestativbedingung (*condition purement potestative*) des Schuldners standen (siehe zu deren früherer Legaldefinition Art. 1170 C. civ. a. F.).[58]

Unter anderem vor diesem Hintergrund verstand sich eine anzutreffende Vorsichtsmaßnahme, nach der im Streitfall ein „ernannter Experte" (*expert designé*) im Sinne des Art. 1843-4 C. civ. a. F. (Inkrafttreten am 01.07.1978) über die Höhe des Kaufpreises entscheiden sollte (vgl. auch Art. 1592 C. civ.).[59] Durch eine Vereinbarung, die den Rückgriff auf diese Norm vorsah, konnte der Kaufpreis selbst im Fall der drohenden Nichtigkeit der Klausel immer noch durch externe Festlegung bestimmt werden. Wirklich freiwillig war diese Bezugnahme allerdings nicht, Art. 1843-4 C. civ. a. F. (Inkrafttreten am 01.07.1978) war nämlich ohnehin verpflichtend und drohte obendrein, den Charakter des typischerweise klar *internen* Preisfindungsmechanismus radikaler Exitklauseln durch die *externe* Bestimmung des Kaufpreises zu verwässern.[60] Durch eine

---

[56] Allgemein *Malaurie/Aynès/Gautier*, contrats spéciaux, 10. Aufl. 2018, S. 155 ff. Nr. 203, S. 159 f. Nr. 206; *Bénabent*, contrats spéciaux civils, 13. Aufl. 2019, S. 45 ff. Rn. 31 ff. Explizit im Zusammenhang mit den hier besprochenen Klauseln *Prat*, pactes d'actionnaires, 1992, S. 180 f. Nr. 303 f.; *Costantini*, RDAI/Int'l Bus. L.J. 1997, 419, 433 f.; *Schiller/Diener*, Actes prat. ing. sociétaire 2002, sept./oct., 32, 33 f.; *Pironon*, joint ventures, 2004, S. 106 f. Rn. 211; *Schlumberger*, contrats préparatoires, 2013, S. 126 Rn. 150; *Dross*, Clausier, 3. Aufl. 2016, S. 87. Vgl. auch das Klauselbeispiel bei *Dupuis/Husson*, Gaz. Pal. 2004, 26 et 27 mai, 1664, 1666, F3394.

[57] Umfassend zum Ganzen *Le Nabasque/Dunaud/Elsen*, Dr. sociétés, actes prat. 1992, n° 5, 2, 14; *Uettwiller/Prieur*, RLDA 2003, suppl. n° 57, 13, 21; *Le Nabasque*, in: Loquin, séparations internationales d'entreprises, 2004, S. 149, 165 ff. und noch *Brignon*, in: Mestre/ Roda, principales clauses, 2011, S. 139, 142 Nr. 212. Vgl. auch knapp *Guyon*, sociétés, 5. Aufl. 2002, S. 335 Nr. 220; *Guyon*, Droit des affaires, Bd. 1, 12. Aufl. 2003, S. 802 Nr. 747.

[58] Allgemein noch zur alten Rechtslage *Ghestin*, in: Études dédiées à Alex Weill, 1983, S. 243 ff.; *Dondero*, RTD civ. 2007, 677 ff.; *Rochfeld*, in: Études offertes à Jacques Ghestin, 2015, S. 747 ff. Näher (auch) zur aktuellen Fassung *Malaurie/Aynès/Stoffel-Munck*, Droit des obligations, 10. Aufl. 2018, S. 730 f. Nr. 1310 ff.; *Bénabent*, Droit des obligations, 18. Aufl. 2019, S. 283 f. Rn. 338; *Fages*, Droit des obligations, 9. Aufl. 2019, S. 140 f. Nr. 149.

[59] *Parléani*, Rev. sociétés 1991, 1, 24, Fn. 116; *Prieur*, Bull. Joly Sociétés 1998, 1033, 1048, § 321; *Charvériat/Couret*, Société par actions simplifiée, 3. Aufl. 2001, S. 231 Nr. 2091; *Lucas*, Bull. Joly Sociétés 2007, 72, 82, § 7; *Couret/Jacomet*, RJDA 10/2008, 951, 954 und auch in der aktuellen Auflage noch *Charvériat/Dondero/Sébire/Gilbert*, Sociétés commerciales, 51. Aufl. 2020, S. 1330 f. Rn. 69177 f. Allgemein auch *Le Nabasque/Terrier*, Dr. sociétés, actes prat. 1994, n° 14, 2, 23 f. Vgl. auch knapp *Schlumberger*, contrats préparatoires, 2013, S. 128 f. Rn. 154; *Brignon*, Dr. sociétés 2015, n° 10, 43, 43, formule 9.

[60] In diesem Sinne auch *Hovasse/Deslandes/Gentilhomme*, Actes prat. ing. sociétaire 1997, n° 36, 4, 17 („d'altérer l'équilibre de la clause"); *Le Nabasque*, in: Loquin, séparations

Gesetzesänderung ist zumindest der zwingende Charakter abgeschwächt worden,[61] denn Art. 1843-4 C. civ. erfasst seit Inkrafttreten im August 2014[62] nur noch Fälle, in denen sonstige Vorschriften auf diese Norm verweisen (Abs. 1, vgl. z. B. Art. 1862 Abs. 3 S. 2 C. civ.) oder die Klausel über die Abtretung der Anteile gerade in der *Satzung (statut)* enthalten ist (Abs. 2). Für den auch in Frankreich praktisch häufigen Fall der Vereinbarung *neben* dem Gesellschaftsvertrag[63] ist die Norm also nicht mehr zwingend, selbst wenn das Risiko der fehlenden Bestimmtheit oder Bestimmbarkeit nach wie vor besteht.[64]

b) Anwendung auf Russian Roulette und Texas Shoot Out

Wendet man sich nun wieder dem konkreten Fall zu, mag man *ex ante* sowohl an ebendieser Bestimmtheit oder Bestimmbarkeit des Kaufpreises als auch an dessen beidseitiger Bestimmung zweifeln. Die Höhe des Preises ergibt sich nämlich erst aus dem Preisermittlungsverfahren selbst und wird, abhängig von der gewählten Gestaltungsvariante, möglicherweise wirklich nur von *einer* Person festgelegt, während die andere Seite lediglich noch die Wahl zwischen Kauf und Verkauf hat.

Im vorliegenden Fall weist der Gerichtshof das Begehren des Revisionsklägers aber zu Recht zurück. Die *Cour de cassation* geht davon aus, dass sich die Parteien vorab über das Verfahren zur Preisermittlung geeinigt haben und von einer einseitigen Bestimmung daher keine Rede sein kann.[65] Dies gilt umso mehr, als jeder der Gesellschafter die Möglichkeit hat, das Verfahren zu beeinflussen und aus ihm als Höchstbietender hervorzugehen, je nach Zahlungsbereitschaft und Verhandlungstaktik nämlich schlicht durch ein höheres (An-) Gebot.[66]

---

internationales d'entreprises, 2004, S. 149, 165 und noch *Brignon*, in: Mestre/Roda, principales clauses, 2011, S. 139, 142 Nr. 212 („dénaturer l'esprit de la clause").

[61] Vgl. z. B. *Germain/Magnier*, in: Germain, Traité de droit des affaires, Bd. 2, 22. Aufl. 2017, S. 446 Nr. 2175 und S. 79 ff. Nr. 1593. Umfassend zu den Einzelheiten der Gesetzesänderung, auch unter Berücksichtigung der Rechtsprechung, *Kerebel*, Bull. Joly Sociétés 2014, 463, 468 ff., 112s4; *Storck/Fagot/de Ravel d'Esclapon*, sociétés civiles immobilières, 2. Aufl. 2019, S. 211 ff. Nr. 556 ff. Kritisch kurz vor Ende des Gesetzgebungsverfahrens noch *Zattara-Gros*, Gaz. Pal. 2014, 4 au 6 mai, 1611 ff., 177d4.

[62] Die im Januar 2020 in Kraft getretene und rein prozessuale Änderung an Art. 1843-4 Abs. 1 C. civ. sei an dieser Stelle ausgeblendet.

[63] *Borga*, in: Buy/Lamoureux/Mestre/Roda, principales clauses, 2. Aufl. 2018, S. 97, 98 Nr. 189.

[64] Ausführlich zum Ganzen *Siguier/Casal*, Dr. sociétés 2016, n° 4, 53, 54, pratique 1. Überblicksartig *Borga*, in: Buy/Lamoureux/Mestre/Roda, principales clauses, 2. Aufl. 2018, S. 97, 99 f. Nr. 194, 101 f. Nr. 198.

[65] Cass. com., 29 sept. 2015, n° 14-15040, Dr. sociétés 2016, n° 1, 10, 10, comm. 1. Näher dazu *Dondero*, Bull. Joly Sociétés 2016, 20, 21 f., 114p2; *Moury/François*, D. 2016, 407, 409 f.

[66] In diesem Sinne *Marpeau/Dietrich*, RLDC 2016, n° 135, 8, 10; *Mortier*, Dr. sociétés 2016, n° 1, 10, 11, comm. 1. Skeptisch dagegen *Le Nabasque/Dunaud/Elsen*, Dr. sociétés,

Für das streitgegenständliche Highest Sealed Bid-Verfahren und auch für Texas Shoot Out-Klauseln begegnet diese Argumentation keinen Bedenken. Nicht ganz so eindeutig ist die Lage für Russian Roulette-Klauseln. Hier ist es eben zweifelsfrei und ausschließlich *eine* Seite, die Einfluss auf den Kaufpreis hat, nämlich der Anbietende. Der Angebotsempfänger kann sich „nur" noch seine Rolle als Käufer oder Verkäufer aussuchen, an der Höhe des Preises kann er aber nichts ändern, insbesondere hat er nicht die Möglichkeit, ein höheres Gebot abzugeben. Eine Ungleichbehandlung gegenüber den anderen Varianten dürfte letztlich allerdings auch im französischen Recht kaum in Betracht kommen, schließlich haben sich die Parteien im Rahmen einer Russian Roulette-Klausel gleichermaßen zuvor auf den konkreten Preisfindungsmechanismus geeinigt.

B. USA

Russian Roulette- und Texas Shoot Out-Vereinbarungen waren und sind im US-amerikanischen Raum vergleichsweise häufig Gegenstand gerichtlicher Entscheidungen. In den Vereinigten Staaten stehen die Klauseln allerdings oft nicht im Mittelpunkt der rechtlichen Erörterungen. Das hängt in erster Linie damit zusammen, dass solche Mechanismen dort mittlerweile zum üblichen kautelarjuristischen Handwerkszeug gehören („boilerplate"[67]), von deren Angemessenheit die Gerichte grundsätzlich ausgehen. Im US-amerikanischen Schrifttum, das diese Grundhaltung der Rechtsprechung mit „presumptively fair"[68] umschreibt, wurden schon in den 1960er-Jahren Verfahren allgemein diskutiert, die den hier dargestellten Klauseln entsprechen.[69] Die jüngere Aufsatzliteratur untersucht sie dagegen verstärkt vor spieltheoretischem Hintergrund und mit quantitativen Methoden im Hinblick auf ökonomische Effizienz- und Fairnesskriterien.[70] Die grundsätzliche Zulässigkeit der hier diskutierten Vereinbarungen bedarf nach US-amerikanischem Recht jedenfalls keiner eingehenden Erörterung mehr, auch wenn weiterhin auf eine eindeutige und klare Regelung zu achten ist[71] und bei der Durchführung des Verfahrens beispielsweise deutlich

---

actes prat. 1992, n° 5, 2, 14 f.; *Le Nabasque*, in: Loquin, séparations internationales d'entreprises, 2004, S. 149, 165 ff.

[67] *Brooks/Landeo/Spier*, 41 RAND J. Econ. 649, 650 (2010); *Fleischer/Schneider*, 9 Eur. Company & Fin. L. Rev. 35, 46 (2012).

[68] *Brooks/Landeo/Spier*, 41 RAND J. Econ. 649, 665 (2010), siehe von deutscher Seite auch *Fleischer/Schneider*, 9 Eur. Company & Fin. L. Rev. 35, 45 (2012).

[69] *O. V.*, 78 Harv. L. Rev. 393, 421 (1964); *Landon II*, 7 Harv. Int'l L. Club J. 238, 248 (1966); *Kozyris*, 17 Am. J. Comp. L. 503, 524 ff. (1969).

[70] Näher dazu unten S. 151 ff.

[71] Unglücklich z. B. die Formulierung bei Morgan v. Lyons, No. 09-CV-00645, 2009 WL 5173916, *1 (W.D. La. Dec. 21, 2009).

werden muss, ob es sich um ein Angebot in Anwendung der Klausel oder um ein „normales" Angebot außerhalb dessen handelt[72].

Noch stärker als das französische Recht weicht das US-amerikanische Rechtsverständnis teilweise deutlich von deutschen Grundsätzen ab, verkompliziert noch durch die teils unterschiedliche Rechtslage in den verschiedenen Bundesstaaten[73]. Exemplarisch sei an dieser Stelle nur die Möglichkeit genannt, eine Klausel zu vereinbaren, nach der jeder Gesellschafter einer *partnership* grundlos (!) durch Mehrheitsbeschluss aus der Gesellschaft ausgeschlossen werden kann (*expulsion*),[74] vgl. z. B. die Empfehlung im „Einheitsgesetz" (R)UPA[75] § 601(3) (1997, last amended 2013) und exemplarisch N.Y. Partnership Law § 62(1)(d) (West, Westlaw through L.2019, chapter 785 & L.2020, chapter 1 to 28, 30 to 41, 43, 44, 50 to 55, 59). Vor dem Hintergrund solcher grundsätzlichen Unterschiede zum deutschen Recht ist eine gewisse Zurückhaltung geboten, wenn es darum geht, einzelne Wertungen des US-amerikanischen Rechts ins deutsche Recht zu übernehmen – vor allem, weil Einzelheiten durchaus (noch) im Fluss sind und die Diskussion insgesamt nicht abgeschlossen scheint[76].

Zuletzt sei noch darauf hingewiesen, dass die folgende Darstellung, wie auch schon diejenige zum französischen Recht, von der konkreten Rechtsform der Gesellschaft und besonderen Absprachen zwischen den Gesellschaftern abhängig sein kann. Für den praktisch relevanten Fall der Joint Ventures gelten grundsätzlich die Regeln der *partnership*,[77] die den ersten beiden der folgenden drei Abschnitte zugrunde liegen. Der dritte Abschnitt behandelt anschließend

---

[72] Dazu Roy Herider Feed Co. v. Modern Feeds of Nacogdoches, Inc., 468 S.W.2d 554 ff. (Tex. Civ. App. 1971); Wyatt v. Phillips Kerry Rockford Enterprises, Inc., Nos. 4165 JAN. TERM 2002, 667 MAYTERM 2002, 2002 WL 31053832 (Pa. Ct. Com. Pl. Aug. 27, 2002); Harris v. Ahtna, Inc., 107 P.3d 271 ff. (Alaska 2005).

[73] Vgl. explizit zum Gesellschaftsrecht *Merkt*, US-amerikanisches GesellschaftsR, 3. Aufl. 2013, Rn. 216, allgemein *Burnham*, Law and Legal System of the US, 6. Aufl. 2016, S. 32 sowie grundlegend-historisch *Zweigert/Kötz*, Rechtsvergleichung, 3. Aufl. 1996, S. 244 ff.

[74] Gelder Medical Group v. Webber, 363 N.E.2d 573, 576 (N.Y. 1977); Cadwalader, Wickersham & Taft v. Beasley, 728 So. 2d 253, 256 (Fla. Dist. Ct. App. 1998). Zur Ankündigung eines solchen Ausschlusses Leigh v. Crescent Square, Ltd., 608 N.E.2d 1166, 1170 f. (Ohio Ct. App. 1992). Einen kurzen Überblick aus deutscher Perspektive geben *Verse*, DStR 2007, 1822, 1826 f.; *Schmolke*, Selbstbindung, 2014, S. 548 f.

[75] National Conference of Commissioners on Uniform State Laws, (Revised) Uniform Partnership Act (1997).

[76] Vgl. z. B. zur expulsion *Weidner*, 54 Wash. & Lee L. Rev. 877 ff. (1997); *Dalley*, 21 Cardozo L. Rev. 181 ff. (1999); *Ribstein*, 55 Bus. Law. 845 ff. (2000).

[77] Siehe vor allem den „landmark case" (so z. B. *Gregory*, Law of Agency and Partnership, 3. Aufl. 2001, S. 449) Meinhard v. Salmon, 164 N.E. 545, 546 (N.Y. 1928) und exemplarisch für die spätere Rechtsprechung Burtell v. First Charter Service Corp., 394 N.E.2d 380, 384 f. (Ill. 1979); Ioerger v. Halverson Construction Co., 902 N.E.2d 645, 648 (Ill. 2008). Aus dem deutschsprachigen Schrifttum *Merkt*, US-amerikanisches GesellschaftsR, 3. Aufl. 2013, Rn. 180. Weitere Nachweise finden sich z. B. bei *Landeo/Spier*, 31 Yale J. on Reg. 143, 147 f., Fn. 17 (2014).

die *corporation*, die zwar ähnlichen, im Detail aber nicht immer identischen Regeln folgt.[78]

I. Fiduciary duties und Pflicht zur Offenlegung

1. Entscheidungen der Gerichte

Schon früh zeigten Entscheidungen US-amerikanischer Gerichte starke Tendenzen, umfassende Treuepflichten (*fiduciary duties*[79]) zwischen den Gesellschaftern einer *partnership* anzunehmen, die nicht zuletzt dann von Bedeutung sind, wenn Anteile an oder Rechte der Gesellschaft übertragen werden, vgl. auch (R)UPA § 404 (1997, last amended 2013).[80] Bereits in den 1930er-Jahren sprach ein Gericht im Bundesstaat Texas in diesem Zusammenhang von einer „well-settled rule of law"[81]. Sie gilt grundsätzlich selbst dann, wenn das Verhältnis zwischen den Gesellschaftern angespannt und von Misstrauen geprägt ist,[82] also wohl auch im typischen Fall eines Deadlocks. Wäre dies nicht der Fall, könnte sich ein Gesellschafter seiner Treuepflicht allein dadurch entledigen, dass er die Beziehung zu seinen Mitgesellschaftern gezielt verkommen lässt.[83]

Aus dieser gegenseitigen Treuepflicht resultiert nach der Rechtsprechung eine umfangreiche Pflicht zur Offenlegung relevanter Informationen. In *Peckham v. Johnson*[84] hatten sich die beiden namensgebenden Parteien vereinfacht gesprochen zur gemeinsamen Förderung von Öl und Gas zusammengetan. Nach einer Weile wollte Peckham die Anteile seines Partners erwerben. Während Peckham bestens über die aktuellen Marktpreise informiert war, traf auf Johnson das genaue Gegenteil zu (was Peckham im Übrigen auch bekannt war).

---

[78] Siehe für die sogleich näher behandelten fiduciary duties z.B. Freese v. Smith, 428 S.E.2d 841, 847f. (N.C. Ct. App. 1993); *Siegel*, 29 Del. J. Corp. L. 377ff. (2004) und aus dem deutschen Schrifttum *Hofmann*, Minderheitsschutz, 2011, S. 44ff.

[79] Zu den sprachlichen Feinheiten des Begriffs, auch hinsichtlich der Übersetzung *Hofmann*, Minderheitsschutz, 2011, S. 39ff.

[80] Johnson v. Peckham, 120 S.W.2d 786, 787 (Tex. 1938). Siehe auch bereits Butler v. Edwards, 50 S.W. 1045ff. (Tex. Civ. App. 1899); Armstrong v. Simms, 132 S.W. 500ff. (Tex. Civ. App. 1910). Vgl. explizit zu Joint Ventures statt vieler Sime v. Malouf, 212 P.2d 946, 954f. (Cal. Ct. App. 1949); J. Leo Johnson, Inc. v. Carmer, 156 A.2d 499, 502f. (Del. 1959). Umfassend auch *Gregory*, Law of Agency and Partnership, 3. Aufl. 2001, S. 298ff., aus dem deutschsprachigen Schrifttum *Fleischer*, Informationsasymmetrie, 2001, S. 926f. m.w.N.

[81] Peckham v. Johnson, 98 S.W.2d 408, 412 (Tex. Civ. App. 1936).

[82] Johnson v. Peckham, 120 S.W.2d 786, 788 (Tex. 1938); Commerce Mortgage Co. v. Industrial Park Co., 791 P.2d 132, 138 (Or. Ct. App. 1990); Schlumberger Technology Corp. v. Swanson, 959 S.W.2d 171, 175 (Tex. 1997), die eine solche Situation eine der „strained relations" nennen.

[83] Johnson v. Peckham, 120 S.W.2d 786, 788 (Tex. 1938); Schlumberger Technology Corp. v. Swanson, 959 S.W.2d 171, 175 (Tex. 1997).

[84] Peckham v. Johnson, 98 S.W.2d 408ff. (Tex. Civ. App. 1936), *aff'd*, 120 S.W.2d 786ff. (Tex. 1938).

Peckham bot für Johnsons Hälfte der Anteile, verglichen mit seinem eigenen Wiederverkaufswert in Höhe von 5.250 US-Dollar (10.500 US-Dollar für sämtliche Anteile), nur einen unterdurchschnittlichen Preis (nämlich 1.500 US-Dollar), ohne ihn über den tatsächlichen Wert zu informieren. Nach dem *Supreme Court of Texas* sei gerade dies aber seine Pflicht gewesen („full and complete disclosure of all important information as to value"[85], vgl. auch (R)UPA § 403(c) [1997, last amended 2013][86]). Der genaue Umfang dieser Aufklärungspflicht unterliegt notwendigerweise einzelfallabhängigen Schwankungen, sodass möglicherweise nur ein herabgesetzter Standard gilt oder ausnahmsweise sogar überhaupt keine Pflicht besteht, bestimmte Informationen offenzulegen.[87] Solche Ausnahmen gelten aber grundsätzlich gerade *nicht* für diejenigen Konstellationen, in denen einer der Gesellschafter versucht, einen persönlichen, häufig finanziellen Vorteil zu erzielen („reap personal profit" und „extract financial gain"[88]) – ebenjener Fall, der bei einem Kauf unter oder Verkauf über dem Marktwert vorliegt.

2. Stellungnahme

Diese Rechtsprechung wurde im Gegensatz zu den anderen besprochenen Entscheidungen bisher nicht unmittelbar im Zusammenhang mit Russian Roulette- und Texas Shoot Out-Mechanismen relevant. Sie könnte aber ohne Weiteres dann einschlägig sein, wenn bei vereinbarter Exitklausel nicht alle Parteien gleichermaßen über die wirtschaftlichen Hintergründe der Gesellschaft informiert sind. Beispielsweise mag ein Gesellschafter seinen technischen Sachverstand in das Unternehmen eingebracht haben, der andere sich dagegen ausschließlich um die wirtschaftlichen und rechtlichen Aspekte kümmern. Löst nun einer der beiden eine radikale Ausstiegsklausel aus, vermag der zwar technisch versierte,

---

[85] Johnson v. Peckham, 120 S.W.2d 786, 787 (Tex. 1938), unter Bezug darauf Johnson v. Buck, 540 S.W.2d 393, 399 (Tex. Civ. App. 1976). Ähnlich z. B. auch Delaney v. Georgia-Pacific Corp., 564 P.2d 277, 281 (Or. 1977). Dazu aus dem Schrifttum z. B. *Beane*, 5 J. Corp. L. 483, 497 ff. (1980); *Dalley*, 21 Cardozo L. Rev. 181, 188 f., Fn. 41 (1999); *Gregory*, Law of Agency and Partnership, 3. Aufl. 2001, S. 303.

[86] Kritisch gegenüber und umfassend zu dieser und anderen Offenlegungsvorschriften z. B. *Vestal*, 36 Wm. & Mary L. Rev. 1559 ff. (1995).

[87] So beispielsweise für die Ankündigung, einen Komplementär aus der Gesellschaft auszuschließen Leigh v. Crescent Square, Ltd., 608 N.E.2d 1166, 1170 f. (Ohio Ct. App. 1992). Umfassend zur Frage des Verzichts Centro Empresarial Crempesa S.A. v. América Móvil, S.A.B. de C.V., 952 N.E.2d 995 ff. (N.Y. 2011); *Pace*, 16 Nev. L.J. 1085 ff. (2016). Gegen eine solche Möglichkeit noch Blue Chip Emerald LLC v. Allied Partners Inc., 750 N.Y.S.2d 291, 294 f. (N.Y. App. Div. 2002), knapp zusammen gefasst bei *Fleischer/Schneider*, 9 Eur. Company & Fin. L. Rev. 35, 46 (2012). Vgl. auch *Carey*, 39 Real Prop. Prob. & Tr. J. 651, 696 ff. (2005).

[88] Leigh v. Crescent Square, Ltd., 608 N.E.2d 1166, 1170 (Ohio Ct. App. 1992). Unter Bezug darauf auch Schafer v. RMS Realty, 741 N.E.2d 155, 175 (Ohio Ct. App. 2000); Bushi v. Sage Health Care, PLLC, 203 P.3d 694, 700 (Idaho 2009).

aber wirtschaftlich eher unbedarfte Gesellschafter den tatsächlichen Wert der Anteile womöglich kaum einzuordnen.

Wendet man die soeben erläuterten Grundsätze auf diesen Fall an, so würde der besser Informierte von US-amerikanischen Gerichten eventuell dazu verpflichtet, seinen Wissensvorsprung auszugleichen und dem schlechter Informierten sämtliche seiner Informationen über den tatsächlichen Verkehrswert der Anteile offenzulegen. Im Grundsatz scheint die US-amerikanische Rechtsprechung den Gesellschaftern damit sehr weitreichende Offenlegungspflichten aufzubürden. Tatsächlich dürften sich die Anforderungen aber nicht wesentlich von denjenigen unterscheiden, die beispielsweise durch das Konzept der gesellschaftlichen Treuepflicht im deutschen Recht festgelegt werden.[89] Aufgrund der Einzelfallabhängigkeit sowohl der *fiduciary duties* als auch der Treuepflicht lassen sich beide Rechtsinstitute in den Einzelheiten allerdings ohnehin nur schwer vergleichen.

II. Untätigkeit des Höchstbietenden

Ähnlich zu einem bereits zum französischen Recht diskutierten Fall stellte sich in den Vereinigten Staaten in *Larken Minnesota, Inc. v. Wray*[90] die Frage, ob ein Kauf zu einem Preis klar unter dem Marktwert unbillig und daher zu korrigieren ist. Die genauen Umstände des Falls sind ein lehrreiches und zugleich mahnendes Beispiel dafür, wie eine unsaubere vertragliche Gestaltung von Exitklauseln zu erheblichen und größtenteils unnötigen Abwicklungsschwierigkeiten führen kann.

1. Sachverhalt und Entscheidungen der Gerichte

Vereinfacht ging es um zwei Gesellschafter einer der KG vergleichbaren[91] *limited partnership*[92], die nachfolgend verkürzt als *Larken* und *Pine Hill* bezeichnet werden. Sie stritten darüber, ob ein bestimmtes Trigger Event eingetreten war, nämlich ein Deadlock zwischen den beschränkt haftenden Gesellschaftern (*limited partners*).[93] Der vereinbarte Auflösungsmechanismus entsprach im Wesentlichen einem Highest Sealed Bid, modifiziert durch eine speziellere Kaufpreisberechnung. Es kaufte nicht etwa derjenige mit dem höchsten Gebot zu *diesem* Preis, sondern zu einem Preis, der dem arithmetischen Mittel bei-

---

[89] Vgl. dazu auch unten S. 178 ff.

[90] Larken Minnesota, Inc. v. Wray, 881 F. Supp. 1413 ff. (D. Minn. 1995), *aff'd*, 89 F.3d 841 ff. (8th Cir. 1996).

[91] *Merkt*, US-amerikanisches GesellschaftsR, 3. Aufl. 2013, Rn. 155.

[92] Näher zur limited partnership *Gregory*, Law of Agency and Partnership, 3. Aufl. 2001, S. 435 ff.; *Burnham*, Law and Legal System of the US, 6. Aufl. 2016, S. 662 ff.

[93] Die Klausel ist in der Entscheidung abgedruckt, Larken Minnesota, Inc. v. Wray, 881 F. Supp. 1413, 1415 (D. Minn. 1995).

der genannter Beträge entsprach. Diese Variante führt offensichtlich regelmäßig (außer bei identischen Geboten) zu einem niedrigeren Kaufpreis als bei Festlegung durch den Höchstbetrag und „bestraft" gleichzeitig besonders niedrige Angebote stärker als nur leicht abweichende.

Nachdem gerichtlich bestätigt wurde, dass tatsächlich ein Deadlock im Sinne der Vereinbarung vorlag, begannen die Gesellschafter mit der Durchführung des Highest Sealed Bid-Verfahrens, dessen Einleitung nach der Vereinbarung zwingend war. Larken bot 43,2 Millionen US-Dollar, Pine Hill 35,5 Millionen US-Dollar. Larken durfte und musste in der Folge den Anteil von Pine Hill für 39,35 Millionen US-Dollar übernehmen. Der Kaufpreis sollte innerhalb von 120 Tagen gezahlt sein, selbst nach einer einwöchigen Fristverlängerung durch das Gericht zahlte Larken jedoch nicht. Pine Hill beantragte daraufhin, dass sie selbst jetzt den Anteil von Larken für den von ihnen aufgerufenen Preis von 35,5 Millionen US-Dollar übernehmen dürfe.[94] Zur Begründung wurde von Pine Hill angeführt, dass die Untätigkeit von Larken nun ihr das Recht zum Kauf zuweise. Larkens Gebot sei aufgrund des fehlenden Vollzugs nichtig („failure […] to close rendered their bid void"[95]), sodass Pine Hills Angebot als einzig wirksames verbleibe und der Durchschnitt der (wirksamen) Angebote daher exakt dem von ihnen genannten Betrag von 35,5 Millionen US-Dollar entspreche. Der zuständige *US district court* gab Pine Hill recht und wurde darin auch vom nächstinstanzlichen *US court of appeals* bestätigt.[96]

In der Argumentation des *US district court* ging es zum einen um die Vereinbarung an sich.[97] Es wurde festgestellt, dass diese für den Fall, dass der vorgesehene Erwerber nicht fristgemäß zahlt, keinerlei Regelung enthalte. Larken gab an, dass dies von den Parteien ganz gezielt so gewollt sei und jegliche Ergänzung einem unzulässigen „gerichtlichen Umschreiben" („judicial rewriting"[98]) der Klausel gleichkäme. Das Gericht erkannte diese Argumentation durchaus an („not wholly devoid of merit"[99]), fügte aber hinzu, dass Ergänzungen für den vorliegenden Fall nötig seien, um den intendierten Zweck der Konfliktbeendigung zu verwirklichen. Anderenfalls könne einer der Gesellschafter das Verfahren manipulieren, indem er einen (auch absurd) hohen Betrag nennt. So gewänne er das Preisermittlungsverfahren, könnte aber anschließend schlicht die Zahlung verweigern und der Deadlock bestünde fort.[100]

---

[94] Larken Minnesota, Inc. v. Wray, 881 F. Supp. 1413, 1417 (D. Minn. 1995).

[95] Larken Minnesota, Inc. v. Wray, 881 F. Supp. 1413, 1417 (D. Minn. 1995).

[96] Larken Minnesota, Inc. v. Wray, 881 F. Supp. 1413 ff. (D. Minn. 1995), *aff'd*, 89 F.3d 841 ff. (8th Cir. 1996).

[97] Zum Ganzen Larken Minnesota, Inc. v. Wray, 881 F. Supp. 1413, 1418 f. (D. Minn. 1995).

[98] Larken Minnesota, Inc. v. Wray, 881 F. Supp. 1413, 1418 (D. Minn. 1995).

[99] Larken Minnesota, Inc. v. Wray, 881 F. Supp. 1413, 1418 (D. Minn. 1995).

[100] Larken Minnesota, Inc. v. Wray, 881 F. Supp. 1413, 1418 f. (D. Minn. 1995).

Zum anderen musste sich das Gericht mit dem Einwand Larkens auseinandersetzen, dass der Kaufpreis mit 35,5 Millionen US-Dollar deutlich zu niedrig bemessen sei und damit einen Bruch der *fiduciary duty* zwischen den Gesellschaftern darstelle.[101] Seitens des Gerichts wurde diesbezüglich betont, dass die Vereinbarung keinerlei Anhaltspunkte dafür enthalte, dass der letztendliche Kaufpreis in irgendeiner bestimmten Relation zum tatsächlichen Marktwert der Anteile stehen müsse.[102] Er könne vielmehr diesem Marktwert entsprechen, aber genauso gut auch höher oder niedriger ausfallen. Die Parteien hätten dieses Risiko gekannt und seien es bewusst eingegangen, sodass das Ergebnis nicht durch Billigkeitserwägungen zu korrigieren sei („not inequitable").[103]

2. Stellungnahme

Zunächst ist klar festzustellen, dass die verwendete Klausel zumindest aus der *ex post*-Perspektive an einer wesentlichen Schwäche leidet: Sie enthält keinerlei Regelung für den Fall, dass die „Gewinnerseite" schlicht nicht innerhalb der (ohnehin schon großzügig bemessenen) Frist von 120 Tagen zahlt. Ein entsprechender Zusatz, nach dem beispielsweise bei fehlendem Vollzug das Recht zum Erwerb an die andere Seite zurückfällt (und zwar zu dem von letzterer genannten, niedrigeren Preis), hätte sich vor diesem Hintergrund als sinnvoll erwiesen. Interessanterweise enthalten auch viele Formulierungsvorschläge keinerlei Vorkehrungen für diesen Fall, obwohl er leicht zu beherrschen wäre und vergleichsweise vorhersehbar ist. Vollstreckungsrechtliche Maßnahmen sind zu diesem Zeitpunkt zwar ohne Weiteres möglich – ganz im Gegensatz zu dem bereits diskutierten Fall, dass sich der Angebotsempfänger noch *überhaupt nicht* entschieden hat –, ziehen das Verfahren bis zum endgültigen Ausscheiden aber weiter in die Länge.

Was die Entscheidung des *US district court* angeht, so ist sie in mehrfacher Hinsicht beachtlich. Zunächst bewegt sich das Gericht mit seinem extensiven Verständnis der Klausel durchaus im Grenzbereich des noch Zulässigen – ein Umstand, den es selbst implizit einräumt[104]. Der Vorwurf, dass nicht mehr die Regelung der Parteien ausgelegt wird, sondern es sich tatsächlich um eine unzulässige richterliche Fortschreibung der Vereinbarung handelt, ist nicht ganz von der Hand zu weisen. Allerdings hat auch die Begründung des Gerichts ihre Berechtigung. Wer nämlich als Partei bereits eine vorsorgliche Regelung für den Fall eines Deadlocks trifft, kann kaum wollen, dass dieses Verfahren durch missbräuchliches Verhalten torpediert wird – und möchte üblicherweise ent-

---

[101] Zum Ganzen Larken Minnesota, Inc. v. Wray, 881 F. Supp. 1413, 1420 f. (D. Minn. 1995).

[102] Siehe dazu auch die Ausführungen von *Carey*, 39 Real Prop. Prob. & Tr. J. 651, 672 (2005) m. w. N.

[103] Larken Minnesota, Inc. v. Wray, 881 F. Supp. 1413, 1421 (D. Minn. 1995).

[104] Larken Minnesota, Inc. v. Wray, 881 F. Supp. 1413, 1418 (D. Minn. 1995).

sprechende Lücken geschlossen wissen. Diese zweckorientierte, letztendlich ergänzende Auslegung wird gestützt durch Restatement (Second) of Contracts § 202(1) (Am. Law. Inst. 1981), nach dem einem erkennbaren, wesentlichen Vertragszweck besondere Bedeutung zukommt („[...] if the principal purpose of the parties is ascertainable it is given great weight."). Vor diesem Hintergrund spricht einiges dafür, dass das Recht zum Kauf an den anderen, niedriger bietenden Gesellschafter zurückfallen sollte, eindeutig ist das aber keinesfalls. Man könnte entgegnen, dass sich das US-amerikanische Recht nicht zuletzt vor dem Hintergrund der *parol evidence rule* (und wie auch andere Rechtsordnungen des *Common Law*[105]) eher an der verschrifteten, nach außen tretenden Erklärung der Parteien als an ihrem subjektiven, möglicherweise abweichenden Willen orientiert.[106] Von Larken wird in diesem Sinne vorgebracht, dass die Gesellschafter für den Fall der Untätigkeit des Höchstbietenden (womöglich tatsächlich ganz *bewusst*) keine spezielle Regelung getroffen hätten und deshalb ausschließlich auf die rechtlichen Standardmaßnahmen wegen Vertragsbruchs (*breach of contract*) zurückgegriffen werden müsse.[107]

Besondere Hervorhebung verdient zuletzt noch die klare Aussage des Gerichts, dass der unterlegene Gesellschafter seiner Verkaufspflicht zu einem bestimmten Preis nicht allein mit dem Argument entgehen kann, dass dieser Preis nicht dem Verkehrswert entspreche.[108] Hätten die Gesellschafter bei Ausscheiden zwingend zum Marktwert abgefunden werden wollen, hätten sie dies schlicht vereinbaren können, mit allen Vor- und Nachteilen, die mit einer solchen Lösung verbunden sind. Wer sich aber bewusst auf einen ergebnisoffenen Mechanismus zur Bestimmung der Kaufpreishöhe einlässt, muss vernünftigerweise auch damit rechnen, dass Abweichungen zumindest in gewissem Rahmen möglich sind und zu einem Preis über dem Marktwert gekauft oder zu einem Preis unter dem Marktwert verkauft werden muss.[109]

Dieser Befund steht nicht im direkten Widerspruch, wohl aber in einem gewissen Spannungsverhältnis zu der Beurteilung durch die *Cour de cassation* im bereits besprochenen Fall der Pflichtverletzung durch ein unangemessen niedriges Angebot.[110] Während der *US district court* im Grundsatz (zu Recht) gerade *keine* Pflicht dazu sieht, das Angebot am Verkehrswert zu orientieren, lässt

---

[105] Siehe z. B. *Cartwright*, Contract Law, 3. Aufl. 2016, S. 205 ff. zum englischen Recht.

[106] Näher *Burnham*, Law and Legal System of the US, 6. Aufl. 2016, S. 465 f. Vgl. auch *Markesinis/Unberath/Johnston*, German Law of Contract, 2. Aufl. 2006, S. 135 ff.

[107] Larken Minnesota, Inc. v. Wray, 881 F. Supp. 1413, 1418 f. (D. Minn. 1995).

[108] Larken Minnesota, Inc. v. Wray, 881 F. Supp. 1413, 1421 (D. Minn. 1995). Vgl. aber noch Johnson v. Peckham, 120 S.W.2d 786, 786 (Tex. 1938), unter Bezug darauf Johnson v. Buck, 540 S.W.2d 393, 399 (Tex. Civ. App. 1976). Dazu aus dem Schrifttum *Hoberman*, 2001 Colum. Bus. L. Rev. 231, 248 f.

[109] In diesem Sinne Larken Minnesota, Inc. v. Wray, 881 F. Supp. 1413, 1421 (D. Minn. 1995).

[110] Siehe dazu oben S. 35 ff.

sich dem Urteil der *Cour de cassation* zumindest implizit der Vorwurf an die Mehrheitsgruppe entnehmen, sie sei wegen ihres zu niedrigen Angebots eben „selbst schuld".

III. Russian Roulette als richterlich angeordnetes Trennungsverfahren

Der progressive Umgang mit den hier diskutierten Ausstiegsklauseln hat im angloamerikanischen Raum einen weiteren Anwendungsbereich eröffnet. So wurde das Russian Roulette bereits im Rahmen eines gerichtlichen Verfahrens zur Auflösung (*dissolution*) einer Kapitalgesellschaft genutzt. Selbst in den USA ist diese Vorgehensweise jedoch bisher recht selten;[111] eines der wenigen Anwendungsbeispiele ist der Fall *Fulk v. Washington Service Associates, Inc.*[112]

1. Sachverhalt und Entscheidung des Gerichts

Dort ging es um die typische Konstellation eines paritätischen Joint Ventures mit zwei Gesellschaftern in Form einer *corporation* mit Sitz in Delaware. Die Beziehung der Gesellschafter verschlechterte sich kontinuierlich, sodass letztlich einer der beiden die Auflösung nach Del. Code Ann. tit. 8, § 273 (West, Westlaw through ch. 239 of the 150th Gen. Assemb. [2019–2020]) beantragte (eine unternehmenseigene Exitstrategie gab es nicht).[113]

Die eng gefasste Vorschrift gehört zur Fallgruppe der „unfreiwilligen Auflösung" (*involuntary dissolution*), wobei *involuntary* in diesem Zusammenhang bedeutet, dass die Auflösung nicht durch die Mehrheit der Gesellschafter beschlossen wurde.[114] Del. Code Ann. tit. 8, § 273(a) (West, Westlaw through ch. 239 of the 150th Gen. Assemb. [2019–2020]) ermöglicht es, bei Uneinigkeit der Gesellschafter über die Fortführung oder Auflösung des Unternehmens den mangels Stimmenmehrheit (hier de facto Einstimmigkeit) fehlenden Beschluss zu überbrücken.[115] So war es einem Gesellschafter allein möglich, eine gericht-

---

[111] In Kanada ist sie dagegen deutlich stärker verbreitet, siehe dazu auch unten S. 211. Eine Auflistung relevanter Urteile findet sich bei *Landeo/Spier*, 81 U. Chi. L. Rev. 203, 205, Fn. 19 (2014).

[112] Fulk v. Washington Service Associates, Inc., No. CIV.A. 17747-NC, 2002 WL 1402273 (Del. Ch. June 21, 2002). Vgl. aber z. B. auch Gries v. Plaza del Rio Management Corp., 335 P.3d 530 ff. (Ariz. Ct. App. 2014).

[113] Fulk v. Washington Service Associates, Inc., No. CIV.A. 17747-NC, 2002 WL 1402273, *1 (Del. Ch. June 21, 2002). Näher zur Vorschrift *Bussard/Stuhlmiller*, in: Balotti/Finkelstein, Delaware Law, Bd. 1, 3. Aufl., Chapt. 10 § 10.11 (Stand: 2020-2 supplement).

[114] Statt vieler *Shapiro*, 60 Wash. U.L. Rev. 1119, 1122, Fn. 15 (1982), vgl. auch *Haynsworth*, 35 Clev. St. L. Rev. 25, 30 f. (1987). Aus dem deutschen Schrifttum *Merkt*, US-amerikanisches GesellschaftsR, 3. Aufl. 2013, Rn. 834 m. w. N.

[115] Ähnliche Vorschriften existieren auch in anderen Bundesstaaten, siehe z. B. für Missouri Mo. Ann. Stat. § 351.467, vgl. auch § 351.494(2) (West, Westlaw through the end of the 2019 1st Reg. and 1st Ex. Sess. of the 100th Gen. Assemb.), dazu Cannon v. Monroe, 285 S.W.3d 375 ff. (Mo. Ct. App. 2009); *LaRose/Nelson*, 72 J. Mo. B. 130, 132 f. (2016). Eine be-

liche Entscheidung zu erzwingen, die nach dem gesetzlich vorgeschriebenen Verfahren zum Ende der Zusammenarbeit führt. Zusätzlich beantragte der initiierende Gesellschafter die Bestellung eines Verwalters[116] (*custodian*) nach Del. Code Ann. tit. 8, § 226(a) (West, Westlaw through ch. 239 of the 150th Gen. Assemb. [2019–2020]).[117] Dessen Aufgabe war es, zwischen den Parteien zu vermitteln und eine Möglichkeit zur Beendigung der Gesellschaft zu finden, die gleichzeitig den Gesellschaftern den größtmöglichen Erlös für ihre Anteile beschert („maximize the value to the shareholders"[118]).

Die übliche Möglichkeit eines Verkaufs des Unternehmens an Gesellschafts-externe hätte kaum zu marktgerechten Preisen geführt, da für das operative Geschäft nötiges Know-How kurzfristig aus der Gesellschaft hätte abgezogen werden können – was auch bereits durch einen der Gesellschafter angedroht wurde. Dementsprechend hielt der *custodian* einen Verkauf zwischen den beiden Gesellschaftern für erlösmaximierend und schlug dafür einen (Offer to Buy or Sell) Russian Roulette-Mechanismus vor.[119] Durch das Gericht angeordnete spezielle (Unterlassungs-)Bestimmungen (*injunctive provisions*) sollten zusätzlich den Übergang des Know-Hows sichern und das Abwerben von Mitarbeitern und Kunden durch den ausscheidenden Gesellschafter für einen bestimmten Zeitraum verhindern.

In seiner Urteilsbegründung machte der *Delaware Court of Chancery* kaum einen Hehl daraus, welchen der Beteiligten er als eigentlichen „Störenfried" ansah. In der Tat verhielt sich eine der Parteien extrem unkooperativ. Unter anderem behinderte sie nicht nur jegliche Bemühungen um einen Verkauf an Dritte, sondern war auch im Rahmen gegenseitiger Kaufangebote außerhalb

---

eindruckende Auflistung einzelstaatlicher Regelungen zur involuntary dissolution findet sich in einem älteren Aufsatz von *Haynsworth*, 35 Clev. St. L. Rev. 25, 32, Fn. 29 (1987), vgl. ebenfalls *Hamilton/Booth*, Corporations, 5. Aufl. 2006, S. 706 ff. – Siehe auch allgemein (Revised) Model Bus. Corp. Act § 14.30(a)(2) (2016 revision), dazu *Cox/Hazen*, Law of Corporations, Bd. 3, 3. Aufl. 2010, S. 49 ff. § 14:12; Corporate Laws Committee, Model Bus. Corp. Act Annotated, Bd. 3, 4. Aufl., Sect. 14.30 S. 14-118 f. (Stand: 2013 revision); *Cox/Hazen*, Business Organizations Law, 4. Aufl. 2016, § 14.11 S. 410 f., § 26.5 S. 703.

[116] *Bungert*, GmbH im US-amerikanischen Recht, 1993, S. 67 und *Merkt*, US-amerikanisches GesellschaftsR, 3. Aufl. 2013, Rn. 839 sprechen vom „Zwangsverwalter". Dieser Begriff lädt allerdings zu einer Gleichsetzung mit dem Zwangsvollstrecker im deutschen Recht ein, die inhaltlich nicht gerechtfertigt ist, vgl. *Hamilton/Booth*, Corporations, 5. Aufl. 2006, S. 710 f.; *Zeberkiewicz/Rohrbacher*, in: Balotti/Finkelstein, Delaware Law, Bd. 1, 3. Aufl., Chapt. 7 § 7.56 (Stand: 2020-2 supplement). Vgl. ebenfalls *Garner*, Black's Law Dictionary, 11. Aufl. 2019, S. 483 (custodian).

[117] Näher zur Vorschrift *Cox/Hazen*, Law of Corporations, Bd. 3, 3. Aufl. 2010, § 14:15 S. 69 ff.; *Zeberkiewicz/Rohrbacher*, in: Balotti/Finkelstein, Delaware Law, Bd. 1, 3. Aufl., Chapt. 7 § 7.56 (Stand: 2020-2 supplement). Nicht ganz zu Unrecht allgemein kritisch gegenüber dem Institut des custodian *Gevurtz*, Corporation Law, 2. Aufl. 2010, S. 498.

[118] Fulk v. Washington Service Associates, Inc., No. CIV.A. 17747-NC, 2002 WL 1402273, *1 (Del. Ch. June 21, 2002).

[119] Fulk v. Washington Service Associates, Inc., No. CIV.A. 17747-NC, 2002 WL 1402273, *5 (Del. Ch. June 21, 2002). Vgl. auch Haley v. Talcott, 864 A.2d 86, 97 (Del. Ch. 2004).

des Russian Roulette-Mechanismus „nur" dazu bereit, einen Vorschlag in Höhe von 1,5 Millionen US-Dollar zu unterbreiten, während die Gegenseite den deutlich höheren Betrag von 2,3 Millionen US-Dollar anbot. Entsprechend deutlich stellte das Gericht zu dem Verhalten dieses Gesellschafters fest: „But, paying a price that is acceptable to [his partner] is something that [he] is unwilling to do and has mightily resisted doing all along."[120] Vielmehr gehe es ihm allein darum, sämtliche rechtlichen und tatsächlichen Möglichkeiten des Mitgesellschafters zu blockieren, sodass letzterem nur ein einziger Ausweg bliebe: seine Anteile (eventuell deutlich) unter Wert an seinen Unternehmenspartner zu veräußern.[121] Man merkt dem Gericht daher eine gewisse Genugtuung an, wenn es die so bezeichnete „Flut übermäßig technischer Argumente" („torrent of hypertechnical arguments"[122]) des streitfreudigen Gesellschafters sämtlich zurückweist. Die Einwände richteten sich in erster Linie gegen die Art und Weise der gerichtlichen Umsetzung, insbesondere die angesprochenen *injunctive provisions*.

2. Stellungnahme

Das Gericht misst sich in seiner Entscheidung einen großzügigen Umsetzungsspielraum zu.[123] Es stützt sich zur Lösung des Konflikts nicht auf eine zwischen den Parteien *vereinbarte* Russian Roulette-Klausel, sondern auf eine durch den *custodian* eingeführte Vorgehensweise, die es *gerichtlich* „absegnet". Diese Maßnahme ergänzte der *Delaware Court of Chancery* obendrein noch um zwingende Bestimmungen, mit deren Inhalt keine der Parteien umfassend einverstanden war. Das Gericht erkennt jedoch zutreffend, dass die gerichtliche Verwendung der Klausel *allein* im konkreten Fall keine fairen Ergebnisse gewährleistet hätte. Es bedarf daher der zusätzlichen Bestimmungen, die den widerspenstigen Gesellschafter ökonomisch dazu zwingen, seinem Mitgesellschafter einen fairen Preis zu zahlen. Zusätzlich wird durch die *injunctive provisions* den Gesellschaftern das mögliche Druckmittel genommen, technisches Know-How und Personal abzuziehen oder Kunden mittels eines Konkurrenzunternehmens abzuwerben. Nach dem Vorschlag des *custodian* sollte es der „widerwillige" Gesellschafter sein, der ein Angebot unterbreitet und einen Preis nennt. Das Gericht hat für diese Situation ein passendes Umfeld geschaffen,

---

[120] Fulk v. Washington Service Associates, Inc., No. CIV.A. 17747-NC, 2002 WL 1402273, *7 (Del. Ch. June 21, 2002).

[121] Fulk v. Washington Service Associates, Inc., No. CIV.A. 17747-NC, 2002 WL 1402273, *7 (Del. Ch. June 21, 2002).

[122] Fulk v. Washington Service Associates, Inc., No. CIV.A. 17747-NC, 2002 WL 1402273, *7 (Del. Ch. June 21, 2002).

[123] Übertroffen aber noch von der viel diskutierten Entscheidung In re Shawe & Elting LLC, C.A. No. 9661-CB, C.A. No. 9686-CB, C.A. No. 9700-CB, C.A. No. 10449-CB, 2015 WL 4874733 (Del. Ch. August 13, 2015), *aff'd*, Shawe v. Elting, 157 A.3d 152 ff. (Del. 2017).

indem es das Machtgefälle bereinigt und so die „Waffengleichheit" wiederhergestellt hat. Der „widerwillige" Gesellschafter konnte es so kaum wagen, einen zu niedrigen Preis anzubieten – zu groß war das Risiko, dass der Geschäftspartner zu einem solchen Preis lieber selbst kauft, anstatt zu verkaufen.

Letztendlich zwingt das Gericht die Beteiligten also zu einer fairen Auseinandersetzung, die auf anderem Weg kaum erzielbar gewesen wäre, weder durch einen freien Verkauf am Markt noch durch einen vorab zwischen den Parteien *vereinbarten* Russian Roulette-Mechanismus, der entweder gar nicht erst ausgelöst worden wäre oder aufgrund des drohenden Abzugs des Know-Hows zu ungerechten oder ökonomisch ineffizienten Ergebnissen geführt hätte. Solche einzelfallbezogenen Umstände können durch eine judizielle *ad hoc*-Anwendung umfassend berücksichtigt werden und stellen (wie sich noch zeigen wird) einen der größten Risikofaktoren bei der sonst üblichen, vorab vereinbarten Variante dar. Dass das Gericht nicht nur den lang andauernden Streit zwischen den Parteien beendet, sondern unter den gegebenen Umständen wohl auch den größtmöglichen Erlös für die Gesellschafter erzielt, zeigt umso mehr, dass es sich um eine gelungene Anwendung eines radikalen Ausstiegsverfahrens handelt. Ob es tatsächlich zur Umsetzung des Russian Roulette-Mechanismus kam, ist übrigens unklar. Die Parteien beendeten das gerichtliche Verfahren jedenfalls knapp zwei Jahre nach dem Urteil einvernehmlich (*stipulation of dismissal [with prejudice]*).[124]

C. Zwischenfazit: Anerkennung im Ausland

Den Entscheidungen französischer Gerichte lassen sich drei Kernpunkte entnehmen. Zum einen werden die hier behandelten Klauseln von der Rechtsprechung *nicht* als „Ausschlussklauseln" betrachtet, durch die ein Gesellschafter, selbst gegen seinen Willen, aus der Gesellschaft „herausgedrängt" werden kann – eine Wertung, die möglicherweise im Rahmen der Frage nach der unzulässigen Hinauskündigung nach deutschem Recht berücksichtigt werden kann. Der zweite Komplex von Entscheidungen zeigt, dass in einem unangemessen niedrigen Angebot möglicherweise die nicht ordnungsgemäße Ausführung einer vertraglichen Pflicht gesehen werden kann, sei es auch „nur" gegenüber einem Dritten. Dieser Aspekt spielt zunächst bei der Frage der wirtschaftlichen und rechtlichen Vor- und Nachteile eine Rolle, zeigt aber implizit auch ein dem Preisfindungsmechanismus anhaftendes Missbrauchspotenzial. Zuletzt sind gewisse Bedenken hinsichtlich der Bestimmtheit oder Bestimmbarkeit des Kaufpreises nach französischem Recht zumindest *ex ante* nicht von der Hand zu

---

[124] Stipulation of Dismissal, Fulk v. Washington Service Associates, Inc., No. 17747, 2004 WL 5390127 (Del. Ch. April 16, 2004).

weisen. Dieser Punkt lässt sich bei der Diskussion um die Bestimmtheit des Kaufpreises und eine daraus folgende (erneute) Beurkundungspflicht nach dem deutschen GmbHG zumindest am Rande heranziehen.

Auch aus dem US-amerikanischen Rechtskreis lassen sich Erkenntnisse für die Untersuchung ableiten. Zunächst ist die umfassende Informationspflicht zwischen den Gesellschaftern von Interesse. Ließe sich eine vergleichbare Pflicht zur Offenlegung im deutschen Recht herleiten, könnte ein Machtgefälle in Form einer asymmetrischen Informationsverteilung zwischen den Gesellschaftern ausgeglichen werden, das sonst zu ökonomisch unerwünschten Ergebnissen führt. Zweitens zeigt die Untätigkeit des Höchstbietenden in *Larken Minnesota, Inc. v. Wray* eine erneute Möglichkeit zum Missbrauch, die vor allem unter allgemeinen Gestaltungsgesichtspunkten berücksichtigt werden muss. Darüber hinaus muss die Erkenntnis diskutiert werden, dass der ermittelte Kaufpreis zu einer Abfindung (mitunter erheblich) unter dem Verkehrswert führen kann – eine Tatsache, die vor allem im Hinblick auf eine mögliche Sittenwidrigkeit noch eine Rolle spielen wird. Drittens und letztens stellt sich angesichts der (wenn auch bisher spärlichen) Nutzung radikaler Ausstiegsklauseln zur Trennung zerstrittener Gesellschafter durch US-amerikanische Gerichte die Frage, ob eine solche Verwendung auch durch deutsche Gerichte sinnvoll und überhaupt möglich ist.

Im Ergebnis weisen die dargestellten Entscheidungen darauf hin, dass die grundsätzliche Wirksamkeit von Russian Roulette, Texas Shoot Out und Co. heutzutage kaum noch ernsthaft bestritten wird, in den Vereinigten Staaten ohnehin nicht, in Frankreich nur noch in engen Grenzen. Selbst wenn vor allem die Argumentation der französischen Gerichte nicht durchgehend überzeugen kann und eine gewisse Rechtsunsicherheit verbleibt, geht es aus der Perspektive der Rechtspraxis auch in Frankreich mittlerweile mehr um die Frage des Anwendungsbereichs und der Umsetzung der Klauseln, weniger dagegen um ihre allgemeine Zulässigkeit.[125]

Der Befund grundsätzlicher Wirksamkeit deckt sich mit Reaktionen aus anderen Rechtsordnungen. In einem Beschluss aus dem Jahr 2009 stellte das Oberlandesgericht Wien[126] fest, dass eine Russian Roulette-Klausel nicht gegen die guten Sitten nach § 879 ABGB verstößt und hob insbesondere den Preisfindungsmechanismus hervor, „der im Sinne eines ‚checks-and-balances'"[127] eine einseitige Benachteiligung verhindere. Auch in vielen weiteren Ländern

---

[125] Vgl. *Plantin*, JCP E 2000, n° 42, 1646 f.; *Mosser*, Gaz. Pal. 2010, 29 et 30 déc., 3885, 3885, I4011. Mit einem Formulierungsbeispiel *Marcheteau/Chammas*, JCP E 2008, n° 35, 31, 35 f., 2027; *Brignon*, Dr. sociétés 2015, n° 10, 43 f., formule 9. Vgl. zur Lage in anderen Staaten auch *Brockmann*, Shoot-Out-Klauseln, 2017, S. 28.

[126] OLG Wien, Beschluss v. 20.04.2009 – Az. 28 R 53/09h, BeckRS 2014, 02174. Dazu nur *Andrae*, NZ 2009, 287 f., G 69; *Fantur*, Deadlock-Vereinbarung, 07.11.2009 (http://www.gmbhrecht.at/gmbh-anteile/dead-lock-gesellschaftsvertrag/, zuletzt abgerufen am 30.04.2020).

[127] OLG Wien, Beschluss v. 20.04.2009 – Az. 28 R 53/09h, BeckRS 2014, 02174.

hält man vergleichbare Klauseln zumindest nicht von vornherein für unzulässig, exemplarisch seien an dieser Stelle nur die Schweiz[128], Belgien[129] und Australien[130] genannt.

---

[128] *Oertle*, Gemeinschaftsunternehmen, 1990, S. 79; *von der Crone*, SJZ 1993, 37, 42 ff.; *Clopath*, SJZ 1993, 157; *Bösiger*, REPRAX 1/2003, 1, 14; *Marchand*, Clauses contractuelles, 2008, S. 140 ff.

[129] *Brulard/Sabatier*, in: Campbell, Comp. L. Y.B. Int'l Bus., Bd. 28, 2006, S. 131, 140 f.; *Jonet/Evrard*, Joint Ventures, 2006, S. 82 ff. Rn. 27 ff.; *Coibion*, conventions d'actionnaires, 2010, S. 70 ff. Rn. 113 ff.

[130] *JTA Le Roux Pty Ltd v Lawson* [2013] WASC 293 (8 August 2013); *JTA Le Roux Pty Ltd v Lawson (No 2)* [2013] WASC 373 (9 October 2013); *Krupace Holdings Pty Ltd v China Hotel Investments Pty Ltd* [2018] NSWSC 276 (7 March 2018); *Hedge*, in: Duncan, Joint Ventures Law, 3. Aufl. 2012, S. 398, 411.

Teil 3

Zulässigkeit nach deutschem Recht

Nach einem ersten Blick auf die generelle Funktionsweise von Russian Roulette- und Texas Shoot Out-Klauseln und ihre Beurteilung im Ausland soll es nachfolgend im Detail um die Zulässigkeit nach deutschem Recht gehen. Aus rechtspraktischer Perspektive wäre es wünschenswert, dass es sich bei den hier diskutierten Klauseln entweder schon um generell rechtskonforme Mechanismen handelt oder sich die rechtliche Zulässigkeit zumindest durch eine sorgfältige Vertragsgestaltung garantieren ließe. Ob die hier diskutierten Vereinbarungen diesem Anspruch tatsächlich durchgehend gerecht werden, ist nicht leicht zu beantworten. Sie werfen neben komplexen materiellen auch formelle, neben spezifisch gesellschaftsrechtlichen auch allgemein zivilrechtliche Fragen auf.

§ 6 Formfragen

Zu Beginn soll es um Formpflichten rund um die Vereinbarung und Ausübung von Russian Roulette- und Texas Shoot Out-Klauseln gehen. An dieser Stelle zeigt sich die Bedeutung der Rechtsform der GmbH und der damit verbundenen Formvorschriften des GmbHG, auf die bereits eingangs kurz hingewiesen wurde.[1] Für eine reine GmbH gelten die nachfolgenden Ausführungen ohne Weiteres, für die GmbH & Co. KG gelten sie jedenfalls dann, wenn von der vereinbarten Klausel auch die Geschäftsanteile der Komplementär-GmbH erfasst sind – was wohl der Regelfall sein dürfte.[2]

A. Pflicht zur Beurkundung bei Vereinbarung

Für die Pflicht zur Beurkundung sind zwei Zeitpunkte zu unterscheiden, einerseits der Moment der *Vereinbarung* der Klausel, andererseits der Moment ihrer *Ausübung*. Mit Blick auf den Vereinbarungszeitpunkt ist weiter zu differenzieren. Zum einen kann die Absprache schon *bei* der Gesellschaftsgründung (der Projektgesellschaft), zum anderen aber auch erst *nach* Abschluss des Gesellschaftsvertrags erfolgen.

I. Vereinbarung bei Gesellschaftsgründung

1. Formbedürftigkeit nach § 2 GmbHG

Eine Pflicht zur notariellen (Mit-)Beurkundung der Klausel kann sich zunächst aus § 2 Abs. 1 S. 1 GmbHG ergeben, nach dem der Gesellschaftsvertrag einer GmbH der notariellen Form bedarf. Ob eine solche Pflicht tatsächlich besteht, hängt maßgeblich davon ab, wie der Begriff des *Gesellschaftsvertrags* konkret zu verstehen ist.

a) Grundlagen und Begriff des Gesellschaftsvertrags

Nach dem Wortlaut des § 2 Abs. 1 S. 1 GmbHG könnte man auf den ersten Blick annehmen, dass die Formpflicht immer schon dann eingreift, wenn eine

---

[1] Siehe oben S. 28 f.
[2] Vgl. *Schulte/Sieger*, NZG 2005, 24, 28, Fn. 19.

Klausel schlicht in den Text des Gesellschaftsvertrags aufgenommen wird.[3] Tatsächlich ist der Begriff des Gesellschaftsvertrags im GmbHG deutlich komplexer. Zunächst sind die Bestandteile der Satzung von sonstigen vertraglichen Regelungen zwischen den Gesellschaftern zu unterscheiden, die keinen Eingang in den Satzungstext gefunden haben. Solche neben dem Gesellschaftsvertrag (der Projektgesellschaft) abgeschlossenen schuldrechtlichen Nebenabreden[4], wie z. B. der Joint Venture-Vertrag, unterliegen grundsätzlich keiner besonderen Form.[5] Mit dem Begriff der Nebenabrede ist aber nicht zwingend eine inhaltliche, sondern nur eine regelungstechnische Unterscheidung verbunden. Das bedeutet unter anderem, dass Absprachen in einer Nebenabrede durch Aufnahme in den Satzungstext auch zu Satzungsbestandteilen werden können.[6]

Im Rahmen der Satzungsbestandteile ist in mehrfacher Hinsicht weiter zu differenzieren. Zum einen muss man den zwingenden, obligatorischen Mindestinhalt der Satzung nach § 3 Abs. 1 GmbHG und die optionalen Regelungen nach § 3 Abs. 2 GmbHG auseinanderhalten, die typischerweise als fakultative Satzungsbestandteile bezeichnet werden.[7] Zum anderen ist zwischen materiellen[8], „echten"[9], körperschaftlichen[10] bzw. korporativen[11] Satzungsbestandteilen auf der einen und formellen[12], „unechten"[13], individual-

---

[3] Vgl. *Zöllner/Noack*, in: Baumbach/Hueck, GmbHG, 22. Aufl. 2019, § 53 Rn. 4; *Inhester*, in: Saenger/Inhester, GmbHG, 4. Aufl. 2020, § 53 Rn. 4 zur Unterscheidung zwischen „Satzung" und „Satzungstext".

[4] Zur sehr uneinheitlichen Terminologie statt vieler *Noack*, Gesellschaftervereinbarungen, 1994, S. 2 f.; *Joussen*, Gesellschafterabsprachen, 1995, S. 2 f.; *Rossig*, Gesellschafterabsprachen, 2003, S. 29.

[5] Statt aller *Schwaiger*, in: Prinz/Winkeljohann, Beck'sches Hdb. GmbH, 5. Aufl. 2014, § 2 Rn. 71; *Meyer*, in: von Rechenberg/Ludwig, Kölner Hdb. Handels- und GesR, 4. Aufl. 2017, Kap. 13 Rn. 315; *Wicke*, in: Scholz, GmbHG, Bd. 1, 12. Aufl. 2018, § 2 Rn. 13; *Fastrich*, in: Baumbach/Hueck, GmbHG, 22. Aufl. 2019, § 2 Rn. 12.

[6] *Rossig*, Gesellschafterabsprachen, 2003, S. 29 f.; *Heinze*, in: Fleischer/Goette, MüKo GmbHG, Bd. 1, 3. Aufl. 2018, § 2 Rn. 15; *Jaeger*, in: Ziemons/Jaeger/Pöschke, BeckOK GmbHG, 43. Ed. 2020, § 3 Rn. 44 (Stand: 01.02.2020).

[7] Zum Ganzen statt vieler *Schmidt*, in: Michalski/Heidinger/Leible/Schmidt, GmbHG, Bd. 1, 3. Aufl. 2017, § 2 Rn. 41, § 3 Rn. 6 ff.; *Heinze*, in: Fleischer/Goette, MüKo GmbHG, Bd. 1, 3. Aufl. 2018, § 2 Rn. 14, § 3 Rn. 6 ff.

[8] *Ulmer*, in: FS Werner, 1984, S. 911, 914 f.; *Schäfer*, in: Henssler/Strohn, GesR, 4. Aufl. 2019, § 2 GmbHG Rn. 8.

[9] *Seibt*, in: Römermann, MAHdb. GmbHR, 4. Aufl. 2018, § 2 Rn. 4; *Altmeppen*, GmbHG, 9. Aufl. 2019, § 2 Rn. 7; *Schäfer*, in: Henssler/Strohn, GesR, 4. Aufl. 2019, § 2 GmbHG Rn. 8.

[10] *Saenger*, GesR, 4. Aufl. 2018, Rn. 730; *Jaeger*, in: Ziemons/Jaeger/Pöschke, BeckOK GmbHG, 43. Ed. 2020, § 2 Rn. 15 (Stand: 01.02.2020).

[11] BGH NJW-RR 1993, 607, 607 f.; *Priester*, DB 1979, 681 ff.

[12] *Wälzholz*, GmbHR 2009, 1020, 1020; *Raiser/Veil*, Kapitalgesellschaften, 6. Aufl. 2015, § 35 Rn. 28; *Schäfer*, in: Henssler/Strohn, GesR, 4. Aufl. 2019, § 2 GmbHG Rn. 10.

[13] *Buchholz*, MittRhNotK 1991, 1, 3; *Seibt*, in: Römermann, MAHdb. GmbHR, 4. Aufl. 2018, § 2 Rn. 4; *Zöllner/Noack*, in: Baumbach/Hueck, GmbHG, 22. Aufl. 2019, § 53 Rn. 17; *Schäfer*, in: Henssler/Strohn, GesR, 4. Aufl. 2019, § 2 GmbHG Rn. 10.

rechtlichen[14] bzw. nichtkorporativen[15] Satzungsbestandteilen auf der anderen Seite zu unterscheiden. Materielle Satzungsbestandteile regeln die rechtlichen Beziehungen zwischen Gesellschaft und Gesellschaftern und entfalten durch ihre Kopplung an den Mitgliedschaftsanteil auch gegenüber zukünftigen Gesellschaftern Wirkung.[16] Darin sieht unter anderem die höchstrichterliche Rechtsprechung das wesentliche Kriterium zur Abgrenzung.[17] Formelle Satzungsbestandteile werden dagegen nur, so die übliche Formulierung, „bei Gelegenheit"[18] in die Satzung aufgenommen. Für sie gelten die allgemeinen rechtsgeschäftlichen Grundsätze, insbesondere entfalten durch sie begründete Rechte und Pflichten nicht ohne Weiteres gegenüber zukünftigen Gesellschaftern Wirkung,[19] sondern bedürfen einer rechtsgeschäftlichen Übertragung, beispielsweise durch Vertragsübernahme, Schuldübernahme (§§ 414 ff. BGB) oder Schuldbeitritt.[20]

Diese vielfältigen Differenzierungen können für einzelne Fallkonstellationen durchaus entscheidend sein und im Einzelfall erhebliche Schwierigkeiten bereiten.[21] Sie erschweren aber oft auch den Einstieg in die Thematik und lassen Fragen rund um den Gesellschaftsvertrag und die Pflicht zur Beurkundung im GmbH-Recht mitunter komplizierter erscheinen, als sie es tatsächlich sind. An dieser Stelle genügt die Feststellung, dass eine Vereinbarung der Aufnahme in den Gesellschaftsvertrag und so der notariellen Beurkundung nach § 2 Abs. 1 S. 1 GmbHG bedarf, wenn sie korporativen Charakter hat. Das ist dann der Fall, wenn sie neben den Gründungsgesellschaftern auch gegenüber Dritten gelten soll, insbesondere später eintretenden Gesellschaftern. Liegt ein solcher Charakter vor, unterliegt die Vereinbarung der Pflicht zur Beurkundung, anderenfalls nicht. Im Duktus der soeben erläuterten Differenzierungen umfasst

---

[14] *Khalilzadeh*, GmbHR 2013, 232, 235; *Fastrich*, in: Baumbach/Hueck, GmbHG, 22. Aufl. 2019, § 2 Rn. 32.

[15] *Priester*, in: Scholz, GmbHG, Bd. 3, 11. Aufl. 2015, § 53 Rn. 6; *Schmidt*, in: Michalski/Heidinger/Leible/Schmidt, GmbHG, Bd. 1, 3. Aufl. 2017, § 2 Rn. 40.

[16] BGHZ 38, 155, 161; *Heinze*, in: Fleischer/Goette, MüKo GmbHG, Bd. 1, 3. Aufl. 2018, § 2 Rn. 14; *Fastrich*, in: Baumbach/Hueck, GmbHG, 22. Aufl. 2019, § 2 Rn. 31; *Jaeger*, in: Ziemons/Jaeger/Pöschke, BeckOK GmbHG, 43. Ed. 2020, § 2 Rn. 5 (Stand: 01.02.2020).

[17] Ständige Rechtsprechung, siehe z. B. BGHZ 18, 205, 207 ff.; BGH NJW-RR 1993, 607, 607 f.; BGHZ 123, 347 ff. Zu den Einzelheiten *Wicke*, in: Fleischer/Goette, MüKo GmbHG, Bd. 1, 3. Aufl. 2018, § 3 Rn. 110 ff.

[18] *Schmidt*, in: Michalski/Heidinger/Leible/Schmidt, GmbHG, Bd. 1, 3. Aufl. 2017, § 2 Rn. 40; *Heinze*, in: Fleischer/Goette, MüKo GmbHG, Bd. 1, 3. Aufl. 2018, § 2 Rn. 15; *Schäfer*, in: Henssler/Strohn, GesR, 4. Aufl. 2019, § 2 GmbHG Rn. 10.

[19] *Wicke*, DNotZ 2006, 419, 424 ff.; *Schmidt*, in: Michalski/Heidinger/Leible/Schmidt, GmbHG, Bd. 1, 3. Aufl. 2017, § 3 Rn. 88.

[20] *Schmidt*, in: Michalski/Heidinger/Leible/Schmidt, GmbHG, Bd. 1, 3. Aufl. 2017, § 3 Rn. 88; *Wicke*, in: Fleischer/Goette, MüKo GmbHG, Bd. 1, 3. Aufl. 2018, § 3 Rn. 111; *Cziupka*, in: Scholz, GmbHG, Bd. 1, 12. Aufl. 2018, § 3 Rn. 102, 113.

[21] Näher statt vieler *Jäger*, DStR 1996, 1935, 1935 f. und auch noch *Emmerich*, in: Scholz, GmbHG, Bd. 1, 11. Aufl. 2012, § 3 Rn. 107 ff.

der Begriff des Gesellschaftsvertrags in § 2 Abs. 1 S. 1 GmbHG und damit die
Pflicht zur Beurkundung also neben dem obligatorischen Inhalt nach § 3 Abs. 1
GmbHG alle diejenigen fakultativen Bestandteile, die entweder § 3 Abs. 2
GmbHG unterliegen oder korporativen Charakter haben.[22]

b) Anwendung auf Russian Roulette und Texas Shoot Out

Russian Roulette- und Texas Shoot Out-Klauseln sind an sich weder zwingend
korporativer noch zwingend nichtkorporativer Natur und damit nach § 2 Abs. 1
S. 1 GmbHG weder zwingend beurkundungspflichtig noch zwingend formfrei
vereinbar.[23] Sie können einerseits an die Gesellschafterstellung anknüpfen und
so selbst für zukünftige Gesellschafter gelten, andererseits aber auch nur die
Vertragsparteien binden. Im Ergebnis entscheiden damit allein die Gründungs-
gesellschafter, „wo" und „wie" sie ihre Vereinbarung regeln wollen. Ihnen steht
also ein „Gestaltungswahlrecht"[24] zu.

Dieses Wahlrecht besteht auf zwei verschiedenen Ebenen. Auf der ersten
Stufe kann entschieden werden, ob die Regelung korporativ oder nichtkorpora-
tiv ausgestaltet werden soll. Während eine korporative Regelung wie dargestellt
zwingend in die Satzung aufzunehmen und zu beurkunden ist, stellt sich bei der
nichtkorporativen Variante auf der zweiten Stufe die Frage, ob die Vereinbarung
„innerhalb" oder „außerhalb" der Satzung geregelt werden soll. *Innerhalb* der
Satzung bedeutet an dieser Stelle nicht, dass die Klausel beurkundungspflichtig wäre, sie taucht lediglich als formeller Satzungsbestandteil im Text des Gesellschaftsvertrags auf. Bei einer solchen Regelungsweise als formeller Satzungsbestandteil handelt es sich nach der eingangs erläuterten Klassifikation
stets auch um fakultative Satzungsbestandteile, denn Russian Roulette- und
Texas Shoot Out-Klauseln gehören erkennbar nicht zum Mindestkatalog des
§ 3 Abs. 1 GmbHG.[25] Eine Regelung *außerhalb* der Satzung geschieht in Form
einer rein schuldrechtlichen Nebenabrede, die gar nicht erst in den Satzungstext
aufgenommen wird. Zumindest theoretisch möglich ist außerdem eine Kom-
bination der beiden Varianten, nach der Regelungen des Joint Venture-Vertrags
zumindest zum Teil (auch) in die Satzung aufgenommen werden.[26]

---

[22] Statt vieler *Heinze*, in: Fleischer/Goette, MüKo GmbHG, Bd. 1, 3. Aufl. 2018, § 2 Rn. 38;
Fastrich, in: Baumbach/Hueck, GmbHG, 22. Aufl. 2019, § 2 Rn. 12; *Pfisterer*, in: Saenger/
Inhester, GmbHG, 4. Aufl. 2020, § 2 Rn. 21.

[23] Insoweit nicht eindeutig *Handke/Gärtner/Goetsch*, in: Mehrbrey, Hdb. Gesellschaftsrechtliche Streitigkeiten, 3. Aufl. 2019, § 2 Rn. 335.

[24] So die Formulierung bei *Wicke*, DNotZ 2006, 419, 434 f.; *Wicke*, in: Fleischer/Goet-
te, MüKo GmbHG, Bd. 1, 3. Aufl. 2018, § 3 Rn. 124; *Inhester*, in: Saenger/Inhester, GmbHG,
4. Aufl. 2020, § 53 Rn. 8. Ganz ähnlich und explizit zu den hier diskutierten Mechanismen
Brockmann, Shoot-Out-Klauseln, 2017, S. 215.

[25] So auch *Brockmann*, Shoot-Out-Klauseln, 2017, S. 212; *Bayer*, in: Bayer/Hommelhoff/
Kleindiek, Lutter/Hommelhoff GmbHG, 20. Aufl. 2020, § 3 Rn. 43.

[26] *Reinhard*, in: Wachter, Praxis des Handels- und GesellschaftsR, 4. Aufl. 2018, § 20

Wird die Klausel letztlich als korporativ verfasster, materieller Satzungsbestandteil (mit-)beurkundet, kommt es auf eine Formbedürftigkeit nach sonstigen Normen unter Umständen gar nicht mehr an, da die Beurkundung nach
§ 2 Abs. 1 S. 1 GmbHG den Anforderungen der Beurkundungspflicht nach anderen Vorschriften (insbesondere § 15 Abs. 4 GmbHG) gerecht wird.[27] Das gilt
zumindest dann, wenn die Einzelheiten der vertraglichen Verpflichtung hinreichend bestimmt oder zumindest bestimmbar sind,[28] was bei radikalen Exitklauseln allerdings alles andere als zweifelsfrei ist[29]. Unter anderem wegen dieser
Unsicherheit, vor allem aber wegen ihrer Bedeutung für formelle Satzungsbestandteile und Nebenabreden, kommt der Formvorschrift des § 15 Abs. 4
GmbHG eine besondere Rolle zu. Die Diskussion um die Pflicht zur Beurkundung dreht sich für Russian Roulette- und Texas Shoot Out-Klauseln daher nahezu ausschließlich um § 15 GmbHG, der in der rechtspraktischen Anwendung
deutlich mehr Fragen aufwirft als § 2 Abs. 1 S. 1 GmbHG.

2. Formbedürftigkeit nach § 15 Abs. 4 GmbHG

Vereinbarungen zum Zeitpunkt der Gründung unterliegen neben einer eventuellen Formpflicht nach § 2 Abs. 1 S. 1 GmbHG auch zwingend der des § 15 Abs. 4
S. 1 GmbHG. Danach bedarf die verpflichtende Absprache zur Anteilsübertragung der notariellen Beurkundung; ein nicht beurkundetes Verpflichtungsgeschäft wird nach § 15 Abs. 4 S. 2 GmbHG durch formwirksame Abtretung
nach Abs. 3 geheilt.[30]

Durch die Vereinbarung einer radikalen Ausstiegsklausel wird letzten Endes
die Verpflichtung für einen der Gesellschafter begründet, aus der Gesellschaft
auszuscheiden und seinen Gesellschaftsanteil abzutreten. Zwar tritt diese
Rechtsfolge in aller Regel nicht unmittelbar ein, sondern steht, wie eingangs erläutert, typischerweise unter der Bedingung, dass ein näher bezeichnetes Trigger Event überhaupt auftritt und/oder einer der Gesellschafter die Klausel auslöst und damit den Vollzugsmechanismus in Gang setzt. Nach wohl allgemeiner

---

Rn. 37. Vgl. auch *Schmolke*, in: Vogt/Fleischer/Kalss, Gesellschafts- und KapitalmarktR, 2014,
S. 107, 113 f.; *Wirbel*, in: Gummert/Weipert, Münchener Hdb. GesR, Bd. 1, 5. Aufl. 2019, § 28
Rn. 34 ff.

[27] BGH NJW 1969, 2049, 2049; *Mülsch/Penzel*, ZIP 2004, 1987, 1991; *Schacht*, in: Prinz/
Winkeljohann, Beck'sches Hdb. GmbH, 5. Aufl. 2014, § 12 Rn. 23; *Seibt*, in: Scholz, GmbHG,
Bd. 1, 12. Aufl. 2018, § 15 Rn. 51. Skeptisch zur Zulässigkeit statutarisch antizipierter (Zwangs)
abtretungen *Maier-Reimer*, GmbHR 2017, 1325 ff.; *Werner*, NWB 2018, 645, 649 ff.

[28] Allgemein in diese Richtung BGH NJW 1986, 2642, 2642; *Reichert/Weller*, in: Flei-
scher/Goette, MüKo GmbHG, Bd. 1, 3. Aufl. 2018, § 15 Rn. 102. Explizit zu den hier diskutierten Klauseln *Giehl*, in: Weise/Krauß, Beck'sche OF Vertrag, 52. Ed. 2020, 7.8.2.2.3 Rn. 4
(Stand: 01.12.2019).

[29] Näher dazu unten S. 77 ff.

[30] Zu den Einzelheiten ausführlich *Stoppel*, GmbHR 2010, 225 ff.; *Ebbing*, in: Michalski/
Heidinger/Leible/Schmidt, GmbHG, Bd. 1, 3. Aufl. 2017, § 15 Rn. 101 ff.; *Reichert/Weller*, in:
Fleischer/Goette, MüKo GmbHG, Bd. 1, 3. Aufl. 2018, § 15 Rn. 120 ff.

Auffassung gilt die notarielle Form allerdings auch für solche lediglich bedingten Verpflichtungen.[31] In Beiträgen, die sich gezielt mit Russian Roulette- und
Texas Shoot Out-Klauseln befassen, begnügt man sich mit dem allgemein gehaltenen Hinweis auf § 15 (Abs. 4) GmbHG und der Aussage, dass letztendlich
eine Pflicht zur Anteilsübertragung bestehe.[32] Die Bedingtheit der Verpflichtung ändert also nichts daran, dass Russian Roulette- und Texas Shoot Out-
Klauseln nach § 15 Abs. 4 S. 1 GmbHG unabhängig von ihrer konkreten Verein-
barungsweise der notariellen Beurkundung bedürfen.[33]

II. Vereinbarung nach Gesellschaftsgründung

Die Parteien können sich aus verschiedenen Gründen entschließen, erst *nach*
Abschluss des Gesellschaftsvertrags einen Russian Roulette- oder Texas Shoot
Out-Mechanismus zu vereinbaren. Auch hier besteht zunächst eine Pflicht zur
Beurkundung nach § 15 Abs. 4 S. 1 GmbHG, die unabhängig vom Regelungs-
zeitpunkt gilt.

1. Materieller Satzungsbestandteil

Anders ist dies für die Formvorschriften rund um den Gesellschaftsvertrag. Für
nachträgliche Änderungen gilt nicht mehr § 2 Abs. 1 S. 1 GmbHG, sondern § 53
Abs. 2 S. 1, 1. Hs. GmbHG, der die notarielle Form für den Beschluss (nicht
die Stimmabgabe[34]) über eine Änderung des Gesellschaftsvertrags vorschreibt.
Auch im Rahmen des § 53 GmbHG herrscht grundsätzlich der bereits zu § 2
GmbHG erläuterte Satzungsbegriff. Unstrittig ist daher, dass für die Änderung

---

[31] OLG Karlsruhe GmbHR 1991, 19 f.; *Schacht*, in: Prinz/Winkeljohann, Beck'sches
Hdb. GmbH, 5. Aufl. 2014, § 12 Rn. 25; *Fett/Spiering*, in: Fett/Spiering, Hdb. Joint Venture,
2. Aufl. 2015, Kap. 7 Rn. 136; *Ebbing*, in: Michalski/Heidinger/Leible/Schmidt, GmbHG,
Bd. 1, 3. Aufl. 2017, § 15 Rn. 64; *Reichert/Weller*, in: Fleischer/Goette, MüKo GmbHG, Bd. 1,
3. Aufl. 2018, § 15 Rn. 92; *Römermann/Passarge*, in: Römermann, MAHdb. GmbHR, 4. Aufl.
2018, § 14 Rn. 15; *Seibt*, in: Scholz, GmbHG, Bd. 1, 12. Aufl. 2018, § 15 Rn. 50; *Altmeppen*,
GmbHG, 9. Aufl. 2019, § 15 Rn. 79; *Servatius*, in: Baumbach/Hueck, GmbHG, 22. Aufl. 2019,
§ 15 Rn. 33; *Bayer*, in: Bayer/Hommelhoff/Kleindiek, Lutter/Hommelhoff GmbHG, 20. Aufl.
2020, § 15 Rn. 54.

[32] *Werner*, GmbHR 2005, 1554, 1558; *Wälzholz*, GmbH-StB 2007, 84, 86; *Goette*, Exit,
2014, Rn. 297; *Schmolke*, in: Vogt/Fleischer/Kalss, Gesellschafts- und KapitalmarktR, 2014,
S. 107, 134; *Fett/Spiering*, in: Fett/Spiering, Hdb. Joint Venture, 2. Aufl. 2015, Kap. 7 Rn. 596,
602. Ebenso *Lohr*, GmbH-StB 2014, 93, 93, allerdings fälschlicherweise unter Bezug auf
§ 15 Abs. 3 BeurkG. Gemeint war wohl § 15 Abs. 3 GmbHG, wobei selbst dann § 15 Abs. 4
GmbHG unerwähnt bleibt.

[33] Für die Beurkundung des Vertrags wird nach §§ 3 Abs. 2, 34 GNotKG i. V. m. Nr. 21100
KV eine 2,0-fache Gebühr fällig.

[34] *Hoffmann*, in: Michalski/Heidinger/Leible/Schmidt, GmbHG, Bd. 2, 3. Aufl. 2017,
§ 53 Rn. 70; *Harbarth*, in: Fleischer/Goette, MüKo GmbHG, Bd. 3, 3. Aufl. 2018, § 53 Rn. 68;
Gummert, in: Henssler/Strohn, GesR, 4. Aufl. 2019, § 53 GmbHG Rn. 21.

materieller Satzungsbestandteile die Form des § 53 Abs. 2 S. 1, 1. Hs. GmbHG einzuhalten ist.[35]

Wie schon im Rahmen des § 2 Abs. 1 S. 1 GmbHG stellt sich aber für § 53 Abs. 2 S. 1 GmbHG die Frage, in welchem Verhältnis diese Formpflicht zu derjenigen des § 15 Abs. 4 S. 1 GmbHG steht. Höchstrichterliche Rechtsprechung speziell zu diesem kaum diskutierten Problem existiert, so weit ersichtlich, nicht,[36] sodass von dem Grundsatz auszugehen ist, dass mehrere Formvorschriften nebeneinander anzuwenden und deren jeweilige Voraussetzungen und Formzwecke sämtlich zu erfüllen sind[37].

Nach § 53 Abs. 2 S. 1, 2. Hs. GmbHG bedarf eine Satzungsänderung der qualifizierten Mehrheit von drei Vierteln der abgegebenen Stimmen. Ließe man diese Mehrheit für die Aufnahme einer Russian Roulette- oder Texas Shoot Out-Klausel gelten, könnte jedoch die (Stimmen-)Mehrheit der Gesellschafter der Minderheit selbst gegen deren Willen die (wenn auch bedingte) zukünftige Pflicht zur Anteilsveräußerung oder -übernahme aufzwingen. Folglich muss eine solche Klausel abweichend von § 53 Abs. 2 S. 1, 2. Hs. GmbHG von *allen* betroffenen Gesellschaftern akzeptiert werden.[38] Ob man dieses Ergebnis aus § 53 Abs. 3 GmbHG oder aus allgemeinen Erwägungen zu den Grundsätzen und Mitgliedschaftsrechten in der GmbH herleitet, kann letztlich dahinstehen.[39]

2. Formeller Satzungsbestandteil

Deutlich komplexer ist die Lage dagegen für formelle Satzungsbestandteile. Legt man für sie den zu § 2 GmbHG erläuterten Satzungsbegriff zugrunde, sind derart vereinbarte Russian Roulette- oder Texas Shoot Out-Klauseln von der Formpflicht nach § 53 Abs. 2 S. 1, 1. Hs. GmbHG und den sonstigen Regelungen der §§ 53 f. GmbHG, wie z. B. dem qualifizierten Mehrheitserfordernis nach § 53 Abs. 2 S. 1, 2. Hs. GmbHG, nicht erfasst. Bei einem solch strikten Verständnis kann es aber dazu kommen, dass der tatsächliche Satzungstext von der eingetragenen Fassung abweicht, weil es auch auf die Pflicht zur Handelsregisteranmeldung und die konstitutive Wirkung der Eintragung nach § 54 Abs. 1 S. 1, Abs. 3 GmbHG nicht mehr ankommt.

---

[35] Statt vieler *Harbarth*, in: Fleischer/Goette, MüKo GmbHG, Bd. 3, 3. Aufl. 2018, § 53 Rn. 31; *Altmeppen*, GmbHG, 9. Aufl. 2019, § 53 Rn. 6; *Inhester*, in: Saenger/Inhester, GmbHG, 4. Aufl. 2020, § 53 Rn. 9.

[36] Vgl. aber erneut BGH NJW 1969, 2049, 2049.

[37] *Grotheer*, RNotZ 2015, 4, 6 f.; *Trölitzsch*, in: Ziemons/Jaeger/Pöschke, BeckOK GmbHG, 43. Ed. 2020, § 53 Rn. 22 (Stand: 01.02.2020), insoweit zweifelhaft RGZ 113, 147, 149. Zu den Folgen für das Beurkundungsverfahren, insbesondere im Hinblick auf §§ 36 f. BeurkG *Grotheer*, RNotZ 2015, 4, 7 ff.

[38] Anders anscheinend *Brockmann*, Shoot-Out-Klauseln, 2017, S. 140.

[39] Vgl. zu Drag Along und Call-Optionen *Priester*, in: FS Hopt, Bd. 1, 2010, S. 1139, 1150.

Im Schrifttum wird dieses Ergebnis überwiegend für korrekturbedürftig gehalten. Tatsächlich ist kaum von der Hand zu weisen, dass ein Interesse des Rechtsverkehrs an der Richtigkeit des im Handelsregister eingetragenen Gesellschaftsvertrags besteht. Systematisch wenig überzeugend, im Ergebnis aber sinnvoll, kann dies nur durch eine Aufweichung des Grundsatzes geschehen, dass formelle Satzungsbestandteile vollumfänglich nicht dem Verfahren der §§ 53 f. GmbHG unterliegen. Welche dieser Vorschriften in welchem Umfang auch für formelle Bestandteile gelten soll, ist Gegenstand heftiger, in den Details unübersichtlicher und kaum mehr zu überblickender Diskussionen;[40] Einzelheiten seien daher dem Schrifttum zu Satzungsänderungen vorbehalten. Nach hier vertretener Auffassung ist diejenige der vertretenen Varianten vorzugswürdig, die einen „minimalinvasiven" Ansatz verfolgt. Danach kann der Beschluss der Gesellschafter formfrei und grundsätzlich ohne Beachtung des qualifizierten Mehrheitserfordernisses nach § 53 Abs. 2 S. 1 GmbHG erfolgen. Um die Richtigkeit der Handelsregistereintragung zu sichern, besteht aber die Pflicht zur (deklaratorischen) Anmeldung der Satzungsänderung zum Handelsregister nach § 54 Abs. 1 GmbHG.[41] Aufgrund der rechtlichen Unsicherheit findet sich von beratender Seite zu Recht die Empfehlung, vorsichtshalber *sämtliche* Vorgaben der §§ 53 f. GmbHG auch für formelle Satzungsbestandteile einzuhalten.[42]

Letztlich handelt es sich um ein allgemeines Problem der GmbH-rechtlichen Vorschriften, für das der Charakter von Russian Roulette- und Texas Shoot Out-Klauseln keine besondere Rolle spielt. Der Pflicht zur Beurkundung können die Parteien wegen § 15 Abs. 3, Abs. 4 S. 1 GmbHG, wie schon bei materiellen Satzungsbestandteilen, ohnehin nicht entkommen. Diese Arbeit konzentriert sich im Folgenden auf die rechtlich interessantere und vom Charakter der hier diskutierten Vereinbarungen beeinflusste Frage der Pflicht zur Beurkundung bei der Ausübung.

B. Pflicht zur Beurkundung bei Ausübung

Nach Abschluss des Preis- und Parteiermittlungsverfahrens kommt es unweigerlich zur Abtretung von Gesellschaftsanteilen, sodass die Pflicht zur Beurkundung nach § 15 Abs. 3 GmbHG einzuhalten ist. Unterbleibt die Beurkundung,

---

[40] *Zöllner/Noack*, in: Baumbach/Hueck, GmbHG, 22. Aufl. 2019, § 53 Rn. 23.

[41] In diesem Sinne auch *Harbarth*, in: Fleischer/Goette, MüKo GmbHG, Bd. 3, 3. Aufl. 2018, § 53 Rn. 31. Vgl. ebenfalls *Inhester*, in: Saenger/Inhester, GmbHG, 4. Aufl. 2020, § 53 Rn. 10 f. Für eine umfassende Anwendung der §§ 53 f. GmbHG dagegen z. B. *Priester*, in: Scholz, GmbHG, Bd. 3, 11. Aufl. 2012, § 53 Rn. 19.

[42] *Inhester*, in: Saenger/Inhester, GmbHG, 4. Aufl. 2020, § 53 Rn. 11; *Trölitzsch*, in: Ziemons/Jaeger/Pöschke, BeckOK GmbHG, 43. Ed. 2020, § 53 Rn. 3b (Stand: 01.02.2020).

ist die Abtretung nach § 125 S. 1 BGB formnichtig[43] und auch die Heilung eines eventuell ohne Einhaltung der Form geschlossenen Verpflichtungsgeschäfts nach § 15 Abs. 4 S. 2 GmbHG tritt nicht ein.

Bis heute nicht eindeutig geklärt ist dagegen die Frage, ob bei vorheriger notarieller Beurkundung einer Russian Roulette- oder Texas Shoot Out-Klausel eine *erneute* Beurkundung der Ausstiegsmitteilungen erforderlich ist. Genügt es also, dass die Vereinbarung der Klausel selbst schon notariell beurkundet wurde oder bedarf es nach § 15 Abs. 4 S. 1 GmbHG einer weiteren Beurkundung, sobald das Preisermittlungsverfahren eingeleitet wird? Die Konsequenzen dieser Frage sind für die Praxis nicht unerheblich. Nimmt man eine abermalige Formbedürftigkeit an, entstehen nicht nur erneute Kosten für die notarielle Beurkundung,[44] sondern das Verfahren zieht sich zumindest tendenziell auch weiter in die Länge – ganz entgegen dem Interesse der Gesellschafter an einer zügigen Abwicklung[45].

I. Meinungsspektrum im Schrifttum

Überwiegend wird davon ausgegangen, dass die ursprüngliche Beurkundung der Russian Roulette- oder Texas Shoot Out-Klausel ausreicht und eine gesonderte Beurkundung der Ausstiegsmitteilungen *nicht* erforderlich ist.[46] Ge-

---

[43] Zur seltenen Ausnahme der unzulässigen Rechtsausübung BGH NJW-RR 2006, 1415; *Ebbing*, in: Michalski/Heidinger/Leible/Schmidt, GmbHG, Bd. 1, 3. Aufl. 2017, § 15 Rn. 100; *Reichert/Weller*, in: Fleischer/Goette, MüKo GmbHG, Bd. 1, 3. Aufl. 2018, § 15 Rn. 75.

[44] Auf die Frage nach der Höhe dieser Kosten findet sich im Schrifttum kaum eine klare Antwort. *Schwarz*, in: Walz, ADR-Formularbuch, 2. Aufl. 2017, Kap. 21 Rn. 47 spricht sich für eine 2,0-fache Gebühr für die einleitende Erklärung (§§ 3 Abs. 2, 34, 97 Abs. 1 GNotKG i. V. m. Nr. 21100 KV) und eine 0,5-fache Gebühr für die Erklärung des Angebotsempfängers aus (§§ 3 Abs. 2, 34, 97 Abs. 1 GNotKG i. V. m. Nr. 21101 KV). Vertretbar erscheint aber auch eine 1,0-fache Gebühr (analog §§ 3 Abs. 2, 34, 97 Abs. 1 GNotKG i. V. m. Nr. 21200 KV) für jede der beiden Erklärungen, sofern man auf das „optionsähnliche" Zustandekommen des Vertrags abstellt. – Vgl. zur alten Rechtsordnung nach der KostO *Casper*, Optionsvertrag, 2005, S. 134, synoptisch z. B. *Waldner/Wudy*, in: Rohs/Wedewer, KostO – GNotKG, 2013. Allgemein zu den Kosten einer Anteilsveräußerung nach dem GNotKG *Sikora*, MittBayNot 2013, 446, 451 f.; *Sikora/Tiedtke*, NJW 2013, 2310, 2314.

[45] *Schulte/Sieger*, NZG 2005, 24, 28; *Schmolke*, in: Vogt/Fleischer/Kalss, Gesellschafts- und KapitalmarktR, 2014, S. 107, 134; *Schulte/Pohl*, Joint-Venture-Gesellschaften, 4. Aufl. 2015, Rn. 810.

[46] *Schulte/Sieger*, NZG 2005, 24, 28; *Werner*, GmbHR 2005, 1554, 1558; *Kuhn*, in: Schulte/Schwindt/Kuhn, Joint Ventures, 2009, § 8 Rn. 106; *Schulte/Pohl*, Joint-Venture-Gesellschaften, 4. Aufl. 2015, Rn. 810 ff.; *Robles y Zepf/Girnth/Stumm*, BB 2016, 2947, 2951, knapp *Fett/Spiering*, in: Fett/Spiering, Hdb. Joint Venture, 2. Aufl. 2015, Kap. 7 Rn. 596; *Grau*, CF 2015, 39, 46; *Görner*, in: Rowedder/Schmidt-Leithoff, GmbHG, 6. Aufl. 2017, § 15 Rn. 43. In diese Richtung wohl auch *Eckhardt*, in: Eckhardt/Hermanns, Kölner Hdb. GesR, 3. Aufl. 2017, Kap. 2 Rn. 296, der sich aber keiner Ansicht explizit anschließt. Anderer Ansicht ohne nähere Begründung anscheinend *Becker*, Hinauskündigungsklauseln, 2010, S. 146 f.; *Lohr*, GmbH-StB 2014, 93, 93; *Langenfeld/Miras*, GmbH-Vertragspraxis, 7. Aufl. 2015, Rn. 375; *Dorsel*, in: Wurm/Wagner/Zartmann, Rechtsfb., 17. Aufl. 2015, Kap. 119 Rn. 150 sowie die

stützt wird diese Auffassung auf eine Parallelwertung zu den Vorkaufs- und Optionsrechten. Es sei anerkannt, dass deren Ausübung, im Gegensatz zur ihrer Begründung, formfrei möglich ist.[47] Insbesondere Russian Roulette-Klauseln seien aber letztendlich bloß abgewandelte Formen wechselseitiger Put- bzw. Call-Optionen, sodass auch *ihre* Ausübung formfrei möglich sein müsse.[48] Dieses Ergebnis lasse sich durch die höchstrichterliche Rechtsprechung stützen, nach der der Form des § 15 Abs. 4 S. 1 GmbHG Genüge getan sei, wenn der beurkundete Gesellschaftsvertrag die Verpflichtung zur zukünftigen Übertragung in bestimmten, näher definierten Situationen vorsieht.[49] Im Übrigen diene die Pflicht zur Beurkundung nach § 15 Abs. 4 S. 1 GmbHG vor allem dem Zweck, den (spekulativen) Handel mit Gesellschaftsanteilen zu erschweren. Diese Gefahr drohe in der bei Russian Roulette- und Texas Shoot Out-Klauseln typischen Konstellation jedoch gerade nicht, sodass auf die notarielle Form bei der Ausübung verzichtet werden könne.[50]

Kritisch äußert sich dazu *Schmolke*. Nach seiner Auffassung überzeugt die gezogene Parallele allein für den Deterrent Approach. Dort erfolgt die Kaufpreisfestlegung durch ein vorab vereinbartes („objektives") Bewertungsverfahren, nicht dagegen durch ein („subjektives") Preisermittlungsverfahren zwischen den Parteien, wie es für die Varianten des Russian Roulette und Texas Shoot Out der Fall ist. Als Kernproblem arbeitet *Schmolke* konsequenterweise heraus, dass der Kaufpreis in Russian Roulette- und Texas Shoot Out-Klauseln vorab nicht hinreichend bestimmt oder bestimmbar ist.[51] Diese Argumentation lässt sich ohne Weiteres auf Highest Sealed Bid-Klauseln übertragen.

Schmolkes Kritik wurde von rechtsberatender Seite durchaus antizipiert, deren Lösung über ein einseitiges Leistungsbestimmungsrecht nach § 315 BGB[52] hält er allerdings für fragwürdig, da auch die Bestimmungsbefugnis selbst nicht offenlassen könne, in welchem Umfang sich die Parteien verpflichten. Nach der Rechtsprechung müsste zumindest die „Tragweite" und „gewollte Bindungswirkung" der leistungsfestlegenden Klausel bestimmbar sein, was

---

Formulierungsvorschläge bei *Binnewies/Wollweber*, Gesellschafterstreit, 2017, Rn. 91, Abs. 1; *Schwarz*, in: Walz, ADR-Formularbuch, 2. Aufl. 2017, Kap. 21 Rn. 25, 68.

[47] *Schulte/Sieger*, NZG 2005, 24, 28; *Werner*, GmbHR 2005, 1554, 1558; *Fett/Spiering*, in: Fett/Spiering, Hdb. Joint Venture, 2. Aufl. 2015, Kap. 7 Rn. 585; *Schulte/Pohl*, Joint-Venture-Gesellschaften, 4. Aufl. 2015, Rn. 813.

[48] *Schulte/Sieger*, NZG 2005, 24, 28; *Werner*, GmbHR 2005, 1554, 1558; *Schulte/Pohl*, Joint-Venture-Gesellschaften, 4. Aufl. 2015, Rn. 813. So im Ergebnis auch *Fett/Spiering*, in: Fett/Spiering, Hdb. Joint Venture, 2. Aufl. 2015, Kap. 7 Rn. 596.

[49] *Schulte/Sieger*, NZG 2005, 24, 28; *Schulte/Pohl*, Joint-Venture-Gesellschaften, 4. Aufl. 2015, Rn. 814 unter Verweis auf BGH NJW 1986, 2642 ff.

[50] *Schulte/Sieger*, NZG 2005, 24, 28; *Schulte/Pohl*, Joint-Venture-Gesellschaften, 4. Aufl. 2015, Rn. 817 f.

[51] *Schmolke*, in: Vogt/Fleischer/Kalss, Gesellschafts- und KapitalmarktR, 2014, S. 107, 135 f.

[52] *Schulte/Sieger*, NZG 2005, 24, 28; *Schulte/Pohl*, Joint-Venture-Gesellschaften, 4. Aufl. 2015, Rn. 816; *Eckhardt*, in: Eckhardt/Hermanns, Kölner Hdb. GesR, 3. Aufl. 2017, Kap. 2 Rn. 296. Ebenso wohl *Kuhn*, in: Schulte/Schwindt/Kuhn, Joint Ventures, 2009, § 8 Rn. 108.

für die angesprochenen Spielarten des Russian Roulette und Texas Shoot Out gerade zweifelhaft sei.[53]

II. Stellungnahme

Weder der Wortlaut des § 15 Abs. 4 GmbHG noch die recht knappen Ausführungen des historischen Gesetzgebers zum damaligen Gesetzesentwurf[54] führen für die Frage nach einer erneuten Beurkundungspflicht zu einem eindeutigen Ergebnis. Maßgeblich ist daher in erster Linie die Einschätzung der vorgebrachten systematischen Parallele zu den Vorkaufs- und Optionsrechten sowie des teleologischen Arguments, dass eine erneute Beurkundung mit Blick auf die Formzwecke des § 15 Abs. 4 GmbHG unterbleiben könne.

1. Formfreiheit als verallgemeinerungsfähiger Grundsatz

Die Befürworter der formfreien Durchführung von Russian Roulette- und Texas Shoot Out-Klauseln verweisen darauf, dass ganz überwiegend angenommen wird, die Ausübung von Vorkaufs- und Optionsrechten mit dem Ziel der Übertragung von GmbH-Geschäftsanteilen bedürfe *nicht* der notariellen Beurkundung[55]. Ausgangspunkt sind §§ 456 Abs. 1 S. 2, 464 Abs. 1 S. 2 BGB, nach denen die Ausübung des dort geregelten (strukturell dem allgemeinen Optionsrecht ähnlichen) Wiederkaufs- und Vorkaufsrechts explizit nicht der für den Kaufvertrag vorgesehenen Form bedarf. Für das Optionsrecht gilt Entsprechendes, allerdings wohlgemerkt nur dann, wenn ein solches Recht nicht als zunächst nur einseitig verbindliches Angebot, sondern als bereits geschlossener, aufschiebend bedingter Vertrag ausgestaltet ist.[56] Legt man dieses Verständnis zugrunde, ließe sich auch von der Formfreiheit der Auslösungserklärungen im Rahmen von Russian Roulette- und Texas Shoot Out-Klauseln ausgehen. Das setzt jedoch voraus, dass die §§ 456 Abs. 1 S. 2, 464 Abs. 1 S. 2 BGB tatsächlich einen verallgemeinerungsfähigen Rechtsgedanken enthalten, der sich auf ähnliche Rechte übertragen lässt. Die historische Entwicklung des Bürgerlichen

---

[53] Mit diesen Formulierungen *Schmolke*, in: Vogt/Fleischer/Kalss, Gesellschafts- und KapitalmarktR, 2014, S. 107, 135 f. unter Verweis auf BGH NJW 1986, 845; BGHZ 55, 248, 250.

[54] Stenographische Berichte über die Verhandlungen des Reichstages, 8. Legislaturperiode – I. Session 1890/92, Fünfter Anlageband, Aktenstück Nr. 660, S. 3724, 3728 f., 3737 f.

[55] *Ebbing*, in: Michalski/Heidinger/Leible/Schmidt, GmbHG, Bd. 1, 3. Aufl. 2017, § 15 Rn. 70, 76; *Reichert/Weller*, in: Fleischer/Goette, MüKo GmbHG, Bd. 1, 3. Aufl. 2018, § 15 Rn. 94 f.; *Servatius*, in: Baumbach/Hueck, GmbHG, 22. Aufl. 2019, § 15 Rn. 31; *Löbbe*, in: Habersack/Casper/Löbbe, GmbHG, Bd. 1, 3. Aufl. 2019, § 15 Rn. 63; *Verse*, in: Hensseler/Strohn, GesR, 4. Aufl. 2019, § 15 GmbHG Rn. 68.

[56] Siehe *Robles y Zepf/Girnth/Stumm*, BB 2016, 2947, 2950 f.; *Ebbing*, in: Michalski/Heidinger/Leible/Schmidt, GmbHG, Bd. 1, 3. Aufl. 2017, § 15 Rn. 75 f.; *Reichert/Weller*, in: Fleischer/Goette, MüKo GmbHG, Bd. 1, 3. Aufl. 2018, § 15 Rn. 93 ff. Aus der Rechtsprechung zu Grundstücksgeschäften z. B. BGH NJW-RR 1996, 1167; NJW 2006, 2843, 2844.

Gesetzbuchs zur Frage der Formbedürftigkeit bei der Übertragung von Grundstücken lässt daran Zweifel aufkommen.

a) Rechtshistorischer Hintergrund

In der ursprünglichen Fassung des BGB war nach § 313 S. 1 BGB a. F. bei einem Verpflichtungsgeschäft über ein Grundstück allein die Erklärung des Veräußerers formbedürftig, *nicht* dagegen auch die Erklärung des Erwerbers.[57] Dass in der Praxis dennoch schon damals der gesamte Vertrag beurkundet wurde, lag an zusätzlichen Anforderungen der ständigen Rechtsprechung des Reichsgerichts.[58] Erst nach einer Gesetzesnovelle im Jahr 1973 wurde auch die Erklärung des Erwerbers in § 313 S. 1 BGB a. F. ausdrücklich von der Formpflicht erfasst („oder zu erwerben").[59] Die Norm wurde später im Rahmen der Schuldrechtsmodernisierung wortgleich in § 311b Abs. 1 S. 1 BGB n. F. überführt.[60] Ebenso aus der Ursprungsfassung des BGB stammen die heutigen §§ 456 Abs. 1 S. 2, 464 Abs. 1 S. 2 BGB, damals noch §§ 497 Abs. 1 S. 2, 505 Abs. 1 S. 2 BGB a. F. Selbst nachdem Erwerbsverpflichtungen im Jahr 1973 der notariellen Form unterworfen wurden, blieb deren Wortlaut unangetastet und die Ausübungserklärung bei Vorkaufs- und Wiederkaufsrechten auf Grundstücke in der Folge formfrei möglich.

b) Älteres Schrifttum: Ausnahmecharakter

Mit gewichtigen Argumenten hielten einige dieses Ergebnis für nicht tragbar und gingen davon aus, dass solche Ausübungserklärungen vor dem Hintergrund des veränderten Formzwecks des § 313 S. 1 BGB a. F. (§ 311b Abs. 1 S. 1 BGB n. F.) der notariellen Beurkundung bedürften.[61] Ab dem Zeitpunkt der Gesetzesänderung im Jahr 1973 spiegele sich der bezweckte Schutz des Erwerbers explizit im Wortlaut wider, sodass das Formerfordernis grundsätzlich zu dem Zeitpunkt greifen müsse, zu dem der Erwerber von der Warnfunktion erfasst werden könne, nämlich erst bei der Ausübung seines Rechts.[62] Unter anderem

---

[57] § 313 BGB in der Fassung des BGB vom 18.08.1896, RGBl. 1896, S. 195, 248: „Ein Vertrag, durch den sich der eine Theil verpflichtet, das Eigenthum an einem Grundstücke zu übertragen, bedarf der gerichtlichen oder notariellen Beurkundung."

[58] RGZ 81, 134, 135; 95, 5, 7; 169, 65, 70.

[59] Siehe Art. 1 des Gesetzes zur Änderung des BGB und anderer Gesetze vom 30.05.1973, BGBl. I 1973, S. 501, 501. Zum historischen Hintergrund noch *Medicus/Lorenz*, SchuldR I, 20. Aufl. 2012, Rn. 96 sowie knapp *Schreindorfer*, in: Gsell/Krüger/Lorenz/Reymann, Beck-OGK BGB, § 311b Rn. 2 (Stand: 01.03.2020).

[60] Siehe Art. 1 des Gesetzes zur Modernisierung des Schuldrechts vom 26.11.2001, BGBl. I 2001, S. 3138, 3148. Zur historischen Entwicklung auch knapp *Wais*, NJW 2017, 1569, 1570.

[61] *Wufka*, DNotZ 1990, 339, 350 ff.; *Schmidt*, MittBayNot 1994, 285, 286; *Einsele*, DNotZ 1996, 835, 854 ff. Dagegen *Korte*, Hdb. der Beurkundung, 1990, Kap. 2 Rn. 135 ff., 144.

[62] *Wufka*, DNotZ 1990, 339, 352 f.; *Schmidt*, MittBayNot 1994, 285, 286; *Einsele*, DNotZ 1996, 835, 855.

vor diesem Hintergrund sah *Casper* §§ 456 Abs. 1 S. 2, 464 Abs. 1 S. 2 BGB
n. F. als nicht verallgemeinerungsfähige Ausnahmeregelungen an.[63] Er äußerte
sich auch explizit zu Optionsrechten, die auf die Übertragung von GmbH-Geschäftsanteilen gerichtet sind, und nahm die Formbedürftigkeit ihrer Ausübung
an.[64]

In der Tat war es nach der ursprünglichen Fassung des BGB für den damals
wie heute praktisch relevanten Fall des Erwerbs eines Grundstücks[65] ohnehin
formfrei möglich, das Vorkaufsrecht auszuüben. Dazu hätte es der Regelung
des § 505 Abs. 1 S. 2 BGB a. F. (§ 464 Abs. 1 S. 2 BGB n. F.) überhaupt nicht
bedurft, denn die *Erwerbs*verpflichtung war nach § 313 S. 1 BGB a. F. (§ 311b
Abs. 1 S. 1 BGB n. F.) gerade nicht beurkundungsbedürftig. Folglich hatte die
Vorschrift damals allein klarstellenden Charakter, während sich das Regel-Ausnahme-Verhältnis nach der Neufassung des § 313 S. 1 BGB a. F. (§ 311b Abs. 1
S. 1 BGB n. F.) im Jahr 1973 gedreht zu haben scheint. So bedarf nun die Er-
werbsverpflichtung grundsätzlich der notariellen Form und man kann davon
ausgehen, dass §§ 456 Abs. 1 S. 2, 464 Abs. 1 S. 2 BGB n. F. lediglich Spezialregelungen sind, die Abweichungen von diesem Grundsatz für bestimmte Fälle
vorsehen. Dieser Rechtsgedanke ließe sich, so die Befürworter einer Formpflicht weiter, aufgrund seines Ausnahmecharakters nicht einfach auf vergleichbare Konstellationen, wie z. B. gesetzlich nicht näher geregelte Optionsrechte,
übertragen.[66] Der Schutz des Erwerbers könne, wie bei den Vorkaufs- und Wiederkaufsrechten, auch bei den Optionen erst zum Zeitpunkt der Ausübung ef-
fektiv durch die Formpflicht realisiert werden, sodass die Ausübungserklärung
der notariellen Beurkundung bedürfe.[67]

c) Heutige Lage und gesetzgeberische Intention

Dieses Ergebnis kann aber jedenfalls seit der Schuldrechtsreform im Jahr 2001
nur noch schwer überzeugen.[68] Man mag dem Gesetzgeber zum Zeitpunkt der
Novellierung des § 313 S. 1 BGB a. F. im Jahr 1973 noch vorwerfen, er habe
den Anpassungsbedarf der Vorschriften über das Vorkaufs- und Wiederkaufs-
recht schlicht übersehen und die Formzwecke des damaligen § 313 BGB a. F.
nicht hinreichend gewürdigt.[69] Im Rahmen der Schuldrechtsreform wurde die

---

[63] *Casper*, Optionsvertrag, 2005, S. 132 („singuläre Ausnahmevorschriften").

[64] *Casper*, Optionsvertrag, 2005, S. 134.

[65] *Einsele*, DNotZ 1996, 835, 857; *Casper*, Optionsvertrag, 2005, S. 127.

[66] Zum Ganzen *Casper*, Optionsvertrag, 2005, S. 132; *Bork*, in: von Staudinger, BGB,
Neubearb. 2015, Vorb. §§ 145–156 Rn. 74.

[67] *Wufka*, DNotZ 1990, 339, 354; *Casper*, Optionsvertrag, 2005, S. 133 f.; *Bork*, in: von
Staudinger, BGB, Neubearb. 2015, Vorb. §§ 145–156 Rn. 74, knapp auch *Busche*, in: Säcker/
Rixecker/Oetker/Limperg, MüKo BGB, Bd. 1, 8. Aufl. 2018, Vor § 145 Rn. 75.

[68] In diesem Sinne auch *Schumacher*, in: von Staudinger, BGB, Neubearb. 2018, § 311b
Abs. 1 Rn. 92.

[69] So z. B. *Heckschen*, Formbedürftigkeit, 1987, S. 54 m. w. N.

Formfreiheit der Ausübungserklärung bei Vorkaufsrechten jedoch vom Bundesrat explizit kritisiert und eine Anpassung der Vorschriften verlangt.[70] Die Bundesregierung entschloss sich in ihrer Gegendarstellung, die Formfreiheit dennoch beizubehalten.[71] Maßgeblich war für diese Entscheidung, dass im Fall des § 311b Abs. 1 S. 1 BGB n. F. ohnehin die *vertragliche* Vereinbarung des Vorkaufsrechts schon der Beurkundung bedürfe[72] und den Formzwecken so ausreichend Genüge getan sei.[73] Im Übrigen verbiete sich aufgrund der vielfältigen Konstellationen *gesetzlicher* Vorkaufsrechte eine zu restriktive Handhabung, sodass die Ausübungserklärung nicht generell an die Form des Hauptvertrags gebunden sein, sondern vielmehr einer einzelfallabhängigen Beurteilung unterliegen solle.[74]

d) Parallele zum Vorkaufsrecht des Mieters

Diese Konzeption liegt auch dem gesetzlichen Vorkaufsrecht des Mieters nach § 577 Abs. 3 BGB zugrunde. Nach § 577 Abs. 1 S. 3 BGB gelten dafür, vorbehaltlich der speziellen Regelungen des § 577 Abs. 2–5 BGB, die „Vorschriften über den Vorkauf", d. h. über das schuldrechtliche Vorkaufsrecht nach §§ 463 ff. BGB. Nun ist die notarielle Form des § 311b Abs. 1 S. 1 BGB auf gesetzliche Verpflichtungen im Allgemeinen[75] und damit auf gesetzliche Vorkaufsrechte im Speziellen[76] gar nicht anwendbar. Die „Vereinbarung" des Vorkaufsrechts, das dem Mieter von Gesetzes wegen mit Abschluss des Mietvertrags zusteht und gleichzeitig den Vermieter trifft, ist folglich nicht formbedürftig. Um den umfassenden Formzwecken des § 311b Abs. 1 S. 1 BGB[77] Rechnung zu tragen, müsste nach der Argumentation derjenigen, die die Ausübung schuldrechtlicher Vorkaufs- und Optionsrechte für formbedürftig halten, zumindest die Ausübung des gesetzlichen Vorkaufsrechts aus § 577 Abs. 1 S. 1 BGB der notariellen Form unterliegen. Nach dem expliziten Willen des Gesetzgebers gilt nach § 577 Abs. 3 BGB aber lediglich die Schriftform (§ 126 BGB).[78] Nach seiner

---

[70] BT-Drucks. 14/6857, S. 30.

[71] BT-Drucks. 14/6857, S. 62.

[72] Auch dies ist keinesfalls unumstritten, ablehnend z. B. *Heckschen*, Formbedürftigkeit, 1987, S. 53 f. (noch zu § 313 BGB a. F.). Zumindest zweifelnd *Medicus/Lorenz*, SchuldR II, 18. Aufl. 2018, § 15 Rn. 14.

[73] BT-Drucks. 14/6857, S. 62.

[74] BT-Drucks. 14/6857, S. 62.

[75] *Schumacher*, in: von Staudinger, BGB, Neubearb. 2018, § 311b Abs. 1 Rn. 45; *Ruhwinkel*, in: Säcker/Rixecker/Oetker/Limperg, MüKo BGB, Bd. 3, 8. Aufl. 2019, § 311b Rn. 25; *Grüneberg*, in: Palandt, BGB, 79. Aufl. 2020, § 311b Rn. 17.

[76] *Schumacher*, in: von Staudinger, BGB, Neubearb. 2018, § 311b Abs. 1 Rn. 52.

[77] Näher zu diesen *Schumacher*, in: von Staudinger, BGB, Neubearb. 2018, § 311b Abs. 1 Rn. 1 ff.; *Ruhwinkel*, in: Säcker/Rixecker/Oetker/Limperg, MüKo BGB, Bd. 3, 8. Aufl. 2019, § 311b Rn. 1 (eingehender rechtshistorisch noch *Kanzleiter*, in: Säcker/Rixecker/Oetker/Limperg, MüKo BGB, Bd. 2, 7. Aufl. 2016, § 311b Rn. 2 in der Vorauflage).

[78] BT-Drucks. 14/4553, S. 72.

Auffassung ist dies zumindest ein Fortschritt gegenüber der bisherigen Formfreiheit der Erklärung[79] und zum Schutz des Mieters vor „übereilten und unüberlegten Entscheidungen"[80] ausreichend. Man könnte argumentieren, dass es sich bei § 577 Abs. 3 BGB nur um eine weitere Ausnahme, eine bloße Abweichung „nach unten" vom üblichen Schutzniveau handle und der Normalfall immer noch die Beurkundung der Ausübungserklärung sei. Der Gesetzgeber geht jedoch davon aus, dass zuvor eine form*freie* Ausübung möglich war und er mit § 577 Abs. 3 BGB das Schutzniveau „nach oben" korrigiert und damit die Ausübung erschwert hat.[81]

Nach § 577 Abs. 3 BGB hält der Gesetzgeber also eine schriftliche Ausübungserklärung desjenigen für ausreichend, der an sein Vorkaufsrecht formfrei gelangt ist (hier durch Abschluss des Mietvertrags). Dann spricht aber einiges dafür, die Ausübungserklärung desjenigen, der sein Recht *ohnehin* schon durch eine beurkundungspflichtige Vereinbarung erworben hat (so beim schuldrechtlichen Vorkaufsrecht), nicht nochmals der Pflicht zur notariellen Beurkundung zu unterwerfen. Dies gilt umso mehr, als diese Formfreiheit auch noch durch den insoweit eindeutigen Gesetzeswortlaut gestützt wird.

e) Systematische Widersprüchlichkeit

Die gesetzgeberischen Beweggründe mag man mit guten Gründen für rechtspolitisch verfehlt halten, zumal die derzeitige Rechtslage systematisch keineswegs widerspruchsfrei ist.[82] Während das rechtsgeschäftlich begründete Vorkaufsrecht unmittelbar auf einer Vereinbarung beruht, die nach ganz überwiegender Auffassung bereits der Form des späteren Hauptgeschäfts bedarf,[83] kann der nach § 577 Abs. 1 S. 1 BGB Vorkaufsberechtigte das Vorkaufsrecht nicht nur formfrei „erwerben", er kann es nach § 577 Abs. 3 BGB sogar durch bloße schriftliche Erklärung ausüben. Dieselben Gesichtspunkte, die allerdings bei schuldrechtlichen Vorkaufsrechten für die Form der notariellen Beurkundung sprechen (Übereilungsschutz, Warnfunktion, Beweisfunktion, Gültig-

---

[79] *Voelskow*, in: Rebmann/Säcker, MüKo BGB, Bd. 3, 3. Aufl. 1995, § 570b Rn. 5; *Kanzleiter*, in: Rebmann/Säcker/Rixecker, MüKo BGB, Bd. 2, 4. Aufl. 2001, § 313 Rn. 34. Auch dies war jedoch nicht unumstritten, für eine notarielle Beurkundungspflicht *Schmidt*, MittBayNot 1994, 285, 286; *Hammen*, DNotZ 1997, 543 ff.; *Heintz*, Vorkaufsrecht, 1998, Rn. 414 ff.
[80] BT-Drucks. 14/4553, S. 72.
[81] BT-Drucks. 14/4553, S. 72.
[82] Kritisch konkret zur Formfreiheit des § 464 Abs. 1 S. 2 BGB *Medicus/Lorenz*, SchuldR II, 18. Aufl. 2018, § 15 Rn. 24, zu § 577 Abs. 3 BGB *Blank*, in: Blank, Schmidt-Futterer MietR, 14. Aufl. 2019, § 577 BGB Rn. 48 und allgemein zu gesetzlichen Vorkaufsrechten *Schumacher*, in: von Staudinger, BGB, Neubearb. 2018, § 311b Abs. 1 Rn. 52.
[83] Statt vieler *Westermann*, in: Säcker/Rixecker/Oetker/Limperg, MüKo BGB, Bd. 4, 8. Aufl. 2019, § 463 Rn. 11; *Faust*, in: Bamberger/Roth/Hau/Poseck, BeckOK BGB, 53. Ed. 2020, § 463 Rn. 13 (Stand: 01.02.2020). Zurückhaltender *Mader/Schermaier*, in: von Staudinger, BGB, Neubearb. 2014, § 463 Rn. 6. Zur alten Rechtslage *Korte*, Hdb. der Beurkundung, 1990, Kap. 2 Rn. 140.

keitsgewähr, Beratungsfunktion[84]) gelten auch im Rahmen des gesetzlichen Vorkaufsrechts nach §577 Abs. 3 BGB.

Der historische Gesetzgeber zog die Schriftform für §313 S. 1 BGB a. F. (§311b Abs. 1 S. 1 BGB n. F.) sogar in Betracht, hielt ihren Schutz jedoch für unzureichend und verwarf sie daher.[85] Wenigstens für die Ausübung des Vorkaufsrechts aus §577 Abs. 1 S. 1 BGB sollte daher diejenige Form einzuhalten sein, die auch im Rahmen (der Vereinbarung) eines schuldrechtlichen Vorkaufsrechts beachtet werden müsste: die notarielle Beurkundung.[86] *De lege lata* entsteht der wenig überzeugende Eindruck, dass der Käufer im Fall des gesetzlichen Vorkaufsrechts nach §577 BGB gegenüber demjenigen, der ein schuldrechtliches Vorkaufsrecht auf ein Grundstück vereinbart, weniger schutzwürdig sei. *Lorenz* stellt zuletzt sogar, ebenso wie früher schon *Medicus*, den §464 Abs. 1 S. 2 BGB zugrundeliegenden Leitgedanken an sich in Frage, also die formfreie Ausübung bei formbedürftiger Vereinbarung. Der Schutz des Erwerbers würde bei einer Formpflicht der Ausübung und gleichzeitiger Formfreiheit der Vereinbarung deutlich besser gewährleistet, als wenn er vorab „abstrakt" aufgeklärt werde, sein Recht aber formfrei ausüben könne.[87]

Selbst wenn das gesetzgeberische Konzept vor allem im Hinblick auf §577 Abs. 3 BGB weder argumentativ noch systematisch überzeugen kann, ist die insoweit eindeutige Aussage doch ebenso zu respektieren[88] wie der unmissverständliche Wortlaut der §§456 Abs. 1 S. 2, 464 Abs. 1 S. 2 BGB. Das Grundsatz-Ausnahme-Verhältnis ist daher nicht (mehr) so eindeutig, wie es von *Casper* dargestellt wird. Nicht zuletzt vor dem Hintergrund der Kompromissregelung des §577 Abs. 3 BGB zwischen Formfreiheit und Beurkundungspflicht ist vielmehr davon auszugehen, dass das Gesetz den Grundsatz der Formfreiheit der Ausübungserklärung enthält.

2. Abgrenzung zu klassischen Optionsrechten

Es erscheint auf den ersten Blick plausibel, diese Formfreiheit aufgrund der strukturellen Gemeinsamkeiten auf Russian Roulette- und Texas Shoot Out-Klauseln zu übertragen. Sowohl bei diesen Klauseln als auch bei Optionen

---

[84] Mit teils leicht abweichenden Formulierungen statt vieler *Schumacher*, in: von Staudinger, BGB, Neubearb. 2018, §311b Abs. 1 Rn. 3; *Ruhwinkel*, in: Säcker/Rixecker/Oetker/Limperg, MüKo BGB, Bd. 3, 8. Aufl. 2019, §311b Rn. 2; *Gehrlein*, in: Bamberger/Roth/Hau/Poseck, BeckOK BGB, 53. Ed. 2020, §311b Rn. 1 (Stand: 01.02.2020).

[85] Vgl. im Einzelnen *Mugdan*, Materialien zum BGB, Bd. 2, 1899, S. 105, 621 f., 1237.

[86] So im Ergebnis auch knapp *Blank*, NZM 2001, 167, 170 (zum Gesetzesentwurf). Zurückhaltender *Klühs*, in: Gsell/Krüger/Lorenz/Reymann, BeckOGK BGB, §577 Rn. 97 (Stand: 01.01.2020) („rechtspolitisch fragwürdig"). Kritisch zur alten Rechtsprechung zu §570b BGB a. F., nach der eine formfreie Ausübung möglich war *Bub*, NZM 2000, 1092, 1093.

[87] *Medicus/Lorenz*, SchuldR II, 18. Aufl. 2018, §15 Rn. 24.

[88] So im Ergebnis auch *Blank*, in: Blank, Schmidt-Futterer MietR, 14. Aufl. 2019, §577 BGB Rn. 48.

liegt, allgemein gesprochen, eine Vereinbarung zugrunde, die es einer Partei ermöglicht, unter bestimmten Bedingungen einen Vertrag zustande zu bringen,[89] im Fall der hier diskutierten Mechanismen allerdings nur dann, wenn das Verfahren nach Initiierung selbst ohne Mitwirkung des Angebotsempfängers durchlaufen werden kann.[90] Es ist allerdings zweifelhaft, ob sich die anhand von Optionsrechten auf Grundstücke mit Bezug zu § 311b Abs. 1 S. 1 BGB entwickelten Grundsätze ohne Weiteres auf die Sonderkonstellation der Russian Roulette- und Texas Shoot Out-Klauseln mit Bezug zu § 15 GmbHG übertragen lassen. Radikale Exitklauseln sind typischen Optionsrechten (auf GmbH-Anteile) in der Funktionsweise zwar sehr ähnlich, weisen im Detail aber gewisse Unterschiede auf.[91] Für die Frage der Formfreiheit der Ausübungserklärung spielt insbesondere auch der bisher nicht näher berücksichtigte Umfang der Beurkundungspflicht eine entscheidende Rolle.

a) Bestimmtheit des Kaufpreises

Zur Abgrenzung von Russian Roulette und Texas Shoot Out einerseits und klassischen Optionsrechten andererseits wird zutreffend darauf hingewiesen, dass der Kaufpreis bei diesen Vereinbarungen im Voraus unterschiedlich stark konkretisiert ist.[92] Optionsvereinbarungen enthalten eine Regelung, durch die der Kaufpreis entweder bestimmt[93] oder zumindest bestimmbar ist, indem z.B. an spezielle Methoden zur Berechnung des Unternehmenswerts angeknüpft wird[94]. Letzteres ist für den Fall des Deterrent Approach zugegebenermaßen nicht anders, bei einer Russian Roulette-Klausel diktiert dagegen erst das initiierende Angebot, bei einer Texas Shoot Out-Klausel das höchste Angebot den Kaufpreis. Der Preis wird also noch nicht zum Zeitpunkt der zugrundelie-

---

[89] So der definitorische Minimalkonsens zur Option, siehe z. B. *Mülsch/Penzel*, ZIP 2004, 1987, 1987; *Casper*, Optionsvertrag, 2005, S. 7; *Reichert/Weller*, in: Fleischer/Goette, MüKo GmbHG, Bd. 1, 3. Aufl. 2018, § 15 Rn. 93. Vgl. explizit zu Russian Roulette und Texas Shoot Out auch *Schulte/Sieger*, NZG 2005, 24, 28; *Schulte/Pohl*, Joint-Venture-Gesellschaften, 4. Aufl. 2015, Rn. 811 ff.; *Robles y Zepf/Girnth/Stumm*, BB 2016, 2947, 2951.

[90] Vgl. *Brockmann*, Shoot-Out-Klauseln, 2017, S. 53.

[91] Zu pauschal daher die Formulierung bei *Werner*, GmbHR 2005, 1554, 1558 („nichts anderes als eine Optionsvereinbarung"), in diesem Sinne auch *Fabis*, Gesellschafterkonflikte, 2007, S. 292. Differenzierend zu Recht *Robles y Zepf/Girnth/Stumm*, BB 2016, 2947, 2951, speziell zu Put- und Call-Optionen auch *Brockmann*, Shoot-Out-Klauseln, 2017, S. 53 f.

[92] *Kuhn*, in: Schulte/Schwindt/Kuhn, Joint Ventures, 2009, § 8 Rn. 107; *Schaper*, DB 2014, 821, 821; *Schmolke*, in: Vogt/Fleischer/Kalss, Gesellschafts- und KapitalmarktR, 2014, S. 107, 135; *Fett/Spiering*, in: Fett/Spiering, Hdb. Joint Venture, 2. Aufl. 2015, Kap. 7 Rn. 591; *Grau*, CF 2015, 39, 44.

[93] So z. B. bei *Thurn/Ziegenhain*, in: Walz, Beck'sches Fb. ZivilR, 4. Aufl. 2018, N.3. Rn. 7, die die Vereinbarung eines fixen Kaufpreises vorschlagen.

[94] *Kuhn*, in: Schulte/Schwindt/Kuhn, Joint Ventures, 2009, § 8 Rn. 95 ff.; *Weidmann*, DStR 2014, 1500, 1501; *Fett/Spiering*, in: Fett/Spiering, Hdb. Joint Venture, 2. Aufl. 2015, Kap. 7 Rn. 586; *Seibt*, in: Römermann, MAHdb. GmbHR, 4. Aufl. 2018, § 2 Rn. 306, 308; *Reinhard*, in: Wachter, Praxis des Handels- und GesellschaftsR, 4. Aufl. 2018, § 20 Rn. 71.

genden Vereinbarung, sondern erst zum Zeitpunkt der Ausübung ermittelt und ergibt sich maßgeblich aus den verhandlungstaktischen Erwägungen der Geschäftspartner.

Schmolke räumt zutreffend ein, dass dies beim Vorkaufsrecht nicht anders ist.[95] Dort ergibt sich der Preis aus den Verhandlungen zwischen Verkäufer/Vorkaufsverpflichtetem und Drittem. Allerdings enthält § 464 Abs. 1 S. 2 BGB im Gegensatz zu Russian Roulette- und Texas Shoot Out-Klauseln eine ausdrückliche gesetzliche Regelung, mit der sich eine fehlende Beurkundung rechtfertigen lässt. Außerdem ist die Formfreiheit der Ausübung eines Vorkaufsrechts vor allem deswegen unbedenklich, weil der genaue Kaufpreis zumindest im Vertrag zwischen Verkäufer/Vorkaufsverpflichtetem und Drittem festgelegt ist. Für diesen Vertrag gelten ohne Weiteres eventuelle Formpflichten,[96] sodass beispielsweise eine Mitbeurkundung des Kaufpreises gesichert ist, weil der Vorkaufsberechtigte nach § 464 Abs. 2 BGB nur zu den Konditionen kaufen kann, die zwischen Verkäufer/Vorkaufsverpflichtetem und Drittem vereinbart wurden[97].[98]

aa) Beurkundungsrechtlicher Vollständigkeitsgrundsatz

Ist der Kaufpreis von der Beurkundung der ursprünglichen Vereinbarung nicht erfasst und soll nachfolgend die Ausübung formfrei erfolgen, stößt dies auf Bedenken im Hinblick auf den beurkundungsrechtlichen Vollständigkeitsgrundsatz.[99] Danach erfasst die Pflicht zur Beurkundung sämtliche Erklärungen der Parteien, die nach deren Willen „Bestandteil der Vereinbarung über die Verpflichtung zur Abtretung sein sollen"[100] und so für das Rechtsgeschäft wesent-

---

[95] *Schmolke*, in: Vogt/Fleischer/Kalss, Gesellschafts- und KapitalmarktR, 2014, S. 107, 135.

[96] *Schmolke*, in: Vogt/Fleischer/Kalss, Gesellschafts- und KapitalmarktR, 2014, S. 107, 135; *Westermann*, in: Säcker/Rixecker/Oetker/Limperg, MüKo BGB, Bd. 4, 8. Aufl. 2019, § 464 Rn. 2.

[97] Näher zu diesem „Maßgeblichkeitsgrundsatz" *Westermann*, in: Säcker/Rixecker/Oetker/Limperg, MüKo BGB, Bd. 4, 8. Aufl. 2019, § 464 Rn. 4; *Saenger*, in: Schulze u. a., BGB, 10. Aufl. 2019, § 464 Rn. 3; *Daum*, in: Gsell/Krüger/Lorenz/Reymann, BeckOGK BGB, § 464 Rn. 16 ff. (Stand: 01.04.2020).

[98] Zum Ganzen *Schmolke*, in: Vogt/Fleischer/Kalss, Gesellschafts- und KapitalmarktR, 2014, S. 107, 135.

[99] Näher zu diesem Grundsatz BGH NJW 2002, 142, 143; *Reichert/Weller*, in: Fleischer/Goette, MüKo GmbHG, Bd. 1, 3. Aufl. 2018, § 15 Rn. 106 ff.; *Seibt*, in: Scholz, GmbHG, Bd. 1, 12. Aufl. 2018, § 15 Rn. 66; *Löbbe*, in: Habersack/Casper/Löbbe, GmbHG, Bd. 1, 3. Aufl. 2019, § 15 Rn. 80 ff.; *Bayer*, in: Bayer/Hommelhoff/Kleindiek, Lutter/Hommelhoff GmbHG, 20. Aufl. 2020, § 15 Rn. 57. Zur Bedeutung für die GmbH & Co. KG *Binz/Mayer*, NJW 2002, 3054, 3058; *Binz/Rosenbauer*, NZG 2015, 1136 ff. Konkret zu radikalen Exitklauseln nur *Schmolke*, in: Vogt/Fleischer/Kalss, Gesellschafts- und KapitalmarktR, 2014, S. 107, 135.

[100] BGH NJW 2002, 142, 143. Unter Bezug darauf *Fett/Spiering*, in: Fett/Spiering, Hdb. Joint Venture 2. Aufl. 2015, Kap. 7 Rn. 141; *Löbbe*, in: Habersack/Casper/Löbbe, GmbHG, Bd. 1, 3. Aufl. 2019, § 15 Rn. 80.

lich von Bedeutung sind[101]. Selbst wenn sich in der Literatur mit gewichtigen Argumenten zunehmend Widerstand gegen diese extensive Auslegungspraxis regt,[102] entspricht sie doch (noch) der ständigen höchstinstanzlichen Rechtsprechung[103]. Die Vereinbarung über die Höhe des Kaufpreises gehört als eines der *essentialia* eines jeden Kaufvertrags offensichtlich zu den vom Vollständigkeitsgrundsatz erfassten Elementen.[104]

In der Praxis werden Verpflichtungs- und Verfügungsgeschäft aus Kostengründen häufig in dieselbe Urkunde aufgenommen und gemeinsam beurkundet,[105] sodass in diesem Fall die Mitbeurkundung des Kaufpreises gesichert ist. Für Russian Roulette- und Texas Shoot Out-Klauseln kommt diese Vorgehensweise aufgrund des ihnen eigenen Ablaufs aber gerade nicht in Frage. Die Verpflichtung der Parteien und die Ermittlung des Kaufpreises (mit anschließender Abtretung) sind zeitlich getrennt und hängen regelmäßig davon ab, dass eine Seite das Verfahren überhaupt einleitet. Ließe man vor diesem Hintergrund eine formfreie Ausübung genügen, wäre die Mitbeurkundung des Kaufpreises nicht gesichert.[106]

Einige wollen die fehlende Bestimmtheit des Kaufpreises dadurch umgehen, dass sie dessen Festlegung durch die Parteien als Leistungsbestimmungsrecht nach § 315 BGB einordnen.[107] Nach der Rechtsprechung genügt es zwar tatsächlich, wenn „der Gesellschaftsvertrag die Verpflichtung zur Abtretung [...] unter bestimmten Voraussetzungen vorsieht und diese Voraussetzungen eintreten.“[108] Ein solches Bestimmungsrecht genügt jedoch zumindest nach der älteren Rechtsprechung allein dann den gesetzlichen Anforderungen, wenn

---

[101] *Seibt*, in: Scholz, GmbHG, Bd. 1, 12. Aufl. 2018, § 15 Rn. 66; *Bayer*, in: Bayer/Hommelhoff/Kleindiek, Lutter/Hommelhoff GmbHG, 20. Aufl. 2020, § 15 Rn. 57.

[102] So von *Heidenhain*, NJW 1999, 3073 ff.; *Pohlmann*, GmbHR 2002, 41, 42 f.; *Seibt*, in: Scholz, GmbHG, Bd. 1, 12. Aufl. 2018, § 15 Rn. 66b (unter Hinweis auf Rechtsunsicherheit und Risikovermeidungskosten), zumindest zweifelnd *König*, ZIP 2004, 1838, 1841. Dagegen *Walz/Fembacher*, NZG 2003, 1134, 1141 ff.

[103] BGH NJW 1969, 2049, 2049; NJW 1983, 1843, 1844; NJW 2002, 142, 143. *Löbbe*, in: Habersack/Casper/Löbbe, GmbHG, Bd. 1, 3. Aufl. 2019, § 15 Rn. 81 erkennt allerdings „erste Aufweichungen“ des Grundsatzes in der Rechtsprechung.

[104] *Reichert/Weller*, in: Fleischer/Goette, MüKo GmbHG, Bd. 1, 3. Aufl. 2018, § 15 Rn. 108; *Altmeppen*, GmbHG, 9. Aufl. 2019, § 15 Rn. 70; *Bayer*, in: Bayer/Hommelhoff/Kleindiek, Lutter/Hommelhoff GmbHG, 20. Aufl. 2020, § 15 Rn. 57.

[105] *Schacht*, in: Prinz/Winkeljohann, Beck'sches Hdb. GmbH, 5. Aufl. 2014, § 12 Rn. 1; *Wicke*, GmbHG, 3. Aufl. 2016, § 15 Rn. 12; *Altmeppen*, GmbHG, 9. Aufl. 2019, § 15 Rn. 68; *Wilhelmi*, in: Ziemons/Jaeger/Pöschke, BeckOK GmbHG, 43. Ed. 2020, § 15 Rn. 86 (Stand: 01.02.2020).

[106] Siehe z. B. den Formulierungsvorschlag zur Abtretung eines Geschäftsanteils bei *Böhm/Frowein*, in: Böhm/Burmeister, Münchener Vertragshdb., Bd. 1, 8. Aufl. 2018, IV. 68.

[107] *Schulte/Sieger*, NZG 2005, 24, 28; *Schulte/Pohl*, Joint-Venture-Gesellschaften, 4. Aufl. 2015, Rn. 815 f.; *Eckhardt*, in: Eckhardt/Hermanns, Kölner Hdb. GesR, 3. Aufl. 2017, Kap. 2 Rn. 296. Ebenso wohl *Kuhn*, in: Schulte/Schwindt/Kuhn, Joint Ventures, 2009, § 8 Rn. 108.

[108] BGH NJW 1986, 2642, 2642. Darauf Bezug nehmen *Schulte/Sieger*, NZG 2005, 24,

„die Bestimmungsbefugnis im Vertrag genügend abgegrenzt und nicht in einem Ausmaß vorbehalten ist, daß ihre Tragweite und damit die von den Parteien gewollte Bindungswirkung der zu treffenden Leistungsbestimmung selbst nicht mehr bestimmbar sind."[109]

Die Leistung muss mit anderen Worten zumindest „rahmenmäßig festgelegt"[110] und „annähernd eingrenzbar"[111] sein.

bb) Anwendung auf Russian Roulette und Texas Shoot Out

Es erscheint zweifelhaft, ob Russian Roulette- und Texas Shoot Out-Klauseln diesen Kriterien noch gerecht werden.[112] Das Verfahren zur Ermittlung des Kaufpreises ist zwar detailliert in der Klausel geregelt. Der typische Preisfindungsmechanismus bringt jedoch *keinerlei* Einschränkung hinsichtlich des Umfangs der Verpflichtung mit sich. Der letztendlich fixierte Preis kann theoretisch immer noch jeden beliebigen Wert annehmen (und, wenn auch selten, sogar negativ sein[113]), je nach Zahlungsfähigkeit, Zahlungsbereitschaft und Verhandlungskalkül der Parteien; insbesondere muss sich der Kaufpreis nicht an einer der üblichen Berechnungsmethoden der Unternehmensbewertung orientieren[114]. Vereinzelt klingt die Bandbreite an Möglichkeiten unmittelbar in den Formulierungsvorschlägen im Schrifttum an, indem dem Anbietenden ausdrücklich „freies Ermessen" hinsichtlich der Kaufpreisbestimmung eingeräumt wird,[115] wobei die Grenzen von §§ 138, 242 BGB gezogen werden[116]. Ob es sich vor dem Hintergrund all dieser Aspekte bei dem Preisermittlungsverfahren

---

28; *Kuhn*, in: Schulte/Schwindt/Kuhn, Joint Ventures, 2009, § 8 Rn. 107 und *Schulte/Pohl*, Joint-Venture-Gesellschaften, 4. Aufl. 2015, Rn. 814.

[109] So BGH NJW 1986, 845, 845 (mit Bezug auf RGZ 124, 81, 83 f. und BGHZ 55, 248, 250). Auf diese Urteile verweist *Schmolke*, in: Vogt/Fleischer/Kalss, Gesellschafts- und KapitalmarktR, 2014, S. 107, 135 f. Siehe auch OLG Düsseldorf NJW-RR 1995, 718, 719; LG Bonn, Urteil v. 14.06.2007 – Az. 5 S 53/07, BeckRS 2007, 15711.

[110] OLG Düsseldorf NJW-RR 1997, 271, 272; *Würdinger*, in: Säcker/Rixecker/Oetker/ Limperg, MüKo BGB, Bd. 3, 8. Aufl. 2019, § 315 Rn. 15.

[111] OLG Düsseldorf NJW-RR 1997, 271, 272.

[112] So auch knapp *Schmolke*, in: Vogt/Fleischer/Kalss, Gesellschafts- und KapitalmarktR, 2014, S. 107, 136.

[113] So lag der Fall bei Valinote v. Ballis, No. 00 C 3089, 2001 WL 1135871 (N.D. Ill. Sept. 25, 2001), *aff'd*, 295 F.3d 666 ff. (7th Cir. 2002). Vgl. auch *Carey*, 39 Real Prop. Prob. & Tr. J. 651, 676 (2005) und *Joint Task Force*, 63 Bus. Law. 385, 475, Fn. 223 (2008).

[114] Vgl. Larken Minnesota, Inc. v. Wray, 881 F. Supp. 1413, 1421 (D. Minn. 1995). Näher zur Unternehmensbewertung *Wälzholz*, in: Fuhrmann/Wälzholz, Fb. GesR, 3. Aufl. 2018, M 13.2 Rn. 78 (explizit zur GmbH) sowie allgemein *Schindler*, in: Beisel/Klumpp, Unternehmenskauf, 7. Aufl. 2016, § 3.

[115] So bei *Giehl*, in: Weise/Krauß, Beck'sche OF Vertrag, 52. Ed. 2020, 7.8.2.2.3 (Stand: 01.12.2019). Ähnlich *Lohr*, GmbH-StB 2014, 93, 93 und der Formulierungsvorschlag von *Binnewies/Wollweber*, Gesellschafterstreit, 2017, Rn. 91, Abs. 1 (jeweils „frei in der Festlegung"). Vgl. auch *Lieder/Hoffmann*, GmbHR 2017, 1233, 1243. Für eine Begrenzung auf das billige Ermessen anscheinend *Kuhn*, in: Schulte/Schwindt/Kuhn, Joint Ventures, 2009, § 8 Rn. 108.

[116] *Würdinger*, in: Säcker/Rixecker/Oetker/Limperg, MüKo BGB, Bd. 3, 8. Aufl. 2019, § 315 Rn. 33 m. w. N.

um eine Regelung handelt, die das Maß an Bestimmbarkeit entscheidend erhöht und dadurch die „Tragweite" der Verpflichtung erkennen lässt, ist sehr fraglich.

Diese „Offenheit" *ex ante* gilt zwar prinzipiell in gleicher Weise für die klassischen Fälle der Put- und Call-Optionen. Immerhin folgt die Kaufpreisfestlegung dort aber in aller Regel einem objektivierten Verfahren, das die Bestimmung im Zeitpunkt der Ausübung auch einem externen Dritten ermöglicht, beispielsweise anhand von Unternehmenskennzahlen. Russian Roulette- und Texas Shoot Out-Klauseln folgen dagegen einem rein subjektivierten Verfahren, das es selbst zum Zeitpunkt der Ausübung nahezu unmöglich macht, den genauen Kaufpreis ohne Kenntnis der Gebote der Parteien vorherzusagen. Die Höhe des Preises bleibt daher selbst nach der formgerechten Vereinbarung des Preisbestimmungsmechanismus so offen, dass den Anforderungen des Vollständigkeitsgrundsatzes dadurch nicht genügt wird.[117] Insoweit wäre es also erforderlich, die Ausübungserklärungen der Parteien ebenfalls notariell zu beurkunden.

b) Verteilung der Parteirollen

Doch nicht nur der Kaufpreis ist vorab unbestimmt, auch die Rollen des Käufers und Verkäufers werden bei radikalen Exitklauseln erst im Laufe des Verfahrens zugewiesen,[118] während sie z. B. bei Put- und Call-Optionen oft schon im Voraus feststehen. Letztendlich ist die Vereinbarkeit mit dem Vollständigkeitsgrundsatz diesbezüglich aber deutlich weniger kritisch zu sehen, als dies für die Frage der Unbestimmtheit des Kaufpreises der Fall ist.

Zunächst steht selbst im Fall von Optionen der Käufer und Verkäufer eben nicht *immer* schon im Voraus fest, nämlich beispielsweise dann nicht, wenn mehreren Gesellschaftern gleichzeitig und wechselseitig ein solches Recht eingeräumt wird. Darüber hinaus enthalten radikale Exitklauseln nicht nur eine klare Regelung darüber, wie diese Rolle festgelegt werden soll, sondern sorgen tatsächlich für eine inhaltliche Konkretisierung. Während die Höhe des Kaufpreises durch den Preisfindungsmechanismus selbst noch keinerlei Einschränkung erfährt, muss sowohl der Käufer als auch der Verkäufer im Rahmen eines Russian Roulette- oder Texas Shoot Out-Verfahrens zwingend zum Kreis der Gesellschafter gehören. Selbst wenn die Klausel als echter Satzungsbestandteil vereinbart wird und so einen *ex ante* unbekannten Kreis zukünftiger Gesellschafter betreffen kann, schmälert dies zwar den Wert der Eingrenzung, hebt sie aber nicht vollständig auf.

Der in der Klausel festgelegte Verteilungsmechanismus genügt daher nach hier vertretener Auffassung noch den Anforderungen des Vollständigkeits-

---

[117] So auch *Giehl*, in: Weise/Krauß, Beck'sche OF Vertrag, 52. Ed. 2020, 7.8.2.2.3 Rn. 4 (Stand: 01.12.2019).
[118] *Schaper*, DB 2014, 821, 821; *Fett/Spiering*, in: Fett/Spiering, Hdb. Joint Venture, 2. Aufl. 2015, Kap. 7 Rn. 591; *Brockmann*, Shoot-Out-Klauseln, 2017, S. 16.

grundsatzes. Allein aus der Tatsache, dass die Käufer- und Verkäuferrolle nicht explizit vorab in der Klausel festgelegt ist, ergibt sich daher keine Pflicht zur Beurkundung der Ausstiegsmitteilungen.

c) Entbehrlichkeit erneuter Beurkundung

Es bleibt allein ein Argument, das noch gegen die Formbedürftigkeit der Ausübungserklärung wegen des vorab unbestimmten Kaufpreises sprechen könnte. Im Schrifttum zum Russian Roulette und Texas Shoot Out findet sich vereinzelt der Hinweis, dass der Formzweck des § 15 Abs. 4 S. 1 GmbHG bei einer formfreien Ausstiegserklärung nicht betroffen sei. In der Klausel seien die Vertragsparteien und der Ablauf des Verfahrens hinreichend konkretisiert, sodass ein Spekulationsgeschäft offensichtlich nicht vorliege und daher auf die erneute Beurkundung verzichtet werden könne.[119] In der Tat muss die von § 15 Abs. 4 S. 1 GmbHG vorgeschriebene notarielle Form nicht beachtet werden, wenn die konkrete Fallkonstellation vom Formzweck nicht mehr erfasst wird.[120] Die Zwecke des § 15 GmbHG entscheiden folglich darüber, ob die Ausübung eventuell doch formfrei möglich ist.

aa) Formzwecke des § 15 GmbHG

Während die Pflicht zur notariellen Beurkundung nach § 311b Abs. 1 S. 1 BGB unter anderem maßgeblich der Warnung der Parteien und ihrem Schutz vor Übereilung dient,[121] sollten Geschäftsanteile der GmbH nach der Auffassung des historischen Gesetzgebers in erster Linie „nicht zu einem Gegenstande des Handelsverkehrs werden."[122] Konkreter formulierte es später das Reichsgericht, als es davon sprach, dass GmbH-Anteile „nach Möglichkeit nicht Gegenstand des freien, auf Gewinn ausgehenden Umsatzverkehrs werden [sollen], wie dies regelmäßig bei der Aktie der Fall ist."[123] Neben diesem primären Ziel sollte die Form nach dem historischen Gesetzgeber außerdem dafür Sorge tragen, „daß Zweifel und Unklarheiten über die Thatsache der Übertragung nicht entstehen können."[124]

---

[119] *Schulte/Sieger*, NZG 2005, 24, 28; *Schulte/Pohl*, Joint-Venture-Gesellschaften, 4. Aufl. 2015, Rn. 817 f.

[120] BGHZ 13, 49, 52 f.; BGH NJW-RR 2008, 773 f. und explizit noch *Lutter/Hommelhoff*, GmbHG, 15. Aufl. 2000, § 15 Rn. 12.

[121] Statt aller *Ruhwinkel*, in: Säcker/Rixecker/Oetker/Limperg, MüKo BGB, Bd. 3, 8. Aufl. 2019, § 311b Rn. 2; *Gehrlein*, in: Bamberger/Roth/Hau/Poseck, BeckOK BGB, 53. Ed. 2020, § 311b Rn. 1 (Stand: 01.02.2020).

[122] Stenographische Berichte über die Verhandlungen des Reichstages, 8. Legislaturperiode, 1. Session, 1890/92, 5. Anlageband, Aktenstück Nr. 660, S. 3724, 3729. Vgl. auch BT-Drucks. 16/6140, S. 30.

[123] RGZ 164, 162, 170. Vgl. auch RGZ 135, 70, 71.

[124] Stenographische Berichte über die Verhandlungen des Reichstages, 8. Legislaturperiode, 1. Session, 1890/92, 5. Anlageband, Aktenstück Nr. 660, S. 3724, 3729.

Beide Gesichtspunkte sieht der Bundesgerichtshof in ständiger Rechtsprechung auch heute noch als maßgeblich an. Die Pflicht zur Beurkundung diene vor allem der Erschwerung des Handels mit Anteilen der GmbH, ergänzt durch die sekundäre Funktion der Beweiserleichterung der Anteilsinhaberschaft vor dem Hintergrund des § 16 GmbHG.[125] Der wohl überwiegende Teil der Literatur schließt sich dieser Auffassung ausdrücklich an oder erhebt zumindest keine Einwände.[126] Vereinzelt werden zusätzlich oder abweichend von der höchstinstanzlichen Rechtsprechung weitere, sich teils überschneidende Formzwecke genannt,[127] z. B. die Gewährleistung eines Mindeststandards an Beratung[128], der Schutz der Beteiligten vor übereilten Entscheidungen[129] oder der Anlegerschutz[130]. Es finden sich allerdings auch eine Reihe deutlich kritischerer Stimmen. Sie reichen von der Forderung, zwischen den Zwecken des § 15 Abs. 3 GmbHG und jenen des § 15 Abs. 4 S. 1 GmbHG klarer zu differenzieren,[131] bis hin zum rechtspolitischen Appell, das Beurkundungserfordernis nach § 15 Abs. 3, 4 S. 1 GmbHG vollständig oder zumindest teilweise abzuschaffen.[132]

Den kritischen Stimmen ist zuzugeben, dass das gesetzgeberische Konzept jedenfalls heute systematisch und teleologisch nicht (mehr) überzeugen kann. Erforderlich ist zumindest eine klare Abstufung zwischen den Formzwecken des Abs. 3 und des Abs. 4. Während § 15 Abs. 4 GmbHG der Vermeidung eines spekulativen Anteilshandels dienen mag, kann die Beweisfunktion hinsichtlich der Gesellschafterstellung allein von § 15 Abs. 3 GmbHG übernommen werden.[133] Die notarielle Beurkundung des verpflichtenden Geschäfts nach § 15

---

[125] BGHZ 13, 49, 51 f.; 127, 129, 135 f.; BGH NJW 1996, 3338, 3339; BGHZ 141, 207, 211 f.; BGH NJW-RR 2006, 1415, 1415; NJW-RR 2008, 773, 774.

[126] Siehe z. B. *Wertenbruch*, NZG 2008, 454, 455; *Schacht*, in: Prinz/Winkeljohann, Beck'sches Hdb. GmbH, 5. Aufl. 2014, § 12 Rn. 1; *Reichert/Weller*, in: Fleischer/Goette, MüKo GmbHG, Bd. 1, 3. Aufl. 2018, § 15 Rn. 16 ff.; *Wilhelmi*, in: Ziemons/Jaeger/Pöschke, BeckOK GmbHG, 43. Ed. 2020, § 15 Rn. 2 (Stand: 01.02.2020).

[127] Ausführlich zum Ganzen *Walz/Fembacher*, NZG 2003, 1134, 1140.

[128] *Wicke*, GmbHG, 3. Aufl. 2016, § 15 Rn. 12; *Ebbing*, in: Michalski/Heidinger/Leible/Schmidt, GmbHG, Bd. 1, 3. Aufl. 2017, § 15 Rn. 55 (zu § 15 Abs. 4 GmbHG).

[129] OLG Stuttgart DB 1989, 1932, 1932; OLG München BB 1995, 427, 428; *Kanzleiter*, DNotZ 1994, 275, 282 f.; *Frenz*, in: Freundesgabe Weichler, 1997, S. 175, 179 f.; *Altmeppen*, GmbHG, 9. Aufl. 2019, § 15 Rn. 66; *Frank*, in: Weise/Krauß, Beck'sche OF Vertrag, 52. Ed. 2020, 7.8.6.1 Rn. 2 (Stand: 01.06.2019).

[130] *Wicke*, GmbHG, 3. Aufl. 2016, § 15 Rn. 12; *Servatius*, in: Baumbach/Hueck, GmbHG, 22. Aufl. 2019, § 15 Rn. 21 (zu § 15 Abs. 3 GmbHG).

[131] *Armbrüster*, DNotZ 1997, 762, 773 f.; *Löbbe*, in: Habersack/Casper/Löbbe, GmbHG, Bd. 1, 3. Aufl. 2019, § 15 Rn. 43; *Verse*, in: Henssler/Strohn, GesR, 4. Aufl. 2019, § 15 GmbHG Rn. 62.

[132] *Heidenhain*, ZIP 2001, 721 ff.; *Seibt*, in: Scholz, GmbHG, Bd. 1, 12. Aufl. 2018, § 15 Rn. 5 ff., 9, zurückhaltender *Bayer*, in: Bayer/Hommelhoff/Kleindiek, Lutter/Hommelhoff GmbHG, 20. Aufl. 2020, § 15 Rn. 1. Dagegen *Kanzleiter*, ZIP 2001, 2105 ff.

[133] *Armbrüster*, DNotZ 1997, 762, 773 f.; *Löbbe*, in: Habersack/Casper/Löbbe, GmbHG, Bd. 1, 3. Aufl. 2019, § 15 Rn. 43; *Verse*, in: Henssler/Strohn, GesR, 4. Aufl. 2019, § 15 GmbHG Rn. 62.

Abs. 4 GmbHG vermag dagegen nur der *allgemeinen* Beweisführung zu dienen, die durch jede Beurkundung gewährleistet wird. Neben generellen Erwägungen hinsichtlich des Trennungs- und Abstraktionsprinzips zeigt nicht zuletzt die Heilungsmöglichkeit des § 15 Abs. 4 S. 2 GmbHG, dass es für die Beurteilung der Anteilsinhaberschaft letztlich nicht auf das Verpflichtungsgeschäft und dessen Beurkundung ankommen kann. Zuletzt kann man angesichts der Existenz nicht weniger kapitalistisch organisierter GmbHs mit stark zersplitterter Beteiligungsstruktur schon an der heutigen Zweckmäßigkeit des historischen Motivs zweifeln, den spekulativen Handel mit GmbH-Gesellschaftsanteilen zu vermeiden.

Trotz aller Kritik wird nachfolgend die (noch) vorherrschende Ansicht der Rechtsprechung und des überwiegenden Teils der Literatur zugrunde gelegt. Die vereinzelt unterstellten weiteren Formzwecke vermögen *de lege lata* nicht zu überzeugen. Insbesondere der Schutzzweck ist mit dem ausdrücklichen Willen des Gesetzgebers kaum zu vereinbaren und lediglich Rechtsreflex, nicht aber Intention der Formvorschrift[134]. Die Frage, ob auf die notarielle Beurkundung der Ausübungserklärung verzichtet werden kann, ist deshalb allein daran zu messen, ob der intendierte Formzweck, den (spekulativen) Handel mit Geschäftsanteilen zu erschweren und die Beweisführung zu erleichtern, schon durch die Beurkundung der Klausel ausreichend gesichert ist.

bb) Anwendung auf Russian Roulette und Texas Shoot Out

Eine Pflicht zur Beurkundung der Ausübungserklärungen würde den Handel mit Gesellschaftsanteilen noch über die Hürde der ohnehin nach §§ 15 Abs. 3, 4 GmbHG nötigen Beurkundung erschweren und so zweifelsfrei dazu beitragen, dass die Anteile nicht Gegenstand des freien Handelsverkehrs werden. Es gilt allerdings zu berücksichtigen, dass der Gesetzgeber mit der Pflicht zur notariellen Beurkundung keinen generellen Abtretungsausschluss erreichen wollte, was vor dem Hintergrund der in § 15 Abs. 1 GmbHG konstatierten freien Veräußerbarkeit ohnehin systematisch widersprüchlich und wenig überzeugend wäre. In der Sache geht es vielmehr darum, spekulative, mit reiner Gewinnerzielungsabsicht vorgenommene Geschäfte über Gesellschaftsanteile zu unterbinden oder zumindest zu erschweren.[135]

Die hier diskutierten Klauseln dienen aber von vornherein allein dazu, die Zusammenarbeit zwischen den Gesellschaftern durch ein internes Verfahren zu beenden, nach dessen Ablauf eine Partei die Anteile der anderen übernimmt. Bei vereinbartem Trigger Event verfolgen sie darüber hinaus sogar noch einen weiteren Zweck, klassischerweise die Erhaltung oder Wiederherstellung der

---

[134] *Löbbe*, in: Habersack/Casper/Löbbe, GmbHG, Bd. 1, 3. Aufl. 2019, § 15 Rn. 43; *Bayer*, in: Bayer/Hommelhoff/Kleindiek, Lutter/Hommelhoff GmbHG, 20. Aufl. 2020, § 15 Rn. 1.

[135] Siehe erneut RGZ 164, 162, 170.

rechtlichen und wirtschaftlichen Handlungsfähigkeit der Gesellschaft, wodurch nicht zuletzt der Fortbestand des betriebenen Unternehmens gesichert wird. Gewinnerzielungsabsicht oder ein spekulativer Charakter spielen deshalb im Rahmen von Russian Roulette- und Texas Shoot Out-Klauseln keine Rolle. Nähme man dennoch eine Pflicht zur Beurkundung an, wäre damit der Formzweck überdehnt. Der Geschäftsanteil wird nämlich gerade nicht Gegenstand des Handelsverkehrs, er verbleibt vielmehr im Kreis der Gesellschafter. Dritte haben im Rahmen des Verfahrens zu keinem Zeitpunkt die Möglichkeit, Anteilsinhaber zu werden, sodass eine bloße Umverteilung zwischen den bisherigen Gesellschaftern stattfindet.[136] Durch die vorherige Beurkundung der Klausel wurde die Übertragung also bereits ausreichend erschwert; die Erklärungen über die Ausübung des Verfahrens unterliegen daher nicht der notariellen Form des § 15 Abs. 4 S. 1 GmbHG.

C. Zwischenfazit: Formpflicht bei Vereinbarung und Zweifel bei Ausübung

Unabhängig von der konkreten Art der Vereinbarung lösen Russian Roulette und Texas Shoot Out-Klauseln wie gezeigt die Pflicht zur notariellen Beurkundung nach GmbH-rechtlichen Vorschriften aus.[137] Sie führen nach vollständiger Abwicklung zur Übertragung von Gesellschaftsanteilen, sodass unbestritten ist, dass im Rahmen einer GmbH die Vereinbarung der Klausel selbst ebenso notariell zu beurkunden ist (§ 15 Abs. 4 S. 1 GmbHG) wie die spätere Abtretung der Gesellschaftsanteile (§ 15 Abs. 3 GmbHG). Wird die Absprache der Parteien schon bei Gründung als materieller Satzungsbestandteil in den Gesellschaftsvertrag der Projektgesellschaft aufgenommen, ist durch dessen notariell beurkundete Form (§ 2 Abs. 1 S. 1 GmbHG) grundsätzlich auch dem Beurkundungserfordernis des § 15 Abs. 4 S. 1 GmbHG genüge getan. Im Fall einer späteren Aufnahme in die Satzung ist eine korporativ verfasste Klausel nach § 53 Abs. 2 S. 1, 1. Hs. GmbHG ebenfalls beurkundungspflichtig, *diese* Pflicht zur Beurkundung genügt aber aus den genannten Gründen grundsätzlich nicht dem Erfordernis der Beurkundung nach § 15 Abs. 4 S. 1 GmbHG.

Die Ausübungserklärungen der Parteien unterliegen vor dem Hintergrund der Formzwecke des § 15 Abs. 4 S. 1 GmbHG nach der hier vertretenen Auffassung dagegen nicht der Pflicht zur Beurkundung. Die Frage nach der Formpflicht der Ausübungserklärungen ist aber nicht nur rechtlich komplex, die fehlende Rechtsprechung sorgt auch für weitere Unsicherheit. Zwar besteht das

---

[136] In diesem Sinne zum Ganzen nur *Robles y Zepf/Girnth/Stumm*, BB 2016, 2947, 2951.
[137] Vgl. zur (ähnlichen) Lage im österreichischen Recht *Draxler*, Private Equity Exit, 2010, S. 139 f.

Risiko einer *endgültig* unwirksamen Anteilsübertragung in der Regel nicht, da Formmängel mit der Beurkundung des Verfügungsgeschäfts nach § 15 Abs. 4 S. 2 GmbHG geheilt werden können. Zu Problemen kann es jedoch kommen, wenn nach Abschluss des Verfahrens zur Ermittlung des Kaufpreises und der Rolle des Käufers/Verkäufers und noch vor erfolgter Abtretung eine Partei die Mitwirkung an der Abtretung verweigert und sich darauf beruft, dass die Form nicht eingehalten sei.[138] Ein solches Szenario lässt sich eventuell kautelarjuristisch dadurch entschärfen, dass die gegenseitigen (aufschiebend bedingten) Abtretungserklärungen schon bei der Gründung als Anlage zum Gesellschaftsvertrag abgegeben und mitbeurkundet werden.[139] Das sorgt zwar tendenziell für einen reibungsloseren Ablauf, weil das Verfahren so weit wie möglich ohne Mitwirkung der anderen Seite ablaufen kann, vermag aber letztendlich nicht zu verhindern, dass die Rechtslage unklar bleibt und abermals Streit zwischen den Gesellschaftern entstehen kann. Wäre eine erneute notarielle Beurkundung rechtlich geboten, müsste das Verfahren zur Preisermittlung möglicherweise erneut durchlaufen werden – eine Situation, die aus beratender Perspektive tunlichst vermieden werden sollte.[140] Selbst wenn im Schrifttum überwiegend davon ausgegangen wird, dass die wechselseitigen Mitteilungen bei der Initiierung keiner besonderen Form bedürfen, wird daher zur Sicherheit eine umfassende, erneute notarielle Beurkundung empfohlen,[141] von der insbesondere die Höhe des Kaufpreises umfasst sein sollte.

---

[138] Dieses Risiko verkennt anscheinend *Brockmann*, Shoot-Out-Klauseln, 2017, S. 149.

[139] *Schulte/Sieger*, NZG 2005, 24, 26; *Brockmann*, Shoot-Out-Klauseln, 2017, S. 292. Siehe auch die entsprechenden Hinweise bei *Lohr*, GmbH-StB 2014, 93, 94; *Giehl*, in: Weise/Krauß, Beck'sche OF Vertrag, 52. Ed. 2020, 7.8.2.2.3 Rn. 4 ff. (Stand: 01.12.2019). Speziell zur GmbH & Co. KG *Binz/Sorg*, GmbH & Co. KG, 12. Aufl. 2018, § 6 Rn. 11 f.

[140] Sie wäre allerdings unter spieltheoretischen Gesichtspunkten interessant zu untersuchen. Beiden Parteien stehen nun Informationen über das Bietverhalten der jeweils anderen Seite zur Verfügung, insbesondere über deren Zahlungsbereitschaft, die ihnen vor der „ersten Runde" eventuell noch unbekannt waren. Es ließe sich dann beobachten, ob und inwiefern diese Informationen das ursprüngliche Ergebnis beeinflussen, d.h. ob die Käufer- und Verkäuferrollen ebenso verteilt werden und ob sich die Höhe des gezahlten Preises auch in experimentellen Untersuchungen ändert. Näher zu spieltheoretischen Aspekten von Russian Roulette und Texas Shoot Out unten S. 157 ff.

[141] So *Robles y Zepf/Girnth/Stumm*, BB 2016, 2947, 2951. Vgl. auch *Fett/Spiering*, in: Fett/Spiering, Hdb. Joint Venture, 2. Aufl. 2015, Kap. 7 Rn. 585 (zu Put- und Call-Optionen).

§ 7 „Spiel"charakter

Im Anschluss an den Komplex der Beurkundung soll es nun um die bisher kaum diskutierte Frage gehen, ob Russian Roulette- und Texas Shoot Out-Klauseln ein Spiel im Sinne des § 762 BGB darstellen.[1] Wäre das der Fall, hätte nach Ablauf des Verfahrens zur Ermittlung des Preises und der Parteirollen keiner der Gesellschafter einen Erfüllungsanspruch (§ 762 Abs. 1 S. 1 BGB);[2] die Vereinbarung der Klausel wäre also wirtschaftlich und rechtlich sinnlos.

A. Begriff und Abgrenzung des Spiels

I. Glücks- und Geschicklichkeitsspiele

Die rechtliche Einschätzung hängt entscheidend vom Begriff des Spiels im Sinne des § 762 BGB ab. Spiele können grundsätzlich sowohl Absprachen über solche Ereignisse sein, die allein oder überwiegend vom Zufall abhängen (Glücksspiele), als auch solche, deren Ausgang allein oder überwiegend vom Können der Spieler beeinflusst wird (Geschicklichkeitsspiele).[3] Der „Spiel"charakter von Russian Roulette- und Texas Shoot Out-Klauseln kann also nicht allein mit dem Argument abgelehnt werden, dass neben zufälligen Elementen auch das Können der Spieler in Form von taktischen Erwägungen den Ausgang mitbeeinflusst.[4]

---

[1] Vergleichsweise ausführlich *Brockmann*, Shoot-Out-Klauseln, 2017, S. 137, knappe Stellungnahmen finden sich z. B. bei *Schulte/Sieger*, NZG 2005, 24, 30 sowie *Schulte/Pohl*, Joint-Venture-Gesellschaften, 4. Aufl. 2015, Rn. 828 und, im Ergebnis komplett offen, auch bei *Laukemann*, in: Herberger/Martinek/Rüßmann/Weth/Würdinger, juris Pk BGB, Bd. 2, 9. Aufl. 2020, § 762 Rn. 18 (Stand: 01.02.2020).

[2] Allgemein statt aller *Habersack*, in: Säcker/Rixecker/Oetker/Limperg, MüKo BGB, Bd. 6, 7. Aufl. 2017, § 762 Rn. 18; *Janoschek*, in: Bamberger/Roth/Hau/Poseck, BeckOK BGB, 53. Ed. 2020, § 762 Rn. 6 (Stand: 01.02.2020). Zum rein theoretischen Streit um die dogmatische Einordnung ausführlich *Henssler*, Risiko, 1994, S. 432 ff.

[3] Näher statt vieler *Engel*, in: von Staudinger, BGB, Neubearb. 2015, § 762 Rn. 3; *Habersack*, in: Säcker/Rixecker/Oetker/Limperg, MüKo BGB, Bd. 6, 7. Aufl. 2017, § 762 Rn. 7 f.; *Saenger*, in: Schulze u. a., BGB, 10. Aufl. 2019, § 762 Rn. 2.

[4] Paradebeispiel für ein Spiel mit Glücks- und Geschicklichkeitselementen ist das Pokerspiel, zumindest in einigen der gängigen Varianten. Näher dazu *Schmidt/Wittig*, JR 2009, 45 ff. m. w. N.

II. Wirtschaftliche Zwecksetzung

Mit der Vereinbarung von Russian Roulette- und Texas Shoot Out-Klauseln verfolgen die Parteien allerdings nicht oder zumindest nicht überwiegend einen der typischen Spielzwecke. Es geht ihnen nicht um Unterhaltung oder finanziellen Gewinn,[5] sondern darum, die gegenseitige Zusammenarbeit mittels eines vergleichsweise unkomplizierten Mechanismus sauber beenden zu können. Das wird besonders deutlich, falls die Klausel an ein konkretes Trigger Event geknüpft wird, aus dem sich der wirtschaftliche Zweck ergibt (für den Fall des Deadlocks beispielsweise die Konfliktlösung). Doch selbst eine voraussetzungs*los* anwendbare Klausel hat immer noch die Funktion, ein jederzeitiges und einseitiges Lösungsrecht der Gesellschafter zu begründen. Sofern mit der Klausel überhaupt ein spekulativer Zweck verfolgt wird, dürfte er zumindest nicht der überwiegende Beweggrund der Parteien sein.[6]

B. Zwischenfazit: Fehlender Spielzweck

Russian Roulette- und Texas Shoot Out-Klauseln stellen aufgrund des mit ihnen verfolgten wirtschaftlichen Zwecks also kein Spiel im Sinne des § 762 BGB dar.[7] Folgt man der üblichen vertraglichen Gestaltung, dürften auch theoretisch denkbare Extremfälle praktisch kaum relevant werden; ein rechtliches Restrisiko besteht am ehesten noch bei voraussetzungslos ausübbaren Klauseln. Der damit verbundenen Gefahr lässt sich aber leicht entgehen, indem die Klausel von einem Trigger Event, beispielsweise einem Deadlock, abhängig gemacht wird – eine Vorgehensweise, die sich im Verlauf dieser Arbeit ohnehin aus diversen Gründen als vorzugswürdig herausstellen wird.

---

[5] Zu diesen Kriterien *Henssler*, Risiko, 1994, S. 443 f.; *Engel*, in: von Staudinger, BGB, Neubearb. 2015, § 762 Rn. 3; *Saenger*, in: Schulze u. a., BGB, 10. Aufl. 2019, § 762 Rn. 2.

[6] In diesem Sinne auch *Schulte/Sieger*, NZG 2005, 24, 30; *Schulte/Pohl*, Joint-Venture-Gesellschaften, 4. Aufl. 2015, Rn. 828; *Brockmann*, Shoot-Out-Klauseln, 2017, S. 137. Vgl. allgemein *Engel*, in: von Staudinger, BGB, Neubearb. 2015, § 762 Rn. 7; *Janoschek*, in: Bamberger/Roth/Hau/Poseck, BeckOK BGB, 53. Ed. 2020, § 762 Rn. 5 (Stand: 01.02.2020).

[7] Vgl. zur (ähnlichen) Lage im österreichischen Recht *Draxler*, Private Equity Exit, 2010, S. 141.

§ 8 Beschränkung des Kündigungs- und Austrittsrechts

Russian Roulette- und Texas Shoot Out-Klauseln sehen, abweichend von den gesetzlichen Standardregelungen, ein spezielles Verfahren für das Ausscheiden eines Gesellschafters vor und knüpfen es in Form der Trigger Events häufig an bestimmte Voraussetzungen. Es erscheint zumindest möglich, dass dadurch das Kündigungs- und Austrittsrecht der Parteien in unzulässiger Weise eingeschränkt wird und so im schlimmsten Fall die Unwirksamkeit der Klausel droht.

A. Grundlagen gesellschaftsrechtlicher Kündigungs- und Austrittsrechte

§ 723 Abs. 3 BGB spiegelt den allgemeinen, nicht allein auf Deutschland beschränkten[1] Grundsatz wider, „daß es mit der persönlichen Freiheit von Vertragsschließenden unvereinbar ist, persönliche oder wirtschaftliche Bindungen ohne zeitliche Begrenzung und ohne Kündigungsmöglichkeit einzugehen."[2] Die Vorschrift stellt klar, dass ein Ausschluss oder eine über die Absätze 1 und 2 hinausgehende Beschränkung des ordentlichen (§ 723 Abs. 1 S. 1 BGB) oder außerordentlichen Kündigungsrechts (§ 723 Abs. 1 S. 2, 3 BGB) der Gesellschafter einer GbR nichtig ist. Auf die OHG und KG, bei denen im Ergebnis ebenfalls sowohl ein ordentliches als auch ein außerordentliches Kündigungsrecht besteht (vgl. §§ 132, 133, 134 HGB sowie §§ 105 Abs. 3, 161 Abs. 2 HGB),[3]

---

[1] Vgl. z. B. die instruktive rechtsvergleichende Übersicht zu einem „zwingenden Austrittsrecht" bei *Kalss*, Übertragung von GmbH-Geschäftsanteilen, 2003, S. 264 f. Rechtsvergleichend aus schweizerischer Perspektive *Sanwald*, Austritt und Ausschluss, 2009, S. 375 ff.

[2] BGHZ 126, 226, 230. Ganz ähnlich die andernorts verwendeten Formulierungen, vgl. z. B. BGH NJW 1954, 106; NJW 1973, 1602; *Schulte/Sieger*, NZG 2005, 24, 29; *Fleischer/Schneider*, DB 2010, 2713, 2716; *Schulte/Pohl*, Joint-Venture-Gesellschaften, 4. Aufl. 2015, Rn. 820; *Schäfer*, in: Säcker/Rixecker/Oetker/Limperg, MüKo BGB, Bd. 6, 7. Aufl. 2017, § 723 Rn. 61; *Saenger*, in: Schulze u. a., BGB, 10. Aufl. 2019, § 723 Rn. 7; *Schöne*, in: Bamberger/Roth/Hau/Poseck, BeckOK BGB, 53. Ed. 2020, § 723 Rn. 31 (Stand: 01.02.2020).

[3] Zur Herleitung, den Einzelheiten und Einschränkungen z. B. *Saenger*, GesR, 4. Aufl. 2018, Rn. 312, 369; *Schmidt*, in: Schmidt, MüKo HGB, Bd. 2, 4. Aufl. 2016, § 132 Rn. 1 ff.; *Klöhn*, in: Henssler/Strohn, GesR, 4. Aufl. 2019, § 132 HGB Rn. 1 ff. Umfassend zum Verhältnis von § 723 Abs. 3 BGB und § 133 Abs. 3 HGB *Stodolkowitz*, NZG 2011, 1327, 1332 f.

ist § 723 Abs. 3 BGB in gleicher Weise anwendbar[4]. Den Gesellschaftern einer GmbH steht nach überwiegender Ansicht *kein* ordentliches Austrittsrecht zu,[5] sofern ein solches nicht statutarisch vereinbart wurde[6]. Ein Recht zum Austritt besteht aber jedenfalls dann, wenn dafür ein wichtiger Grund vorliegt.[7]

Die Gesellschafter können über diese Rechte nur in begrenztem Umfang disponieren. Unzulässig können nicht nur Einschränkungen des Rechts zur Kündigung oder zum Austritt an sich sein, sondern auch Regelungen, die den unabhängig von der Art des Ausscheidens[8] bestehenden Abfindungsanspruch aus § 738 Abs. 1 S. 2 BGB (analog für die GmbH,[9] über §§ 105 Abs. 3, 161 Abs. 2 HGB für die OHG und KG[10]) übermäßig einschränken.[11] Ebenso können sonstige wirtschaftliche Nachteile, die an die Erklärung des Ausscheidens geknüpft werden, zur Nichtigkeit führen, insbesondere Vertragsstrafen.[12]

---

[4] *Werner*, NWB 2011, 1551, 1556; *Schäfer*, in: Säcker/Rixecker/Oetker/Limperg, MüKo BGB, Bd. 6, 7. Aufl. 2017, § 723 Rn. 62. Vgl. z. B. auch die Kommentierungen von *Schmidt*, in: Schmidt, MüKo HGB, Bd. 2, 4. Aufl. 2016, § 132 Rn. 26, 30 f.; *Roth*, in: Baumbach/Hopt/Kumpan/Merkt/Roth, HGB, 39. Aufl. 2020, § 132 Rn. 12 f.; *Lorz*, in: Boujong/Ebenroth/Joost/Strohn, HGB, Bd. 1, 4. Aufl. 2020, § 132 Rn. 3.

[5] Einen Überblick über den Meinungsstand geben z. B. *Strohn*, in: Fleischer/Goette, MüKo GmbHG, Bd. 1, 3. Aufl. 2018, § 34 Rn. 178; *Schindler*, in: Ziemons/Jaeger/Pöschke, BeckOK GmbHG, 43. Ed. 2020, § 34 Rn. 164 (Stand: 01.11.2019). Näher dazu unten S. 98.

[6] Zu dieser Möglichkeit BGHZ 88, 320 ff.; *Ulmer/Habersack*, in: Ulmer/Habersack/Löbbe, GmbHG, Bd. 2, 2. Aufl. 2014, Anh. § 34 Rn. 67; *Altmeppen*, GmbHG, 9. Aufl. 2019, § 34 Rn. 3; *Fleischer*, in: Henssler/Strohn, GesR, 4. Aufl. 2019, § 34 GmbHG Rn. 27. Siehe auch die ältere rechtstatsächliche Erhebung über die Häufigkeit statutarisch vereinbarter ordentlicher Austrittsrechte bei *Balz*, GmbHR 1983, 185, 190.

[7] Aus der Rechtsprechung z. B. BGHZ 9, 157, 162 f.; 116, 359, 369. Zu den Einzelheiten statt vieler *Becker*, Austritt, 1985, S. 4 ff.; *Goette*, DStR 2001, 533, 540 f.; *Sosnitza*, in: Michalski/Heidinger/Leible/Schmidt, GmbHG, Bd. 1, 3. Aufl. 2017, Anh. § 34 Rn. 45 ff.

[8] So explizit *Schöne*, in: Bamberger/Roth/Hau/Poseck, BeckOK BGB, 53. Ed. 2020, § 738 Rn. 1 (Stand: 01.02.2020).

[9] Auch wenn der Abfindungsanspruch des GmbH-Gesellschafters als solcher allgemein anerkannt ist, ist die dogmatische Herleitung umstritten. Näher dazu *Fleischer/Bong*, WM 2017, 1957, 1957; *Strohn*, in: Fleischer/Goette, MüKo GmbHG, Bd. 1, 3. Aufl. 2018, § 34 Rn. 205 und rechtshistorisch *Altmeppen*, ZIP 2012, 1685, 1686 f.

[10] *Wangler*, DB 2001, 1763, 1763; *Schäfer*, in: Säcker/Rixecker/Oetker/Limperg, MüKo BGB, Bd. 6, 7. Aufl. 2017, § 738 Rn. 10; *Schöne*, in: Bamberger/Roth/Hau/Poseck, BeckOK BGB, 53. Ed. 2020, § 738 Rn. 1 (Stand: 01.02.2020).

[11] Ständige Rechtsprechung, z. B. BGH NJW 1989, 3272, 3272; NJW 1993, 2101, 2102; NJW-RR 2006, 1270, 1271. Explizit zu den Einzelheiten für die GbR *Schäfer*, in: Säcker/Rixecker/Oetker/Limperg, MüKo BGB, Bd. 6, 7. Aufl. 2017, § 723 Rn. 76, für die OHG und KG *Roth*, in: Baumbach/Hopt/Kumpan/Merkt/Roth, HGB, 39. Aufl. 2020, § 131 Rn. 58 ff., für die GmbH *Strohn*, in: Fleischer/Goette, MüKo GmbHG, Bd. 1, 3. Aufl. 2018, § 34 Rn. 226 ff.; *Kersting*, in: Baumbach/Hueck, GmbHG, 22. Aufl. 2019, § 34 Rn. 25 ff.

[12] Siehe aus der Rechtsprechung z. B. BGHZ 201, 65 ff., dazu *Seibt*, EWiR 2014, 509 f. Zur Vertragsstrafe und weiteren Beispielen wirtschaftlicher Nachteile *Schäfer*, in: Säcker/Rixecker/Oetker/Limperg, MüKo BGB, Bd. 6, 7. Aufl. 2017, § 723 Rn. 73; *Schöne*, in: Bamberger/Roth/Hau/Poseck, BeckOK BGB, 53. Ed. 2020, § 723 Rn. 35 (Stand: 01.02.2020).

Abfindungsbeschränkungen können aber nicht nur vor dem Hintergrund des § 723 Abs. 3 BGB, sondern aus einer Reihe von Gründen unwirksam sein, zu denen nicht zuletzt Sittenwidrigkeitserwägungen nach § 138 Abs. 1 BGB zählen. Formulierungen, die Abfindungsvereinbarungen im Allgemeinen oder radikalen Exitklauseln im Besonderen (k)ein „grobes" oder „auffälliges Missverhältnis" des gezahlten Betrags zum tatsächlichen Anteilswert attestieren, stellen häufig statt oder neben § 723 Abs. 3 BGB eben dieses Spannungsverhältnis zu § 138 BGB in den Vordergrund. Auch wenn die Subsumtion unter die verschiedenen Normen häufig zum selben Ergebnis führt, handelt es sich aber stets um getrennte und individuell zu untersuchende Nichtigkeitsfolgen.[13]

B. Anwendung auf Russian Roulette und Texas Shoot Out

Die rechtliche Beurteilung von Russian Roulette- und Texas Shoot Out-Klauseln anhand der soeben dargestellten Grundsätze wird nicht zuletzt von der gewählten Rechtsform der Gesellschaft beeinflusst. Bei der typischen Verwendung im Rahmen eines Joint Ventures erlangt die GbR vor allem als Innen- oder Außengesellschaft bei Contractual Joint Ventures Bedeutung. Für Equity Joint Ventures spielt sie dagegen nur eine untergeordnete Rolle, da es dort auf die Projektgesellschaft ankommt, für die die Rechtsformen der KG (in Form der GmbH & Co. KG) und der GmbH (neben der „Reinform" auch im Rahmen der GmbH & Co. KG) dominieren.[14] Nachfolgend geht es daher sowohl um die ordentliche und außerordentliche Kündigung in Personengesellschaften, insbesondere in der GbR, als auch um das (außerordentliche) Austrittsrecht der GmbH-Gesellschafter.

I. Beschränkung des ordentlichen Kündigungsrechts

Hinsichtlich des ordentlichen Kündigungsrechts ist zunächst dem allgemein geäußerten Hinweis zuzustimmen, dass es sämtlichen Parteien gestattet ist, die Klausel auszulösen.[15] Damit steht zumindest unterschiedslos jedem Ge-

---

[13] Umfassend *Schäfer*, in: Säcker/Rixecker/Oetker/Limperg, MüKo BGB, Bd. 6, 7. Aufl. 2017, § 738 Rn. 44 ff.; *Schöne*, in: Bamberger/Roth/Hau/Poseck, BeckOK BGB, 53. Ed. 2020, § 738 Rn. 29 ff. (Stand: 01.02.2020); *Koch*, in: Gsell/Krüger/Lorenz/Reymann, BeckOGK BGB, § 738 Rn. 56 ff. (Stand: 01.04.2020). Vgl. z. B. auch *Kilian*, in: Henssler/Strohn, GesR, 4. Aufl. 2019, § 738 BGB Rn. 16.

[14] In diesem Sinne *Schulte/Sieger*, NZG 2005, 24, 28. Vgl. auch knapp *Schmolke*, ZIP 2014, 897, 899; *Schmolke*, in: Vogt/Fleischer/Kalss, Gesellschafts- und KapitalmarktR, 2014, S. 107, 127.

[15] *Schulte/Sieger*, NZG 2005, 24, 29; *Wälzholz*, GmbH-StB 2007, 84, 88; *Becker*, Hinauskündigungsklauseln, 2010, S. 138; *Fleischer/Schneider*, DB 2010, 2713, 2716; *Fleischer/Schneider*, 9 Eur. Company & Fin. L. Rev. 35, 44 (2012); *Willms/Bicker*, BB 2014, 1347, 1350;

sellschafter eine Möglichkeit zu, aus der Gesellschaft auszuscheiden, sodass Russian Roulette, Texas Shoot Out und Co. das ordentliche Kündigungsrecht unabhängig von der konkreten Gestaltung jedenfalls nicht vollständig ausschließen.[16]

1. Verfahrenserfordernisse und Andienungsrecht

Zwei Punkte des Verfahrens sind allerdings näher zu erörtern. Zum einen gibt die Russian Roulette- und Texas Shoot Out-Klauseln innewohnende Eigenschaft des ungewissen Ausgangs zu denken. Im Voraus lässt sich in der Regel nicht prognostizieren, welche Partei letztendlich Käufer, welche Verkäufer wird. So besteht die Möglichkeit, dass der eigentlich Ausscheidungswillige aus dem Verfahren als Alleingesellschafter hervorgeht.[17] Zum anderen stellen die hier diskutierten Klauseln einen zusätzlichen Verfahrensschritt auf, indem sie das Ausscheiden daran knüpfen, dass der inhärente Mechanismus zur Preisermittlung durchlaufen wird, der bei einer „normalen" ordentlichen Kündigung nicht vorgesehen ist. Beide Aspekte schließen das ordentliche Kündigungsrecht zwar nicht aus, modifizieren jedoch den sonst üblichen Verlauf.

Nun schützt § 723 Abs. 3 BGB nicht nur vor dem Ausschluss, sondern grundsätzlich auch vor Beschränkungen des ordentlichen Kündigungsrechts.[18] Vereinbarungen über einzelne Gesichtspunkte dieses Rechts sind zwar nicht generell nichtig, wie sich schon aus der Zulässigkeit von Fortsetzungsklauseln nach §§ 736 Abs. 1, 737 S. 1 BGB ergibt.[19] Selbst wenn z. B. „Form- und Verfahrenserfordernisse"[20] wirksam vereinbart werden können, dürfen Regelungen zwischen den Gesellschaftern die Kündigung aber nicht unangemessen erschweren, indem sie das Ausscheiden beispielsweise von bestimmten Gründen oder von der Mitwirkung weiterer Gesellschafter abhängig machen[21].

Schulte/Pohl, Joint-Venture-Gesellschaften, 4. Aufl. 2015, Rn. 822. Vgl. auch *von Salis-Lütolf*, Private Equity, 2002, Rn. 1231. Siehe aber auch den Vorschlag von *Brockmann*, Shoot-Out-Klauseln, 2017, S. 233 f., der das Recht zur Auslösung der Klausel zumindest in speziellen Konstellationen nur bestimmten Gesellschaftern zuweisen will.

[16] Näher zum Verbot des vollständigen Ausschlusses *Habermeier*, in: von Staudinger, BGB, Bearb. 2003, § 723 Rn. 19; *Schäfer*, in: Säcker/Rixecker/Oetker/Limperg, MüKo BGB, Bd. 6, 7. Aufl. 2017, § 723 Rn. 70.

[17] *Becker*, Hinauskündigungsklauseln, 2010, S. 138; *Fleischer/Schneider*, DB 2010, 2713, 2716.

[18] *Habermeier*, in: von Staudinger, BGB, Bearb. 2003, § 723 Rn. 20; *Kilian*, in: Henssler/Strohn, GesR, 4. Aufl. 2019, § 723 BGB Rn. 26 f.

[19] *Becker*, Hinauskündigungsklauseln, 2010, S. 139; *Schäfer*, in: Säcker/Rixecker/Oetker/Limperg, MüKo BGB, Bd. 6, 7. Aufl. 2017, § 723 Rn. 71.

[20] *Kilian*, in: Henssler/Strohn, GesR, 4. Aufl. 2019, § 723 BGB Rn. 27.

[21] *Habermeier*, in: von Staudinger, BGB, Bearb. 2003, § 723 Rn. 21; *Westermann*, in: Grunewald/Maier-Reimer/Westermann, Erman BGB, Bd. 1, 15. Aufl. 2017, § 723 Rn. 23; *Schöne*, in: Bamberger/Roth/Hau/Poseck, BeckOK BGB, 53. Ed. 2020, § 723 Rn. 36 (Stand: 01.02.2020).

Die Tatsache, dass die eigentlich ausstiegswillige Partei ungewollt zum Erwerber der Anteile werden kann, erweist sich bei genauer Betrachtung allerdings als wenig problematisch. Der Erwerber wird nämlich zumindest im häufigen Fall der Zweipersonengesellschaft Alleingesellschafter, d. h. er kann mit der Gesellschaft nach Belieben verfahren, sie also z. B. veräußern oder liquidieren.[22] Seinem Interesse an der Beendigung der gemeinschaftlichen Zusammenarbeit wird damit im Ergebnis ebenso gut entsprochen, wie es bei einer „normalen" Kündigung der Fall ist. Möglicherweise zusätzlich erforderliche Schritte fallen noch unter den Begriff des „Verfahrenserfordernisses" und gestalten den Ablauf zwar inhaltlich aus, stellen aber noch keine unzulässige Einschränkung dar. Selbiges gilt im Ergebnis für den Umstand, dass im Fall des „Verlierens" statt des Regelfalls der Auflösung und Abwicklung der Gesellschaft dem Einzelnen „nur" das Recht gewährt wird, seine Geschäftsanteile auf einen anderen Gesellschafter zu übertragen (Andienungsrecht).[23] Der Ausscheidungswillige kann auch so die Gesellschaft verlassen und für sein Kündigungsrecht ist es grundsätzlich unerheblich, welches rechtliche oder wirtschaftliche Schicksal seine früheren Anteile oder die Gesellschaft als Ganzes nach seinem Ausscheiden trifft. *Fleischer/Schneider* heben anschaulich den „freiheitssichernden Gedanken"[24] des § 723 Abs. 3 BGB hervor und betonen, dass das gewährte Andienungsrecht als „funktionales Äquivalent"[25] der Zielsetzung des ordentlichen Kündigungsrechts genügt.[26]

Der Mechanismus zur Kaufpreisermittlung schreibt damit zwar einen speziellen Ablauf vor, der aber lediglich bestimmte Verfahrenserfordernisse aufstellt, die sich noch im zulässigen Rahmen bewegen und keine unerlaubte Kündigungsbeschränkung darstellen. Theoretisch ist eine unzulässige Einschränkung denkbar, wenn die Klausel nicht sorgfältig vorformuliert und die Mitwirkung der jeweils anderen Seite zum Ausstieg nötig ist. Die gängigen Formulierungsvorschläge tragen diesem Punkt aber durch den bereits erwähnten „Vollzugsautomatismus"[27] Rechnung.

---

[22] *Wälzholz*, GmbH-StB 2007, 84, 88; *Fleischer/Schneider*, DB 2010, 2713, 2716; *Fleischer/Schneider*, 9 Eur. Company & Fin. L. Rev. 35, 45 (2012). Vgl. auch *von Salis-Lütolf*, Private Equity, 2002, Rn. 1237. Eher skeptisch *Goette*, Exit, 2014, Rn. 298.

[23] *Fleischer/Schneider*, DB 2010, 2713, 2716; *Fleischer/Schneider*, 9 Eur. Company & Fin. L. Rev. 35, 45 (2012); *Westermann*, in: Westermann/Wertenbruch, Hdb. Personengesellschaften, Rn. I 1089 (Stand: 62. Lfrg., Mai 2015). Vgl. dazu auch BGHZ 126, 226, 230 und 234 ff.

[24] *Fleischer/Schneider*, DB 2010, 2713, 2716.

[25] *Fleischer/Schneider*, 9 Eur. Company & Fin. L. Rev. 35, 45 (2012) („functional equivalent").

[26] So im Ergebnis auch *Becker*, Hinauskündigungsklauseln, 2010, S. 139; *Werner*, NWB 2011, 1551, 1556; *Schäfer*, in: Säcker/Rixecker/Oetker/Limperg, MüKo BGB, Bd. 6, 7. Aufl. 2017, Vor § 705 Rn. 69a f.; *Wirbel*, in: Gummert/Weipert, Münchener Hdb. GesR, Bd. 1, 5. Aufl. 2019, § 28 Rn. 64.

[27] So die treffende Formulierung bei *Fleischer/Schneider*, DB 2010, 2713, 2714. Siehe dazu bereits oben S. 18 f.

2. Ersetzen des ordentlichen Kündigungsrechts

Die soeben erläuterten Fragen stellen sich allerdings nur dann, wenn man versucht, das ordentliche Kündigungsrecht so weit wie möglich zurückzudrängen, indem die radikale Exitklausel dieses Recht ersetzen und nicht lediglich eine alternative Möglichkeit zur Trennung bereitstellen soll. Auch wenn davon ohne nähere Anhaltspunkte kaum auszugehen ist,[28] birgt diese Konstellation erhebliche Risiken. Ist die Anwendbarkeit der Klausel nämlich durch ein Trigger Event bedingt, stellt sie zusätzliche Voraussetzungen für das Ausscheiden eines Gesellschafters auf, obwohl von Gesetzes wegen eine voraussetzungs*lose* Kündigung vorgesehen ist. Im Gegensatz zu den oben genannten „Verfahrenserfordernissen" bewegen sich die Beteiligten mit einer solchen Einschränkung nicht mehr innerhalb des von § 723 Abs. 3 BGB eröffneten gestalterischen Spielraums. Soll eine an Trigger Events geknüpfte Klausel das ordentliche Kündigungsrecht vollständig ersetzen, ist sie daher nach § 723 Abs. 3 BGB nichtig.[29]

Konsequenterweise muss es dann allerdings im Hinblick auf die kündigungsbeschränkende Wirkung zulässig sein, das ordentliche Kündigungsrecht durch eine voraussetzungslose, „freie" Russian Roulette- oder Texas Shoot Out-Klausel abzulösen. Das Verfahren könnte jederzeit in Gang gesetzt werden, sodass das Kündigungsrecht des ausscheidungswilligen Gesellschafters nicht unzulässig beschränkt wäre. Auch wenn voraussetzungslose Klauseln insoweit wirksam vereinbart werden könnten, bringen sie doch weitere rechtliche Probleme mit sich, die ihren Wert für die Praxis schmälern. So ist ihr Anwendungsbereich bei jederzeitiger Ausübbarkeit vollkommen unbegrenzt. Es entsteht ein immenses Drohszenario,[30] das zwar einen gewissen verhandlungstaktischen Vorteil darstellen kann, die wirtschaftliche Situation der Gesellschaft und die Zusammenarbeit der Gesellschafter durch das Risiko des kurzfristigen Ausscheidens aber auch schwer belastet. Das zehrt zum einen an den Nerven und kann zu unternehmerisch ungünstigen Entscheidungen führen, beispielsweise wegen des Aufschubs dringend nötiger Investitionen, weil man stets mit dem zeitnahen eigenen Ausscheiden rechnen muss. Zum anderen hat die voraussetzungslose

---

[28] Vgl. *Becker*, Hinauskündigungsklauseln, 2010, S. 138; *Schmolke*, ZIP 2014, 897, 900; *Schmolke*, in: Vogt/Fleischer/Kalss, Gesellschafts- und KapitalmarktR, 2014, S. 107, 129.

[29] So knapp *Schäfer*, in: Säcker/Rixecker/Oetker/Limperg, MüKo BGB, Bd. 6, 7. Aufl. 2017, Vor § 705 Rn. 69b. Vgl. auch *Habermeier*, in: von Staudinger, BGB, Bearb. 2003, § 723 Rn. 21; *Schmolke*, ZIP 2014, 897, 900; *Schmolke*, in: Vogt/Fleischer/Kalss, Gesellschafts- und KapitalmarktR, 2014, S. 107, 129; *Willms/Bicker*, BB 2014, 1347, 1350 f. Anderer Ansicht ohne nähere Begründung *Heckschen*, in: Heckschen/Heidinger, GmbH, 4. Aufl. 2018, Kap. 4 Rn. 450 („in keiner Hinsicht Kündigungsbeschränkungen i.S.v. § 723 BGB"), ähnlich *Wachter*, EWiR 2014, 139, 140.

[30] Vgl. *Willms/Bicker*, BB 2014, 1347, 1348; *Lange/Sabel*, NZG 2015, 1249, 1250 („Drohkulisse").

Variante ein erhöhtes Missbrauchsrisiko zur Konsequenz, auf das an späterer Stelle noch näher einzugehen sein wird.[31]

3. Zeitliche Beschränkungen

Dieser Befund stellt vor die Frage, wie die Anwendbarkeit einer voraussetzungsgebundenen Russian Roulette- oder Texas Shoot Out-Klausel überhaupt gewährleistet werden soll. Da das Kündigungsrecht durch eine voraussetzungsgebundene Vereinbarung nicht vollständig ersetzt werden kann, stünde den Gesellschaftern jederzeit das Recht zur ordentlichen Kündigung zu. So könnten sie sich der Wirkung der Klausel ohne Weiteres entziehen,[32] indem beispielsweise nach eingeleitetem oder sogar bereits abgeschlossenem Preisermittlungsverfahren die Kündigung erklärt wird. Diese im ökonomischen Sinne opportunistische Vorgehensweise bietet sich für eine Partei vor allem dann an, wenn ihr der Ausgang des Verfahrens zur Preisermittlung oder zur Verteilung der Käufer- und Verkäuferrolle missfällt. Man mag argumentieren, dass eine (ordentliche) Kündigung die Zusammenarbeit zwischen den Gesellschaftern ebenfalls beendet und dem Zweck der Klausel damit ohnehin entsprochen werde. Im Gegensatz zum klassischerweise rein internen Preisfindungsmechanismus von Russian Roulette- und Texas Shoot Out-Klauseln führt der Abfindungsanspruch im Rahmen der Kündigung aber häufiger zu Streitigkeiten über die angemessene Abfindungshöhe, die durch die vereinbarte Klausel gerade vermieden werden sollten.

Fälle der „Flucht in die ordentliche Kündigung" ließen sich auch kaum über den allgemeinen Missbrauchseinwand oder die Kündigungsschranke des § 723 Abs. 2 BGB einfangen. Letztere gewährt im Fall einer Kündigung zur Unzeit ohnehin nur einen Anspruch auf Schadensersatz und führt nicht zur Unwirksamkeit der Kündigung.[33] Zu ersetzen ist „nur" der Schaden, der durch die *Unzeit* der Kündigung entsteht, nicht der Schaden, der sich daraus ergibt, dass die Gesellschaft nicht fortgeführt wird (Auflösungsschaden).[34] Bei einer Kündigung zur richtigen Zeit entstünde grundsätzlich ein Anspruch auf Abfindung zum Verkehrswert. Dieser Betrag wäre in Bezug zu setzen zu dem Wert, der bei Abschluss einer Russian Roulette- oder Texas Shoot Out-Klausel weniger gezahlt worden wäre, denn allein darin kann ein Schaden liegen. Es wäre also

---

[31] Dazu unten S. 126.

[32] So ausdrücklich nur *Fleischer/Schneider*, DB 2010, 2713, 2717. Dieses Risiko verkennt anscheinend *Brockmann*, Shoot-Out-Klauseln, 2017, S. 89.

[33] BGH GRUR 1959, 384, 388; OLG Karlsruhe NZG 2003, 324, 325; *Goette*, Exit, 2014, Rn. 195; *Schäfer*, in: Säcker/Rixecker/Oetker/Limperg, MüKo BGB, Bd. 6, 7. Aufl. 2017, § 723 Rn. 55; *Kilian*, in: Henssler/Strohn, GesR, 4. Aufl. 2019, § 723 BGB Rn. 21.

[34] Statt aller *Habermeier*, in: von Staudinger, BGB, Bearb. 2003, § 723 Rn. 16; *Schäfer*, in: Säcker/Rixecker/Oetker/Limperg, MüKo BGB, Bd. 6, 7. Aufl. 2017, § 723 Rn. 56; *Saenger*, in: Schulze u. a., BGB, 10. Aufl. 2019, § 723 Rn. 6.

die Frage zu beantworten, wer bei Abschluss des Preisermittlungsverfahrens die Anteile zu welchem Preis erhalten hätte – ein rein hypothetisches Gedankenspiel, das aufgrund der spieltheoretischen Verwicklungen, insbesondere der Komplexität der Modellierung und der vielfältigen Einflussfaktoren, vor erhebliche Schwierigkeiten stellen dürfte. Der Einwand der rechtsmissbräuchlichen Ausübung ist dagegen durch den hohen Grad an Einzelfallabhängigkeit von beträchtlicher (Rechts-)Unsicherheit gekennzeichnet, sodass sich die Parteien kaum allein auf dieses Korrektiv verlassen können.

a) Einflussnahme durch Befristungen

Letztendlich kann die Geltung der Klauseln allein dadurch gesichert werden, dass das ordentliche Kündigungsrecht zumindest für einen angemessen kurzen Zeitraum nicht ausgeübt werden kann. Das ist rechtlich zulässig, denn der eingangs erwähnte Leitgedanke des § 723 Abs. 3 BGB steht einer Kündigungsbeschränkung und sogar einem Kündigungsausschluss nur dann zwingend entgegen, wenn die Gesellschafter tatsächlich eine Verpflichtung „auf unbegrenzte Zeit" eingehen. Dem können die Parteien begegnen, indem sie sich entweder zu einer befristeten Gesellschaft oder zu einer unbefristeten Gesellschaft unter vorübergehendem Ausschluss des ordentlichen Kündigungsrechts zusammenschließen.[35]

Zumindest für die Rechtsform der GbR ergeben sich diese Möglichkeiten in zweifacher Weise schon aus dem Gesetz. Zum einen legt § 723 Abs. 1 S. 1 BGB fest, dass bei einer *unbefristeten* Gesellschaft jeder Gesellschafter (ordentlich) kündigen kann, d. h. im Umkehrschluss, dass dieses Recht bei *befristeten* Gesellschaften nicht zwingend ist. Zum anderen konstatiert § 723 Abs. 1 S. 2 BGB, dass bei einer befristeten Gesellschaft vor Ablauf der vereinbarten Zeit eine Kündigung aus wichtigem Grund möglich bleiben muss. Daraus lässt sich entnehmen, dass ein ordentliches Kündigungsrecht nicht zwingend vorgeschrieben ist. Um missbräuchlichem Verhalten vorzubeugen, gelten allerdings gewisse, stark einzelfallabhängige Höchstgrenzen, die zur Unzulässigkeit überlanger Befristungen führen.[36] Ungeachtet dieser wenig rechtssicheren Gestaltungsgrenzen besteht für die Gesellschafter jedenfalls die Möglichkeit, das ordentli-

---

[35] Allgemeine Ansicht, siehe z. B. *Habermeier*, in: von Staudinger, BGB, Bearb. 2003, § 723 Rn. 6, 19 ff.; *Westermann*, in: Grunewald/Maier-Reimer/Westermann, Erman BGB, Bd. 1, 15. Aufl. 2017, § 723 Rn. 10 f., 22; *Mutter/Brombach*, in: Gummert, MAHdb. PersonengesR, 3. Aufl. 2019, § 19 Rn. 2 ff., 8 ff.; *Schulte/Hushahn*, in: Gummert/Weipert, Münchener Hdb. GesR, Bd. 1, 5. Aufl. 2019, § 10 Rn. 39; *Saenger*, in: Schulze u. a., BGB, 10. Aufl. 2019, § 723 Rn. 3 f.; *Schöne*, in: Bamberger/Roth/Hau/Poseck, BeckOK BGB, 53. Ed. 2020, § 723 Rn. 14 f. (Stand: 01.02.2020).

[36] Siehe z. B. BGH NJW 2007, 295 ff.; NZG 2012, 984 ff. Zu den Einzelheiten *Schäfer*, in: Säcker/Rixecker/Oetker/Limperg, MüKo BGB, Bd. 6, 7. Aufl. 2017, § 723 Rn. 64 ff.

che Kündigungsrecht zeitweise auszusetzen und ihrer Russian Roulette- oder Texas Shoot Out-Klausel so den nötigen Vorrang zu verschaffen.[37]

b) Cooling Off, (Re-)Aktionsfristen und sonstige Verzögerungen

Mit derselben Begründung erweisen sich auch sonstige verfahrensimmanente Fristen regelmäßig als unproblematisch. Dies betrifft neben Cooling Off-Perioden die eingangs geschilderten Überlegungsfristen, sowohl aufseiten des Angebotsempfängers als klassische Reaktionsfristen als auch aufseiten des Anbietenden als Aktions- oder Ausübungsfristen. Sämtliche dieser zeitlichen Restriktionen verschieben den Zeitpunkt des Ausscheidens „nach hinten" und wirken letztlich wie schlichte Kündigungsfristen. Sie sind grundsätzlich zulässig, solange sie nicht übermäßig lang sind und so zu einer wesentlichen Einschränkung des Kündigungsrechts führen.

II. Beschränkung des außerordentlichen Kündigungs- und Austrittsrechts

Für das außerordentliche Kündigungs- und Austrittsrecht unterscheidet sich die Beurteilung vor allem dadurch, dass die Gesellschafter nur in geringerem Umfang als im Rahmen des ordentlichen Kündigungsrechts modifizierende Vereinbarungen treffen können. Zunächst gilt aber auch hinsichtlich des außerordentlichen Ausscheidens, dass die Klausel allen Gesellschaftern gleichermaßen den Ausstieg ermöglicht und dass das „offene Ende" des Verfahrens sowie die Ausgestaltung als Andienungsrecht den rechtlichen Anforderungen grundsätzlich genügt.

1. Unterschiede zum ordentlichen Kündigungs- und Austrittsrecht

Das Recht zur außerordentlichen Kündigung in Personengesellschaften setzt im Gegensatz zu seinem ordentlichen Pendant einen wichtigen Grund voraus. Vereinbarungen, durch die das Recht zur außerordentlichen Kündigung ausgeschlossen oder erschwert wird, sind grundsätzlich unzulässig.[38] Das bedeutet insbesondere, dass dieses Recht nicht von Fristen abhängig gemacht werden darf[39] und die für das ordentliche Kündigungsrecht erörterten Möglichkeiten zur Befristung der Gesellschaft und zum temporären Ausschluss des Kündigungsrechts nicht übertragbar sind.

---

[37] Vgl. auch *Willms/Bicker*, BB 2014, 1347, 1351 („erforderliche Priorität").

[38] Statt vieler *Habermeier*, in: von Staudinger, BGB, Bearb. 2003, § 723 Rn. 42; *Schäfer*, in: Säcker/Rixecker/Oetker/Limperg, MüKo BGB, Bd. 6, 7. Aufl. 2017, § 723 Rn. 74.

[39] Zu § 723 BGB *Habermeier*, in: von Staudinger, BGB, Bearb. 2003, § 723 Rn. 42; *Schäfer*, in: Säcker/Rixecker/Oetker/Limperg, MüKo BGB, Bd. 6, 7. Aufl. 2017, § 723 Rn. 74. Für die GmbH wird dies oft nur implizit erwähnt, siehe z. B. *Werner*, NWB 2011, 1551, 1556 unter Bezug auf die Ausübbarkeit „jederzeit".

Das Austrittsrecht der GmbH-Gesellschafter ist bis heute nicht klar konturiert, was sich vor allem durch die weitestgehend fehlende gesetzliche Regelung erklären lässt (siehe aber z. B. § 27 Abs. 1 S. 1 GmbHG,[40] vgl. auch § 211 des Entwurfs eines GmbHG von 1973[41]).[42] So wird beispielsweise diskutiert, ob in der GmbH neben dem Austrittsrecht aus wichtigem Grund ein ordentliches Austrittsrecht besteht, allerdings überwiegend mit ablehnendem Ergebnis.[43] Das Meinungsbild ist vielschichtig und soll hier nicht im Einzelnen wiedergegeben werden. Gegen ein ordentliches Austrittsrecht spricht die vergleichsweise klare Positionierung des Gesetzgebers. Insbesondere anlässlich der letzten grundlegenden Novellierung des GmbHG durch das MoMiG[44] im Jahr 2008 wäre es möglich gewesen, legislativ gegen die bereits jahrelang bestehende und selbst heute noch von der Rechtsprechung und dem überwiegenden Teil der Literatur vertretene Ansicht vorzugehen und neben dem außerordentlichen auch ein ordentliches Austrittsrecht anzuerkennen. Dass dies bisher nicht geschehen ist, spricht schon unabhängig von weiteren systematischen und teleologischen Überlegungen[45] gegen ein ordentliches Recht zum Austritt aus der GmbH.[46]

Für das Austrittsrecht aus wichtigem Grund ist immerhin nahezu einhellig anerkannt, dass es als essenzielles Mitgliedschaftsrecht, dem außerordentlichen Kündigungsrecht der Personengesellschafter entsprechend, weder ausgeschlossen noch wesentlich beschränkt werden kann.[47]

---

[40] Kritisch zur Umschreibung des § 27 GmbHG als „Ausnahme" *Röhricht*, in: FS Kellermann, 1991, S. 361, 364.

[41] BT-Drucks. 7/253, S. 58 f. Dazu auch *Hofmann*, Minderheitsschutz, 2011, S. 487; *Ulmer/Habersack*, in: Ulmer/Habersack/Löbbe, GmbHG, Bd. 2, 2. Aufl. 2014, Anh. § 34 Rn. 47; *Sosnitza*, in: Michalski/Heidinger/Leible/Schmidt, GmbHG, Bd. 1, 3. Aufl. 2017, Anh. § 34 Rn. 5; *Strohn*, in: Fleischer/Goette, MüKo GmbHG, Bd. 1, 3. Aufl. 2018, § 34 Rn. 107.

[42] Vgl. *Röhricht*, in: FS Kellermann, 1991, S. 361, 361 f.

[43] So z. B. *Müller*, Austrittsrecht, 1996, S. 39 ff.; *Schindler*, Austrittsrecht, 1999, S. 36 ff.; *Eschenlohr*, in: FS Sigle, 2000, S. 131, 134 ff.; *Hofmann*, Minderheitsschutz, 2011, S. 480 f.; *Ulmer/Habersack*, in: Ulmer/Habersack/Löbbe, GmbHG, Bd. 2, 2. Aufl. 2014, Anh. § 34 Rn. 48; *Sosnitza*, in: Michalski/Heidinger/Leible/Schmidt, GmbHG, Bd. 1, 3. Aufl. 2017, Anh. § 34 Rn. 47 ff.; *Strohn*, in: Fleischer/Goette, MüKo GmbHG, Bd. 1, 3. Aufl. 2018, § 34 Rn. 178; *Schindler*, in: Ziemons/Jaeger/Pöschke, BeckOK GmbHG, 43. Ed. 2020, § 34 Rn. 164 (Stand: 01.11.2019). Exemplarisch für die vor allem im älteren Schrifttum vertretene Gegenauffassung *Reuter*, Privatrechtliche Schranken, 1973, S. 390 ff.

[44] Gesetz zur Modernisierung des GmbH-Rechts und zur Bekämpfung von Missbräuchen (MoMiG) vom 23.10.2008, BGBl. I 2008, S. 2026 ff.

[45] Näher dazu *Röhricht*, in: FS Kellermann, 1991, S. 361, 374 ff.; *Strohn*, in: Fleischer/Goette, MüKo GmbHG, Bd. 1, 3. Aufl. 2018, § 34 Rn. 178; *Schindler*, in: Ziemons/Jaeger/Pöschke, BeckOK GmbHG, 43. Ed. 2020, § 34 Rn. 164 (Stand: 01.11.2019).

[46] *Goette*, Exit, 2014, Rn. 197; *Schindler*, in: Ziemons/Jaeger/Pöschke, BeckOK GmbHG, 43. Ed. 2020, § 34 Rn. 164 (Stand: 01.11.2019).

[47] So BGHZ 116, 359, 369; *Müller*, Austrittsrecht, 1996, S. 136 f.; *Ulmer/Habersack*, in: Ulmer/Habersack/Löbbe, GmbHG, Bd. 2, 2. Aufl. 2014, Anh. § 34 Rn. 66; *Willms/Bicker*, BB 2014, 1347, 1350; *Sosnitza*, in: Michalski/Heidinger/Leible/Schmidt, GmbHG, Bd. 1, 3. Aufl.

2. Verhältnis von Klausel und außerordentlichem Kündigungs- und Austrittsrecht

Parallel zur Situation bei der ordentlichen Kündigung stellt sich auch hinsichtlich des außerordentlichen Kündigungs- und Austrittsrechts die Frage, ob und
wie das Verhältnis zur vereinbarten Klausel kautelarjuristisch geregelt werden
muss und kann. Möglicherweise können Klausel und Kündigungs- bzw. Austrittsrecht sogar schlicht nebeneinander bestehen, falls sich ihre Anwendungsbereiche nicht überschneiden.

a) Pattsituation als wichtiger Grund

Das ist für voraussetzungslos anwendbare Klauseln offensichtlich nicht der
Fall, möglicherweise aber für solche, die an bestimmte Bedingungen geknüpft
sind. Exemplarisch sei daher im Folgenden untersucht, wie sich die häufig als
Trigger Event vereinbarte Pattsituation zum Begriff des wichtigen Grundes verhält. Sofern solche Pattsituationen nämlich *generell* keinen wichtigen Grund im
Sinne des Kündigungs- und Austrittsrechts darstellen, könnten Russian Roulette und Texas Shoot Out-Klauseln konfliktfrei neben das Recht zum außerordentlichen Ausscheiden treten, ohne dass Klausel und außerordentliches Lösungsrecht jemals gleichzeitig anwendbar wären.

Die allgemeine Definition des wichtigen Grundes als Umstand, der das Verhältnis zwischen den Gesellschaftern so nachhaltig belastet, dass ein Abwarten
bis zur nächsten ordentlichen Kündigungsmöglichkeit nicht mehr zugemutet
werden kann (siehe auch § 314 Abs. 1 S. 2 BGB),[48] hilft für die genaue Abgrenzung nur bedingt weiter. Nach Stellungnahmen im Schrifttum liegt ein wichtiger Grund aber jedenfalls bei einem „tief greifende[n] Zerwürfnis"[49] zwischen
den Gesellschaftern vor.[50] Nun stellt nicht jedes Entscheidungspatt zwischen

---

2017, Anh. § 34 Rn. 46, 67; *Strohn*, in: Fleischer/Goette, MüKo GmbHG, Bd. 1, 3. Aufl. 2018,
§ 34 Rn. 194; *Seibt*, in: Scholz, GmbHG, Bd. 1, 12. Aufl. 2018, Anh. § 34 Rn. 24; *Altmeppen*,
GmbHG, 9. Aufl. 2019, § 60 Rn. 69; *Fleischer*, in: Henssler/Strohn, GesR, 4. Aufl. 2019, § 34
GmbHG Rn. 27.

[48] Statt aller für § 723 BGB *Schäfer*, in: Säcker/Rixecker/Oetker/Limperg, MüKo BGB,
Bd. 6, 7. Aufl. 2017, § 723 Rn. 28; *Saenger*, in: Schulze u. a., BGB, 10. Aufl. 2019, § 723 Rn. 4,
vgl. für die GmbH *Sosnitza*, in: Michalski/Heidinger/Leible/Schmidt, GmbHG, Bd. 1, 3. Aufl.
2017, Anh. § 34 Rn. 51; *Strohn*, in: Fleischer/Goette, MüKo GmbHG, Bd. 1, 3. Aufl. 2018, § 34
Rn. 180. Instruktiv auch schon BGHZ 4, 108, 113 (zu § 142 HGB a. F.).

[49] *Strohn*, in: Fleischer/Goette, MüKo GmbHG, Bd. 1, 3. Aufl. 2018, § 34 Rn. 188. Ebenso *Goette*, DStR 2001, 533, 536; *Weitzmann/Kupsch*, NZG 2015, 340, 347, letztere mit Bezug
auf einen (soweit ersichtlich unveröffentlichten) Vortrag von *Grunewald* anlässlich einer wirtschaftsrechtlichen Tagung.

[50] Ganz ähnlich *Sosnitza*, in: Michalski/Heidinger/Leible/Schmidt, GmbHG, Bd. 1,
3. Aufl. 2017, Anh. § 34 Rn. 53 („schwere Zerwürfnisse"); *Schöne*, in: Bamberger/Roth/Hau/
Poseck, BeckOK BGB, 53. Ed. 2020, § 723 Rn. 17 (Stand: 01.02.2020) („schweren und andauernden Zerwürfnissen"), ebenso zum Ausschluss *Wicke*, GmbHG, 3. Aufl. 2016, Anh. § 34
Rn. 3 („tiefgreifendes Zerwürfnis").

den Parteien zwingend ein tiefgreifendes Zerwürfnis in diesem Sinne dar, denn
für letzteres darf die „erforderliche Zusammenarbeit zwischen den Gesellschaftern endgültig nicht mehr möglich [sein]".[51] Das heißt aber keinesfalls, dass ein
Patt *nie* gleichzeitig einen wichtigen Grund in diesem Sinne darstellen kann,
denn die Gesellschafter werden oft sämtliche annähernd einvernehmlichen Lösungen in Betracht ziehen, bevor sie sich überhaupt an ein solch radikales Verfahren mit unsicherem Ausgang heranwagen. Ob eine Pattsituation auch *regelmäßig* einen wichtigen Grund darstellt, spielt für die weitere Darstellung keine
Rolle; die Schnittmenge dürfte aber beträchtlich sein.[52] Aufgrund der sich zumindest in Teilen überschneidenden Anwendungsbereiche ist das Verhältnis
von Klausel und außerordentlichem Kündigungs- und Austrittsrecht also klä-
rungsbedürftig.

b) Vertragliche Gestaltungsmöglichkeiten

Im Wesentlichen bestehen zwei Möglichkeiten, dieses Konkurrenzverhältnis zu
regeln. Zum einen kann die Klausel schlicht zusätzlich zum außerordentlichen
Kündigungs- oder Austrittsrecht vereinbart werden, müsste aber aus den genannten Gründen im „Konfliktfall" hinter diesem zurückstehen. Zum anderen
kann versucht werden, die Klausel umfassend zur Anwendung kommen zu lassen, indem sie das außerordentliche Kündigungs- oder Austrittsrecht in noch zu
erläuternder Form für den Fall verdrängt, dass in der Pattsituation gleichzeitig
ein wichtiger Grund in Form eines tiefgreifenden Zerwürfnisses liegt.

aa) Konkurrenz von Klausel und Kündigungs- bzw. Austrittsrecht

Die zuerst genannte Variante, eine außerordentliche Kündigungs- oder Austrittserklärung jederzeit zu akzeptieren und die Klausel als alternative Tren-
nungsmöglichkeit auszugestalten, begegnet in rechtlicher Hinsicht keinerlei
Bedenken. Noch stärker als bei der Frage des ordentlichen Kündigungsrechts
entspricht dies aber nicht den Interessen der Parteien. Zunächst könnte sich
auch hier einer der Gesellschafter selbst nach eingeleitetem Exitverfahren
noch durch eine Kündigungs- oder Austrittserklärung „retten", d. h. den Konsequenzen der Klausel ausweichen, falls ein wichtiger Grund vorliegt. Im Gegensatz zum ordentlichen Kündigungsrecht kann dieses Problem, wie eingangs
erwähnt, auch nicht durch Befristungen jedweder Art gelöst werden.[53] Sofern

---

[51] BGH NJW 1998, 3771, 3771 (zur GbR). Unter Verweis auf dieses Urteil auch *Schmolke*, ZIP 2014, 897, 900; *Schmolke*, in: Vogt/Fleischer/Kalss, Gesellschafts- und KapitalmarktR,
2014, S. 107, 129.

[52] In diesem Sinne auch *Holler/Frese*, BB 2014, 1479, 1480. Eher zurückhaltend *Schmolke*, ZIP 2014, 897, 900; *Schmolke*, in: Vogt/Fleischer/Kalss, Gesellschafts- und KapitalmarktR,
2014, S. 107, 129 („nicht notwendigerweise").

[53] Abweichendes gilt wiederum für ein statutarisch vereinbartes ordentliches Austritts-

Sosnitza mit Bezug auf *Schulte/Sieger*[54] und *Fleischer/Schneider*[55] darauf verweist, dass das Austrittsrecht aus wichtigem Grund vorübergehend ausgesetzt werden kann,[56] vermag dies nicht zu überzeugen. Zum einen dürfte ein Russian Roulette- oder Texas Shoot Out-Verfahren angesichts der typischerweise vereinbarten (Re-)Aktionsfristen oft mehrere Wochen bis Monate in Anspruch nehmen. Für diesen Zeitraum müsste das Austrittsrecht aus wichtigem Grund ausgesetzt sein. Einen solchen, doch recht deutlichen zeitlichen Aufschub wird man kaum mehr als unwesentliche Beeinträchtigung dieses Rechts bezeichnen können. Zum anderen scheinen die von *Sosnitza* zitierten Beiträge die Möglichkeit der vorübergehenden Aussetzung des Rechts allein auf das *ordentliche* Kündigungsrecht in Personengesellschaften, nicht dagegen auf das dortige außerordentliche Kündigungsrecht oder das Recht zum außerordentlichen Austritt aus der GmbH zu beziehen.

Müsste das außerordentliche Ausscheiden stets neben der vereinbarten Klausel möglich sein, liegt darin ein gewisses Missbrauchsrisiko und auch ein nicht unerhebliches Potenzial für rechtliche Konflikte. So mag man sich die Situation vorstellen, dass das von der Klausel vorgesehene Verfahren eingeleitet und der Vollzugsmechanismus in Gang gesetzt wird. Irgendwann nach diesem Zeitpunkt erklärt einer der Gesellschafter, typischerweise der Angebotsempfänger, die außerordentliche Kündigung oder den Austritt aus wichtigem Grund. Falls sich die andere, initiierende Partei dadurch benachteiligt fühlt, wird sie nicht nur bestreiten, dass überhaupt ein wichtiger Grund vorliegt, sondern oft darauf bestehen, dass das Ergebnis des Verfahrens eingehalten wird, also die Veräußerung der Anteile zu dem festgelegten Preis erfolgt. Daran hat wiederum derjenige Gesellschafter, der die außerordentliche Kündigung oder den Austritt erklärt hat, möglicherweise schon deshalb kein Interesse, weil sein Entschluss zum Ausscheiden bereits endgültig gefasst oder sogar schon erklärt war und er z. B. im Rahmen des Preisfindungsmechanismus gar nicht mehr fristgemäß reagiert hat. Daran anknüpfend stellt sich die Frage, ob der Ausscheidungswillige zumindest sein Schweigen wegen Irrtums analog § 119 Abs. 1 S. 1, 1. Var. BGB anfechten könnte, falls sich die Kündigungs- oder Austrittserklärung nachträglich als unwirksam herausstellt (weil z. B. ein wichtiger Grund tatsächlich gar nicht gegeben war).[57] Nicht zuletzt aufgrund solcher rechtlicher Folgefragen

recht der GmbH-Gesellschafter, siehe z. B. den Formulierungsvorschlag von *Lohr*, GmbH-StB 2004, 347, 348.

[54] *Schulte/Sieger*, NZG 2005, 24, 29.
[55] *Fleischer/Schneider*, DB 2010, 2713, 2727 (sic, gemeint ist wohl S. 2717).
[56] *Sosnitza*, in: Michalski/Heidinger/Leible/Schmidt, GmbHG, Bd. 1, 3. Aufl. 2017, Anh. § 34 Rn. 69.
[57] Allgemein zur Anfechtbarkeit des Schweigens *Arnold*, in: Grunewald/Maier-Reimer/Westermann, Erman BGB, Bd. 1, 15. Aufl. 2017, § 119 Rn. 17; *Armbrüster*, in: Säcker/Rixecker/Oetker/Limperg, MüKo BGB, Bd. 1, 8. Aufl. 2018, § 119 Rn. 65.

bietet es sich an, über kautelarjuristische Alternativen zum Zurücktreten der Klausel nachzudenken.

bb) Vollständiges Ersetzen

Die genannten Schwierigkeiten ließen sich am einfachsten vermeiden, falls das außerordentliche Kündigungs- oder Austrittsrecht durch die radikale Exitklausel vollständig ersetzt werden könnte. Dadurch würden allerdings die Rechte der Gesellschafter möglicherweise in unzulässiger Weise eingeengt.[58]

(1) Außerordentliches Kündigungsrecht

Soll das außerordentliche Kündigungsrecht durch eine voraussetzungsgebundene Russian Roulette- oder Texas Shoot Out-Klausel ersetzt werden, begegnet dies (wie schon im Rahmen des ordentlichen Kündigungsrechts) erheblichen Bedenken. Es ist zwar theoretisch möglich, eine bedingte Klausel so auszugestalten, dass sie in rechtskonformer Weise das außerordentliche Kündigungsrecht vollständig ersetzt. Wie von *Fleischer/Schneider* angemerkt, wäre es dazu aber erforderlich, den Katalog der Trigger Events im Klauseltext vollständig deckungsgleich mit *sämtlichen* möglicherweise in Betracht kommenden wichtigen Gründen zu verfassen.[59] Das ist aufgrund der sehr stark einzelfallabhängigen rechtlichen Beurteilung und der Vielzahl möglicher Szenarien eine nur gedanklich erfüllbare Voraussetzung. Praktisch ist es unmöglich, sämtliche Umstände konkret abzubilden, die einen wichtigen Grund darstellen.[60] Fehlen aber wichtige Gründe im Katalog der Trigger Events, stellt die Klausel eine unzulässige Einschränkung des außerordentlichen Kündigungsrechts dar, denn die Gesellschafter könnten aus den nicht aufgeführten Gründen die Klausel nicht auslösen, also auch nicht außerordentlich kündigen.

Diese Argumentation geht jedoch implizit davon aus, dass die Trigger Events als solche einzeln aufgeführt werden müssen. Denkbar wäre es auch, schlicht pauschal anzugeben, dass für die Initiierung ein wichtiger Grund im Sinne des außerordentlichen Kündigungsrechts gegeben sein muss, ohne einzelne Fälle in Form eines Katalogs aufzulisten (nicht unähnlich der Grundidee aus dem Strafrecht bekannter Blankettverweisungen[61]). Selbst wenn man eine solche Gestaltung in kündigungsrechtlicher Hinsicht für zulässig hält, spricht aus praktischen Gesichtspunkten aber vieles gegen diese Variante. Es ist zum einen zweifelhaft, ob der deutlich breitere Anwendungsbereich im Vergleich zum vereinbar-

---

[58] Vgl. *Schmolke*, ZIP 2014, 897, 900; *Schmolke*, in: Vogt/Fleischer/Kalss, Gesellschafts- und KapitalmarktR, 2014, S. 107, 128.

[59] *Fleischer/Schneider*, DB 2010, 2713, 2716 f.

[60] So explizit *Fleischer/Schneider*, DB 2010, 2713, 2716 f. Vgl. auch *Röhricht*, in: FS Kellermann, 1991, S. 361, 378 ff.

[61] Näher statt vieler *Schmitz*, in: Joecks/Miebach, MüKo StGB, Bd. 1, 3. Aufl. 2017, § 1 Rn. 60 ff.; *Fischer*, StGB, 65. Aufl. 2018, § 1 Rn. 9 ff., jeweils m. w. N.

ten Trigger Event des Deadlocks wirklich zielführend für eine Vereinbarung ist, die typischerweise reinen „ultima ratio"[62]-Charakter aufweist. Zum anderen wird aus beratender Perspektive der ungewisse Ausgang des Verfahrens als einer der bedeutendsten Nachteile hervorgehoben[63] – ein Aspekt, der durch die erweiterte Ausübbarkeit noch verstärkt wird. Neben dieser ergebnisbezogenen, *tatsächlichen* Unsicherheit sorgt die starke Einzelfallabhängigkeit des Begriffs des wichtigen Grundes für substanzielle *rechtliche* Unsicherheit über die Frage, unter welchen Umständen die Klausel überhaupt ausgelöst werden darf. Vor diesem Hintergrund erscheint die geschilderte Gestaltungsvariante der Bezugnahme auf einen nicht näher definierten „Katalog" der wichtigen Gründe wenig attraktiv. Sollen dagegen nur einzelne Trigger Events in der Klausel aufgeführt werden, bleibt es aus den dargestellten Gründen dabei, dass das Recht zur außerordentlichen Kündigung nicht vollständig ersetzt werden kann.[64]

(2) Außerordentliches Austrittsrecht

Ob sich dieser Befund unverändert auf das außerordentliche Austrittsrecht der GmbH-Gesellschafter übertragen lässt, ist nicht leicht zu beantworten. Die auf Russian Roulette- und Texas Shoot Out-Klauseln bezogenen Äußerungen in der Literatur differenzieren häufig nicht näher zwischen den Gestaltungsgrenzen von Vereinbarungen über das außerordentliche Kündigungsrecht einerseits und über das GmbH-rechtliche Austrittsrecht aus wichtigem Grund andererseits.[65] Dem ist wohl zu entnehmen, dass die Beurteilung sich in dieser Hinsicht nicht unterscheiden soll[66] und auch das außerordentliche Austrittsrecht der GmbH-Gesellschafter nicht durch eine voraussetzungsgebundene Exitklausel ersetzt werden können soll.

Die einschlägigen allgemeinen Kommentierungen scheinen sich dagegen differenzierend zu äußern. Während § 723 Abs. 3 BGB für das außerordentliche Kündigungsrecht nur in äußerst engen Grenzen modifizierenden Vereinbarungen zugänglich sein soll, sodass Einschränkungen sogar „generell unzulässig"[67] sind, genüge es für das außerordentliche Austrittsrecht, dass es in

---

[62] So z. B. *Lange/Sabel*, NZG 2015, 1249, 1250; *Valdini/Koch*, GWR 2016, 179, 180. Vgl. auch *Werner*, NWB 2011, 1551, 1551.

[63] Statt vieler *Schulte/Sieger*, NZG 2005, 24, 30; *Fleischer/Schneider*, DB 2010, 2713, 2714; *Werner*, NWB 2011, 1551, 1556; *Willms/Bicker*, BB 2014, 1347, 1348; *Schulte/Pohl*, Joint-Venture-Gesellschaften, 4. Aufl. 2015, Rn. 832. Siehe dazu auch unten S. 149.

[64] So auch *Becker*, Hinauskündigungsklauseln, 2010, S. 138; *Fleischer/Schneider*, DB 2010, 2713, 2716 f.; *Schaper*, DB 2014, 821, 824; *Schäfer*, in: Säcker/Rixecker/Oetker/Limperg, MüKo BGB, Bd. 6, 7. Aufl. 2017, Vor § 705 Rn. 69b. Ebenso wohl *Willms/Bicker*, BB 2014, 1347, 1350 f. Unklar *Werner*, NWB 2011, 1551, 1556.

[65] So z. B. *Fleischer/Schneider*, DB 2010, 2713, 2716 f.; *Willms/Bicker*, BB 2014, 1347, 1350.

[66] Insoweit noch zustimmend *Werner*, NWB 2011, 1551, 1556 f. („identisch").

[67] *Schäfer*, in: Säcker/Rixecker/Oetker/Limperg, MüKo BGB, Bd. 6, 7. Aufl. 2017, § 723

seinem „Kerngehalt"[68] unangetastet bleibt. Als sprachlicher Mittelweg taucht für das Austrittsrecht in der Aufsatzliteratur die Formulierung auf, es könne zwar „ausgestaltet, aber nicht eingeschränkt werden"[69], teilweise mit dem Zusatz, es dürfe sich zumindest nicht um eine *wesentliche* Erschwerung handeln[70].

Ob und inwiefern mit solchen Formulierungen tatsächlich ein grundlegender inhaltlicher Unterschied verbunden ist, ist fraglich. Sowohl das außerordentliche Kündigungsrecht als auch das außerordentliche Austrittsrecht fußen auf demselben allgemeinen Rechtsprinzip, nach dem sich jeder Vertragspartner aus wichtigem Grund von einem Dauerschuldverhältnis lösen können muss.[71] Sofern man überhaupt einen Unterschied annimmt, sollte daher zumindest ein gemeinsamer und rechtsformunabhängiger Mindeststandard gelten. Einzelheiten beruhen letztlich stark auf einer Abwägung der Interessen von Gesellschaftern und Gesellschaft und sind dementsprechend offen für rechtliche und rechtspolitische Überzeugungen. Die Schwelle zur Unwirksamkeit dürfte aber jedenfalls bei einem vollständigen Ersetzen überschritten sein, sodass auch das außerordentliche Austrittsrecht der GmbH-Gesellschafter nicht gänzlich durch eine voraussetzungsgebundene Klausel verdrängt werden kann.[72]

(3) Voraussetzungslose Klauseln

Zuletzt ist es theoretisch denkbar, das außerordentliche Kündigungs- oder Austrittsrecht durch eine „freie", nicht an besondere Voraussetzungen geknüpfte Klausel zu ersetzen. Diese Variante ist im Hinblick auf das außerordentliche Kündigungs- und Austrittsrecht unbedenklich, weist aber sämtliche Nachteile auf, die bereits für den Fall erörtert wurden, dass das ordentliche Kündigungsrecht durch eine „freie" Klausel abgelöst werden soll. Für den Fall des außerordentlichen Kündigungs- und Austrittsrechts sind die Aussichten sogar besonders düster. Während im Rahmen des ordentlichen Kündigungsrechts immer noch mittels befristender Vereinbarungen die Härte der jederzeitigen Ausübbarkeit gemildert werden kann, entfällt diese Möglichkeit im Rahmen des außerordentlichen Kündigungs- und Austrittsrechts völlig. Die Praxistauglich-

---

Rn. 74. Vgl. auch die recht strikten Ausführungen von *Habermeier*, in: von Staudinger, BGB, Bearb. 2003, § 723 Rn. 42.

[68] *Strohn*, in: Fleischer/Goette, MüKo GmbHG, Bd. 1, 3. Aufl. 2018, § 34 Rn. 105. Ganz ähnlich *Altmeppen*, GmbHG, 9. Aufl. 2019, § 60 Rn. 69 („Kernbereich"). Vgl. auch BGHZ 116, 359, 369.

[69] So wörtlich *Fleischer/Schneider*, DB 2010, 2713, 2716. Nahezu identisch *Müller*, Austrittsrecht, 1996, S. 136; *Werner*, NWB 2011, 1551, 1557; *Willms/Bicker*, BB 2014, 1347, 1350.

[70] *Sosnitza*, in: Michalski/Heidinger/Leible/Schmidt, GmbHG, Bd. 1, 3. Aufl. 2017, Anh. § 34 Rn. 67.

[71] Siehe dazu bereits oben S. 89 ff.

[72] Ebenso wohl *Fleischer/Schneider*, DB 2010, 2713, 2716 f.; *Willms/Bicker*, BB 2014, 1347, 1350 f.

keit dieser Vorgehensweise ist daher fragwürdig, sodass letztendlich weder sie noch eine der anderen geschilderten Gestaltungsvarianten, durch die das außerordentliche Kündigungs- oder Austrittsrecht vollständig ersetzt werden soll, zu empfehlen ist.

cc) *„Partielles Ersetzen" und Regelung über den wichtigen Grund*

Holler/Frese wollen der radikalen Exitklausel dadurch den Vorrang einräumen, dass sie das außerordentliche Kündigungsrecht der Gesellschafter teilweise ersetzen.[73] Ihre Lösung sieht vor, dass Pattsituationen generell aus dem Anwendungsbereich des außerordentlichen Kündigungsrechts ausgenommen werden und die Gesellschafter so die Geltung der Klausel für sämtliche Pattsituationen festlegen – selbst für solche, die gleichzeitig ein tiefgreifendes Zerwürfnis und damit einhergehend einen wichtigen Grund darstellen. So soll der Klausel letztlich „partiell kündigungsersetzende Wirkung"[74] zukommen.

Aus rechtsberatender Perspektive wirkt dieser Vorschlag durchaus sympathisch und führt die Problematik einer Lösung zu, die die Interessen der Parteien umfassend berücksichtigt. Schon begrifflich bewegt man sich mit der Formulierung „partiell kündigungsersetzend" aber auf gefährlichem Terrain, lässt sich das außerordentliche Kündigungs- und Austrittsrecht doch, wie eben gezeigt, durch eine voraussetzungsgebundene radikale Exitklausel zumindest nicht vollständig ersetzen. *Holler/Frese* ist allerdings zuzugestehen, dass ein gewisser Gestaltungsspielraum der Gesellschafter dahingehend diskutiert wird, wie sie den Begriff des wichtigen Grundes handhaben möchten.

(1) *Gestaltungsgrenzen und Differenzierung nach Rechtsform?*

Unproblematisch möglich sind zunächst Vereinbarungen, durch die das außerordentliche Kündigungs- oder Austrittsrecht der Gesellschafter erweitert wird, indem Umstände als wichtiger Grund klassifiziert werden, die sonst nicht unter diesen Begriff fallen.[75] Schwierigkeiten ergeben sich aber dann, wenn einzelne wichtige Gründe aus dem Anwendungsbereich ausgenommen werden sollen, denn dadurch wird den Gesellschaftern für solche Fälle das Recht zur außerordentlichen Kündigung bzw. zum Austritt genommen. An dieser Stelle begegnet man erneut der Frage, ob und inwiefern § 723 Abs. 3 BGB und der Grundsatz der Unverzichtbarkeit des Austrittsrechts in der GmbH in unterschiedlichem Umfang Einschränkungen zulassen.

---

[73] *Holler/Frese*, BB 2014, 1479, 1481 f.
[74] *Holler/Frese*, BB 2014, 1479, 1481.
[75] Statt vieler zu § 723 BGB *Habermeier*, in: von Staudinger, BGB, Bearb. 2003, § 723 Rn. 43; *Schäfer*, in: Säcker/Rixecker/Oetker/Limperg, MüKo BGB, Bd. 6, 7. Aufl. 2017, § 723 Rn. 75, zum GmbH-Recht *Strohn*, in: Fleischer/Goette, MüKo GmbHG, Bd. 1, 3. Aufl. 2018, § 34 Rn. 194; *Altmeppen*, GmbHG, 9. Aufl. 2019, § 60 Rn. 70.

Während die Möglichkeit, einzelne wichtige Gründe auszuschließen, in den einschlägigen Kommentierungen zum GmbH-Recht noch überwiegend anerkannt wird,[76] ist das Meinungsbild zu § 723 Abs. 3 BGB nuancierter. Auch dort sind einige der Auffassung, die Gesellschafter könnten rechtswirksam vereinbaren, dass bestimmte Umstände nicht als wichtiger Grund gelten sollen.[77] Viele halten eine solche Gestaltung zumindest in dieser Pauschalität dagegen für unzulässig.[78] Sie gestatten den Gesellschaftern aber immerhin Vereinbarungen, nach denen ein *spezifischer* wichtiger Grund für ein außerordentliches Ausscheiden *regelmäßig* nicht ausreichend sein soll (Konkretisierung). Maßgeblich sei nur, dass die Umstände des Einzelfalls nach wie vor berücksichtigt würden, die Absprache die Rechtslage also nicht endgültig festlege.[79]

Interessant ist, dass das Ergebnis für das außerordentliche Kündigungsrecht einerseits und das außerordentliche Austrittsrecht andererseits unterschiedlich auszufallen scheint. Während die Unzulässigkeit der genannten Modifikationen in Beiträgen zu § 723 Abs. 3 BGB wohl noch der überwiegenden Ansicht entspricht, scheint sich die Lage bei den Ausführungen zur GmbH genau umgekehrt darzustellen.[80] Diese Differenzierung vermag kaum zu überzeugen. Unabhängig von der Rechtsform folgen schließlich sowohl das außerordentliche Kündigungs- als auch das Austrittsrecht aus wichtigem Grund dem eingangs genannten Prinzip, nach dem jede Partei eine zeitlich dauerhafte Bindung zumindest aus wichtigem Grund beenden können muss. Konsequenterweise sind daher identische Anforderungen an die inhaltlichen Gestaltungsgrenzen dieser beiden Rechte zu stellen. Im Folgenden soll der bereits dargestellte, einheitliche Ansatz zugrunde gelegt und weitergeführt werden, mit der Folge, dass die

---

[76] *Sosnitza*, in: Michalski/Heidinger/Leible/Schmidt, GmbHG, Bd. 1, 3. Aufl. 2017, Anh. § 34 Rn. 68; *Strohn*, in: Fleischer/Goette, MüKo GmbHG, Bd. 1, 3. Aufl. 2018, § 34 Rn. 194; *Seibt*, in: Scholz, GmbHG, Bd. 1, 12. Aufl. 2018, Anh. § 34 Rn. 24; *Schindler*, in: Ziemons/Jaeger/Pöschke, BeckOK GmbHG, 43. Ed. 2020, § 34 Rn. 181 (Stand: 01.11.2019).

[77] *Holler/Frese*, BB 2014, 1479, 1480, siehe zu § 133 HGB auch *Roth*, in: Baumbach/Hopt/Kumpan/Merkt/Roth, HGB, 39. Aufl. 2020, § 133 Rn. 19.

[78] *Habermeier*, in: von Staudinger, BGB, Bearb. 2003, § 723 Rn. 43; *Westermann*, in: Grunewald/Maier-Reimer/Westermann, Erman BGB, Bd. 1, 15. Aufl. 2017, § 723 Rn. 24; *Schäfer*, in: Säcker/Rixecker/Oetker/Limperg, MüKo BGB, Bd. 6, 7. Aufl. 2017, § 723 Rn. 75; *Gummert*, in: Gummert/Weipert, Münchener Hdb. GesR, Bd. 1, 5. Aufl. 2019, § 21 Rn. 45; *Schöne*, in: Bamberger/Roth/Hau/Poseck, BeckOK BGB, 53. Ed. 2020, § 723 Rn. 35 (Stand: 01.02.2020).

[79] *Eschenlohr*, in: FS Sigle, 2000, S. 131, 143; *Habermeier*, in: von Staudinger, BGB, Bearb. 2003, § 723 Rn. 43; *Westermann*, in: Grunewald/Maier-Reimer/Westermann, Erman BGB, Bd. 1, 15. Aufl. 2017, § 723 Rn. 24; *Schäfer*, in: Säcker/Rixecker/Oetker/Limperg, MüKo BGB, Bd. 6, 7. Aufl. 2017, § 723 Rn. 75; *Mutter/Brombach*, in: Gummert, MAHdb. PersonengesR, 3. Aufl. 2019, § 19 Rn. 80; *Gummert*, in: Gummert/Weipert, Münchener Hdb. GesR, Bd. 1, 5. Aufl. 2019, § 21 Rn. 45.

[80] Die Diskussion zum HGB ähnelt aufgrund der vergleichbaren Normstruktur derjenigen zu § 723 BGB, siehe z. B. *Lorz*, in: Boujong/Ebenroth/Joost/Strohn, HGB, Bd. 1, 4. Aufl. 2020, § 133 Rn. 44 f.

Gestaltungsgrenzen des Austrittsrechts aus wichtigem Grund denen des § 723 Abs. 3 BGB entsprechen.[81]

(2) Stellungnahme

Der „partiell kündigungsersetzende" Gestaltungsvorschlag von *Holler/Frese* stößt inhaltlich auf Bedenken. Lässt man Vereinbarungen über den Ausschluss oder die Nichtberücksichtigung einzelner wichtiger Gründe zu, ist das nicht nur mit dem vergleichsweise eindeutigen Wortlaut von § 723 Abs. 3 BGB nicht vereinbar, sondern führt auch zu schwer handhabbaren Abgrenzungsproblemen. Für den wichtigen Grund des tiefgreifenden Zerwürfnisses mag man noch argumentieren, dass bei der Herausnahme eines einzigen Grundes aus der Vielzahl der wichtigen Gründe die Schwelle zur Beeinträchtigung des Kündigungsrechts nicht überschritten sei. Nimmt man aber nach und nach weitere wichtige Gründe aus dem Anwendungsbereich heraus, wäre das Recht irgendwann so stark geschmälert, dass die Grenze zur Unwirksamkeit überschritten sein muss. Ab welchem Punkt dies der Fall sein soll, bleibt vollkommen offen. Genügen drei Gründe, müssen es zehn sein, spielt das inhaltliche oder rechtliche Gewicht der Gründe eine Rolle und, falls ja, nach welchen Kriterien soll die Gewichtung erfolgen? Harte rechtliche Faktoren oder Beurteilungsvorgaben gibt es dafür nicht. Dieses Problem träte neben die ohnehin schon hohe Unsicherheit bei der Bestimmung des wichtigen Grundes an sich. Um sich diesen Schwierigkeiten gar nicht erst auszusetzen und gleichzeitig dem Charakter des außerordentlichen Austrittsrechts als absolutem „Notrecht"[82] Rechnung zu tragen, das ohnehin nur in Ausnahmesituationen zur Anwendung kommt, sollte die Tatbestandsseite des Ausscheidens aus wichtigem Grund nicht pauschal durch die Gesellschafter eingeschränkt werden können, auch nicht durch Herausnahme einzelner wichtiger Gründe.

Diese Erwägungen müssen grundsätzlich in gleicher Weise für die unter dem Begriff der „Konkretisierung" diskutierten Absprachen gelten. Sofern sie es aber zulassen, dass die sonstigen Umstände des Einzelfalls berücksichtigt werden und sie so mehr als „Abwägungskriterium" denn als tatsächliche Beschränkung wirken, bewegen sie sich noch im rechtlich zulässigen Rahmen.[83] Das gilt insbesondere dann, wenn für entsprechende Vereinbarungen besondere unternehmensbezogene Gründe sprechen.[84]

---

[81] So allgemein wohl auch *Müller*, Austrittsrecht, 1996, S. 136 f. Vgl. zudem *Brückner*, Kontrolle von Abfindungsklauseln, 1995, S. 109.

[82] So *Kleindiek*, in: Bayer/Hommelhoff/Kleindiek, Lutter/Hommelhoff GmbHG, 20. Aufl. 2020, § 34 Rn. 144. Vgl. auch *Röhricht*, in: FS Kellermann, 1991, S. 361, 363.

[83] Statt vieler zu § 723 BGB *Schäfer*, in: Säcker/Rixecker/Oetker/Limperg, MüKo BGB, Bd. 6, 7. Aufl. 2017, § 723 Rn. 75, zu § 133 HGB *Lorz*, in: Boujong/Ebenroth/Joost/Strohn, HGB, Bd. 1, 4. Aufl. 2020, § 133 Rn. 44 f.

[84] Ein anschauliches Beispiel bietet *Schmidt*, in: Schmidt, MüKo HGB, Bd. 2, 4. Aufl.

Im Ergebnis mag damit zwar eine Konkretisierung für radikale Exitklauseln dahingehend zulässig sein, dass ein tiefgreifendes Zerwürfnis *grundsätzlich* keinen wichtigen Grund darstellt. Der Vorschlag von *Holler/Frese*, solche Fälle *pauschal* vollständig aus dem Anwendungsbereich auszuklammern, ist dagegen mit dem unverzichtbaren Charakter des außerordentlichen Kündigungs- und Austrittsrechts nicht vereinbar. Allgemein sind Regelungen über die wichtigen Gründe nach hier vertretener, zugegeben restriktiver Auffassung sowohl im Anwendungsbereich des § 723 Abs. 3 BGB als auch bei der GmbH höchstens in sehr engen Grenzen möglich.

dd) Rechtsfolgenorientierter Ansatz

Alternativ sei nachfolgend eine andere Variante gezeigt, die im Ergebnis vergleichbar ist, dogmatisch aber weniger Angriffsfläche bietet. So besteht die Möglichkeit, das radikale Exitverfahren „nur" als Rechts*folge* der außerordentlichen Kündigungs- oder Austrittserklärung anzuordnen.[85] Gemeint ist damit, dass das Kündigungs- oder Austrittsrecht auf der Tatbestandsseite unangetastet bleibt, als Konsequenz der Erklärung des Ausscheidens aber das Verfahren zur Ermittlung der Käufer- und Verkäuferrolle und des Kaufpreises ausgelöst wird.

Diese Vorgehensweise hat den Vorteil, dass der Anwendungsbereich des Kündigungs- oder Austrittsrechts nicht verkürzt wird. Für jeden denkbaren wichtigen Grund besteht nach wie vor die Möglichkeit, die Rechtsbeziehung zu den Mitgesellschaftern zu beenden. In der Tatsache, dass der Ausscheidungswillige das Verfahren eventuell unfreiwillig als Alleingesellschafter beendet, liegt, wie schon für den Fall des ordentlichen Kündigungsrechts, keine generell unerlaubte Einschränkung. Theoretisch ließe sich diese rechtsfolgenbezogene Lösung auch für das ordentliche Kündigungsrecht umsetzen.[86] Durch die Möglichkeit, dort mittels befristender Vereinbarungen auf den Kündigungszeitpunkt Einfluss zu nehmen, ist ein Mehrwert aber im Vergleich zum außerordentlichen Kündigungs- oder Austrittsrecht kaum vorhanden.

Die Zulässigkeit dieser Variante wird auch von *Holler/Frese* diskutiert und mit einem „erst recht"-Schluss begründet (*argumentum a fortiori*). Wenn es schon möglich sei, einzelne Gründe aus dem Anwendungsbereich des Kündigungs- und Austrittsrechts auszunehmen (wovon sie wie gezeigt ausgehen), so

---

2016, § 133 Rn. 68, nach dem in einem übereinstimmend defizitär geführten Unternehmen die schlichte Unrentabilität grundsätzlich keinen wichtigen Grund darstellen kann.

[85] So der Vorschlag von *Langefeld-Wirth*, in: Langefeld-Wirth, Joint-Ventures, 1990, S. 190; *Huber*, in: Meier-Schatz, Kooperations- und Joint-Venture-Verträge, 1994, S. 9, 51, der sich aber nur auf eine ordentliche Kündigung bezieht. Vergleichbar wohl *Kraft*, RDAI/Int'l Bus. L.J. 1995, 322, 325. Erwähnung findet diese Idee auch bei *Holler/Frese*, BB 2014, 1479, 1481; *Brockmann*, Shoot-Out-Klauseln, 2017, S. 103.

[86] Siehe erneut *Langefeld-Wirth*, in: Langefeld-Wirth, Joint-Ventures, 1990, S. 190; *Huber*, in: Meier-Schatz, Kooperations- und Joint-Venture-Verträge, 1994, S. 9, 51.

müssten erst recht die Rechtsfolgen modifiziert werden können.[87] Ohne näher auf die Tücken derartiger Schlussfolgerungen einzugehen,[88] lässt sich die Zulässigkeit dieser Gestaltung auch inhaltlich begründen. Der eingangs vorgestellte allgemeine Leitgedanke erfordert nämlich allein, dass die Rechtsbeziehung zu den anderen Gesellschaftern aus wichtigem Grund gelöst werden kann. Der Gestaltungsspielraum ist auf der Rechtsfolgenseite („Lösungsrecht") also größer als auf der Tatbestandsseite („aus wichtigem Grund"). Die rechtlichen Folgen der Kündigungs- bzw. Austrittserklärung können also in gewissem Umfang durch die Gesellschafter geregelt werden.[89]

Auch bei dieser Vorgehensweise sollte aber darauf geachtet werden, den Einfluss auf das außerordentliche Kündigungs- und Austrittsrecht möglichst gering zu halten und so das rechtliche Restrisiko zu minimieren. Die radikale Exitklausel muss nicht als Rechtsfolge *jedes* wichtigen Grundes eingreifen, es empfiehlt sich vielmehr ein zweigleisiger Ansatz. Zunächst sollte und kann die Klausel ohne Weiteres solche Pattsituationen erfassen, die nicht gleichzeitig einen wichtigen Grund im Sinne des außerordentlichen Kündigungs- oder Austrittsrechts darstellen. Zusätzlich kann die Geltung für diejenigen Pattsituationen vereinbart werden, in denen gleichzeitig ein wichtiger Grund liegt, indem für solche Konstellationen die Rechtsfolge der Kündigungs- oder Austrittserklärung durch das Preisbildungsverfahren mit anschließendem Ausscheiden der unterlegenen Partei ersetzt wird.

III. Beschränkung des Abfindungsanspruchs

In kündigungsrechtlicher Hinsicht werden Russian Roulette- und Texas Shoot Out-Klauseln auch unter dem Gesichtspunkt der unzulässigen Abfindungsbeschränkung diskutiert. Maßgeblich ist, ob durch die Klausel der Anspruch des ausscheidenden Gesellschafters auf eine grundsätzlich dem Verkehrswert entsprechende Abfindung[90] in unzulässiger Weise beschränkt wird. Das ist dann der Fall, wenn der durch den Preisfindungsmechanismus ermittelte Abfindungsbetrag hinter dem Verkehrswert zurückbleibt[91] und ein Gesellschafter dadurch davon abgehalten wird, aus der Gesellschaft auszuscheiden[92].

---

[87] *Holler/Frese*, BB 2014, 1479, 1482.

[88] Dazu allgemein *Schnapp*, Logik für Juristen, 7. Aufl. 2016, S. 160 ff.

[89] Vgl. in diesem Zusammenhang nur *Strohn*, in: Fleischer/Goette, MüKo GmbHG, Bd. 1, 3. Aufl. 2018, § 34 Rn. 203.

[90] BGHZ 116, 359 ff.; BGH NZG 2011, 1420, 1421; *Eckhardt*, notar 2015, 347, 347; *Strohn*, in: Fleischer/Goette, MüKo GmbHG, Bd. 1, 3. Aufl. 2018, § 34 Rn. 205; *Altmeppen*, GmbHG, 9. Aufl. 2019, § 34 Rn. 54 ff. und § 60 Rn. 75.

[91] *Schmolke*, ZIP 2014, 897, 899; *Schmolke*, in: Vogt/Fleischer/Kalss, Gesellschafts- und KapitalmarktR, 2014, S. 107, 128. Allgemein zu Sinn und Zweck von Abfindungsregelungen aus rechtlicher Perspektive *Brückner*, Kontrolle von Abfindungsklauseln, 1995, S. 19 ff., aus ökonomischer Sicht *Wangler*, Abfindungsregelungen, 2. Aufl. 2003, S. 121 ff.

[92] *Wolf*, MittBayNot 2013, 9, 11; *Schaper*, DB 2014, 821, 824; *Skusa/Thürauf*, NJW 2015,

1. Maßgeblicher Zeitpunkt

Entgegen der früher überwiegenden Auffassung muss für die rechtliche Beurteilung in diesem Zusammenhang derjenige Zeitpunkt maßgeblich sein, in dem die Klausel vereinbart wurde,[93] nicht dagegen ihre Ausübung[94]. Wollte man auf den Ausübungszeitpunkt abstellen, hätte dies teils willkürliche Ergebnisse zur Folge. Je nach vereinbartem Bewertungsmechanismus kann der zu zahlende Abfindungsbetrag nämlich beträchtlich schwanken, wenn verschiedene Zeitpunkte untersucht werden. Diese Schwankungen können in beide Richtungen auftreten, also sowohl „nach oben", sodass oberhalb des Verkehrswerts abgefunden würde, als auch „nach unten", sodass die Zahlung unterhalb dieses Werts läge. Eine anfangs wirksame Abfindungsklausel wäre so abwechselnd wirksam und unwirksam, je nachdem, wann der Abfindungsanspruch tatsächlich entsteht.[95] Um solche beliebigen Ergebnisse zu vermeiden, ist auf den Zeitpunkt abzustellen, in dem die Abfindungsvereinbarung getroffen wurde. Nachträglich entstehende Missverhältnisse können über eine Anwendungskontrolle korrigiert werden.[96]

2. Fehlende Konkretisierung der Abfindungshöhe

Radikale Exitklauseln legen allerdings zum Zeitpunkt der Vereinbarung keinen konkreten Abfindungsbetrag fest, sondern sind hinsichtlich der Höhe des gezahlten Kaufpreises im Voraus vollkommen offen.[97] Teilweise lässt man es dabei bewenden und stellt schlicht fest, dass allein aufgrund der fehlenden Konkretisierung keine unzulässige Abfindungsbeschränkung vorliegen kann.[98] Andere äußern sich nur wenig differenzierter und betonen, dass mangels numerischer Festlegung, sei es auf den Buchwert oder einen anderen Betrag, „[e]ine Unwirksamkeit von Beginn an [...] von vornherein aus[scheide]."[99] Allein die Tatsache, dass die Höhe der Abfindung nicht betragsmäßig feststeht, bedeutet

---

3478, 3479; *Koch*, in: Gsell/Krüger/Lorenz/Reymann, BeckOGK BGB, § 738 Rn. 59 (Stand: 01.04.2020).

[93] Vgl. erstmals BGHZ 123, 281 ff., dazu *Ulmer/Schäfer*, ZGR 1995, 134 ff. Ebenso BGHZ 126, 226 ff.; *Brückner*, Kontrolle von Abfindungsklauseln, 1995, S. 100 ff.; *Eckhardt*, notar 2015, 347, 350; *Skusa/Thürauf*, NJW 2015, 3478, 3479; *Schäfer*, in: Säcker/Rixecker/Oetker/Limperg, MüKo BGB, Bd. 6, 7. Aufl. 2017, § 723 Rn. 76, § 738 Rn. 49. Siehe auch *Goulding/Boxell/Costelloe/Hellwig*, in: Micheler/Prentice, Joint Ventures, 2000, S. 151, 156.

[94] Vgl. z. B. noch BGH NJW 1985, 192, 193; *Baumann*, Abfindungsregelungen, 1987, S. 155 f.

[95] *Ulmer/Schäfer*, ZGR 1995, 134, 136; *Eckhardt*, notar 2015, 347, 350; *Skusa/Thürauf*, NJW 2015, 3478, 3479.

[96] Näher dazu unten S. 131 ff.

[97] In diesem Zusammenhang *Becker*, Hinauskündigungsklauseln, 2010, S. 139. Vgl. auch *Fleischer/Schneider*, DB 2010, 2713, 2717.

[98] *Becker*, Hinauskündigungsklauseln, 2010, S. 139; *Werner*, NWB 2011, 1551, 1556.

[99] *Schulte/Sieger*, NZG 2005, 24, 29; *Schulte/Pohl*, Joint-Venture-Gesellschaften, 4. Aufl. 2015, Rn. 825.

aber nicht automatisch, dass ein Preisfindungsmechanismus nicht ganz generell unzulässige Ergebnisse produzieren könnte – auch wenn solche Konstellationen zugegebenermaßen eher theoretisch denkbar sind. Läge aber ein solcher Fall vor, ist eine Klausel selbst dann von vornherein wegen ihrer kündigungsbeschränkenden Wirkung unwirksam, wenn der konkrete Abfindungswert noch nicht der Höhe nach feststeht.

Der radikalen Exitklauseln eigene Preisfindungsmechanismus fällt jedoch eindeutig nicht in diese Kategorie, sondern garantiert ganz im Gegenteil in der Mehrzahl der Fälle ein hohes Maß an Preisgerechtigkeit,[100] das in dieser Form auf anderem Wege kaum zu erreichen ist. Durch den ungewissen Ausgang des Russian Roulette-Verfahrens besteht für den Anbietenden ein starker finanzieller Anreiz, einen in seinen Augen angemessenen Preis zu veranschlagen – schließlich weiß er nicht, ob er zu diesem Preis kaufen oder verkaufen wird. Texas Shoot Out-Klauseln enthalten zwar mit der Möglichkeit eines höheren Gebots ein gewisses Korrektiv, die Gesamtsituation ist für sie aber vergleichbar.[101] So mag der Anbietende mit einem niedrige(re)n Gebot beginnen, früher oder später wird man sich aber dem Betrag nähern, der wohl auch im Russian Roulette-Verfahren als Ausgangswert genannt worden wäre. Dann entsteht eine vergleichbare Situation, in der *ex ante* kaum vorhersehbar ist, ob der Anbietende zu diesem Betrag kaufen oder zu einem etwas höheren Gebot verkaufen wird. Dass es in Einzelfällen aufgrund eines finanziellen oder aus anderen Gründen bestehenden Machtgefälles zwischen den Parteien doch zu einer unangemessen niedrigen Abfindungszahlung kommt, stellt keine Einschränkung dar, die das Verfahren stets oder auch nur üblicherweise mit sich bringt und die daher mit genereller Nichtigkeit zu sanktionieren wäre. Verbleibende Fälle können durch eine individuelle Kontrolle zum Zeitpunkt der Ausübung behoben werden.[102] Radikale Exitklauseln führen also grundsätzlich nicht zu einer unangemessenen Abfindungsbeschränkung und stellen insoweit daher keine unzulässige Beschränkung des Kündigungs- oder Austrittsrechts dar.[103]

3. Sonderfall des Deterrent Approach

Gewisse Einschränkungen können sich allerdings für den Deterrent Approach ergeben.[104] Aufgrund des vereinbarten *generellen* Auf- bzw. Abschlags auf den

---

[100] Statt vieler *Fleischer/Schneider*, DB 2010, 2713, 2717; *Werner*, NWB 2011, 1551, 1557; *Willms/Bicker*, BB 2014, 1347, 1348. Aus US-amerikanischer Perspektive *Valinote v. Balis*, 295 F.3d 666, 667 (7th Cir. 2002).

[101] Vgl. *Schulte/Sieger*, NZG 2005, 24, 25; *Schulte/Pohl*, Joint-Venture-Gesellschaften, 4. Aufl. 2015, Rn. 795 unter Hinweis auf die „strukturellen Parallelen".

[102] Siehe dazu erneut unten S. 131 ff.

[103] So im Ergebnis auch *Wälzholz*, GmbH-StB 2007, 84, 88; *Becker*, Hinauskündigungsklauseln, 2010, S. 139; *Fleischer/Schneider*, DB 2010, 2713, 2717.

[104] In diesem Zusammenhang nur *Willms/Bicker*, BB 2014, 1347, 1350. In Bezug auf

ermittelten Wert kann ein ökonomischer Anreiz dahingehend bestehen, das Verfahren wegen des wirtschaftlich ungünstigen Ergebnisses nicht einzuleiten und so von der Kündigung Abstand zu nehmen.[105] Dieses Problem lässt sich allerdings schlicht dadurch lösen, dass der Auf- oder Abschlag nicht unangemessen hoch ausfällt.[106] Abfindungsbeschränkungen sind nämlich nach überwiegender Auffassung nicht stets unzulässig, sondern dürfen nur nicht zu *übermäßigen* Einbußen führen und dadurch die Gesellschafter von der Kündigung oder dem Austritt abschrecken.[107] Klauseln, die einen Deterrent Approach vorsehen, sind damit nicht generell wegen ihrer abfindungsbeschränkenden Wirkung zu beanstanden; bei zu hohen Auf- oder Abschlägen können sie aber im Einzelfall unwirksam sein. In welcher Höhe ein solcher Auf- oder Abschlag noch zulässig ist, lässt sich naturgemäß nur schwer abstrakt bestimmen. Als Orientierungshilfe können die einschlägigen Formulierungsvorschläge dienen.[108]

C. Zwischenfazit:
Vermeidungsstrategien und Rechtsunsicherheit

Wie dargestellt, können radikale Exitklauseln kautelarjuristisch prinzipiell problemlos so umgesetzt werden, dass die zwingenden gesellschaftsrechtlichen Regeln über das Kündigungs- und Austrittsrecht nicht verletzt werden.[109] Soll allerdings gleichzeitig dem Risiko entgegengewirkt werden, dass einer der Gesellschafter sich dem Exitverfahren entzieht, ergeben sich gewisse Schwierigkeiten und der gestalterische Aufwand erhöht sich. Es geht insbesondere darum, den Anwendungsbereich des Kündigungs- und Austrittsrechts soweit nötig zurückzudrängen und gleichzeitig die Geltung der Russian Roulette- oder Texas Shoot Out-Klausel rechtlich zu sichern.

Im Hinblick auf das *ordentliche* Kündigungsrecht lässt sich diesem Gestaltungsproblem durch eine Befristung der Gesellschaft oder einen vorübergehenden Ausschluss des Kündigungsrechts noch vergleichsweise leicht begegnen. Von beiden Möglichkeiten wird in der Praxis reger Gebrauch gemacht,[110] so-

§ 138 BGB auch *Schmolke*, in: Vogt/Fleischer/Kalss, Gesellschafts- und KapitalmarktR, 2014, S. 107, 131; *Willms/Bicker*, BB 2014, 1347, 1350.

[105] Vgl. *Schmolke*, in: Vogt/Fleischer/Kalss, Gesellschafts- und KapitalmarktR, 2014, S. 107, 131.

[106] *Schmolke*, in: Vogt/Fleischer/Kalss, Gesellschafts- und KapitalmarktR, 2014, S. 107, 131.

[107] Zu § 723 BGB BGH NJW 1989, 3272, 3272; NJW-RR 2006, 1270, 1271; *Schäfer*, in: Säcker/Rixecker/Oetker/Limperg, MüKo BGB, Bd. 6, 7. Aufl. 2017, § 723 Rn. 76. Zum Austrittsrecht in der GmbH umfassend *Strohn*, in: Fleischer/Goette, MüKo GmbHG, Bd. 1, 3. Aufl. 2018, § 34 Rn. 221 ff.

[108] Siehe dazu oben S. 22, Fn. 68.

[109] Eher skeptisch dagegen *Stephan*, in: Schaumburg, Joint Ventures, 1999, S. 97, 118.

[110] *Niewiarra*, Unternehmenskauf, 3. Aufl. 2006, S. 102. Vgl. auch *Schmolke*, ZIP 2014,

dass die Gestaltungsgrenzen mittlerweile recht klar abgesteckt sind und nur in den Randbereichen eine gewisse Unsicherheit bleibt. Vor diesem Hintergrund (und um den Fortbestand des Unternehmens zu sichern) bietet es sich daher für die meisten Konstellationen an, den Anwendungsbereich des ordentlichen Kündigungsrechts durch eine der dargestellten Möglichkeiten längerfristig einzuschränken, zumindest aber für den Zeitraum zwischen Eintritt des Trigger Events und Abschluss des von der Klausel vorgesehenen Verfahrens[111].

Das Verhältnis der Klausel zum *außerordentlichen* Kündigungs- und Austrittsrecht gestaltet sich dagegen rechtlich diffiziler. Ein Missbrauchsrisiko besteht hier ebenso wie beim ordentlichen Kündigungsrecht, es entfällt aber die Möglichkeit, mittels befristender Vereinbarungen auf den frühestmöglichen Zeitpunkt des Ausscheidens Einfluss zu nehmen. Selbst wenn man den geschilderten rechtsfolgenbasierten Lösungsvorschlag für zulässig hält oder sogar entgegen der hier vertretenen Auffassung davon ausgeht, Absprachen über wichtige Gründe „im Sinne eines Negativ-Katalogs"[112] seien zulässig, können und sollten die dargestellten Gestaltungsmöglichkeiten nicht über einen wesentlichen Punkt hinwegtäuschen: Keine dieser Varianten ist im Zusammenhang mit Russian Roulette- und Texas Shoot Out-Klauseln auch nur ansatzweise durch die Rechtsprechung abgesichert. Die einzig (rechts-)sichere Lösung besteht also vorerst darin, die konkurrierende Anwendbarkeit des außerordentlichen Kündigungs- und Austrittsrechts zu akzeptieren und idealerweise der Klarstellung halber im Klauseltext zu verankern.[113] Die aufgezeigten Probleme durch missbräuchliches Verhalten dürften in der Praxis ohnehin eher den Ausnahmefall darstellen, sodass dieses Risiko zwar zur Kenntnis genommen werden sollte, gleichzeitig aber recht zuversichtlich darauf vertraut werden kann und eben auch muss, dass eine solche Situation nicht eintritt.

Hinsichtlich der gezahlten Abfindung sind radikale Exitklauseln dagegen zumindest insofern unproblematisch, als es um ihre kündigungsbeschränkende Wirkung geht. Der ihnen eigene Mechanismus zur Preisermittlung hat weder generell noch überwiegend unangemessen niedrige Abfindungszahlungen zur Folge und stellt damit grundsätzlich keine unzulässige Kündigungsbeschränkung dar.

897, 899; *Schmolke*, in: Vogt/Fleischer/Kalss, Gesellschafts- und KapitalmarktR, 2014, S. 107, 127 mit Verweis auf *Giesen*, in: Seibt, Beck'sches Fb. M&A, 2. Aufl. 2011, Form. G.II Nr. 45.

[111] So auch *Fleischer/Schneider*, DB 2010, 2713, 2717.

[112] *Holler/Frese*, BB 2014, 1479, 1481.

[113] So der explizite Vorschlag von *Willms/Bicker*, BB 2014, 1347, 1350 f., umgesetzt z. B. bei *Giesen*, in: Seibt, Beck'sches Fb. M&A, 3. Aufl. 2018, Form. G. II § 19.2 sowie Nr. 46. In diese Richtung auch *Sosnitza*, in: Michalski/Heidinger/Leible/Schmidt, GmbHG, Bd. 1, 3. Aufl. 2017, Anh. § 34 Rn. 69.

§ 9 Missbrauchsgefahr

Zuletzt stellt sich im deutschen Recht noch die vergleichsweise häufig diskutierte Frage, welche Konsequenzen die inhärente Missbrauchsgefahr von Russian Roulette- und Texas Shoot Out-Mechanismen mit sich bringt. Entsprechende Bedenken bestehen in dreifacher Hinsicht. Erstens können die Umstände des Trigger Events wider Treu und Glauben herbeigeführt werden. Zweitens besteht, ungeachtet der kündigungsrechtlichen Vorschriften, auch im Hinblick auf allgemeine gesetzliche Vorgaben das Risiko, dass nur ein unangemessen niedriger Kaufpreis, also eine unangemessen niedrige Abfindung für die Anteile des Ausscheidenden gezahlt wird. Drittens und letztens kann das Auslösen der vereinbarten Klausel dazu führen, dass einer der Gesellschafter gegen seinen Willen aus der Gesellschaft herausgedrängt und so in seinen Mitgliedschaftsrechten verletzt wird. Die beiden letzten Punkte fallen in den Anwendungsbereich der §§ 138, 242 BGB und können dort gemeinsam behandelt werden, wobei noch eine Unterscheidung dahingehend zu treffen ist, zu welchem Zeitpunkt die zu untersuchenden Umstände eingetreten sind.

A. Treuwidriges Herbeiführen des Bedingungseintritts

Zunächst soll es um eine bisher kaum untersuchte Manipulationsmöglichkeit gehen: die missbräuchliche Einflussnahme auf das Trigger Event. Nach der zu Beginn dieser Arbeit erläuterten zweistufigen Struktur[1] geht es also um einen Eingriff auf der „ersten Stufe".

I. Stand im Schrifttum

Die Thematik wurde in der jüngeren Vergangenheit bereits vereinzelt angerissen,[2] im Detail aber erstmals von *Valdini/Koch* diskutiert[3]. Die Autoren schildern das Problem aus rechtsberatender Perspektive und beschränken ihre Schilderung auf das praxisrelevante Trigger Event des Deadlocks. Sie führen aus,

---

[1] Dazu oben S. 11.

[2] So bei *Fleischer/Schneider*, DB 2010, 2713, 2718, knapp auch *Heeg*, BB 2014, 470, 470. Vgl. aus dem US-amerikanischen Schrifttum schon *O'Neal*, 49 Miss. L.J. 529, 556 (1978).

[3] *Valdini/Koch*, GWR 2016, 179 ff.

dass eine Pattsituation durch eine Partei entgegen Treu und Glauben hervorgerufen werden könne. Das sei unter anderem dann der Fall, wenn eine gravierende Meinungsverschiedenheit zwischen den Gesellschaftern tatsächlich nicht vorliege, sondern z. B. eine Seite der Wahrheit zuwider fehlende Verhandlungsbereitschaft signalisiere, obwohl diese in Wirklichkeit bestehe. Mit einem solchen Verhalten würde der aufschiebenden Bedingung des Trigger Events in missbräuchlicher Weise zum Eintritt verholfen („Artifical Deadlock"[4]), worin ein Verstoß gegen die gesellschaftliche Treuepflicht zu sehen sei. Zu Recht wird gegen ein solches Vorgehen § 162 Abs. 2 BGB als rechtlicher Ansatzpunkt genannt, der das Ausbleiben des Bedingungseintritts fingiert.[5] *Valdini/Koch* betonen, dass eine gerichtliche Klärung der Frage regelmäßig schwierig sei, da grundsätzlich kein Gesellschafter über seine Treuepflicht dazu gezwungen werden könne, für ihn wirtschaftlich nachteilige Entscheidungen mitzutragen.[6]

II. Verschärfung durch Zeitdruck, Rechtsunsicherheit und Beweisschwierigkeiten

Die Schwierigkeit der gerichtlichen Klärung dürfte häufig noch durch den Zeitdruck verstärkt werden, den die Initiierung des Verfahrens üblicherweise mit sich bringt. Sofern die Gesellschafter in ihrer Klausel (vernünftigerweise) eine bestimmte Erklärungsfrist des Empfängers vereinbart haben, kann ein Gesellschafter den Deadlock missbräuchlich herbeiführen und im Anschluss zeitnah, eventuell aber erst nach Verstreichen einer Cooling Off-Periode, seine Ausübungserklärung abgeben. Dem Angebotsempfänger stünde dann im Wesentlichen „nur" seine vertraglich gewährte Reaktionsfrist zu, um eine Entscheidung zu treffen. Der so erzeugte (Zeit-)Druck kann dazu führen, dass er sich vor allem auf das Preisermittlungsverfahren und die eventuelle Finanzierung seines Angebots konzentriert, anstatt allzu viele Gedanken an die Pattsituation an sich zu verschwenden.[7] Selbstverständlich ist eine Klage zu einem späteren Zeitpunkt nicht ausgeschlossen; es besteht jedoch ein gewisses Risiko, dass der Aspekt der eventuell missbräuchlich herbeigeführten Pattsituation in der Zwischenzeit schlicht in Vergessenheit gerät und die Beweisführung erschwert wird.

Neben dem zeitlichen Aspekt sorgt der Charakter des § 162 Abs. 2 BGB dafür, dass die Frage der missbräuchlichen Verursachung des Trigger Events nicht allzu häufig gerichtlich geklärt werden wird. Die Norm greift den Grund-

---

[4] So die treffende Bezeichnung bei *Heeg*, BB 2014, 470, 470.

[5] Siehe dazu auch knapp BGHZ 164, 98, 107. Zur vergleichbaren Situation im französischen Recht noch *Brignon*, in: Mestre/Roda, principales clauses, 2011, S. 139, 144 Nr. 213.

[6] Zum Ganzen *Valdini/Koch*, GWR 2016, 179, 181.

[7] Eingehend und experimentell zum Einfluss von Zeitdruck auf die Entscheidungsfindung *Maule/Hockey/Bdzola*, 104 Acta Psychol. 283 ff. (2000); *Kocher/Sutter*, 61 J. Econ. Behav. & Org. 375 ff. (2006).

satz von Treu und Glauben aus § 242 BGB sowohl sprachlich als auch inhaltlich auf[8] und übernimmt damit dessen Probleme in der Anwendung. So ba-
siert die rechtliche Entscheidung im Rahmen des § 162 Abs. 2 BGB wie auch
bei § 242 BGB auf einer umfangreichen Abwägung der Umstände des Einzelfalls.[9] Die resultierende (Rechts-)Unsicherheit ist dementsprechend erheblich
und kann selbst durch anwaltliche Beratung nur bedingt ausgeräumt werden.
Diese Unvorhersehbarkeit der gerichtlichen Entscheidung geht über das mit
jeder Klage verbundene Maß hinaus und kann im Zusammenspiel mit den ohnehin bestehenden Beweisschwierigkeiten hinsichtlich objektiv kaum erkenn-
oder nachweisbarer subjektiver Vorbehalte des missbräuchlich Handelnden
einen abschreckenden Effekt haben. Alle diese Faktoren sorgen dafür, dass ein
Gesellschafter von dem Versuch absehen mag, das missbräuchliche Verhalten
seines Mitgesellschafters gerichtlich klären zu lassen.

III. Lösungsansätze und praktische Erwägungen

Mehrere Aspekte sorgen aber zumindest für eine Relativierung des dargestellten Risikos. Zum einen hilft schon eine sorgfältige kautelarjuristische Gestaltung. Klare Kriterien für den Deadlock können ebenso eine gewisse Linderung
verschaffen wie ein Eskalationsverfahren über mehrere Stufen oder eine Vertragsstrafe für den Fall der missbräuchlichen Verursachung.[10] Um den Anwendungsbereich des Deadlocks möglichst klar zu definieren und auf wesentliche
Fälle zu beschränken, bieten sich zudem erneut die bereits eingangs erwähnten
numerischen Schwellenwerte an.[11]

Zum anderen ist aus rein tatsächlicher Perspektive zu bedenken, dass das
missbräuchliche Verhalten ohnehin schon auf eine angespannte Geschäftsbezie-
hung der Gesellschafter hindeutet. Es ist unwahrscheinlich, dass ein Gesellschafter ein solches Gebaren grundlos zeigt, vielmehr dürfte darin zum Ausdruck kommen, dass der sprichwörtliche „Haussegen" in der Gesellschaft schon
vorher schief hing. Selbst falls die Zusammenarbeit vor dem (angeblichen) Entscheidungspatt noch einigermaßen gedeihlich gewesen sein sollte, wird sie es
spätestens danach nicht mehr sein – vorausgesetzt, das missbräuchliche Verhalten wird vom Mitgesellschafter überhaupt als solches erkannt. Die eigennüt-
zige Vorgehensweise und der daraus resultierende Vertrauensverlust aufseiten
des Mitgesellschafters wird jedenfalls regelmäßig eine Atmosphäre gegenseitigen Misstrauens schaffen, die einer Zusammenarbeit bestenfalls „nur" auf

---

[8] Statt vieler *Westermann*, in: Säcker/Rixecker/Oetker/Limperg, MüKo BGB, Bd. 1,
8. Aufl. 2018, § 162 Rn. 1; *Rövekamp*, in: Bamberger/Roth/Hau/Poseck, BeckOK BGB, 53. Ed.
2020, § 162 Rn. 1 (Stand: 01.02.2020).
[9] BGH NJW-RR 1989, 802 f.; NJW 2005, 3417, 3417.
[10] *Heeg*, BB 2014, 470, 470; *Valdini/Koch*, GWR 2016, 179, 181.
[11] Siehe dazu oben S. 14.

lange Sicht entgegensteht und ihr schlimmstenfalls sofort jegliche Grundlage entzieht. Von hier aus ist es zu einem (dieses Mal tatsächlichen) Deadlock oft nicht mehr weit.

Freilich gilt all dies nur dann, wenn es in Folge des Missbrauchs nicht ohnehin schon zur Initiierung des Russian Roulette- oder Texas Shoot Out-Verfahrens kommt. Darin dürfte sogar der praktisch eher anzutreffende Fall liegen, denn durch einen Deadlock allein erreicht die missbräuchlich handelnde Partei zunächst nichts. Sie wird es vielmehr häufig darauf abgesehen haben, eine Schwächesituation des Mitgesellschafters auszunutzen und diesen beispielsweise möglichst einfach und „günstig" aus der Gesellschaft hinauszudrängen. Tatsächliche Probleme ergeben sich für denjenigen, gegen den der Deadlock missbräuchlicherweise herbeigeführt wurde, also insbesondere aus nachfolgenden Einbußen rechtlicher oder wirtschaftlicher Art.[12] Durch das Russian Roulette- oder Texas Shoot Out-Verfahren droht namentlich sein Ausscheiden und der Verlust der damit verbundenen Mitgliedschaftsrechte, schlimmstenfalls zu einer unangemessen niedrigen Abfindung.

Während sich der so abgefertigte Gesellschafter möglicherweise sogar noch mit seinem Ausscheiden arrangieren kann (immerhin wird damit die Zusammenarbeit mit dem missbräuchlich handelnden Mitgesellschafter beendet), wird er im Gegenzug zu Recht zumindest eine marktangemessene Abfindung erwarten. In diesem Punkt kommt ihm die Rechtsprechung zugute, die zu den Einzelheiten des Abfindungsanspruchs und dessen Höhe nicht nur umfangreich und rechtlich gesichert, sondern dem Ausscheidenden gegenüber auch vergleichsweise vorteilhaft ist.[13] Mündet die missbräuchliche Verursachung eines Deadlocks also tatsächlich darin, dass einer der Gesellschafter die Gesellschaft verlassen muss, so bestehen gegen die wirtschaftlich nachteiligen Folgen, d. h. den unfreiwilligen Verlust der Gesellschafterstellung oder die unangemessen niedrige Abfindungszahlung, häufig bessere rechtliche Ansatzpunkte als gegen die missbräuchliche Verursachung des Trigger Events an sich. Dieser Befund soll das Fehlverhalten des missbräuchlich handelnden Gesellschafters keineswegs bagatellisieren. Unter rein pragmatischen Gesichtspunkten kann es für den benachteiligten Gesellschafter und seine rechtlichen Berater aber sinnvoll sein, sich auf das rechtliche Vorgehen gegen die Konsequenzen des Deadlocks zu konzentrieren, anstatt isoliert gegen die missbräuchliche Herbeiführung des Trigger Events vorzugehen.

---

[12] Vgl. allgemein zu Ausschlussklauseln *Huber*, ZGR 1980, 177, 203.
[13] Näher dazu sogleich.

B. Sittenwidrigkeits- und Ausübungskontrolle

Ging es bisher nur um die missbräuchliche Einwirkung auf die Anwendungs-
voraussetzungen, stellt sich nun auf der zweiten Stufe die Frage, wie die Folgen des missbräuchlichen *Einsatzes* der Klauseln rechtlich eingefangen werden
können. Russian Roulette- und Texas Shoot Out-Mechanismen können nämlich
ein „Drohszenario" erzeugen, in dem jeder Gesellschafter mit seinem eigenen
zeitnahen Ausscheiden zu einer, gemessen am Verkehrswert, möglicherweise
niedrigen Abfindung rechnen muss und sich dementsprechend übermäßig konfliktscheu verhält.

I. Nichtigkeit nach § 138 Abs. 1 BGB

Der Klausel droht daher die Nichtigkeit wegen Sittenwidrigkeit nach § 138
Abs. 1 BGB. Bei genauer Betrachtung des Drohszenarios geht es um zwei verschiedene rechtliche Aspekte. Zum einen um die Frage, ob der Preisfindungsmechanismus von vornherein zu unangemessen niedrigen Abfindungzahlun-
gen[14] führt, zum anderen darum, ob es die Klausel erlaubt, einen Gesellschafter
grundlos aus der Gesellschaft herauszudrängen.[15]

1. Unangemessen niedriger Erwerbspreis

Zunächst soll es um die Frage gehen, ob dem Gesellschafter durch den vereinbarten Russian Roulette- oder Texas Shoot Out-Mechanismus eine unangemessen niedrige Abfindungszahlung droht und er dadurch in seiner wirtschaftlichen
Entscheidungsfreiheit so eingeschränkt wird, dass er faktisch zum Verbleib in
der Gesellschaft gezwungen ist („Knebelung"[16]). Die Klausel wäre unter diesem Gesichtspunkt immer dann unzulässig, wenn sie zum maßgeblichen Zeitpunkt ihrer Vereinbarung[17] eine konkrete Abfindungshöhe festlegen würde, die
erheblich hinter dem Verkehrswert der Anteile zurückbliebe.

Die rechtliche Einschätzung unterscheidet sich in diesem Punkt kaum von
dem zu § 723 Abs. 3 BGB gefundenen Ergebnis. Der Grund dafür liegt in den
ähnlichen Gestaltungsgrenzen, die von § 723 Abs. 3 BGB und § 138 Abs. 1 BGB

---

[14] Zu unangemessen *hohen* Abfindungszahlungen *Rodewald/Eckert*, GmbHR 2017, 329,
331 ff.; *Armbrüster*, in: Säcker/Rixecker/Oetker/Limperg, MüKo BGB, Bd. 1, 8. Aufl. 2018,
§ 138 Rn. 81.

[15] Diese Zweistufigkeit heben auch *Valdini/Koch*, GWR 2016, 179, 180 hervor.

[16] *Schäfer*, in: Säcker/Rixecker/Oetker/Limperg, MüKo BGB, Bd. 6, 7. Aufl. 2017, § 738
Rn. 45. Vgl. zum Ganzen statt vieler auch BGHZ 116, 359 ff.; *Armbrüster*, in: Säcker/Rix-
ecker/Oetker/Limperg, MüKo BGB, Bd. 1, 8. Aufl. 2018, § 138 Rn. 81 f.

[17] Vgl. z. B. BGHZ 100, 353, 359; 107, 92, 96 f.; 156, 302, 306. Aus dem Schrifttum statt
vieler *Armbrüster*, in: Säcker/Rixecker/Oetker/Limperg, MüKo BGB, Bd. 1, 8. Aufl. 2018,
§ 138 Rn. 133 ff.; *Dörner*, in: Schulze u. a., BGB, 10. Aufl. 2019, § 138 Rn. 5.

in abfindungsrechtlichen Konstellationen gezogen werden. Die Differenzierung der beiden Vorschriften gestaltet sich bei Abfindungsfragen schwierig;[18] einige Stimmen im Schrifttum stellen einen eigenen Anwendungsbereich des § 723 Abs. 3 BGB für bestimmte Fälle sogar gänzlich in Frage[19]. Sofern in der Literatur zu Russian Roulette- und Texas Shoot Out-Mechanismen überhaupt klar zwischen der Vereinbarkeit mit § 723 Abs. 3 BGB auf der einen und § 138 Abs. 1 BGB auf der anderen Seite unterschieden wird,[20] verläuft die Argumentation zu beiden Normen daher zu Recht sehr ähnlich.[21] Kurz gesagt legen Russian Roulette- und Texas Shoot Out-Mechanismen vorab keine bestimmte Kaufpreishöhe fest, sondern sind vielmehr ergebnisoffen und führen sogar tendenziell zu einer angemessenen Abfindungszahlung.[22]

Zum Zeitpunkt der Vereinbarung liegt daher kein grobes Missverhältnis zwischen der Abfindungshöhe und dem Verkehrswert vor. Die Klauseln sorgen dementsprechend nicht dafür, dass ein Gesellschafter zum Verbleib in der Gesellschaft gedrängt wird – wobei auch stets sein unabdingbares Recht zum außerordentlichen Ausscheiden zu berücksichtigen ist[23]. Zumindest in dieser Hinsicht kommt die Nichtigkeit nach § 138 Abs. 1 BGB also nicht in Betracht.[24] Eine gewisse Sonderrolle kommt im Vergleich zu den anderen Spielarten allein dem Deterrent Approach zu, für den allerdings das bereits zum Kündigungs- und Austrittsrecht Gesagte gilt.[25]

---

[18] *Lehmann-Richter*, in: von Westphalen/Thüsing, VertragsR, Teil Klauselwerke, Stichwort Publikumsgesellschaften, Rn. 77 (Stand: 42. Lfrg., Dezember 2018). Vgl. auch *Sack/Fischinger*, in: von Staudinger, BGB, Neubearb. 2017, § 138 Rn. 612.

[19] So *Büttner*, in: FS Nirk, 1992, S. 119, 122. Vgl. auch *Schäfer*, in: Säcker/Rixecker/Oetker/Limperg, MüKo BGB, Bd. 6, 7. Aufl. 2017, § 738 Rn. 49.

[20] Eindeutig *Becker*, Hinauskündigungsklauseln, 2010, S. 138 ff.; *Schmolke*, ZIP 2014, 897, 899 f.; *Schmolke*, in: Vogt/Fleischer/Kalss, Gesellschafts- und KapitalmarktR, 2014, S. 107, 127 ff., vergleichsweise klar *Fleischer/Schneider*, DB 2010, 2713, 2716 f., ohne wirkliche Trennung *Schulte/Sieger*, NZG 2005, 24, 29; *Schulte/Pohl*, Joint-Venture-Gesellschaften, 4. Aufl. 2015, Rn. 823 ff.

[21] Die Diskussion wird im Schrifttum allerdings häufiger im Rahmen des § 138 Abs. 1 BGB geführt, siehe z. B. *Werner*, GmbHR 2005, 1554, 1557; *Schmolke*, ZIP 2014, 897, 900; *Schmolke*, in: Vogt/Fleischer/Kalss, Gesellschafts- und KapitalmarktR, 2014, S. 107, 130 f.

[22] Im Detail dazu bereits oben S. 109 ff. Explizit unter Bezugnahme auf § 138 BGB z. B. *Schmolke*, in: Vogt/Fleischer/Kalss, Gesellschafts- und KapitalmarktR, 2014, S. 107, 130 f.; *Valdini/Koch*, GWR 2016, 179, 182.

[23] Vgl. *Schmolke*, ZIP 2014, 897, 901, Fn. 48; *Schmolke*, in: Vogt/Fleischer/Kalss, Gesellschafts- und KapitalmarktR, 2014, S. 107, 133.

[24] So im Ergebnis auch *Fleischer/Schneider*, DB 2010, 2713, 2717; *Schmolke*, ZIP 2014, 897, 900; *Schmolke*, in: Vogt/Fleischer/Kalss, Gesellschafts- und KapitalmarktR, 2014, S. 107, 130 f.; *Valdini/Koch*, GWR 2016, 179, 182. Pauschal ebenso *Kuhn*, in: Schulte/Schwindt/Kuhn, Joint Ventures, 2009, § 8 Rn. 110.

[25] Dazu oben S. 111 f.

2. Hinauskündigungsähnliche Wirkung

Spiegelbildlich zum zwanghaften *Verbleib* in der Gesellschaft stellt sich die Frage, ob durch die Klauseln eine „Willkürherrschaft"[26] etabliert wird, die ein grundloses *Herausdrängen* ermöglicht (im Gegensatz zum Ausschluss mit Grund, siehe z. B. § 737 BGB).

a) Grundlagen von Hinauskündigungsklauseln

Vereinbarungen, die einen einseitigen Ausschluss eines Gesellschafters ohne Grund ermöglichen, werden unter dem Begriff der (freien) Hinauskündigungsklauseln bereits seit langem diskutiert und stellen im Zusammenspiel mit den dazugehörigen abfindungsrechtlichen Fragen einen veritablen gesellschaftsrechtlichen „Dauerbrenner" dar. Die Vielzahl an gerichtlichen Entscheidungen und Stellungnahmen im Schrifttum erfordert eine knappe Darstellung und Diskussion des Streitstands, um sich anschließend vertieft der Anwendung auf Russian Roulette- und Texas Shoot Out-Mechanismen widmen zu können.

aa) Stand in der Rechtsprechung

Der Bundesgerichtshof geht heutzutage, entgegen seiner früheren Rechtsprechung[27], grundsätzlich von der Sittenwidrigkeit von Vereinbarungen aus, nach denen ein Gesellschafter auf Initiative eines Einzelnen oder durch Mehrheitsbeschluss ohne sachlichen Grund aus der Gesellschaft ausgeschlossen werden kann.[28] Begründet wird diese auf den Vereinbarungszeitpunkt bezogene Inhaltskontrolle nach § 138 Abs. 1 BGB damit, dass eine entsprechende Bestimmung sich zu weit vom gesetzlichen Leitbild des aktiv am Gesellschaftsleben teilnehmenden Gesellschafters entferne und massiv in dessen Rechtsstellung und Entschließungsfreiheit eingreife.[29] Ausnahmen von diesem Nichtigkeitsgrundsatz sind möglich, kommen aber nur bei „außergewöhnliche[n] Umständen"[30] in Betracht,[31] wobei der Bundesgerichtshof diese Formulierung über die Jahre tendenziell abgeschwächt hat[32]. Selbst wenn die Hinauskündigungsklausel dieser Prüfung standhält, unterzieht sie der Bundesgerichtshof zusätzlich einer ein-

---

[26] So die häufige Formulierung, siehe z. B. BGHZ 81, 263, 266; 112, 103, 107; *Schaper*, DB 2014, 821, 823; *Strohn*, in: Fleischer/Goette, MüKo GmbHG, Bd. 1, 3. Aufl. 2018, § 34 Rn. 140.

[27] Siehe z. B. noch BGH NJW 1973, 1606 f.

[28] St. Rspr. seit BGHZ 68, 212 ff., siehe z. B. BGHZ 164, 98, 101; 164, 107, 110 f.

[29] Siehe aus der umfangreichen Rechtsprechung BGHZ 68, 212, 215; 105, 213, 217; 112, 103, 107 f.; 164, 98, 101; 164, 107, 110 f.

[30] So BGHZ 81, 263, 269, ganz ähnlich BGHZ 68, 212, 215 („ganz besondere Umstände").

[31] Einen Überblick über die Fallgruppen gibt *Schmolke*, Selbstbindung, 2014, S. 540 ff.

[32] So war z. B. in BGHZ 164, 98, 102; 164, 107, 111 schon „nur" noch von „besondere[n] Umstände[n]" die Rede; dies fällt auch *Sigle*, in: FS Mailänder, 2006, S. 365, 372 auf.

zelfallbezogenen Ausübungs- bzw. Anwendungskontrolle nach § 242 BGB.[33] Diese Rechtsprechung wurde explizit für verschiedene Gesellschaftsformen bestätigt[34] und gilt unabhängig davon, ob die Möglichkeit der freien Hinauskündigung im Gesellschaftsvertrag oder in einer Nebenabrede vorgesehen ist[35].

bb) Stand im Schrifttum und Stellungnahme

Im Schrifttum stößt die höchstrichterliche Praxis auf ein geteiltes Echo. Während sie von vielen zumindest im Grundsatz befürwortet wird,[36] finden sich auch immer wieder kritische Stimmen. Die vorgebrachten Einwände sind mannigfaltig und kritisieren neben den einzelnen Argumenten des Bundesgerichtshofs die insgesamt zu heterogene Entscheidungspraxis.[37] Inhaltlich wird unter anderem bezweifelt, ob es zum Schutz des Gesellschafters vor dem „Damoklesschwert"[38] der Hinauskündigung tatsächlich nötig sei, durch das umfassende Nichtigkeitsverdikt die Vertragsfreiheit des Einzelnen so erheblich einzuschränken.[39] Die Vertragschließenden begegneten sich in rechtlicher und wirtschaftlicher Hinsicht häufig auf Augenhöhe, sodass eine freie Entscheidung gleich starker Parteien vorliege, die zu respektieren sei.[40] Außerdem wird beispielsweise kritisiert, dass die Höhe der gezahlten Abfindung außer Acht gelassen wird, obwohl sie auf die Gesamtabwägung im Rahmen des § 138 Abs. 1 BGB erheblichen Einfluss haben und ein mögliches Drohszenario entschärfen kann.[41]

Selbst wenn man solche und ähnliche inhaltlichen Einwände ausblendet, bleibt doch ein elementares argumentativ-strukturelles Problem der derzeitigen

---

[33] So z. B. in BGH NJW 2004, 2013, 2015.

[34] Siehe für Personengesellschaften und die GmbH z. B. BGHZ 112, 103, 108; 164, 98, 101; 164, 107, 110, dazu aus dem Schrifttum *Henssler*, in: FS Konzen, 2006, S. 267, 269 und *Nassall*, NZG 2008, 851, 852, jeweils m. w. N.

[35] BGHZ 112, 103, 107; 164, 98, 101, dazu aus dem Schrifttum z. B. *Sosnitza*, in: Michalski/Heidinger/Leible/Schmidt, GmbHG, Bd. 1, 3. Aufl. 2017, § 34 Rn. 41.

[36] Statt vieler *Sosnitza*, DStR 2006, 99, 100; *Schmidt*, in: Schmidt, MüKo HGB, Bd. 2, 4. Aufl. 2016, § 140 Rn. 100; *Strohn*, in: Fleischer/Goette, MüKo GmbHG, Bd. 1, 3. Aufl. 2018, § 34 Rn. 140.

[37] Siehe zu den vorgebrachten Argumenten im Einzelnen *Wackerbeck*, Zulässigkeit des Gesellschafterausschlusses, 2010, S. 193 ff.; *Schmolke*, Selbstbindung, 2014, S. 543 ff. und die frühe Kritik von *Flume*, DB 1986, 629, 632 f. Knapp auch *Gehrlein*, NJW 2005, 1969, 1971 f.

[38] So die Formulierung bei BGHZ 81, 263, 268; BGH NZG 2005, 479, 480. Kritisch *Drinkuth*, NJW 2006, 410, 411.

[39] *Drinkuth*, NJW 2006, 410, 411; *Verse*, DStR 2007, 1822, 1825; *Schmolke*, Selbstbindung, 2014, S. 545. Zumindest tendenziell anders dagegen *Goette*, ZGR 2008, 436, 442.

[40] *Kilian*, WM 2006, 1567, 1569 f.; *Schmolke*, Selbstbindung, 2014, S. 545. *Verse*, DStR 2007, 1822, 1825 stellt überzeugend auf die fehlende Parallele zu den viel diskutierten Fällen der Angehörigenbürgschaften ab.

[41] *Grunewald*, Ausschluß, 1987, S. 221; *Drinkuth*, NJW 2006, 410, 411; *Verse*, DStR 2007, 1822, 1826. Explizit im Zusammenhang mit Russian Roulette und Texas Shoot Out *Schmolke*, ZIP 2014, 897, 901; *Schmolke*, in: Vogt/Fleischer/Kalss, Gesellschafts- und KapitalmarktR, 2014, S. 107, 132. Vgl. auch schon *Flume*, DB 1986, 629, 633.

Rechtsprechung. Der Bundesgerichtshof hat über die Jahre seinen „Grundsatz" der Sittenwidrigkeit von Hinauskündigungsklauseln durch eine solche Vielzahl an Ausnahmen ausgehöhlt, dass von einem mehrheitlich geltenden Prinzip kaum mehr die Rede sein kann.[42] Die von der Rechtsprechung anerkannten Gründe, bei deren Vorliegen eine Hinauskündigungsklausel „ausnahmsweise" zulässig sein soll, lassen sich zudem kaum kategorisieren.[43] *Gehrlein* sprach schon 2005 plastisch und treffend von „einer verunsicherten Rechtsprechung, die sich im Dickicht der Einzelfallentscheidungen verliert"[44]. De facto nimmt der Bundesgerichtshof also bereits heute eine rein ausübungsbezogene Kontrolle vor, in deren Rahmen die Umstände der konkreten Fallkonstellation abgewogen werden.[45] Das Maß an Rechtssicherheit, das durch diese Handhabung erreicht wird, dürfte dem einer offen ausgesprochenen Kontrolle am Maßstab des § 242 BGB kaum mehr überlegen sein. Vor diesem Hintergrund erscheint der Vorschlag im Schrifttum durchaus plausibel, Hinauskündigungsklauseln grundsätzlich anzuerkennen, sie aber einer einzelfallbezogenen Kontrolle nach Treu und Glauben zu unterziehen.[46] Dadurch würde sich zwar weder die Vorhersehbarkeit oder Nachvollziehbarkeit der gerichtlichen Entscheidungen verbessern, noch würden die bestehenden Abgrenzungsschwierigkeiten beseitigt.[47] Immerhin ließe sich aber die Folgeproblematik rund um § 139 BGB[48] vermeiden und die Beweislast auf denjenigen verschieben, der die Nichtigkeit der Klausel geltend macht. Das bisherige Regel-Ausnahme-Verhältnis würde so ins Gegenteil verkehrt und die Rechtsprechung dogmatisch und argumentativ wieder überzeugend(er).[49] Auch im internationalen Vergleich stünde der Bundesgerichtshof mit einer solchen Herangehensweise keineswegs alleine da, vielmehr bewegt er sich mit seinem derzeitigen Ansatz schon am restriktiven Ende des Spektrums der internationalen Rechtsprechung.[50]

---

[42] *Benecke*, ZIP 2005, 1437, 1439; *Sikora*, MittBayNot 2006, 292, 295; *Sosnitza*, DStR 2006, 99, 100; *Verse*, DStR 2007, 1822, 1825. Dagegen *Wackerbeck*, Zulässigkeit des Gesellschafterausschlusses, 2010, S. 193 f. mit Hinweis auf die „Signalwirkung".

[43] Vgl. *Verse*, DStR 2007, 1822, 1825; *Schmolke*, Selbstbindung, 2014, S. 553.

[44] *Gehrlein*, NJW 2005, 1969, 1972.

[45] So auch *Henssler*, in: FS Konzen, 2006, S. 267, 282. Ähnlich *Benecke*, ZIP 2005, 1437, 1441; *Sosnitza*, DStR 2006, 99, 100 („nur noch ein kleiner [...] Schritt") sowie *Kilian*, WM 2006, 1567, 1574. Vgl. auch *Nassall*, NZG 2008, 851, 853 f.

[46] So z. B. *Benecke*, ZIP 2005, 1437, 1440 f.; *Böttcher*, NZG 2005, 992, 995; *Verse*, DStR 2007, 1822, 1829. In diese Richtung auch *Sosnitza*, DStR 2006, 99, 103.

[47] *Verse*, DStR 2007, 1822, 1825. Vgl. auch *Peltzer*, ZGR 2006, 702, 715 f.

[48] Dazu unten S. 138 f.

[49] Zu den Folgen des Wechsels zu einer reinen Ausübungskontrolle *Verse*, DStR 2007, 1822, 1827 f. m. w. N.

[50] Zu den Einzelheiten *Verse*, DStR 2007, 1822, 1826 f.; *Schmolke*, Selbstbindung, 2014, S. 547 ff.

b) Anwendung auf Russian Roulette und Texas Shoot Out

Das Oberlandesgericht Nürnberg äußerte sich als erstes und bisher einziges deutsches Gericht in einem *obiter dictum* aus dem Jahr 2013[51] zur Vereinbarkeit einer Russian Roulette-Vereinbarung (von den Parteien als „chinesische Klausel" bezeichnet[52]) mit der höchstinstanzlichen Rechtsprechung zu Hinauskündigungsklauseln. Die vorinstanzliche Entscheidung des Landgerichts Regensburg[53] ist in dieser Hinsicht wenig ergiebig und kann daher ebenso unberücksichtigt bleiben wie die genauen gesellschaftsrechtlichen Hintergründe des Falls, die an dieser Stelle keinen entscheidenden Einfluss auf die Bewertung haben.[54]

aa) Entscheidung des Oberlandesgerichts Nürnberg

Der entscheidende Senat hielt fest, dass er die streitgegenständliche Russian Roulette-Klausel „nicht per se für unwirksam"[55] hält und stützte sich zur Begründung explizit auf den durch das Oberlandesgericht Wien hervorgehobenen Mechanismus der „checks-and-balances"[56] und das bereits diskutierte Urteil der Pariser *cour d'appel*[57].[58] Diese Wertung dürfte sich auf vergleichbare Klauseln, insbesondere das hier geschilderte Texas Shoot Out und Sealed Bid, übertragen lassen. Ein Problem sieht das Oberlandesgericht Nürnberg höchstens dann, wenn ein Gesellschafter dem anderen so erheblich finanziell unterlegen ist, dass er einen Kauf der „gegnerischen" Anteile schon zum Zeitpunkt der Vereinbarung der Klausel nicht finanzieren kann. Das allgemeine, „grundsätzlich stets bestehende Missbrauchsrisiko"[59] genüge für die Unwirksamkeit der Klausel jedoch nicht. Im konkreten Fall habe sich ohnehin keine der Parteien zu einem finanziellen Ungleichgewicht geäußert, jedenfalls diene die Klausel zur Auflösung einer Selbstblockade der Gesellschaft und sei daher gerechtfertigt.[60]

bb) Stellungnahme

Die Entscheidung ist vor allem aus rechtspraktischer Perspektive zu begrüßen. Der erkennende Senat steckt grob die aus seiner Sicht bestehenden Anforderun-

---

[51] OLG Nürnberg NJW-RR 2014, 418 ff.
[52] OLG Nürnberg NJW-RR 2014, 418, 419.
[53] LG Regensburg, Urteil v. 20.12.2012 – 1 HK O 1608/12, BeckRS 2014, 02173.
[54] Zur vereinbarten Annexregelung und den aktienrechtlichen Hintergründen z. B. *Schmolke*, ZIP 2014, 897, 900 und 902 ff.; *Willms/Bicker*, BB 2014, 1347, 1349. Vgl. auch *Brockmann*, Shoot-Out-Klauseln, 2017, S. 118 f., 150 ff., 304 ff.
[55] OLG Nürnberg NJW-RR 2014, 418, 420.
[56] OLG Wien, Beschluss v. 20.04.2009 – Az. 28 R 53/09h, BeckRS 2014, 02174.
[57] CA Paris, 3e ch. B, 15 déc. 2006, n° 06/18133, Bull. Joly Sociétés 2007, 479 ff., § 124.
[58] OLG Nürnberg NJW-RR 2014, 418, 420. Siehe auch *Willms/Bicker*, BB 2014, 1347, 1350.
[59] OLG Nürnberg NJW-RR 2014, 418, 420.
[60] OLG Nürnberg NJW-RR 2014, 418, 420.

gen an Russian Roulette-Klauseln ab und gewährt dadurch zumindest ein Minimum an Rechtssicherheit.[61] Die überwiegende Anzahl der Stellungnahmen im Schrifttum, insbesondere von beratender Seite, nimmt dankend die Kernaussage an, dass die gegenständliche Klausel nicht von vornherein sittenwidrig und damit nichtig ist.[62] Diese Beiträge treten an die Seite derjenigen Stimmen, die bereits vor dem Urteil grundsätzlich von der Zulässigkeit von Russian Roulette, Texas Shoot Out und Co. ausgingen.[63] Doch selbst nach der ersten Entscheidung eines deutschen Gerichts zu einem Russian Roulette-Mechanismus bleiben einige Punkte erörterungsbedürftig.

(1) Bedeutung der Vertragsfreiheit

Zunächst sei auf einen Halbsatz des Urteils verwiesen, in dem sich der Senat auf das Missbrauchsrisiko bei einem finanziellen Ungleichgewicht zwischen den Parteien bezieht. Diesbezüglich äußert das Gericht trocken: „[W]ill sich eine Vertragspartei diesem Risiko nicht aussetzen, so darf sie sich nicht auf das Russian-Roulette-Verfahren einlassen.“[64] Bei genauem Lesen erkennt man, dass in diesem Zusammenhang das „grundsätzlich stets bestehende Missbrauchsrisiko“[65] gemeint sein soll, das für das Eingreifen des § 138 Abs. 1 BGB nicht ausreicht. Mit dieser recht schwammigen Formulierung rekurriert das Oberlandesgericht wohl auf den Unterschied zwischen der Sittenwidrigkeitskontrolle nach § 138 Abs. 1 BGB zum Zeitpunkt der Vereinbarung der Klausel und der Ausübungskontrolle nach § 242 BGB.[66] Das „allgemeine“ Missbrauchsrisiko, also insbesondere die Tatsache, dass sich bestimmte Umstände nach Abschluss der Vereinbarung ändern können, genügt im Rahmen des § 138 Abs. 1 BGB eben nicht, sondern kann höchstens im Rahmen der Ausübungskontrolle berücksichtigt werden.[67]

Selbst wenn die zitierte Aussage im Hinblick auf eine nachträglich eintretende Missbrauchssituation zutrifft, ist sie doch unglücklich. Denn das Argument, dass sich der benachteiligte Gesellschafter nicht auf das Geschäft hätte einlas-

---

[61] *Schroeder/Welpot*, NZG 2014, 609, 610; *Willms/Bicker*, BB 2014, 1347, 1350.

[62] Siehe z. B. *Schmolke*, ZIP 2014, 897, 901 f.; *Schmolke*, in: Vogt/Fleischer/Kalss, Gesellschafts- und KapitalmarktR, 2014, S. 107, 131 ff.; *Wachter*, EWiR 2014, 139, 140; *Schroeder/ Welpot*, NZG 2014, 609, 613; *Willms/Bicker*, BB 2014, 1347, 1349 f.; *Hirte*, NJW 2015, 1219, 1224; *Valdini/Koch*, GWR 2016, 179, 180.

[63] Statt vieler *Otto*, GmbHR 1996, 16, 19 ff.; *Schulte/Sieger*, NZG 2005, 24 ff.; *Werner*, NWB 2011, 1551 ff. Tendenziell übermäßig optimistisch aber *Wälzholz*, GmbH-StB 2007, 84, 88; *Silberberger*, Unternehmensbeteiligungsgesellschaft, 2010, S. 133. Ebenso selbst nach dem Urteil wohl *Wertenbruch*, in: Boujong/Ebenroth/Joost/Strohn, HGB, Bd. 1, 4. Aufl. 2020, § 105 Rn. 268 („begegnet generell keinen rechtlichen Bedenken“).

[64] OLG Nürnberg NJW-RR 2014, 418, 420.

[65] OLG Nürnberg NJW-RR 2014, 418, 420.

[66] So *Schaper*, DB 2014, 821, 823. Vgl. auch *Valdini/Koch*, GWR 2016, 179, 180.

[67] Deutlich *Werner*, GmbHR 2014, 315, 316 f. Vgl. auch *Schaper*, DB 2014, 821, 824; *Lieder*, WuB II A. § 84 AktG 1.14, 340, 342.

sen müssen, gilt natürlich auch für den Zeitpunkt *vor* Vertragsschluss und damit für solche Umstände, die gerade die Sittenwidrigkeit begründen können. Argumentativ erinnert die Aussage des Oberlandesgerichts Nürnberg an die bereits diskutierten Urteile des Pariser *tribunal de commerce*[68] und der *cour d'appel*[69], die zur Rechtfertigung auf die „freie Vereinbarung" der Klausel abgestellt hatten[70].

Dieser Ansatz erscheint vor dem Hintergrund der paternalistischen Züge des § 138 Abs. 1 BGB[71] aber zweifelhaft. Die Norm kann eben selbst dann zur Nichtigkeit des Vertrags führen, wenn beide Parteien ein wirtschaftliches Interesse verfolgen und sich deshalb „freiwillig" auf das Geschäft einlassen.[72] Exemplarisch seien an dieser Stelle die viel besprochenen Bürgschaften naher Angehöriger genannt, deren Nichtigkeit darauf gestützt wird, dass der Gläubiger das emotionale Näheverhältnis des Bürgen zum Hauptschuldner ausgenutzt und so zu einer krassen finanziellen Überforderung des Bürgen beigetragen hat.[73] Schon daran lässt sich erkennen, dass es auf die „Freiwilligkeit" allein nicht ankommen kann, denn dem Bürgen könnte man in gleicher Weise vorwerfen, er hätte sich ja nicht auf das Geschäft einlassen müssen. Vielmehr geht es gerade darum, Rechtssubjekte in gewissem Umfang vor Entscheidungen zu bewahren, durch die sie ihre eigene wirtschaftliche oder rechtliche Freiheit übermäßig einschränken.[74] Gleichzeitig muss allerdings berücksichtigt werden, dass die Vertragsfreiheit dem Einzelnen selbst risikobehaftete Geschäfte ermöglicht – auch solche, die nur unter „dauernder Inanspruchnahme des pfändungsfreien Einkommens"[75] überhaupt erfüllt werden können. Der liberale Grundgedanke der Vertragsfreiheit kann trotz seines hohen Stellenwerts vor dem Hintergrund des § 138 Abs. 1 BGB aber jedenfalls nicht grenzenlos gelten. In diesem Sinne ist die eingangs zitierte Aussage des Senats inhaltlich sicherlich nicht gemeint. Sie darf jedoch auch sprachlich nicht dahingehend missverstanden werden, dass allein der Vorwurf an die Parteien, eben „selbst schuld" zu sein, über ein eventuelles Nichtigkeitsverdikt hinweghelfen könnte.

---

[68] T. com. Paris, 2e ch., 17 oct. 2006, n° 2006/051957, Bull. Joly Sociétés 2007, 72, 76, § 7.

[69] CA Paris, 3e ch. B, 15 déc. 2006, n° 06/18133, Bull. Joly Sociétés 2007, 479, 480, § 124.

[70] In diesem Sinne wohl auch knapp *Weitzmann/Kupsch*, NZG 2015, 340, 348 mit Bezug auf einen (soweit ersichtlich unveröffentlichten) Vortrag von *Grunewald* anlässlich einer wirtschaftsrechtlichen Tagung.

[71] Umfassend *Enderlein*, Rechtspaternalismus, 1996, S. 382 ff. Siehe auch *Schäfer/Ott*, Lehrb. der ökonomischen Analyse des ZivilR, 5. Aufl. 2012, S. 134.

[72] Vgl. auch *Valdini/Koch*, GWR 2016, 179, 181; *Brockmann*, Shoot-Out-Klauseln, 2017, S. 125.

[73] Näher dazu statt vieler BVerfGE 89, 214 ff.; BGHZ 125, 206, 210 ff.; *Habersack*, in: Säcker/Rixecker/Oetker/Limperg, MüKo BGB, Bd. 6, 7. Aufl. 2017, § 765 Rn. 23 ff. m. w. N.

[74] *Lieder*, WuB II A. § 84 AktG 1.14, 340, 341. Vgl. auch allgemein *Armbrüster*, in: Säcker/Rixecker/Oetker/Limperg, MüKo BGB, Bd. 1, 8. Aufl. 2018, § 138 Rn. 68.

[75] BGHZ 125, 206, 209; BGH NJW 1997, 1980, 1981.

(2) Rechtfertigung durch Konfliktlösung als Zweck der Klausel?

Das deutlich größere Problem des Urteils liegt aber an anderer Stelle und lässt letzten Endes sogar an der Kernaussage der Sittenkonformität als solcher zweifeln. Ausgangspunkt ist, dass sich der Senat in seiner Entscheidung maßgeblich auf den mit der Russian Roulette-Klausel verfolgten Zweck beruft, nämlich „die Auflösung der Möglichkeit einer Selbstblockade der Gesellschaft durch zwei gleich hoch beteiligte Gesellschafter"[76].

(a) Differenzierung zwischen freien und voraussetzungsgebundenen Klauseln

Die von den Parteien vereinbarte Klausel war allerdings allem Anschein nach eine *freie* Russian Roulette-Klausel, die völlig voraussetzungslos ausgelöst werden konnte und gerade nicht unter der Bedingung eines Deadlocks stand.[77] Eine Klausel ohne festes Trigger Event taugt aber nicht nur zur Auflösung eines Konflikts zwischen den Gesellschaftern, sondern kann ebenso gut dazu genutzt werden, die Zusammenarbeit zwischen den Beteiligten aus beliebigen Gründen und, abhängig von der konkreten Ausgestaltung, möglicherweise sogar jederzeit zu beenden. Nach Auffassung des Gerichts scheint es dagegen keinerlei Unterschied zu machen, ob die Klausel an ein Trigger Event geknüpft ist oder nicht, ob sie also einzig den Zweck der Konfliktlösung und -vermeidung oder gleichzeitig, eventuell sogar ausschließlich, andere Zwecke verfolgt. Das ist vor allem deswegen verwunderlich, weil gerade freie Klauseln gegenüber der voraussetzungsgebundenen Variante ein erhöhtes Missbrauchsrisiko aufweisen. Die Einleitung des Verfahrens hängt dann nämlich nur noch von einer vereinbarungskonformen Angebotsabgabe durch einen der Gesellschafter ab (wenn man so will also einer „beidseitigen Potestativbedingung"), sodass solche Klauseln stärker als voraussetzungsgebundene in die Nähe klassischer Hinauskündigungsklauseln rücken.[78]

(b) „Hineinlesen" von Rechtfertigungsgründen

Nun mag man dem erkennenden Senat vorwerfen, er habe die Voraussetzungslosigkeit der Klausel oder die Möglichkeit der Differenzierung an sich schlicht übersehen. Eine solche Nachlässigkeit soll ihm an dieser Stelle jedoch nicht unterstellt werden – selbst wenn sich weder dafür noch dagegen klare Anhaltspunkte im Urteil finden. Sofern man dieser Prämisse folgt, bleiben nur wenige Interpretationsmöglichkeiten.

---

[76] OLG Nürnberg NJW-RR 2014, 418, 420.

[77] Die Klausel ist größtenteils im Urteil abgedruckt, OLG Nürnberg NJW-RR 2014, 418, 419. Vgl. dazu auch *Heeg*, BB 2014, 470, 470.

[78] Vgl. *Brockmann*, Shoot-Out-Klauseln, 2017, S. 126.

Zum einen kann man das Urteil so verstehen, dass es dem Senat genügt, dass die Konfliktlösung der rein *tatsächliche* Zweck zum Zeitpunkt der Initiierung des Verfahrens ist – unabhängig von eventuellen Trigger Events im Text der Klausel selbst. Dieses Verständnis mag zutreffen, lässt sich aber kaum argumentativ untermauern, denn das Urteil lässt wenig Rückschlüsse darauf zu, ob sich die Parteien tatsächlich im Streit getrennt haben oder das Verfahren schlicht dazu genutzt wurde, die gemeinsame Tätigkeit aus sonstigen Gründen zeitnah zu beenden.

Zum anderen kann man die Entscheidung mit guten Gründen auch so deuten, dass das Gericht die sachliche Rechtfertigung, also hier den Zweck der Konfliktlösung bzw. -vermeidung, schlicht in die Klausel „hineinliest".[79] Selbst einer voraussetzungslosen Klausel würde also pauschal unterstellt, dass sie dazu dient, Pattsituationen aufzulösen oder zu verhindern. Eng damit verbunden ist dann wiederum die Frage, ob eine solche voraussetzungslos anwendbare Klausel tatsächlich zur Beendigung eines Konflikts ausgelöst werden muss oder ob eine „potentielle Blockadesituation"[80] genügt[81]. Der Wortlaut der Entscheidung spricht von „d[er] Auflösung der *Möglichkeit* einer Selbstblockade [Hervorhebung S.S.S.]"[82], woraus geschlossen werden könnte, dass die Beseitigung einer theoretisch möglichen Konfliktsituation zur Rechtfertigung genügt – eindeutig ist diese Formulierung aber keineswegs. Kritisch zu dieser Idee äußern sich *Schroeder/Welpot*. Sie weisen darauf hin, dass der Bundesgerichtshof für Hinauskündigungsklauseln grundsätzlich eine Rechtfertigung *im Einzelfall* verlange. Dem Urteil des Oberlandesgerichts lasse sich aber gerade nicht entnehmen, ob tatsächlich ein Deadlock zwischen den Gesellschaftern vorlag. Nicht ganz zu Unrecht stellen die Autoren daher die Wirksamkeit der Klausel (und somit auch die Entscheidung an sich) in Frage.[83]

Diese Kritik ist durchaus gerechtfertigt, denn das „Hineinlesen" von Gründen in die Vereinbarung erweist sich auch, aber nicht nur aufgrund der höchstinstanzlichen Vorgaben als zu pauschal. Von kautelarjuristischer Seite mögen Russian Roulette- und Texas Shoot Out-Klauseln ursprünglich allein zur Konfliktbewältigung entwickelt worden sein. Sofern man sie aber nicht an ein

---

[79] So das Verständnis von *Willms/Bicker*, BB 2014, 1347, 1350, mit Bezug darauf *Brockmann*, Shoot-Out-Klauseln, 2017, S. 126. Vgl. auch *Schmolke*, ZIP 2014, 897, 901; *Schmolke*, in: Vogt/Fleischer/Kalss, Gesellschafts- und KapitalmarktR, 2014, S. 107, 133.

[80] *Weidmann*, DStR 2014, 1500, 1504.

[81] So *Weidmann*, DStR 2014, 1500, 1504.

[82] OLG Nürnberg NJW-RR 2014, 418, 420. Diese Formulierung aufgreifend *Hanke*, in: Dauner-Lieb/Heidel/Ring, BGB, Bd. 2/2, 3. Aufl. 2016, § 737 Rn. 14; *Herrler*, GesellschaftsR in der Notar- und Gestaltungspraxis, 2017, § 6 Rn. 1516.

[83] *Schroeder/Welpot*, NZG 2014, 609, 614 f. Ebenfalls aufgefallen ist dieser Punkt *Schaper*, DB 2014, 821, 823, er zieht daraus aber anscheinend keine weiteren Konsequenzen. Vgl. auch knapp *Wertenbruch*, in: Boujong/Ebenroth/Joost/Strohn, HGB, Bd. 1, 4. Aufl. 2020, § 105 Rn. 268.

entsprechendes Trigger Event knüpft, wird man einen solchen Zweck kaum *generell* unterstellen können. Sollte die Klausel tatsächlich allein der Konflikt-bewältigung dienen, ist es den Parteien zuzumuten, den Anwendungsbereich ihrer Vereinbarung entsprechend einzugrenzen. Wer dies nicht tut, muss sich den Vorwurf gefallen lassen, womöglich andere Zwecke zu verfolgen und die Klausel (auch) als jederzeitiges Beendigungsrecht nutzen zu wollen. Selbst dieser Differenzierungsversuch führt aber unweigerlich zu (Abgrenzungs-) Problemen. Konsequenterweise müsste man ihm zufolge auf die überwiegen-de Zwecksetzung abstellen, sodass zu klären wäre, ob der vereinbarte Mecha-nismus ausschließlich oder nur mehrheitlich der Konfliktlösung dienen muss, damit er noch sachlich gerechtfertigt ist – von der Frage ganz zu schweigen, wie eine darauf gerichtete Beweisführung gelingen soll.

Erkennbar sind sämtliche Erklärungsversuche auf die ein oder andere Weise unbefriedigend. Der Grund dafür ist, dass die Ausführungen des Senats ge-rade für die Frage der sachlichen Rechtfertigung argumentativ wie inhaltlich schwach ausfallen und so auch für die Gestaltungspraxis eine erhebliche Unsi-cherheit bleibt. Überzeugender als die vorgeschaltete Sittenwidrigkeitskontrolle am Maßstab des § 138 Abs. 1 BGB erscheint es ohnehin, sich für Hinauskündi-gungsfragen auf eine reine Kontrolle zum Ausübungszeitpunkt zu beschrän-ken.[84] Voraussetzungslose Klauseln könnten so jedenfalls dann grundsätzlich unbeanstandet bleiben, wenn sie im konkreten Fall zum Zweck der Auflösung eines Gesellschafterkonflikts genutzt werden.[85]

(3) Anfängliches Machtgefälle und Intensitätsniveau

Russian Roulette- und Texas Shoot Out-Klauseln dürften aber unter Beachtung der höchstinstanzlichen Rechtsprechung sogar in der voraussetzungslos an-wendbaren Variante mit § 138 Abs. 1 BGB vereinbar sein. Sie bleiben in ihrer Wirkung nämlich in aller Regel hinter typischen Hinauskündigungsklauseln zu-rück – und zwar selbst bei Vorliegen eines der viel diskutierten Machtgefälle zwischen den Parteien.[86] Im Urteil des Oberlandesgerichts Nürnberg klingt die-ser Gesichtspunkt nur am Rande an, er entscheidet aber maßgeblich über die Rechtmäßigkeit der Klauseln.

---

[84] Anders dagegen *Brockmann*, Shoot-Out-Klauseln, 2017, S. 113.

[85] In diesem Sinne auch *Schroeder/Welpot*, NZG 2014, 609, 614 f.; *Valdini/Koch*, GWR 2016, 179, 180.

[86] Ähnlich *Lieder*, WuB II A. § 84 AktG 1.14, 340, 341 f.; *Schmolke*, ZIP 2014, 897, 901; *Schmolke*, in: Vogt/Fleischer/Kalss, Gesellschafts- und KapitalmarktR, 2014, S. 107, 131 ff.; *Brockmann*, Shoot-Out-Klauseln, 2017, S. 91 f. Differenzierend *Goulding/Boxell/Costelloe/ Hellwig*, in: Micheler/Prentice, Joint Ventures, 2000, S. 151, 157. Anders *von Kottwitz*, Kon-fliktaustragung, 2003, S. 144, der die Klauseln wohl ohnehin nur bei Vorliegen eines wichti-gen Grundes für zulässig hält. Zweifelhaft auch die Formulierung von *Heinrich*, in: Reichert, GmbH & Co. KG, 7. Aufl. 2015, § 31 Rn. 45 („Spielart der Hinauskündigungsklausel").

Unmittelbar leuchtet die fehlende Parallele zwischen typischen Hinauskündigungsfällen und den hier diskutierten Vereinbarungen für den Fall ein, dass sich die Gesellschafter ebenbürtig gegenüberstehen, ihre finanziellen, steuerlichen und sonstigen wirtschaftlichen und rechtlichen Hintergründe also vergleichbar sind. Aufgrund des ungewissen Ausgangs wird hier im Regelfall keine der Parteien allein dadurch Druck auf die Gegenseite ausüben können, dass sie mit der Einleitung des Verfahrens der Klausel droht; die Gesellschafter können ihre Mitwirkungs- und Teilhaberechte also frei ausüben. Eine besondere Konfliktscheue eines Gesellschafters mag intrinsisch motiviert sein, ergibt sich aber nicht aus einer im Preisermittlungsverfahren manifestierten Schwächesituation.[87] Diffiziler ist die Lage bei einem anfänglich bestehenden Ungleichgewicht zwischen den Parteien. Das Oberlandesgericht Nürnberg bestätigt frühere Stimmen im Schrifttum[88] und deutet in seiner Entscheidung an, dass im Fall einer Ungleichheit zum Vereinbarungszeitpunkt der Klausel eventuell mit § 138 Abs. 1 BGB korrigierend einzugreifen sei, bleibt allerdings mit seiner Formulierung vergleichsweise zurückhaltend („allenfalls dann"[89]).

Im Ergebnis ist dem Senat in diesem Punkt durchaus zuzustimmen. Das Sittenwidrigkeitsverdikt des § 138 Abs. 1 BGB sollte allerdings nicht voreilig zum Einsatz kommen, sondern vielmehr ein reines „Sicherheitsnetz" für besonders krasse Fälle bieten. Russian Roulette- und Texas Shoot Out-Mechanismen erreichen nämlich aus mehreren Gründen nur selten das Ausmaß klassischer Hinauskündigungsklauseln.[90] Zwar ist nicht von der Hand zu weisen, dass sie bei wirtschaftlichem oder rechtlichem Ungleichgewicht ein Drohszenario schaffen können, in dem der weniger stark aufgestellte Gesellschafter mit seinem eigenen zeitnahen Ausscheiden rechnen muss und sich dementsprechend übermäßig konfliktscheu verhält.[91] Dieses Ungleichgewicht muss aber zunächst einmal ein gewisses Niveau erreichen, kleinere Abweichungen werden oft nicht genügen. Zudem lässt sich der Effekt durch kautelarjuristische Vorsichtsmaßnahmen abschwächen. Dazu gehört insbesondere, dass die Klausel an ein klar definiertes Trigger Event (wie einen Deadlock) geknüpft wird, das typischerweise objektive Anwendungsschwellen festlegt, das Missbrauchsrisiko senkt und so den „Rechtfertigungsdruck" auf die Klausel mildert.[92] Aber auch weitere Maßnahmen wie Verhandlungs- oder Abkühlungsperioden können Linderung verschaf-

---

[87] Vgl. bis hierhin *Lieder*, WuB II A. § 84 AktG 1.14, 340, 341; *Schmolke*, ZIP 2014, 897, 901; *Schmolke*, in: Vogt/Fleischer/Kalss, Gesellschafts- und KapitalmarktR, 2014, S. 107, 131 f.

[88] Siehe z. B. *Fleischer/Schneider*, DB 2010, 2713, 2718; *Schmolke*, Selbstbindung, 2014, S. 556 f.

[89] OLG Nürnberg NJW-RR 2014, 418, 420.

[90] In diesem Sinne auch *Lieder*, WuB II A. § 84 AktG 1.14, 340, 341.

[91] *Fleischer/Schneider*, DB 2010, 2713, 2718; *Wedemann*, Gesellschafterkonflikte, 2013, S. 497; *Willms/Bicker*, BB 2014, 1347, 1351.

[92] Vgl. *Goulding/Boxell/Costelloe/Hellwig*, in: Micheler/Prentice, Joint Ventures, 2000,

fen.[93] Zuletzt kann ein bestehendes Ungleichgewicht durch weitere Umstände ausgeglichen werden, die vorab nicht immer in vollem Umfang erkennbar sind. Der finanziellen Überlegenheit des einen Gesellschafters mag beispielsweise das technische Know-How des anderen gegenüberstehen, ohne das das Unternehmen nur schwerlich wirtschaftlich sinnvoll weitergeführt werden kann.[94] Ähnliches gilt, wenn die finanziell überlegene Seite ihrerseits sonstigen wirtschaftlichen oder rechtlichen Risiken ausgesetzt ist, sollte sie die Anteile des Mitgesellschafters erwerben.[95]

Selbst wenn keiner dieser Fälle vorliegen sollte, besteht immer noch die Möglichkeit, dass der unterlegene Gesellschafter seine Liquiditätslücke anderweitig ausgleichen kann. Hier können die im Schrifttum ins Spiel gebrachten „Marktkräfte"[96] helfen. Letztlich kann sich der Hinausdrängende kaum sicher sein, dass der Angebotsempfänger und potenziell Hinausgedrängte bei einem unterdurchschnittlichen Angebot tatsächlich nur verkaufen und nicht etwa auch kaufen kann. Je weiter sich das Angebot vom Marktwert der Anteile entfernt, desto eher dürfte sich nämlich ein Investor finden lassen, der die Finanzierungslücke schließt.[97] Dass selbst die Möglichkeit einer sehr kurzfristigen externen Finanzierung keinesfalls reines Wunschdenken ist, zeigt sich nicht zuletzt an der Existenz von Anbietern, die sich auf die Finanzierung im Rahmen von Russian Roulette- und Texas Shoot Out-Verfahren spezialisiert haben.[98] Vor diesem Hintergrund sind selbst voraussetzungslose Klauseln nicht zwingend und generell unwirksam,[99] ihre Nähe zu klassischen Hinauskündigungsklauseln bei einem Machtgefälle aber so groß, dass hohe Anforderungen an die relativierenden Umstände zu stellen sind.[100]

S. 151, 157; *Fett/Spiering*, in: Fett/Spiering, Hdb. Joint Venture, 2. Aufl. 2015, Kap. 7 Rn. 599 sowie zu Drag Along-Klauseln *Priester*, in: FS Hopt, Bd. 1, 2010, S. 1139, 1147.

[93] Zu diesen und weiteren Maßnahmen *Schroeder/Welpot*, NZG 2014, 609, 616; *Willms/ Bicker*, BB 2014, 1347, 1350, 1352.

[94] So explizit *Willms/Bicker*, BB 2014, 1347, 1352; *Brockmann*, Shoot-Out-Klauseln, 2017, S. 92.

[95] *Schroeder/Welpot*, NZG 2014, 609, 612 f.; *Willms/Bicker*, BB 2014, 1347, 1351.

[96] *Schmolke*, ZIP 2014, 897, 901; *Schmolke*, in: Vogt/Fleischer/Kalss, Gesellschafts- und KapitalmarktR, 2014, S. 107, 130.

[97] *Schmolke*, ZIP 2014, 897, 900; *Schmolke*, in: Vogt/Fleischer/Kalss, Gesellschafts- und KapitalmarktR, 2014, S. 107, 132.

[98] Exemplarisch sei an dieser Stelle der kanadische Shotgun Fund genannt, http://www. shotgunfund.com (zuletzt abgerufen am 30.04.2020).

[99] So auch *Schaper*, DB 2014, 821, 823; *Schmolke*, ZIP 2014, 897, 901; *Schmolke*, in: Vogt/Fleischer/Kalss, Gesellschafts- und KapitalmarktR, 2014, S. 107, 131; *Schroeder/Welpot*, NZG 2014, 609, 615. Anders wohl *Fett/Spiering*, in: Fett/Spiering, Hdb. Joint Venture, 2. Aufl. 2015, Kap. 7 Rn. 599; *Valdini/Koch*, GWR 2016, 179, 180, für eine grundsätzliche Sittenwidrigkeit *Wedemann*, Gesellschafterkonflikte, 2013, S. 501.

[100] Vgl. *Schaper*, DB 2014, 821, 823. Strikt *Goulding/Boxell/Costelloe/Hellwig*, in: Micheler/Prentice, Joint Ventures, 2000, S. 151, 157 f.

Natürlich vermitteln sämtliche dieser Aspekte oder Maßnahmen keinen umfassenden Schutz. Im Vergleich zur typischen Hinauskündigungssituation, in der ein Gesellschafter tatsächlich jederzeit mit seinem eigenen Ausscheiden rechnen muss, ist die Lage bei radikalen Ausstiegsmechanismen aber sehr viel komplexer und unübersichtlicher. Unbekannte Parameter sorgen zusätzlich dafür, dass das Ergebnis des Verfahrens nur selten sicher vorhersehbar ist – ganz so, wie es dem Charakter der Klauseln entspricht. Selbst in der Konstellation eines Machtgefälles zwischen den Parteien scheint es daher kaum angemessen, mit dem drastischen Nichtigkeitsverdikt des § 138 Abs. 1 BGB einzugreifen und so in vielen Fällen über das Ziel hinaus zu schießen.[101] Stattdessen bietet sich eine Feinjustierung über die nachträgliche Ausübungskontrolle nach § 242 BGB an, mit der auch sich ändernde Umstände besser berücksichtigt werden können. Vorbehaltlich besonders krasser Ausnahmefälle spricht daher vieles dafür, Faktoren wie ein Ungleichgewicht in wirtschaftlicher Hinsicht erst zum Ausübungszeitpunkt zu berücksichtigen.[102]

II. Korrektur nach § 242 BGB

Eine ausübungsbezogene Kontrolle ist dann allerdings unumgänglich. Mit ihr lassen sich gezielt die soeben erläuterten Missbrauchskonstellationen sowie sonstige Fälle abdecken, die es noch durch das grobe Raster des § 138 Abs. 1 BGB geschafft haben, z. B. weil das Ungleichgewicht zwischen den Parteien erst nachträglich eingetreten ist. Die eingangs dargestellte doppelte Zielrichtung gilt auch an dieser Stelle: Zum einen geht es darum, unangemessen niedrige Abfindungszahlungen anzupassen, zum anderen soll der Fall des Hinausdrängens aus der Gesellschaft verhindert werden.

1. Unangemessen niedriger Erwerbspreis

Es wird heutzutage kaum mehr ernsthaft bestritten, dass eine Abfindungssumme der Höhe nach zu korrigieren ist, wenn sie zum Zeitpunkt der Umsetzung der Abfindungsvereinbarung in einem groben Missverhältnis zum Verkehrswert steht. Nach wie vor nicht endgültig geklärt ist aber die Frage, auf welcher rechtlichen Grundlage diese Anpassung vorzunehmen ist.

---

[101] *Schmolke*, ZIP 2014, 897, 901; *Schmolke*, in: Vogt/Fleischer/Kalss, Gesellschafts- und KapitalmarktR, 2014, S. 107, 133.

[102] So *Werner*, NWB 2011, 1551, 1557; *Lorz*, FuS 2014, 125, 126; *Schmolke*, ZIP 2014, 897, 901; *Schmolke*, in: Vogt/Fleischer/Kalss, Gesellschafts- und KapitalmarktR, 2014, S. 107, 132 f.; *Schroeder/Welpot*, NZG 2014, 609, 615; *Willms/Bicker*, BB 2014, 1347, 1351. In diese Richtung auch *Weidmann*, DStR 2014, 1500, 1503 f.

a) Methodische Herleitung

Das Meinungsbild spielt für Russian Roulette- und Texas Shoot Out-Mechanismen in all seinen Einzelheiten keine Rolle, zumal die Unterschiede zwischen den Ansichten je nach Fallgestaltung minimal ausfallen können und sämtliche Auffassungen dazu führen, dass nach der abschlussbezogenen Kontrolle die Höhe der Abfindung zum Ausübungszeitpunkt erneut untersucht wird. Vereinfacht gesprochen nimmt die Rechtsprechung tendenziell eine Korrektur über die ergänzende Vertragsauslegung vor,[103] während ein Großteil des Schrifttums eine Lösung über die Figur des Rechtsmissbrauchs und § 242 BGB favorisiert[104]. Einige sprechen sich stattdessen oder gleichzeitig (auch) für eine Änderung über die Grundsätze des Wegfalls der Geschäftsgrundlage nach § 313 BGB aus.[105]

Der Rückgriff auf § 313 BGB erscheint indes zweifelhaft, denn die Norm ist nach ihrem ersten Absatz grundsätzlich auf Vertragsanpassung gerichtet, die für eine einzelfallbezogene Korrektur allein der Abfindungshöhe nicht recht passen mag.[106] Die Lösung der Rechtsprechung sucht nach derjenigen Regelung, die die Parteien vernünftiger- und redlicherweise zum Zeitpunkt der Vereinbarung der Abfindungsklausel verabredet hätten, sofern ihnen die zukünftige Entwicklung bekannt gewesen wäre.[107] Nicht ganz zu Unrecht wird dieser sehr hypothetische Ansatz kritisiert, der darauf hinausläuft, sich die Parteien zum Zeitpunkt des Vertragsschlusses vorzustellen – der unter Umständen schon Jahre oder Jahrzehnte zurückliegen kann.[108] Zuletzt gilt auch hier, wie schon zu den freien Hinauskündigungsklauseln, dass der Bundesgerichtshof de facto ohnehin schon eine rein einzelfallbezogene Kontrolle vornimmt, sie aber schlicht nicht so bezeichnen möchte. Statt sich tatsächlich an den Parteiinteressen zu orientieren, wägt er anhand objektiver Kriterien ab (z. B. anhand des Ausmaßes des Missverhältnisses, der Dauer der Gesellschaftszugehörigkeit des Ausscheidenden etc.[109]) und stellt das gefundene Ergebnis als dasjenige hin, das die Parteien vernünftigerweise vereinbart hätten.[110] Methodisch spricht daher vieles dafür,

---

[103] Siehe z.B. BGHZ 116, 359, 371; BGH NJW 1993, 2101, 2103; BGHZ 123, 281, 286 sowie aus der Literatur zur GmbH *Altmeppen*, GmbHG, 9. Aufl. 2019, § 34 Rn. 60.

[104] Statt vieler *Büttner*, in: FS Nirk, 1992, S. 119, 135 ff.; *Ulmer/Schäfer*, ZGR 1995, 134, 146 ff.; *Kilian*, in: Henssler/Strohn, GesR, 4. Aufl. 2019, § 738 BGB Rn. 16 sowie zum GmbH-Recht *Strohn*, in: Fleischer/Goette, MüKo GmbHG, Bd. 1, 3. Aufl. 2018, § 34 Rn. 242.

[105] Siehe z. B. *Schäfer*, in: Säcker/Rixecker/Oetker/Limperg, MüKo BGB, Bd. 6, 7. Aufl. 2017, § 738 Rn. 56. Vgl. auch BGHZ 123, 281, 287.

[106] So *Oppenheim*, Abfindungsklauseln, 2011, S. 64. Vgl. auch *Eckhardt*, notar 2015, 347, 350 f.

[107] BGHZ 123, 281, 284 f., dazu *Dauner-Lieb*, ZHR 158 (1994), 271 ff.

[108] *Ulmer/Schäfer*, ZGR 1995, 134, 147 und 149.

[109] Zu diesen und weiteren Kriterien BGHZ 123, 281, 286 f.; *Büttner*, in: FS Nirk, 1992, S. 119, 129 ff.; *Goulding/Boxell/Costelloe/Hellwig*, in: Micheler/Prentice, Joint Ventures, 2000, S. 151, 156; *Eckhardt*, notar 2015, 347, 351.

[110] *Ulmer/Schäfer*, ZGR 1995, 134, 144. Zu weiterer Kritik z. B. *Strohn*, in: Fleischer/Goette, MüKo GmbHG, Bd. 1, 3. Aufl. 2018, § 34 Rn. 242 m. w. N.

die Kontrolle der Abfindungshöhe als reine Rechtsmissbrauchskontrolle nach § 242 BGB unter Einbeziehung aller Umstände des Einzelfalls zu verstehen.[111]

b) Anpassung und Abwägungskriterien

Mit Blick auf die Abfindungshöhe sind Aussagen über pauschale Gestaltungs-grenzen naturgemäß nicht möglich. Die Spannbreite zulässiger Vereinbarun-gen dürfte zwar dann erschöpft sein, wenn der Verkehrswert ein Mehrfaches des vereinbarten Abfindungsbetrags erreicht.[112] Numerische Faustregeln, nach denen ein Abfindungsbetrag beispielsweise regelmäßig nicht weniger als 50 % des Verkehrswerts betragen darf,[113] sollten aber nur sehr zurückhaltend zum Maßstab genommen werden.[114] Zu bedeutend sind die konkreten Umstände, zu denen vor allem die Besonderheiten von Russian Roulette- und Texas Shoot Out-Verfahren zählen. Insbesondere kann die rechtliche Bewertung dadurch be-einflusst werden, dass zu Beginn des Verfahrens noch gar nicht feststeht, wel-che der Parteien ausscheiden wird. So kann man sich den Fall vorstellen, dass der initiierende Gesellschafter seine eigenen Anteile im Rahmen einer Russian Roulette-Klausel seinem Mitgesellschafter deutlich unterhalb des Verkehrs-werts zum Kauf anbietet, weil er seinen Geschäftspartner für wenig finanzkräf-tig hält und darauf hofft, dass dieser wiederum seine eigenen Anteile zu dem genannten Preis verkaufen muss. Hat der Angebotsempfänger aber entgegen dieser Annahme doch entsprechende finanzielle Rücklagen, besteht in Wirk-lichkeit kein Machtgefälle – das Verhalten des Anbietenden ist nicht tatsächlich (sondern nur „versucht") rechtsmissbräuchlich. Entscheidet sich der Mitgesell-schafter nun zum Kauf der Anteile, fällt es schwer, den auslösenden Gesell-schafter mit dem Argument zu hören, die Abfindung sei deutlich unterhalb des Verkehrswerts und deshalb anzupassen. Immerhin war er selbst es, der die Höhe des Betrags festgelegt und obendrein noch versucht hat, seinen Geschäftspart-ner für eben diesen zu niedrigen Wert auszukaufen.

Pauschale Aussagen dazu, auf welchen Betrag die Anpassung der Abfin-dungszahlung zu erfolgen hat, sind ebenfalls nur sehr begrenzt möglich. Der korrigierte Abfindungsbetrag wird sich in aller Regel zwischen dem gerade so zulässigen und dem Verkehrswert bewegen. Eine generelle Anhebung auf letz-teren findet aber nicht statt,[115] denn anders als bei der binären Entscheidung über die Nichtigkeit („ja oder nein") lassen sich hier die Interessen der Parteien

---

[111] So im Ergebnis z. B. auch *Wackerbeck*, Zulässigkeit des Gesellschafterausschlusses, 2010, S. 118; *Eckhardt*, notar 2015, 347, 351.

[112] Vgl. BGHZ 116, 359, 376.

[113] So z. B. *Wackerbeck*, Zulässigkeit des Gesellschafterausschlusses, 2010, S. 115.

[114] In diesem Sinne auch *Schäfer*, in: Säcker/Rixecker/Oetker/Limperg, MüKo BGB, Bd. 6, 7. Aufl. 2017, § 738 Rn. 52; *Strohn*, in: Fleischer/Goette, MüKo GmbHG, Bd. 1, 3. Aufl. 2018, § 34 Rn. 242. Vgl. zu § 138 BGB *Eckhardt*, notar 2015, 347, 349.

[115] Vgl. zum Ganzen BGHZ 116, 359, 371; *Altmeppen*, GmbHG, 9. Aufl. 2019, § 34 Rn. 61

zumindest teilweise umsetzen. Sie haben durch ihre wie auch immer geartete Abfindungsvereinbarung gerade zum Ausdruck gebracht, dass es nicht bei der gesetzlichen Regelung bleiben soll. Dieser Gedanke ist im Rahmen von Russian Roulette- und Texas Shoot Out-Klauseln ebenso von Bedeutung. Der Mechanismus zur Preisfindung ist eben nicht zwingend darauf ausgelegt, dass zum Verkehrswert abgefunden wird (selbst wenn das oft der Fall sein mag), sondern lässt vielmehr Gebote (auch recht deutlich) oberhalb oder unterhalb dieses Werts zu.[116]

2. Hinauskündigungsähnliche Wirkung

Im Rahmen der Ausübungskontrolle von Hinauskündigungssituationen kommt den bereits angesprochenen Machtgefällen besondere Bedeutung zu. Nach hier vertretener Auffassung bildet § 242 BGB für solche Fälle den geeigneten, zumindest für nachträglich eintretende Ungleichheiten aber auch nahezu einzigen rechtlichen Kontrollmechanismus.[117]

a) Machtgefälle und Differenzierung nach Zwang und Verhaltensalternativen?

Zunächst stellt sich die Frage, in welchen verschiedenen Ausprägungen ein Machtgefälle zwischen den Gesellschaftern überhaupt von Bedeutung sein kann. Damit hängt die Frage zusammen, ob sich die unterschiedlichen Arten eines Ungleichgewichts in irgendeiner Form systematisieren und kategorisieren lassen oder ob es bei einer reinen Einzelfallbetrachtung bleibt.

Nach bisher ganz überwiegender Meinung im Schrifttum unterliegen jedenfalls diejenigen Konstellationen der Ausübungskontrolle, in denen die Gesellschafter deutlich unterschiedlich finanzstark sind.[118] Kann eine der Parteien den Kaufpreis für die Übernahme der „gegnerischen" Anteile nicht aufbringen, kann sie gegen ihren Willen aus der Gesellschaft „hinausgekauft" werden, ganz wie bei einer klassischen Hinauskündigungssituation. Ähnlich werden häufig sonstige Situationen beurteilt, in denen eine Seite aufgrund rechtlicher oder wirtschaftlicher Faktoren schwächer aufgestellt ist,[119] insbesondere wegen unternehmensstrategischer, steuerlicher[120] oder auch kartellrechtlicher Risi-

---

m.w.N. Differenzierend *Wackerbeck*, Zulässigkeit des Gesellschafterausschlusses, 2010, S. 118 f.

[116] Zum Ganzen *Willms/Bicker*, BB 2014, 1347, 1351.

[117] *Schroeder/Welpot*, NZG 2014, 609, 615 bringen für absolute Ausnahmesituationen noch das Schikaneverbot des § 226 BGB ins Spiel.

[118] Statt vieler *Schaper*, DB 2014, 821, 824; *Schroeder/Welpot*, NZG 2014, 609, 615; *Valdini/Koch*, GWR 2016, 179, 182. Noch strikter *Wedemann*, Gesellschafterkonflikte, 2013, S. 497 f., der die Ausübungskontrolle nicht weit genug geht.

[119] Skeptisch dagegen *Brockmann*, Shoot-Out-Klauseln, 2017, S. 99 f.

[120] Zu beiden Fällen *Schroeder/Welpot*, NZG 2014, 609, 613; *Fett/Spiering*, in: Fett/Spiering, Hdb. Joint Venture, 2. Aufl. 2015, Kap. 7 Rn. 598; *Lange/Sabel*, NZG 2015, 1249, 1251;

ken[121]. Mit ersteren dürften unter anderem die oft eigens aufgeführten Konstellationen erfasst sein, in denen ein Gesellschafter ohne das technische Know-How des anderen das Unternehmen nicht sinnvoll alleine weiterführen könnte.[122]

aa) Qualitative Abstufung

Von *Valdini/Koch* wird dagegen eingewendet, dass strategische und steuerrechtliche Risiken den Kauf lediglich wirtschaftlich erschwerten, den betroffenen Gesellschafter aber nicht dazu zwingen würden, sich in einer bestimmten Weise zu verhalten.[123] Zudem sei es im Rahmen der §§ 138, 242 BGB durchaus von Belang, ob eine Seite „nicht handeln kann oder aber nicht handeln darf", sodass „[e]rwerbsrechtliche Gründe" klar dem Risikobereich einer Partei zuzuordnen seien.[124] In solchen Fällen liege daher keine Missbrauchskonstellation vor, deshalb sei zum Anwendungszeitpunkt auch nicht mit § 242 BGB korrigierend einzugreifen.[125]

bb) Stellungnahme

Valdini/Koch unterscheiden zwischen fehlender Zahlungskraft eines Gesellschafters auf der einen Seite, sodass ein Kauf zu einem bestimmten Preis wirtschaftlich gesprochen schlicht *nicht möglich* ist, und bestimmten sonstigen Risiken auf der anderen Seite, die den Kauf zu diesem Preis zwar *möglich*, aber *wirtschaftlich nachteilig* erscheinen lassen. Dieser Differenzierung zwischen finanzieller Disparität auf der einen und bestimmten Fällen sonstiger struktureller Ungleichheit auf der anderen Seite kann man in streng dogmatischer Hinsicht zugutehalten, dass sie Abgrenzungsprobleme bei der Rechtsprechung zu Hinauskündigungsklauseln konsequent vermeidet. So ließe sich argumentieren, dass es sich nicht mehr um eine klassische Hinauskündigungssituation handelt, wenn der Betroffene auf die Frage seines Ausscheidens Einfluss nehmen kann – und sei es auch nur durch eine für ihn wirtschaftlich nachteilhafte Verhaltensalternative. Dadurch könnte der Betroffene selbst einem Missbrauch entgegenwirken, sodass eine Kontrolle nach § 242 BGB ausscheiden könnte. Aus

---

Hohmuth, ZIP 2016, 658, 662. Näher zu den steuerrechtlichen Hintergründen *Weidmann*, DStR 2014, 1500, 1504.

[121] *Werner*, GmbHR 2014, 315, 316; *Opitz*, in: Kronke/Melis/Kuhn, Hdb. Int. WirtschaftsR, 2. Aufl. 2017, Teil K Rn. 858. Zu weiteren öffentlich-rechtlichen Beschränkungen *Hewitt/Howley/Parkes*, Joint Ventures, 6. Aufl. 2016, S. 248 Rn. 10-15.

[122] *Fleischer/Schneider*, DB 2010, 2713, 2714 f.; *Werner*, GmbHR 2014, 315, 316; *Willms/Bicker*, BB 2014, 1347, 1351. Vgl. in allgemeinerem Zusammenhang auch *Lange/Sabel*, NZG 2015, 1249, 1250 f. und ausführlich *Brockmann*, Shoot-Out-Klauseln, 2017, S. 199 ff.

[123] *Valdini/Koch*, GWR 2016, 179, 181.

[124] So explizit *Valdini/Koch*, GWR 2016, 179, 181 f.

[125] Zum Ganzen *Valdini/Koch*, GWR 2016, 179, 181 f.

verschiedenen Gründen vermag die vorgeschlagene Unterscheidung aber dennoch nicht zu überzeugen.

Valdini/Koch sehen ein korrekturbedürftiges Missbrauchsrisiko im Fall ungleicher Finanzkraft der Parteien, in ihren eigenen Worten also dann, wenn einer der Gesellschafter „nicht handeln kann"[126]. Nach ihrer implizit eingerichteten Rangfolge steht diese Konstellation auf der „oberen Stufe" und ist einer Korrektur nach § 242 BGB noch zugänglich. Situationen, in denen einem Gesellschafter der Erwerb rechtlich untersagt ist, er also „nicht handeln darf"[127], liegen dagegen im Risikobereich dieser Partei und scheinen nach der vorgenommenen Abstufung auf der „unteren Stufe" zu stehen, einer Missbrauchskontrolle also gänzlich unzugänglich zu sein. Dazwischen, aber doch näher an der unteren Stufe, sehen die Autoren wohl steuerliche Gründe, die immerhin noch den Kauf ermöglichen, allerdings eben nur zu wirtschaftlich ungünstigen Bedingungen. Letztendlich soll auch hier ein Missbrauch ausscheiden und deshalb keine Korrektur über § 242 BGB erfolgen.

An der Argumentation von *Valdini/Koch* verwundert, dass ausgerechnet diejenigen Fälle, in denen einer der Gesellschafter aus *rechtlichen* Gründen dazu gezwungen ist, sich in einer bestimmten Weise zu entscheiden, die geringsten Auswirkungen haben, d. h. ganz generell kein nach § 242 BGB korrekturbedürftiges Ungleichgewicht darstellen sollen. Während der betroffene Gesellschafter auf seine finanzielle Situation noch einen gewissen Einfluss haben mag, kann er an der Rechtslage als solcher nichts ändern. Es ließe sich daher mindestens ebenso gut vertreten, dass ein durch die Rechtslage verursachtes Ungleichgewicht deutlich *eher* durch eine Missbrauchskontrolle zu korrigieren ist als der Fall der divergierenden Finanzkraft.

Vollkommen durcheinander gerät die qualitative Abstufung dadurch, dass die Autoren anscheinend selbst dann ein korrekturbedürftiges finanzielles Ungleichgewicht annehmen wollen, wenn der schwächer aufgestellte Gesellschafter für einen Kauf auf eine externe Finanzierung angewiesen ist, „er diese [aber] nur unter erschwerten Voraussetzungen"[128] erhalten kann. Damit wird eine Situation beschrieben, in der eine bestimmte Entscheidung für den Betroffenen mit überdurchschnittlichem Aufwand verbunden ist, beispielsweise weil für die Sicherstellung der Finanzierung mehr Zeit nötig ist. Ein durch fehlende oder nur geringwertige Sicherheiten gesteigertes Ausfallrisiko wird außerdem regelmäßig zu einem höheren Zinssatz führen. Entsprechendes gilt bei nur geringem Eigenkapital. Ökonomisch handelt es sich bei vielen dieser Hürden um klassische Transaktionskosten[129], allgemein gesprochen um schlichte wirtschaftli-

---

[126] *Valdini/Koch*, GWR 2016, 179, 181.
[127] *Valdini/Koch*, GWR 2016, 179, 182.
[128] *Valdini/Koch*, GWR 2016, 179, 182.
[129] Als wegweisend für das Konzept der Transaktionskosten gilt nach wie vor der Aufsatz von *Coase*, 4 Economica 386 ff. (1937), auch wenn der Begriff als solcher erst später auf-

che Nachteile, die dem finanzierungsbedürftigen Gesellschafter entstehen, beispielsweise in Form der genannten höheren Zinsen oder erhöhten Suchkosten
nach einem geeigneten Investor. Doch worin liegt dann der Unterschied zum
steuerlich begründeten Ungleichgewicht, das nach *Valdini/Koch* ebenfalls den
Kauf wirtschaftlich nachteilig erscheinen lässt und so „erschwert", aber gerade
nicht über § 242 BGB zu korrigieren sein soll?

Etwas nachvollziehbarer wäre das Konzept noch, wenn die Missbrauchskontrolle bei finanziellem Ungleichgewicht auf Fälle beschränkt wäre, in denen der
Gesellschafter überhaupt keine Finanzierung durch einen Dritten erhalten kann,
auch nicht unter erschwerten Bedingungen („nicht handeln kann"). Selbst dann
könnte man aber daran denken, dass das Risiko mangelnder oder fehlender Li-
quidität von jeder Partei selbst zu tragen ist und ein Missbrauch durch die Gegenseite in diesen Fällen zumindest grundsätzlich ausscheidet. Jedenfalls ließe
sich mit diesem Argument im Fall unterschiedlicher Finanzkraft ein Umstand
sehen, der ebenso eindeutig dem Lager einer Partei zuzuordnen ist, wie dies
nach Ansicht der Autoren auch bei „erwerbsrechtlichen Gründen" der Fall ist[130]
– denn Geld hat man eben zu haben[131]. Die von *Valdini/Koch* vorgenommene
qualitative Abstufung ist also argumentativ insgesamt wenig überzeugend und
in dieser Form als Abgrenzungskriterium kaum geeignet.

b) Wirkungsorientierte Betrachtung und Einzelfallabwägung

Die Bewertung muss vielmehr aus einem anderen Blickwinkel erfolgen. Die
eingenommene Perspektive muss der Tatsache Rechnung tragen, dass es nach
wie vor um die Anwendungskontrolle einer Klausel mit potenziell hinauskün-
digungsähnlichem Charakter geht. Im Ergebnis ist daher mit dem Korrektiv
des § 242 BGB einzugreifen, sofern der schwächer (auf-)gestellte Gesellschafter in Folge des Machtgefälles dem Russian Roulette- oder Texas Shoot Out-
Mechanismus ähnlich einer voraussetzungslosen Hinauskündigungsklausel
ausgeliefert ist. Die Art des Gefälles spielt in dieser Hinsicht keine zentrale
Rolle, denn sowohl finanzielle als auch steuerliche oder sonstige strategische
Erwägungen können einen solchen Effekt haben.[132] Die im vorhergehenden
Abschnitt geäußerte Kritik richtet sich also in erster Linie gegen das dargestell-
te „gestufte Konzept". Die von *Valdini/Koch* vorgebrachten einzelnen Kriterien

---

taucht. Näher zur Theorie der Transaktionskosten statt vieler *Williamson*, 87 Am. J. Soc. 548 ff.
(1981); *Klaes*, in: Palgrave Macmillan, Dictionary of Economics, 3. Aufl. 2018, Transaction
Costs, History of.

[130] *Valdini/Koch*, GWR 2016, 179, 181.

[131] Siehe zu diesem Grundsatz statt vieler *Medicus*, AcP 188 (1988), 489 ff.; *Grundmann*,
in: Säcker/Rixecker/Oetker/Limperg, MüKo BGB, Bd. 2, 8. Aufl. 2019, § 276 Rn. 180.

[132] Vgl. *Wedemann*, Gesellschafterkonflikte, 2013, S. 499; *Schroeder/Welpot*, NZG 2014,
609, 613; *Weiler*, notar 2014, 406, 407; *Fett/Spiering*, in: Fett/Spiering, Hdb. Joint Venture,
2. Aufl. 2015, Kap. 7 Rn. 598; *Lange/Sabel*, NZG 2015, 1249, 1251.

sind dagegen sehr wohl relevant, denn für eine sorgfältige Einzelfallentscheidung müssen sämtliche Faktoren berücksichtigt werden, die die „Damoklesschwert"-Situation verschärfen oder abschwächen. Zu den verstärkenden Umständen ließe sich beispielsweise die fehlende Möglichkeit der Abhilfe oder die Tatsache zählen, dass der schwächere Gesellschafter auf seine Lage keinen Einfluss hat, wie es z. B. bei einem durch rechtliche Vorgaben bedingten Ungleichgewicht der Fall sein kann. Ebenso kann es sich verstärkend auswirken, dass einer der Geschäftspartner für die Lage des schwächeren Gesellschafters (mit-) verantwortlich ist, er das Trigger Event missbräuchlich herbeigeführt oder das Verfahren selbst eingeleitet hat.[133] Sämtliche dieser Umstände können ins Gegenteil verkehrt aber mildernd berücksichtigt werden, so bei einem Machtgefälle, das behebbar ist, auf das der schwächer gestellte Gesellschafter selbst Einfluss hat etc. Letztendlich kommt man auch hier um eine Einzelfallabwägung kaum herum und die Ursache des Machtgefälles mag eine gewisse Indizwirkung haben, das Ergebnis vorwegnehmen kann sie aber nicht.

III. Rechtsfolgen

Die Differenzierung zwischen der Inhaltskontrolle nach § 138 Abs. 1 BGB und der Ausübungskontrolle nach § 242 BGB ist vor allem mit Blick auf die Rechtsfolgen von Bedeutung. Während ein Sittenverstoß zwingend zur Nichtigkeit führt, sind die Auswirkungen des § 242 BGB variabler und tendenziell milder.

1. Nichtigkeit nach § 138 Abs. 1 BGB

Nimmt man einen Verstoß gegen die höchstrichterliche Rechtsprechung zu Hinauskündigungsklauseln an, hätte dies die Nichtigkeit des Ausscheidungsmechanismus zur Folge. Die Höhe der gezahlten Abfindung wird dabei nach der Rechtsprechung und einem Teil des Schrifttums kaum bis gar nicht berücksichtigt;[134] die Gegenauffassung möchte sie inzident als „Abwägungsmaterial" für die Frage heranziehen, ob überhaupt eine Hinauskündigungssituation vorliegt[135].

Im Hinblick auf Russian Roulette- und Texas Shoot Out-Klauseln kommt die Nichtigkeit allein wegen einer anfänglich zu niedrigen Abfindungssumme nach hier vertretener Auffassung nicht in Betracht, weil die Klausel unter anderem die Höhe dieser Abfindung noch gar nicht betragsmäßig festlegt. Sofern man dies anders sieht, muss man sich mit dem nicht ganz unproblemati-

---

[133] *Weidmann*, DStR 2014, 1500, 1504; *Willms/Bicker*, BB 2014, 1347, 1352.

[134] Siehe aus der umfangreichen Rechtsprechung z. B. BGH NJW 1973, 1606, 1607; BGHZ 105, 213, 219 f.; 112, 103, 111 f. Im diesem Sinne auch *Wiedemann*, ZGR 1980, 147, 153; *Kreutz*, ZGR 1983, 109, 121. Differenzierend und näher zur Rechtsprechungsentwicklung *Miesen*, RNotZ 2006, 522, 532 f.

[135] So *Grunewald*, Ausschluß, 1987, S. 221 ff.; *Grunewald*, DStR 2004, 1750, 1751; *Drinkuth*, NJW 2006, 410, 411.

schen Fall auseinandersetzen, dass allein die anfängliche Vereinbarung über die Abfindungshöhe beanstandet wird und nicht gleichzeitig der Ausscheidungsmechanismus als solcher. Der Bundesgerichtshof geht grundsätzlich davon aus, dass eine unwirksame Abfindungsvereinbarung trotz der Auslegungsregel des § 139 BGB[136] den Ausscheidungsmechanismus als solchen unberührt lässt.[137] Der Gesamtnichtigkeit dürften jedenfalls die typischerweise in Gesellschaftsverträgen enthaltenen salvatorischen Klauseln entgegenstehen, nach denen bei der Nichtigkeit einzelner Bestimmungen der Rest des Vertrags aufrechterhalten werden soll.[138] Die entstandene Lücke der Abfindungshöhe ist nach der Rechtsprechung grundsätzlich durch dispositives Recht zu füllen, sodass der ausscheidende Gesellschafter einen Anspruch auf Abfindung in Höhe des Verkehrswerts hätte.[139] Entgegenstehende Stimmen im Schrifttum, die eine Anpassung durch ergänzende Vertragsauslegung fordern,[140] haben sich zu Recht nicht durchgesetzt. Es ist nicht ersichtlich, warum einer sittenwidrigen Vereinbarung noch teilweise dadurch zur Geltung verholfen werden sollte, dass sie auf das rechtlich zulässige Maß „zurechtgestutzt" wird; eine geltungserhaltende Reduktion sollte also nicht stattfinden.[141]

Im Ergebnis hat die Sittenwidrigkeit die dauerhafte Nichtigkeit zur Folge. Selbst falls die sittenwidrigkeitsbegründenden Umstände nachträglich entfallen sollten, müsste entweder eine neue Vereinbarung geschlossen werden oder zumindest eine Bestätigung des nichtigen Geschäfts nach § 141 BGB erfolgen.[142]

2. *Anpassung nach § 242 BGB*

Die Kontrolle nach § 242 BGB korrigiert dagegen lediglich die konkreten Auswirkungen, wendet sich aber nicht gegen den Mechanismus als solchen. Im

---

[136] Zu § 139 BGB im Zusammenhang mit Hinauskündigungsklauseln OLG Frankfurt a.M. NZG 2004, 914, 915 f., dazu *Benecke*, ZIP 2005, 1437, 1439, sowie letztinstanzlich knapp BGHZ 164, 98, 101.

[137] Siehe z.B. BGH NJW 1973, 1606, 1607; BGHZ 112, 103, 111 f.; 164, 98, 104. Aus dem Schrifttum *Schäfer*, in: Säcker/Rixecker/Oetker/Limperg, MüKo BGB, Bd. 6, 7. Aufl. 2017, § 738 Rn. 73 m. w. N.

[138] Näher *Habermeier*, in: von Staudinger, BGB, Bearb. 2003, § 738 Rn. 35; *Schäfer*, in: Säcker/Rixecker/Oetker/Limperg, MüKo BGB, Bd. 6, 7. Aufl. 2017, § 738 Rn. 74 f. Allgemein zu Zulässigkeit und Einzelheiten salvatorischer Klauseln BGH NJW 2003, 347, 347 f.; NJW 2010, 1660, 1661; *Sommer/Weitbrecht*, GmbHR 1991, 449 ff.

[139] BGH NJW 1979, 104, 104; BGHZ 116, 359, 375; *Schäfer*, in: Säcker/Rixecker/Oetker/Limperg, MüKo BGB, Bd. 6, 7. Aufl. 2017, § 738 Rn. 75.

[140] *Engel*, NJW 1986, 345, 348 f.; *Sigle*, ZGR 1999, 659, 667 ff.

[141] BGHZ 68, 204, 207; *Schäfer*, in: Säcker/Rixecker/Oetker/Limperg, MüKo BGB, Bd. 6, 7. Aufl. 2017, § 738 Rn. 75. Das räumt sogar die Gegenansicht in gewissem Umfang ein, *Sigle*, ZGR 1999, 659, 668. Zum allgemeinen, gesellschaftsrechtsunabhängigen Meinungsbild *Armbrüster*, in: Säcker/Rixecker/Oetker/Limperg, MüKo BGB, Bd. 1, 8. Aufl. 2018, § 138 Rn. 158 ff.

[142] So explizit z.B. *Weidmann*, DStR 2014, 1500, 1504.

Fall einer unangemessen niedrigen Abfindung wird deren Höhe angepasst (wie bereits erwähnt allerdings gerade nicht pauschal auf den Verkehrswert[143]), es bleibt aber bei dem Ausscheiden des betreffenden Gesellschafters. Sollte dagegen gleichzeitig oder stattdessen eine Hinauskündigungssituation vorliegen, wird über § 242 BGB rechtsmissbräuchliches Verhalten verhindert. Konkret heißt das, dass die Vereinbarung unter den gegebenen Umständen (vorübergehend) gar nicht erst ausgelöst werden kann. An der Wirksamkeit der Klausel an sich ändert dies jedoch nichts. Sollten die Umstände, die die Ausübung rechtsmissbräuchlich machen, später wegfallen, muss die Klausel im Gegensatz zur Rechtslage bei § 138 Abs. 1 BGB nicht erneut vereinbart werden.

C. Zwischenfazit:
Unvermeidbarkeit des Missbrauchsrisikos und offene Fragen

Die Problematik der Missbrauchsgefahr von Russian Roulette- und Texas Shoot Out-Mechanismen bildet im Schrifttum ein unübersichtliches Konglomerat; in der dazugehörigen Diskussion verschmelzen nicht selten § 138 BGB, § 242 BGB und die Konzepte des (Rechts-)Missbrauchs sowie der gesellschaftlichen Treuepflicht. Nahezu einig ist man sich immerhin zu Recht darüber, dass in verschiedener Hinsicht ein inhärentes Missbrauchsrisiko besteht, das selbst bei vorausschauender kautelarjuristischer Gestaltung nicht vollkommen ausgeräumt werden kann und daher eine der größten Schwächen der hier diskutierten Verfahren darstellt. Davon betroffen ist neben den Voraussetzungen des Bedingungseintritts auch die Anwendung des Verfahrens selbst.

Der Versuch der höchstrichterlichen Rechtsprechung, Hinauskündigungsklauseln maßgeblich über eine vorgeschaltete Inhaltskontrolle und das Sittenwidrigkeitsverdikt des § 138 Abs. 1 BGB einzufangen, gerät nach hier vertretener Auffassung zu starr und undifferenziert. Eine alleinige nachgeschaltete Ausübungskontrolle unter Abwägung sämtlicher Umstände wäre wie gezeigt deutlich besser geeignet, den Einzelfall angemessen zu berücksichtigen und die Rechtsprechung wieder in ein dogmatisch und argumentativ besseres Licht zu rücken.[144]

Das Urteil des Oberlandesgerichts Nürnberg schafft für die Frage nach der rechtlichen Wirksamkeit von Russian Roulette und Texas Shoot Out erstmals ein gewisses Maß an Rechtssicherheit und gibt grob die rechtliche „Marschrichtung" vor. Für die Beratungspraxis handelt es sich um eine wertvolle Entschei-

---

[143] Siehe dazu oben S. 133 f.

[144] Diese zweistufige Prüfung, bestehend aus Inhalts- und Ausübungskontrolle, findet sich beispielsweise auch bei der rechtlichen Analyse von Eheverträgen wieder, wobei hier verfassungsrechtliche Gesichtspunkte eine besondere Rolle spielen (näher dazu statt vieler BVerfGE 103, 89 ff.; BGHZ 158, 81 ff. und, monographisch, *Sanders*, Statischer Vertrag, 2008).

dung, selbst wenn die noch offenen, teils (auch) aus den inhaltlich unpräzisen Ausführungen des Senats entstandenen Fragen einen kleinen Wermutstropfen darstellen. Vor allem voraussetzungslose Klauseln sind selbst im Anschluss an das Urteil noch mit erheblichen Risiken behaftet. Wurde auf die zweifelhaften Eigenschaften der triggerlosen Variante bereits im Zusammenhang mit den kündigungs- und austrittsrechtlichen Fragen hingewiesen, muss die Mahnung zur Vorsicht nun um die veritable rechtliche Warnung vor einer möglichen Nichtigkeit ergänzt werden. Aus beratender Perspektive sollte daher große Zurückhaltung bei der Empfehlung der freien Variante geübt und genau geprüft werden, ob nicht auch eine voraussetzungsgebundene Klausel die Parteiinteressen inhaltlich angemessen verwirklichen kann und dem vertragsgestalterischen „Gebot des sichersten Weges"[145] eher gerecht wird.

Wie sich ein eventueller Missbrauch rein praktisch darstellen kann, wenn schon der Vertragstext nachlässig aufgesetzt wird, zeigt sich eindrucksvoll am bereits diskutierten Fall von *Larken Minnesota, Inc. v. Wray*[146]. Man muss der missbräuchlich handelnden Partei aus Sicht eines unbeteiligten Beobachters fast dankbar sein, zeigt sie durch ihr listenreiches Verhalten doch eindrucksvoll die Schwächen des vereinbarten Mechanismus. Man kann nur hoffen, dass ein deutsches Gericht die Untätigkeit des Höchstbietenden ebenso zu dessen Nachteil ausgelegt hätte, wie es in der Originalentscheidung der Fall war.

---

[145] Näher dazu statt vieler *Aderhold/Koch/Lenkaitis*, Vertragsgestaltung, 3. Aufl. 2018, § 3 Rn. 10 ff.; *Kamanabrou*, Vertragsgestaltung, 5. Aufl. 2019, § 1 Rn. 32 ff.
[146] Larken Minnesota, Inc. v. Wray, 881 F. Supp. 1413 ff. (D. Minn. 1995), *aff'd*, 89 F.3d 841 ff. (8th Cir. 1996). Siehe dazu bereits oben S. 48 ff.

Teil 4

Stärken, Schwächen und praktische Realisierung

Ungeachtet rein rechtlicher Fallstricke geht es im Folgenden darum, ob und, falls ja, wie sich Russian Roulette- und Texas Shoot Out-Mechanismen in der Praxis bewähren können. Zum einen sind dafür ihre Vor- und Nachteile entscheidend, zum anderen muss man sich um die tatsächliche Umsetzung Gedanken machen, wobei typische vertragsgestalterische Vorüberlegungen eine Rolle spielen[1].

---

[1] Vgl. allgemein *Aderhold/Koch/Lenkaitis*, Vertragsgestaltung, 3. Aufl. 2018, § 4 Rn. 1 ff.; *Kamanabrou*, Vertragsgestaltung, 5. Aufl. 2019, Rn. 12 ff.

§ 10 Vor- und Nachteile des Verfahrens

Vor allem im Vergleich zu anderen Verfahren zur Konfliktlösung und Trennung von Gesellschaftern weisen Russian Roulette- und Texas Shoot Out-Klauseln einige nicht zu verachtende Vorzüge auf. Diesen Vorteilen stehen bei genauerem Hinsehen aber, so viel sei vorweggenommen, korrespondierende Nachteile gegenüber. Ob man in den hier diskutierten Verfahren folglich ein wertvolles kautelarjuristisches Werkzeug oder einen gefährlichen Unsicherheitsfaktor sieht, hängt maßgeblich von den Präferenzen der Parteien und der Gewichtung der einzelnen Faktoren ab.

A. Vorteile

I. Schnelligkeit

Einer der Hauptvorteile der hier diskutierten Mechanismen liegt in ihrer viel gepriesenen und auch tatsächlich gegebenen Schnelligkeit,[1] die es ermöglicht, einen Streit zwischen Gesellschaftern innerhalb kurzer Zeit vollständig beizulegen.[2] Dafür gibt es im Wesentlichen zwei Gründe: Erstens führt die Vereinbarung straffer Aktions- und Reaktionsfristen und der Automatismus des Verfahrens dazu, dass es zügig und notfalls ohne Mitwirkung der anderen Seite ablaufen kann. Zweitens sorgt das ausgeklügelte interne Preisermittlungsverfahren für eine effektive Befriedung der Parteien, allerdings mit gewissen Einschränkungen für die Verfahren des Deterrent Approach und des Fairest Sealed Bid, die maßgeblich von einem extern festgelegten Wert beeinflusst werden[3]. Eine langwierige Diskussion um die Höhe der Abfindung wird damit grundsätzlich vermieden. Dieser Punkt kann kaum genug betont werden, sind Streitigkeiten über die angemessene Höhe der Abfindung doch vergleichsweise häufig und können zusammen mit den dazugehörigen gerichtlichen Verfahren bestenfalls

---

[1] *Schulte/Sieger*, NZG 2005, 24, 30; *Duve*, AnwBl 2007, 389, 391; *Wälzholz*, GmbH-StB 2007, 84, 86; *Werner*, NWB 2011, 1551, 1557 f.; *Fett/Spiering*, in: Fett/Spiering, Hdb. Joint Venture, 2. Aufl. 2015, Kap. 7 Rn. 597, 602; *Lange/Sabel*, NZG 2015, 1249, 1250; *Schulte/Pohl*, Joint-Venture-Gesellschaften, 4. Aufl. 2015, Rn. 830; *Lutz*, Gesellschafterstreit, 5. Aufl. 2017, Rn. 560.

[2] Eher skeptisch *Brockmann*, Shoot-Out-Klauseln, 2017, S. 72 ff.

[3] Näher *Brockmann*, Shoot-Out-Klauseln, 2017, S. 73.

kostspielig und zäh sein, schlimmstenfalls sogar wirtschaftlich existenzbedro-
hende Ausmaße für Gesellschaft und Gesellschafter annehmen.[4] Die Schnelligkeit der Abwicklung ist im Prinzip sämtlichen Spielarten gemein, die Umstände
der konkreten Vereinbarung können hier aber erheblichen Einfluss haben. Varianten wie der Texas Shoot Out können zudem aufgrund der (möglicherweise)
mehreren „Bieterrunden" mehr Zeit in Anspruch nehmen als beispielsweise ein
Russian Roulette-Verfahren.[5]

II. Grundsatz der Preisgerechtigkeit

Ein zügiges Verfahren allein könnte allerdings kaum beeindrucken, sofern mit
ihm nicht auch ein hohes Maß an Preisgerechtigkeit verbunden wäre. Die Tatsache, dass der Anbietende bei seinem Angebot nicht weiß, ob er zu diesem
Preis entweder kaufen oder verkaufen wird (Russian Roulette) bzw. kaufen oder
zu einem (leicht) höheren Preis verkaufen wird (Texas Shoot Out und Highest
Sealed Bid) führt dazu, dass er einen aus seiner Sicht „fairen" Preis anbieten
muss.[6] Nennt er einen zu hohen Betrag, wird die Gegenseite zu diesem Betrag
verkaufen und der Anbietende hat „überbezahlt". Nennt er einen zu niedrigen
Betrag, kann die Gegenseite zumindest im Fall des Russian Roulette direkt zu
diesem Preis kaufen und der Anbietende ist zur Abgabe seiner Anteile „unter
Wert" verpflichtet.[7] So sorgt der Preisfindungsmechanismus grundsätzlich für
eine gerechte Abfindungshöhe, die vor allem für den Fall eines ernsten Streits
zwischen den Gesellschaftern schwerlich auf anderem Wege zu erzielen ist –
„[d]er Markt regelt, was die Gerichte kaum lösen können."[8]

Wälzholz sieht in diesem Punkt sogar in gewissem Umfang einen Nachteil
und merkt an, dass die im Rahmen von Russian Roulette und Texas Shoot Out
gezahlte Abfindung regelmäßig dem Verkehrswert entspricht und gerade nicht
beschränkt wird.[9] Dagegen ist zweierlei einzuwenden. Zum einen kann in dem
Fall, in dem eine Abfindung zwingend unterhalb des Verkehrswerts den Parteien so wichtig ist, eine entsprechende Variante mit Abschlägen für den An-

---

[4] Zum Ganzen *Schulte/Sieger*, NZG 2005, 24, 30; *Werner*, NWB 2011, 1551, 1557 f.;
Schroeder/Welpot, NZG 2014, 609, 610 f.; *Langenfeld/Miras*, GmbH-Vertragspraxis, 7. Aufl.
2015, Rn. 376; *Schulte/Pohl*, Joint-Venture-Gesellschaften, 4. Aufl. 2015, Rn. 830.

[5] Vgl. *Otto*, GmbHR 1996, 16, 19 f. Weiter differenzierend zwischen den verschiedenen
Spielarten *Brockmann*, Shoot-Out-Klauseln, 2017, S. 72 ff.

[6] *Krauß*, Immobilienkaufverträge, 8. Aufl. 2017, Teil B.I. Rn. 558 spricht anschaulich von
einem „Bumerang-Effekt".

[7] Zum Ganzen *Schulte/Sieger*, NZG 2005, 24, 30; *Fleischer/Schneider*, DB 2010, 2713,
2714; *Werner*, NWB 2011, 1551, 1557; *Schulte/Pohl*, Joint-Venture-Gesellschaften, 4. Aufl.
2015, Rn. 830. Insgesamt skeptisch *Wedemann*, Gesellschafterkonflikte, 2013, S. 496 f. und
Otte, ZKM 2018, 126, 129, der von „eher willkürlich[er]" Preisfindung spricht.

[8] *Luxem*, in: Gosch/Schwedhelm/Spiegelberger, GmbH-Beratung, Ausscheiden eines Gesellschafters, 7.a) (Stand: 54. Lfrg., April 2019).

[9] *Wälzholz*, GmbH-StB 2007, 84, 86.

kaufenden vereinbart werden, wie *Wälzholz* auch selbst einräumt.[10] Zum anderen ergibt sich die scheinbare Wandlung vom Vorteil zum Nachteil allein aus einem Wechsel des Betrachtungswinkels. Während die Preisgerechtigkeit vor allem der rechtssicheren Befriedung der Parteien, insbesondere aber dem Ausscheidenden entgegenkommt, dient eine reduzierte Abfindung den Interessen der Gesellschaft und des verbleibenden Gesellschafters. In Anbetracht der Tatsache, dass die angemessene Höhe der Abfindung aber so häufig zu Streit zwischen den Gesellschaftern führt, ist der Grundsatz der Preisgerechtigkeit nach hier vertretener Auffassung regelmäßig höher zu gewichten als die sichere Beschränkung der Abfindungszahlung.

III. Verhandlungsdruck

Der arteigene Preisfindungsmechanismus sorgt mittelbar für das Potenzial, selbst zerstrittene Gesellschafter wieder an den Verhandlungstisch zurückzubringen. Im Schrifttum wird vor allem von beratender Seite darauf hingewiesen, dass der Zweck der Klauseln weniger darin liegt, tatsächlich zur Anwendung zu kommen. Vielmehr sorgt ihr unsicherer Ausgang dafür, dass die Gesellschafter sich angesichts des drohenden, grundsätzlich völlig ergebnisoffenen Verfahrens häufig noch einmal „zusammenreißen" und an einer einvernehmlichen Lösung versuchen.[11] Dadurch erklären sich auch eventuell vorgeschaltete Abkühlungs- und Verhandlungsmechanismen: Sie sind einerseits vor dem Hintergrund der emotional aufgeladenen Situation und dem potenziell „gefährlichen", unsicheren Charakter der Klauseln zu verstehen, andererseits sollen sie letztmalig darauf hinwirken, beispielsweise ein Entscheidungspatt anderweitig zu lösen.

B. Nachteile

I. Regelungsintensität

Schaut man sich die Formulierungsvorschläge für Russian Roulette- und Texas Shoot Out-Klauseln in den einschlägigen Handbüchern an,[12] wird schnell klar,

---

[10] *Wälzholz*, GmbH-StB 2007, 84, 86. Der Deterrent Approach hilft hier nur bedingt, gibt er doch dem Angebotsempfänger auch die Möglichkeit, mit einem Aufschlag zu verkaufen, sodass doch wieder oberhalb des Verkehrswerts abgefunden würde.

[11] Zum Ganzen *Wälzholz*, GmbH-StB 2007, 84, 86; *Werner*, NWB 2011, 1551, 1558; *CMS Hasche Sigle*, Rechtsratgeber Joint Venture, 2013, S. 89; *van de Sande*, in: Hopt, Vertrags- und Formularb., 4. Aufl. 2013, Form. II.H.1 Nr. 14; *Fett/Spiering*, in: Fett/Spiering, Hdb. Joint Venture, 2. Aufl. 2015, Kap. 7 Rn. 597; *Lange/Sabel*, NZG 2015, 1249, 1250.

[12] Siehe z. B. die Vorschläge bei *Natterer*, in: Hamann/Sigle, Vb. GesR, 2. Aufl. 2012, § 5 Rn. 226; *van de Sande*, in: Hopt, Vertrags- und Formularb., 4. Aufl. 2013, Form. II.H.1 § 6

dass ihre vertragliche Gestaltung häufig komplex und umfangreich ausfällt.[13] Obwohl sich die eigentliche Klausel theoretisch auf verhältnismäßig engem Raum unterbringen lässt,[14] schwillt der Vertragstext durch vorgeschaltete Eskalationsmechanismen, Abkühlungsphasen und ähnliche Zusätze immer weiter an. Die Regelungsintensität der Klauseln mag angesichts vorgedruckter Formulierungsvorschläge zunächst nicht erheblich ins Gewicht fallen und dürfte für sich allein kaum Einfluss auf den Verbreitungsgrad der in dieser Arbeit diskutierten Mechanismen haben.[15] Sie ist aber aus zweierlei Gründen dennoch von Bedeutung. Zum einen mag der Umfang im Einzelfall diejenigen Parteien von der Verwendung abschrecken, denen rechtliche Vorkenntnisse fehlen und die schlicht keine risikobehaftete Regelung in ihren Vertrag aufnehmen möchten, deren Grenzen und Einzelheiten sie nicht überblicken. Zum anderen muss selbst der vorformulierte Vertragstext in gewissem Umfang auf die individuellen Bedürfnisse der Parteien zugeschnitten werden – und je komplexer und zahlreicher sich die kautelarjuristischen Fußangeln darstellen, desto häufiger passieren Fehler.

II. Missbrauchspotenzial

Das Missbrauchsrisiko von Russian Roulette- und Texas Shoot Out-Klauseln wurde bereits eingehend diskutiert und soll an dieser Stelle nur der Vollständigkeit halber noch einmal erwähnt werden.[16] Dieses Missbrauchsrisiko mag zwar in gewissem Umfang davon abhalten, das Verfahren überhaupt auszulösen und so den Verhandlungsdruck erhöhen.[17] Das gilt aber in allererster Linie für denjenigen Gesellschafter, der in der schwächeren Position ist, kaum dagegen für den besser gestellten.[18]

Abs. 3, 4; *Schwarz*, in: Walz, ADR-Formularbuch, 2. Aufl. 2017, Kap. 21 Rn. 25, 68; *Giesen*, in: Seibt, Beck'sches Fb. M&A, 3. Aufl. 2018, Form. G. II §§ 18.1 ff.

[13] *Kallrath*, notar 2014, 75, 82; *Grau*, CF 2015, 39, 45; *Hauschild/Kallrath*, in: Hauschild/Kallrath/Wachter, Notarhdb., 2. Aufl. 2017, § 16 Rn. 405.

[14] Siehe die (vergleichsweise) knappen Regelungen bei *Langenfeld/Miras*, GmbH-Vertragspraxis, 7. Aufl. 2015, Rn. 377 M 50; *Dorsel*, in: Wurm/Wagner/Zartmann, Rechtsfb., 17. Aufl. 2015, Kap. 119 Rn. 150 M 119.37; *Giehl*, in: Weise/Krauß, Beck'sche OF Vertrag, 52. Ed. 2020, 7.8.2.2.3 (Stand: 01.12.2019).

[15] So aber *Wälzholz*, GmbH-StB 2007, 84, 89; *Werner*, NWB 2011, 1551, 1559. Vgl. auch *Giesen*, in: Seibt, Beck'sches Fb. M&A, 3. Aufl. 2018, Form. G. II Nr. 38 („kaufmännisch unpraktikabel").

[16] Eingehend dazu oben S. 114 ff.

[17] Vgl. *McCahery/Vermeulen*, Corporate Governance, 2008, S. 149, Fn. 5, die den Fall des „strategic underpricing" ansprechen.

[18] Näher dazu im Zusammenhang mit der Informationsverteilung sogleich.

III. Planungsunsicherheit

Schlussendlich bringt auch die Unvorhersehbarkeit des Verfahrensausgangs Nachteile mit sich. Typischerweise bevorzugt jeder Gesellschafter klar entweder den Verkauf der eigenen oder den Kauf der „gegnerischen" Anteile, kann das Ergebnis aber wegen der Offenheit des Verfahrens kaum vorhersehen. Dass es allen Gesellschaftern tatsächlich vollkommen gleichgültig ist, wie das Verfahren ausgeht, dürfte praktisch kaum vorkommen. Das führt zu einer Planungsunsicherheit *ex ante*, die als Nachteil angesehen werden kann.[19] Zugegebenermaßen trifft diese Unsicherheit aber nicht alle Gesellschafter zwingend in gleicher Weise; Einzelheiten hängen von der konkret vereinbarten Spielart ab. Während beispielsweise beim Russian Roulette nur der Initiierende „unsicher" ist, trifft die Ungewissheit beim Highest Sealed Bid sämtliche Gesellschafter gleichermaßen.[20]

Gegen die Einordnung dieser Unsicherheit als Nachteil mag man einwenden, dass eben zuerst mit schlichten Kauf- oder Verkaufsangeboten darauf hingearbeitet werden sollte, das Ziel zu erreichen. In aller Regel wird aber genau das zuvor versucht worden sein und die Tatsache, dass solche Angebote gerade bei stark zerstrittenen Gesellschaftern häufig abgelehnt werden,[21] ist der Grund, warum man überhaupt über ein Russian Roulette- oder Texas Shoot Out-Verfahren nachdenkt.

C. Zwischenfazit: Ausgeglichenheit

Neben den vorstehend genannten Gesichtspunkten mag man noch weitere aufführen,[22] die aber im Wesentlichen bloße Ausprägungen der genannten Vor- und Nachteile sind und auf deren einzelne Nennung deshalb verzichtet wurde. Ohnehin lassen sich einzelne Pro- und Contra-Aspekte nicht immer klar voneinander trennen, beispielsweise hängt der Vorteil der Schnelligkeit des Verfahrens (auch) mit dessen Preisgerechtigkeit zusammen, weil dadurch zeitintensive Streitigkeiten über die angemessene Abfindungshöhe vermieden werden.

All diese Vorzüge und Schwächen von Russian Roulette, Texas Shoot Out und Co. sind der rechtsberatenden Praxis selbst in den Einzelheiten weitestgehend bekannt. Sofern eine solche Klausel tatsächlich vereinbart wird, dürfte

---

[19] So *Carey*, 39 Real Prop. Prob. & Tr. J. 651, 660 f. (2005); *Schulte/Sieger*, NZG 2005, 24, 30; *Fleischer/Schneider*, DB 2010, 2713, 2714; *Werner*, NWB 2011, 1551, 1558; *Wedemann*, Gesellschafterkonflikte, 2013, S. 497; *Schulte/Pohl*, Joint-Venture-Gesellschaften, 4. Aufl. 2015, Rn. 832.

[20] Vgl. *Brockmann*, Shoot-Out-Klauseln, 2017, S. 89.

[21] Vgl. *Werner*, GmbHR 2005, 1554, 1556.

[22] So z. B. *Brockmann*, Shoot-Out-Klauseln, 2017, S. 65 ff.

es naheliegen, dass man die Nachteile zur Kenntnis genommen und sie vor dem Hintergrund akzeptiert hat, dass ihnen korrespondierende Vorteile gegenüberstehen, die man angesichts der konkreten Gestaltungssituation für gewichtiger hält.

§ 11 Ökonomische Perspektive

Einen besonderen Blick auf die Vor- und Nachteile des Verfahrens gewähren die Wirtschaftswissenschaften. Der ökonomische Standpunkt erweitert die Diskussion um Aspekte, die aus rein rechtlicher Perspektive bisher kaum Beachtung gefunden haben. Inhaltlich geht es zusammengefasst um zweierlei: Erstens um die Frage, ob die infolge eines Russian Roulette-Verfahrens entstandene Verteilung der Gesellschaftsanteile im ökonomischen Sinne effizient ist, zweitens, ob sie im ökonomischen Sinne fair ist. Beide Punkte spielen in der nachfolgenden Untersuchung eine Rolle, der Schwerpunkt liegt allerdings klar auf der Frage der Effizienz.

A. Ökonomische Grundlagen

Zunächst liefern die Wirtschaftswissenschaften insofern einen wichtigen Beitrag zur Diskussion, als sie die Hintergründe und Entstehungsgeschichte der hier behandelten Klauseln erklären. Der Trennungsmechanismus einer Russian Roulette-Klausel beruht auf einem Verfahren, das für zwei Beteiligte unter dem Namen *I cut, you choose*[1] oder auch *divide and choose*[2] bekannt ist und einen Spezialfall der allgemeinen Verteilungsproblematik des *cake cutting*[3] bildet – wobei der zu verteilende „Kuchen" erkennbar nur sinnbildlich für eine Vielzahl

---

[1] So z.B. *Barbanel/Brams*, 48 Math. Soc. Sci. 251, 252 (2004); *Fleischer/Schneider*, DB 2010, 2713, 2714; *Li/Wolfstetter*, 62 Oxf. Econ. Pap. 529, 530 (2010). Ähnlich *Dubins/Spanier*, 68 Am. Math. Monthly 1, 1 (1961); *Barbanel/Brams*, 36 Math. Intell. 23, 23 (Sept. 2014). Vgl. aus dem rechtlichen Schrifttum z.B. *Krauß*, Immobilienkaufverträge, 8.Aufl. 2017, Teil B.I. Rn. 558.

[2] Diese Formulierung taucht vor allem im älteren Schrifttum auf, siehe z.B. schon *Shubik*, Strategy and Market Structure, 1959, S. 353; *Crawford*, 47 Econometrica 49, 51 (1979); *Crawford*, 47 Rev. Econ. Stud. 385, 385 (1980). Aus neuerer Zeit *Young*, Equity, 1995, S. 135 f.; *van Damme*, Stability and Perfection of Nash Equilibria, 2.Aufl. 1996, S. 130, 133 ff.

[3] Als wegweisend gelten u. a. die Ausführungen von *Steinhaus* (The Problem of Fair Division), abgedruckt in *o. V.*, 16 Econometrica 33, 101 ff. (1948). Exemplarisch aus der umfangreichen neueren Literatur *Jones*, 75 Math. Mag. 275 ff. (2002); *Cloutier/Nyman/Su*, 59 Math. Soc. Sci. 26 ff. (2010); *Brams/Jones/Klamler*, 120 Am. Math. Monthly 35 ff. (2013); *Chen/Lai/Parkes/Procaccia*, 77 Games & Econ. Behav. 284 ff. (2013), wobei die terminologische Differenzierung nicht immer eindeutig gehandhabt wird, siehe z. B. *Kittsteiner/Ockenfels*, in: Fabel/Franck, Governance Innovations, ZfB Special Issue 5/2006, S. 121, 134; *Trhal*, Experimental Studies on Partnership Dissolution, 2009, S. 5, Fn. 3, S. 11 f.

möglicher Güter steht[4]. Zentrale Frage des *cake cutting* ist, wie der bildliche Kuchen durch sinnvolle Kuchenschnitte so zwischen einer beliebigen Anzahl von Personen aufgeteilt werden kann, dass die Verteilung die zwei eingangs genannten Kriterien erfüllt: das der ökonomischen Effizienz und möglichst gleichzeitig das der Fairness.[5]

I. *I cut, you choose/divide and choose*

Für den Fall des *I cut, you choose* bzw. *divide and choose* spiegelt sich im Namen bereits anschaulich der schlichte Ablauf des Verfahrens wider: Die erste Person schneidet den Kuchen in zwei Teile (*cut* bzw. *divide*), die zweite Person entscheidet über deren Verteilung, sucht sich selbst also eines der Stücke aus und weist das andere damit automatisch dem „Schneidenden" bzw. „Teilenden" zu (*choose*). In leicht modifizierter Form ist dieses Prinzip auch bei einer klassischen Russian Roulette-Klausel erkennbar: Der Anbietende schneidet den Kuchen durch sein Angebot in zwei Teile, die der Möglichkeit zum Kauf oder zum Verkauf entsprechen, woraufhin der Angebotsempfänger das für sich „beste" Kuchenstück auswählt.[6] Selbst wenn dieses Verfahren vor allem in der jüngeren Literatur besprochen wird, so hat es seinen Ursprung doch schon vor Jahrtausenden[7] und erfreut sich noch heute großer Beliebtheit als Kinderspiel – bei dem es dann auch um die Verteilung eines echten Kuchens geht[8].

Der Grundgedanke des *I cut, you choose* bzw. *divide and choose* lässt sich theoretisch auf Konstellationen mit beliebig vielen Spielern übertragen. Die Frage, ob stets eine „perfekte Verteilung" (*perfect division*) existiert, die gleichzeitig effizient und fair ist, und wie sie erreicht werden kann, wurde und wird viel diskutiert und ist nach wie vor nicht in allen Einzelheiten geklärt.[9] *Aziz/ Mackenzie* haben die Forschung allerdings jüngst und überraschend einen gro-

---

[4] *Barbanel/Brams*, 36 Math. Intell. 23, 23 (Sept. 2014). Vgl. auch *Börgers*, Mathematics of Social Choice, 2010, S. 121; *Hill/Morrison*, 41 College Math. J. 281, 281 (2010).

[5] *Trhal*, Experimental Studies on Partnership Dissolution, 2009, S. 6. Vgl. auch *Young*, Equity, 1995, S. 130.

[6] Vgl. *Fennell*, 118 Harv. L. Rev. 1399, 1425 (2005).

[7] Hinweise darauf finden sich schon in der Bibel, Genesis/1. Mose 13,9. Näher zu den historischen Hintergründen *Brams/Taylor*, Win-Win Solution, 1999, S. 53 f. Siehe auch *Brams/ Taylor*, Fair division, 1996, S. 10; *Klamler*, in: Kilgour/Eden, Hbk. of Group Decision, 2010, S. 183, 186 mit knappem Hinweis auf die griechische Mythologie.

[8] Vgl. statt vieler *Ayres/Talley*, 104 Yale L.J. 1027, 1072, Fn. 133 (1995); *Jones*, 75 Math. Mag. 275, 275 (2002); *Börgers*, Mathematics of Social Choice, 2010, S. 121.

[9] *Klamler*, in: Kilgour/Eden, Hbk. of Group Decision, 2010, S. 183, 186. *Brams/Taylor*, Fair division, 1996, S. 115 sprachen im Rahmen der Entwicklung von Verteilungsmechanismen mit neidfreiem Ergebnis bei fünf oder mehr Spielern noch von einer „formidable challenge for several decades." Zu den Einzelheiten aus dem umfangreichen Schrifttum *Austin*, 66 Math. Gaz. 212 ff. (1982); *Barbanel/Brams*, 48 Math. Soc. Sci. 251 ff. (2004); *Brams/Jones/ Klamler*, 120 Am. Math. Monthly 35 ff. (2013); *Barbanel/Brams*, 36 Math. Intell. 23, 24 (Sept. 2014).

ßen Schritt voran gebracht[10] – auch wenn die nötige Anzahl an Schnitten nach dem von ihnen vorgeschlagenen Algorithmus zur fairen Verteilung zwischen mehreren Spielern schnell größer als die Anzahl an Atomen im Universum sein kann („greater than the number of atoms in the universe"[11]). Diese Arbeit konzentriert sich auf die Variante für zwei Personen, die den Einstieg in die Thematik erleichtert und die rechtliche Praxis abbildet, die hier besprochenen Mechanismen überwiegend in Konstellationen mit zwei Gesellschaftern zu vereinbaren.

II. Effizienz

Das ökonomische Effizienzkriterium beruht auf dem Befund, dass (nahezu) sämtliche Güter nur in endlicher Menge zur Verfügung stehen, menschliche Konsumbedürfnisse dagegen unbegrenzt sind. Aufgrund dieser Knappheit geht man davon aus, dass Wirtschaftssubjekte sich um eine bestmögliche Nutzung der vorhandenen Ressourcen bemühen (Wirtschaftlichkeits- oder Rationalprinzip), sie sind also rationale Nutzenmaximierer. Konkret werden sie versuchen, ein gegebenes Ziel mit dem geringsten Aufwand an Mitteln zu erreichen (Minimalprinzip) oder mit den gegebenen Mitteln so viel Ertrag oder persönlichen Vorteil wie möglich zu generieren (Maximalprinzip). Das Minimalprinzip beruht also auf einem möglichst geringen Input bei gegebenem, fixem Output, das Maximalprinzip dagegen auf einem möglichst hohen Output bei gegebenem, fixem Input. Eine zeitgleiche Maximierung des Outputs bei möglichst geringem, minimalem Input ist denklogisch nicht möglich, weil nicht klar ist, welcher der beiden Maximen der Vorrang zukommen soll.[12]

Effizient ist kurz gesagt ein Zustand, der Verschwendung so weit wie möglich vermeidet, die vorhandenen Ressourcen also optimal alloziert und so die Gesamtwohlfahrt maximiert. Um abstrakt beurteilen zu können, ob ein Verteilungszustand effizient ist, wurden im Laufe der Zeit verschiedene Kriterien entwickelt, deren Einzelheiten an dieser Stelle keine Rolle spielen.[13] Die im

---

[10] *Aziz/Mackenzie*, Envy-free Cake Cutting Protocol, August 2017 (https://arxiv.org/pdf/1604.03655.pdf, zuletzt abgerufen am 30.04.2020).

[11] *Klarreich*, How to Cut Cake Fairly, 06.10.2016 (https://www.quantamagazine.org/new-algorithm-solves-cake-cutting-problem-20161006, zuletzt abgerufen am 30.04.2020).

[12] Zum Ganzen statt vieler *Behrens*, Grundlagen des Rechts, 1986, S. 31 ff.; *Neus*, Einführung in die BWL, 9. Aufl. 2015, S. 4 f. Vgl. auch *Posner*, Economic Analysis of Law, 9. Aufl. 2014, S. 3 f.

[13] Zum Pareto-Kriterium statt vieler *Eidenmüller*, Effizienz als Rechtsprinzip, 4. Aufl. 2015, S. 48 ff.; *Towfigh*, in: Towfigh/Petersen, Ökonomische Methoden, 2. Aufl. 2017, Rn. 89 ff.; *Lockwood*, in: Palgrave Macmillan, Dictionary of Economics, 3. Aufl. 2018, Pareto Efficiency, zum Kaldor-Hicks-Kriterium *Posner*, Economic Analysis of Law, 9. Aufl. 2014, S. 14 f.; *Eidenmüller*, Effizienz als Rechtsprinzip, 4. Aufl. 2015, S. 51 ff.; *Towfigh*, in: Towfigh/Petersen, Ökonomische Methoden, 2. Aufl. 2017, Rn. 93 ff. Explizit im spieltheoretischen Kontext *Magen*, in: Towfigh/Petersen, Ökonomische Methoden, 2. Aufl. 2017, Rn. 198 ff.

Anschluss an einen Auflösungsmechanismus der hier besprochenen Art entstehende Verteilung von Gesellschaftsanteilen ist immer dann (*ex post*) effizient, wenn die Anteile sich am Ende in der Hand desjenigen befinden, der sie am meisten wertschätzt.[14] Der Grund dafür ist, dass die hohe Wertschätzung eines Individuums davon zeugt, dass die Anteile ihm mehr Nutzen stiften als einem anderen mit niedrigerer Wertschätzung. Im Unternehmenskontext kann das beispielsweise bedeuten, dass einer der Gesellschafter die Anteile besonders gewinnbringend einsetzen kann.[15] Der Vollständigkeit halber sei darauf hingewiesen, dass auch der Auflösungsmechanismus selbst auf seine Effizienz untersucht werden kann. Er sollte die Gesellschafter unter Effizienzgesichtspunkten immer dann (und nur dann!) trennen, wenn der Gesamtnutzen bei Beendigung der Zusammenarbeit und jeder möglichen daraus resultierenden Verteilung der Anteile höher ist als bei einer weiteren Kooperation.[16] Die nachfolgenden Ausführungen konzentrieren sich allein auf den erstgenannten Aspekt, also die Frage, ob die entstehende Verteilung der Anteile effizient ist.

Das Effizienzkriterium als solches interessiert sich erkennbar nicht für Gerechtigkeitserwägungen,[17] sondern verlangt in Form einer Marginalbetrachtung, dass die nächste Einheit eines Guts demjenigen Individuum zugewiesen werden muss, das aus ihr den höheren Nutzen zieht. Gibt es mehrere Individuen mit identischer (höchster) Wertschätzung, existiert mehr als nur eine Verteilung, die das Effizienzkriterium erfüllt. Ob in einem solchen Fall die Einheit lediglich einer dieser Personen zugewiesen oder ob und in welchem Verhältnis sie zwischen ihnen aufgeteilt wird, spielt unter Effizienzgesichtspunkten (in Abhängigkeit von den individuellen Nutzenfunktionen) nicht unbedingt eine Rolle.[18] Unter realistischen Annahmen sorgt der typischerweise positive, aber doch abnehmende Grenznutzen[19] zwar häufig dafür, dass eine Zuweisung sämt-

---

[14] Zu den Einzelheiten *Minehart/Neeman*, 8 J. Econ. & Mgmt. Strategy 191, 200 (1999); *Moldovanu*, 158 J. Inst. & Theor. Econ. 66, 70 (2002); *de Frutos/Kittsteiner*, 39 RAND J. Econ. 184, 187 (2008); *Schnabel*, 15 J. Small Bus. & Enterprise Dev. 194, 198 (2008); *Trhal*, Experimental Studies on Partnership Dissolution, 2009, S. 8; *Athanassoglou/Brams/Sethuraman*, 60 Math. Soc. Sci. 191, 191 (2010); *Galavotti/Muto/Oyama*, 48 Econ. Theory 87, 88 (2011). Vgl. auch knapp *Wälzholz*, GmbH-StB 2007, 84, 85; *Hauschild/Kallrath*, in: Hauschild/Kallrath/Wachter, Notarhdb., 2. Aufl. 2017, § 16 Rn. 407.

[15] In diesem Sinne *Schnabel*, 15 J. Small Bus. & Enterprise Dev. 194, 198 (2008) („high valuation derives from more profitable use"). Ähnlich *Kittsteiner/Ockenfels*, in: Fabel/Franck, Governance Innovations, ZfB Special Issue 5/2006, S. 121, 134. Vgl. auch *Minehart/Neeman*, 8 J. Econ. & Mgmt. Strategy 191, 196, 199 (1999).

[16] *Kittsteiner/Ockenfels*, in: Fabel/Franck, Governance Innovations, ZfB Special Issue 5/2006, S. 121, 135. Vgl. auch *Kittsteiner*, 44 Games & Econ. Behav. 54, 55 f. (2003); *Trhal*, Experimental Studies on Partnership Dissolution, 2009, S. 5, Fn. 1; *Brooks/Landeo/Spier*, 41 RAND J. Econ. 649, 652 (2010).

[17] Instruktiv und differenzierend *Behrens*, Grundlagen des Rechts, 1986, S. 101 ff.

[18] Vgl. zum Ganzen *Brams/Taylor*, Win-Win Solution, 1999, S. 15; *Eidenmüller*, Effizienz als Rechtsprinzip, 4. Aufl. 2015, S. 273 ff.

[19] Dazu allgemein statt vieler *Schumann/Meyer/Ströbele*, Grundzüge der mikroökonomi-

licher Güter einer bestimmten Art an ein einzelnes Individuum nicht effizient ist. Zumindest in Zweipersonengesellschaften ermöglichen die hier diskutierten Mechanismen eine solche Aufteilung aber gar nicht, sondern weisen sämtliche Anteile einem der Gesellschafter zu. Jedenfalls zeigt sich in der grundsätzlich fehlenden Berücksichtigung von Billigkeits- und Gerechtigkeitserwägungen ein potenziell fundamentaler Konflikt zwischen dem ökonomischen Effizienz-kriterium und rechtlichen Prinzipien. Eine effiziente Verteilung ist also nicht un-bedingt „gerecht", eine „gerechte" nicht notwendigerweise effizient.

Im Kontext von Russian Roulette-Klauseln wirkt sich dieser Widerspruch glücklicherweise nur vergleichsweise gering aus. Es geht hier nicht um die viel diskutierte Frage, ob und inwiefern sich beispielsweise gesetzgeberische oder richterliche Entscheidungen am Effizienzkriterium messen lassen (müssen),[20] sondern um die Verwirklichung des Willens der Gesellschafter im Rahmen ihrer Vertragsautonomie. Die Beteiligten können sich grundsätzlich frei entscheiden, wie und nach welchen Aspekten sie ihren internen Trennungsmechanismus aus-richten wollen – und so auch das ökonomische Effizienzkriterium zum Maßstab ihres Handelns machen. Grenzen werden ihnen dabei allein von zwingenden rechtlichen Vorschriften und Prinzipien gesetzt, insbesondere von den im vor-herigen Teil erläuterten.

III. Fairness

Die Fairness der aus dem Trennungsverfahren resultierenden Verteilung ist ein Gesichtspunkt, den man bei unbefangener Betrachtung tendenziell der rechts-wissenschaftlichen statt der ökonomischen Analyse zuordnen würde. Fairness-erwägungen werden im wirtschaftswissenschaftlichen Schrifttum auch mit-unter noch recht stiefmütterlich behandelt. Sie spielen aber keineswegs eine so geringe Rolle, wie oft angenommen wird, und sind gerade im Zusammenhang mit dem *cake cutting* schon seit geraumer Zeit von Bedeutung.

Die Frage nach der Fairness der sich ergebenden Verteilung mag dem Juris-ten auf den ersten Blick zugänglicher erscheinen als das vergleichsweise „tech-nisch" anmutende Effizienzkriterium. Der ökonomische Fairnessbegriff stimmt allerdings nicht zwingend mit dem allgemeinen Sprachgebrauch überein. Schon bei der Suche nach einer klaren Definition stößt man auf gewisse Schwierigkei-ten und auch die terminologische Differenzierung ist nicht immer eindeutig[21].

---

schen Theorie, 9. Aufl. 2011, S. 51 f.; *Pindyck/Rubinfeld*, Microeconomics, 9. Aufl. 2017, S. 95 ff.; *Towfigh*, in: Towfigh/Petersen, Ökonomische Methoden, 2. Aufl. 2017, Rn. 72 f.

[20] Dazu umfassend *Eidenmüller*, Effizienz als Rechtsprinzip, 4. Aufl. 2015, S. 414 ff., 450 ff.

[21] Siehe statt vieler *Varian*, 9 J. Econ. Theory 63, 63 f. (1974) sowie die Hinweise bei *Thomson/Varian*, in: Hurwicz/Schmeidler/Sonnenschein, Social goals and social organization, 1985, S. 107, 107, Fn. 1.

So bestehen verschiedene Kriterien, die zur Bestimmung eines ökonomisch „fairen" Ergebnisses herangezogen werden (könnten).[22]

Das Kriterium der Proportionalität (*proportionality*) dürfte einem unbefangenen Betrachter wohl als erstes in den Sinn kommen, wenn er im umgangssprachlichen Sinne nach einer „fairen Verteilung" gefragt wird. Dahinter verbirgt sich die Aussage, dass ein dem Einzelnen zugewiesener Anteil der Quote seiner vorherigen Beteiligung an der Gesamtsache entsprechen sollte. Übertragen auf eine Zweipersonengesellschaft mit paritätischer Beteiligungsstruktur heißt das also, dass jedem Gesellschafter ein Kuchenstück im Umfang von ein Halb zusteht, bei drei Gesellschaftern von einem Drittel usw. Zu beachten ist, dass nach dem Proportionalitätskriterium die „Größe" des jeweiligen Stücks nur auf einer rein subjektiven Einschätzung des konkreten Gesellschafters beruhen muss. Jeder muss sein Stück also nur *selbst* als entsprechend großen Anteil sehen, ohne dass dies objektiv oder auch nur aus Sicht eines anderen Gesellschafters zutreffen muss.[23] An dieser Stelle setzen unzählige Beispiele an, die bei der Verteilung eines tatsächlichen Kuchens die Präferenzen der Spieler berücksichtigen, weil diese beispielsweise einen bestimmten Teil besonders gerne mögen (die Glasur, den Schokoladenteil usw.).[24]

Des Weiteren existiert das Kriterium der „Neidfreiheit" der Verteilung (*envyfreeness*). Darunter versteht man, dass jedes Individuum mit dem ihm zugewiesenen Teil mindestens so zufrieden ist (nach Ansicht mancher wohl sogar zwingend zufriedener[25]), wie es mit dem Anteil jedes anderen Individuums wäre.[26] Im Fall paritätisch besetzter Zweipersonengesellschaften stimmen Neidfreiheit und Proportionalität überein, eine neidfreie Verteilung ist dort also auch proportional und umgekehrt.[27]

Der Vollständigkeit halber erwähnt sei zuletzt ein unter dem Begriff der *equitability*[28] bekanntes Fairnesskonzept, das inhaltlich mit der Neidfreiheit verbun-

---

[22] Näher *Klamler*, in: Kilgour/Eden, Hbk. of Group Decision, 2010, S. 183, 183 m. w. N.

[23] Zum Ganzen *Brams/Taylor*, Win-Win Solution, 1999, S. 13. Knapp z. B. auch *Brams/Taylor*, 102 Am. Math. Monthly 9, 9 (1995); *Morgan*, 23 Econ. Theory 909, 910 (2004).

[24] Statt vieler *Young*, Equity, 1995, S. 137 f., Fn. 9; *Brandenburger/Nalebuff*, Co-opetition, 1996, S. 53; *Brams/Taylor*, Win-Win Solution, 1999, S. 55; *Börgers*, Mathematics of Social Choice, 2010, S. 123 f.

[25] So *Morgan*, 23 Econ. Theory 909, 910 (2004). Nicht ganz eindeutig *Brams/Taylor*, 102 Am. Math. Monthly 9, 9 (1995) („a piece he or she would not swap for that received by any other player").

[26] Zum Ganzen statt vieler *Feldman/Kirman*, 64 Am. Econ. Rev. 995 ff. (1974); *Brams/Taylor*, Win-Win Solution, 1999, S. 13 f. Knapp auch *Crawford*, 47 Rev. Econ. Stud. 385, 385 (1980); *Morgan*, 23 Econ. Theory 909, 910 (2004). Vgl. auch *Thomson/Varian*, in: Hurwicz/Schmeidler/Sonnenschein, Social goals and social organization, 1985, S. 107, 108 ff.

[27] *Brams/Taylor*, 102 Am. Math. Monthly 9, 9 (1995); *Brams/Taylor*, Win-Win Solution, 1999, S. 13 f.; *Börgers*, Mathematics of Social Choice, 2010, S. 122; *Klamler*, in: Kilgour/Eden, Hbk. of Group Decision, 2010, S. 183, 183; *Barbanel/Brams*, 36 Math. Intell. 23, 24 (Sept. 2014).

[28] Eine passende deutsche Übersetzung des Begriffs ist nicht ganz einfach, zumal eine ge-

den, aber nicht identisch ist. Zur Erläuterung kann man sich eine neidfreie Verteilung vorstellen, bei der einer der zwei ursprünglich paritätisch beteiligten Gesellschafter sein Kuchenstück rein subjektiv für mehr als 50% des gesamten Kuchens hält. Unabhängig von der *tatsächlichen* Größe des Kuchenstücks und auch unabhängig von der Größe des Kuchenstücks seines ehemaligen Mitgesellschafters ist er also neidfrei. Wer nämlich bei einer Verteilung zwischen zwei Personen seinen eigenen Anteil für mehr als 50% des gesamten Kuchens hält, muss zwingend den Anteil des anderen mit weniger als 50% bewerten und kann dementsprechend nicht „neidisch" sein. Nehmen wir nun an, dieser neidfreie Gesellschafter bewertet seinen Anteil mit 55%. Erfährt er nun, dass sein ehemaliger Geschäftspartner wiederum seinen eigenen Teil mit 60% bewertet, beseitigt dies nicht seine Neidfreiheit im ökonomischen Sinne, gibt ihm aber doch zu denken. Für eine idealisiert faire Verteilung mag man sich wünschen, dass beide Gesellschafter erstens ihren eigenen Anteil mit mindestens 50% des Ganzen bewerten und zweitens Überschreitungen dieser Grenze in beidseitig gleichem Umfang geschehen – denkt also einer der Gesellschafter, sein Kuchenstück entspreche 60% des Ganzen, sollte dies der andere von seinem eigenen Stück ebenfalls denken. Nur wenn das der Fall ist, ist das Fairnesskriterium der *equitability* erfüllt.[29]

Die vorliegende Arbeit konzentriert sich mit der Neidfreiheit vor allem auf das zweitgenannte der erläuterten Kriterien, das gemeinsam mit der Proportionalität tendenziell auch im ökonomischen Schrifttum am meisten Beachtung findet.

B. Analyse des Auflösungsmechanismus und seiner Folgen

Von rechtlicher Seite weitgehend unbeachtet[30] hat sich im wirtschaftswissenschaftlichen Schrifttum über die Jahre ein potenzielles Problem von Russian Roulette-Mechanismen herauskristallisiert: Sie führen *ex post* nicht immer zu einer effizienten und auch nicht immer zu einer fairen Lösung im ökonomischen

---

wisse Verwechslungsgefahr mit der rechtlichen equity im Common Law droht. Im Folgenden wird ausschließlich die englische Bezeichnung verwendet.

[29] Zum Ganzen *Brams/Taylor*, Win-Win Solution, 1999, S. 14 f. Zu weiteren Einzelheiten statt vieler *Börgers*, Mathematics of Social Choice, 2010, S. 124 f.; *Barbanel/Brams*, 36 Math. Intell. 23, 29 f. (Sept. 2014).

[30] Hervorzuhebende Ausnahmen sind die Aufsätze von *Fleischer/Schneider*, DB 2010, 2713, 2714 f. und *Fleischer/Schneider*, 9 Eur. Company & Fin. L. Rev. 35, 40 ff. (2012) sowie die Arbeit von *Brockmann*, Shoot-Out-Klauseln, 2017, S. 83 ff. Zumindest kurz erwähnt wird die ökonomische Komponente auch bei *Bachmann/Eidenmüller/Engert/Fleischer/Schön*, Rechtsregeln, 2012, S. 70 und *Grau*, CF 2015, 39, 45.

Sinne – und zwar selbst dann nicht, wenn *keines* der „typischen" und bereits diskutierten wirtschaftlichen Machtgefälle vorliegt.

Entsprechende Untersuchungen im Schrifttum stammen aus dem Gebiet der Spieltheorie und sind konsequenterweise stark mathematisch geprägt.[31] Die nachfolgende Darstellung bemüht sich um eine überblicksartige und allgemeinverständliche (sprich überwiegend verbale) Analyse, die allerdings unweigerlich mit einem Verlust an Präzision und Detailtiefe verbunden sein muss.

I. Modellierung und Realitätsnähe

Die Eingangsfrage nach der spieltheoretischen Modellierung von Russian Roulette-Klauseln führt zu einem klassischen ökonomischen Problem. Um die tatsächliche Situation möglichst realitätsnah abzubilden, wäre ein überaus komplexes Modell unter Berücksichtigung sämtlicher Variablen erforderlich. Für die Effizienz spielen beispielsweise eine Rolle: der Wert der Anteile, der in der Ausübungserklärung gebotene Preis, die Anzahl der Gesellschafter, ihre genaue Beteiligungsstruktur,[32] der Grad ihrer Risikoaversion bzw. -affinität,[33] die Möglichkeit einer *outside option* (des Verkaufs an einen Dritten)[34] und die genaue Ausgestaltung der konkreten Klausel – und diese Auflistung ist noch nicht einmal abschließend. Eine umfassende Analyse ist daher kaum mehr möglich und auch nicht sinnvoll.[35] Man konzentriert sich stattdessen auf den Einfluss einzelner (endogener) Variablen und untersucht, ob und wie das Ergebnis mit der Veränderung dieser Variablen unter sonst gleichen Bedingungen (*ceteris paribus*) variiert. Im Gegenzug müssen die nicht durch das Modell erklärten (exogenen) Faktoren als gegeben hingenommen werden[36] – selbst wenn dies zulasten der Realitätsnähe geht.[37]

Im ökonomischen Schrifttum unterscheiden sich die Modellierungen der Autoren in den Einzelheiten, die Grundstruktur ist aber meist identisch. Typischerweise wird von einer paritätisch besetzten Zweipersonengesellschaft aus-

---

[31] Eine vergleichsweise eingängige Erläuterung bieten *Schnabel*, 15 J. Small Bus. & Enterprise Dev. 194 ff. (2008); *Landeo/Spier*, 31 Yale J. on Reg. 143, 157 ff. (2014) und *Landeo/Spier*, 81 U. Chi. L. Rev. 203 ff. (2014).

[32] Diesem Aspekt gehen *Jehiel/Pauzner*, 37 RAND J. Econ. 1, 12 f. (2006) und *Ornelas/Turner*, 60 Games & Econ. Behav. 187 ff. (2007) nach, knapp auch *Brooks/Landeo/Spier*, 41 RAND J. Econ. 649, 654 (2010).

[33] *Foster/Vohra*, Ohio State WPS 93-58, 1, 6 (1993).

[34] *McAfee*, 56 J. Econ. Theory 266, 267, 276 (1992).

[35] In diesem Sinne auch *Schnabel*, 15 J. Small Bus. & Enterprise Dev. 194, 195 (2008) („myriad complications"). *Hornung*, Shoot-Out-Klauseln, 2018, S. 221 hält dagegen ohne nähere Begründung anscheinend eine vollständige Analyse für notwendig.

[36] Zur Verdeutlichung sei an dieser Stelle exemplarisch die Modellierung bei *Trhal*, Experimental Studies on Partnership Dissolution, 2009, S. 13 genannt.

[37] Vgl. zum Ganzen allgemein *Straffin*, Game Theory and Strategy, 1993, S. 4 und (aus rechtsökonomischer Sicht) *Posner*, Economic Analysis of Law, 9. Aufl. 2014, S. 17 f.

gegangen, deren Gesellschafter eine jederzeit und grundlos ausübbare Russian Roulette-Klausel vereinbart haben.[38] Auf dieser Annahme basieren auch die folgenden Ausführungen. Sie gelten zwar in den Grundzügen gleichermaßen für andere Spielarten, im Vergleich zur rechtlichen Betrachtung lassen sich die ökonomischen Erkenntnisse zum Russian Roulette aber seltener eins zu eins auf diese anderen Varianten übertragen.

II. Bedeutung der Informationsstruktur

Die ökonomische Diskussion über *ex post* ineffiziente und unfaire Ergebnisse lässt sich nicht allein auf ein einziges Kriterium reduzieren. Neben weiteren, hier nicht näher diskutierten Faktoren[39] kommt der Frage der Informationsverteilung aber besondere Bedeutung zu[40].

1. Theoretische Einführung

In der Auktionstheorie unterscheidet man für den Fall unvollständiger Information die beiden theoretischen Extremfälle des Modells der „privaten Werte" (*private values*) und des „gemeinsamen Werts" (*common value*).[41] Im *private values*-Modell weist jeder Gesellschafter den Anteilen einen eigenen, subjektiven Wert zu, der dem anderen Gesellschafter nicht genau bekannt ist. Implizit wird dadurch vorausgesetzt, dass die Wertschätzung des einen in keiner Weise von der Wertschätzung des anderen abhängt (*independent*) – und zwar selbst dann nicht, wenn sie ihm bekannt wäre. Mathematisch ausgedrückt gibt es für den Fall des paritätischen Zweipersonenmodells zwei Gesellschafter, deren Menge $I = \{1,2\}$ sei. Die individuellen Wertschätzungen v_i sollen typischerweise nicht identisch sein ($v_i \neq v_j$ für $i \neq j$) und zwar grundsätzlich beliebige, zur Vereinfachung aber nur positive Werte innerhalb eines bestimmten Intervalls annehmen können ($v_i \in [0, \bar{v}] \subset \mathbb{R}$ mit $\bar{v} > 0$). Diese Wertschätzungen werden mathematisch als Realisationen v_1, v_2 stochastisch unabhängiger, üblicherweise stetiger Zufallsvariablen V_1, V_2 modelliert. Das heißt, dass die *tatsächlichen* Wertschätzungen der zufälligen Ziehung aus einer (überabzählbar) unendlichen Vielzahl *möglicher* Wertschätzungen entsprechen. Die *ex ante* unbekannten tatsächlichen Wertschätzungen werden durch die entsprechenden Zufallsvariablen ausgedrückt. Im konkreten Fall führt die Zufallsvariable dann

---

[38] Siehe z. B. die Modellierungen bei *Schnabel*, 15 J. Small Bus. & Enterprise Dev. 194, 195 (2008); *Kittsteiner/Ockenfels/Trhal*, 117 Econ. Lett. 394, 394 (2012).

[39] Exemplarisch zum Zusammenhang mit der „Effektivität" (effectiveness) der Zusammenarbeit in der Gesellschaft *Turner*, 41 Soc. Choice & Welfare 321 ff. (2013).

[40] Differenzierend *Moldovanu*, 158 J. Inst. & Theor. Econ. 66, 67 (2002); *Wolfstetter*, 158 J. Inst. & Theor. Econ. 86, 87 (2002).

[41] Eine auktionstheoretische Analyse im Rahmen von Unternehmensverkäufen zeigt *Kopp*, Kontrollierte Auktionen, 2010, zu den hier diskutierten Modellierungen dort auf S. 103 ff.

zu einem bestimmten Ergebnis, das als Realisation bezeichnet wird.[42] Stammen die Zufallsvariablen aus derselben, allen Gesellschaftern bekannten Verteilung F mit Dichte f, sodass $F_i = F_j = F$ für alle $i,j \in I$, spricht man von symmetrischer Information.[43] Beide Gesellschafter können anhand der Verteilung also die Wahrscheinlichkeit bestimmen, dass die Zufallsvariable sich innerhalb eines bestimmten Intervalls realisiert, die tatsächliche Wertschätzung des Mitgesellschafters also innerhalb dieses Intervalls liegt. Nimmt man all diese Annahmen zusammen, erhält man das Grundmodell der *independent private values* (IPV).[44]

Im Gegensatz dazu sieht das *common value*-Modell vor, dass die Anteile für beide Gesellschafter objektiv (ungefähr) den gleichen, „gemeinsamen" Wert haben, beispielsweise, weil es allein auf den Verkehrswert der Anteile ankommen soll. Dieser gemeinsame objektive Wert ist aufgrund unvollständiger Information subjektiv nicht eindeutig erkennbar. Die Modellierung erfolgt ähnlich wie im Fall der *private values*, nur dass die Zufallsvariable V nun den unbekannten *gemeinsamen* Wert darstellt, deren Realisation v sei. Die subjektiven „Schätzungen" dieses Werts durch die Parteien sollen ebenso wie im Fall der *private values* verschieden sein ($v_i \neq v_j$ für $i \neq j$). Im reinen *common value*-Modell hängen die Vermutungen der Gesellschafter über den tatsächlichen Wert offensichtlich vollständig voneinander ab, denn Informationen des einen Gesellschafters über den tatsächlichen, objektiven Wert würden bei Kenntnis die Einschätzung des jeweils anderen beeinflussen. Im Hinblick auf die Informationsstruktur kann auch im *common value*-Modell zwischen symmetrischer und asymmetrischer Informationsverteilung unterschieden werden.[45]

Tatsächlich dürfte für Gesellschaftsanteile, wie für die meisten anderen Güter auch, häufig weder ein strenges *private values*- noch ein reines *common value*-Modell realistisch sein.[46] Zwar werden die Parteien den Anteilen regelmäßig eine ungefähre subjektive Präferenz im Sinne des *private values*-Modells

---

[42] Einzelheiten zu den Grundlagen und hier genannten Begriffen finden sich z. B. bei *Hartung/Elpelt/Klösener*, Statistik, 15. Aufl. 2009, S. 103 ff.; *Mosler/Schmid*, Wahrscheinlichkeitsrechnung, 4. Aufl. 2011, S. 41 ff.; *Schira*, Statistische Methoden, 5. Aufl. 2016, S. 257 ff.

[43] Gleichzeitig sind die Zufallsvariablen damit in der Gesamtschau auch independent and identically distributed, i.i.d., vgl. explizit *de Frutos/Kittsteiner*, 39 RAND J. Econ. 184, 187 (2008). Allgemein zum i.i.d.-Konzept *Klenke*, Wahrscheinlichkeitstheorie, 3. Aufl. 2013, S. 57, *Kusolitsch*, Maß- und Wahrscheinlichkeitstheorie, 2. Aufl. 2014, S. 246.

[44] Insbesondere die formale Darstellung ist angelehnt an *Berninghaus/Ehrhart/Güth*, Strategische Spiele, 3. Aufl. 2010, S. 235 f., 242. Siehe auch *Krishna*, Auction Theory, 2. Aufl. 2010, S. 2 f., 11 f.

[45] Zum Ganzen *Berninghaus/Ehrhart/Güth*, Strategische Spiele, 3. Aufl. 2010, S. 259 f. Siehe auch *Krishna*, Auction Theory, 2. Aufl. 2010, S. 3, 85 f.

[46] Vgl. *Fieseler/Kittsteiner/Moldovanu*, 113 J. Econ. Theory 223, 224 (2003); *de Frutos/Kittsteiner*, 39 RAND J. Econ. 184, 185, 188 (2008); *Trhal*, Experimental Studies on Partnership Dissolution, 2009, S. 7. Allgemein zur Realitätsnähe auktionstheoretischer Modelle *Milgrom*, Putting Auction Theory to Work, 2004, S. 158; *Kreße*, Auktion als Wettbewerbsverfahren, 2014, S. 15 f.

zuweisen, die beispielsweise davon abhängt, wie sie ihre eigene Fähigkeit einschätzen, das Unternehmen erfolgreich allein weiterzuführen. Gleichzeitig spielen aber Elemente des *common value*-Modells eine Rolle, denn die Gesellschafter werden für den Fall eines späteren Weiterverkaufs an einen Dritten den Verkehrswert berücksichtigen, der für sie *ex ante* nicht immer ohne Weiteres erkennbar ist. Letzteres gilt insbesondere dann, wenn aufgrund der für Russian Roulette-Klauseln vertraglich vereinbarten Fristen eine Entscheidung unter Zeitdruck getroffen werden muss, ohne vorher umfangreiche Gutachten über den Wert des Unternehmens einholen zu können. Für eine möglichst realitätsgetreue Abbildung wäre daher eine komplexere Hybridmodellierung aus *private* und *common value(s)* erforderlich,[47] die mit der leicht missverständlichen Bezeichnung *interdependent values* (von denen sich rein sprachlich schon im Fall des reinen *common value* ausgehen ließe) oder dem treffenderen Begriff der *affiliated values* umschrieben wird.

Die vorliegende Arbeit konzentriert sich aus Gründen der Vereinfachung allein auf die Modelle des reinen *common value* und der reinen *private values*, an denen sich die wesentlichen spieltheoretischen Erkenntnisse bereits hinreichend verdeutlichen lassen.

2. *Vollständige Information*

Zum Einstieg soll einem Unternehmen als Ganzem von den beiden einzigen, paritätisch beteiligten Gesellschaftern A und B ein identischer subjektiver Wert von 100 zugewiesen werden, ausgedrückt in Geldeinheiten einer beliebigen Währung. Beiden Parteien soll die Wertschätzung des jeweils anderen exakt bekannt sein, sie handeln also insoweit auf vollständiger Informationsgrundlage[48]. Später wird diese Annahme dahingehend abgewandelt, dass die Wertschätzungen der Gesellschafter nicht identisch sein sollen. A soll die gesamten Anteile dann weiterhin mit 100, B dagegen mit 80 (erste Variante) oder 120 (zweite Variante) wertschätzen.

a) *Bietverhalten, Effizienz und Neidfreiheit*

Im erstgenannten Fall identischer Wertschätzungen wird (unabhängig von der Person des Anbietenden) bei rationalen Akteuren der für die Hälfte der Anteile gezahlte Preis stets 50 betragen. Zu diesem Preis ist der initiierende Gesellschafter indifferent gegenüber einem Kauf oder Verkauf und stellt auch seinen

---

[47] Exemplarisch sei auf die Modellierung bei *Trhal*, Experimental Studies on Partnership Dissolution, 2009, S. 32 f. verwiesen. Allgemein zum Ganzen *Milgrom/Weber*, 50 Econometrica 1089, 1095 ff. (1982); *McAfee/McMillan*, 25 J. Econ. Lit. 699, 705 f. (1987); *Goeree/Offerman*, 92 Am. Econ. Rev. 625, 625 f. (2002); *Goeree/Offerman*, 113 Econ. J. 598, 598 f. (2003).
[48] Näher zum Begriff statt vieler *Holler/Illing*, Spieltheorie, 7. Aufl. 2009, S. 42, 45; *Magen*, in: Towfigh/Petersen, Ökonomische Methoden, 2. Aufl. 2017, Rn. 247.

Mitgesellschafter indifferent, da dieser die gleiche subjektive Wertschätzung zeigt.[49] Falls nicht besondere Umstände vorliegen, ergibt es für keinen der beiden Gesellschafter Sinn, von diesem Preis einseitig abzuweichen (Nash-Gleichgewicht[50]). Nennt der Anbietende einen höheren (niedrigeren) Preis, so kann sich der Angebotsempfänger durch einen „teuren" Verkauf („günstigen" Kauf) einen wirtschaftlichen Vorteil gegenüber dem Fall des Angebots in Höhe von 50 verschaffen, anders gesprochen sich selbst mehr als die Hälfte des Kuchens sichern und seinem Mitgesellschafter damit weniger zuweisen.[51] Das eintretende Ergebnis erfüllt offensichtlich die Fairnesskriterien der Proportionalität und auch der Neidfreiheit, denn jeder Gesellschafter ist mit seiner Entscheidung *ex post* mindestens so zufrieden (hier genauso zufrieden) wie mit der möglichen Verhaltensalternative.[52] All dies lässt sich ohne Weiteres auf ein *common value*-Szenario übertragen, in dem der *objektive* Wert des Unternehmens bei 100 liegt und beiden Seiten bekannt ist.[53]

Divergierende subjektive Wertschätzungen bleiben allerdings selbst unter Annahme vollständiger Information aus individuellen Gründen nicht nur möglich, sondern sind sogar wahrscheinlich.[54] Bietet A in der eingangs geschilderten ersten Variante an, wird er kaufen wollen, da die Anteile für ihn wertvoller sind (100) als für B (80). Dazu wird er einen Preis bieten, der knapp über der Wertschätzung des B liegt (stets bezogen auf die Hälfte der Anteile, hier also 40), beispielsweise 41[55]. B wird zu diesem Preis verkaufen. In der zweiten Variante wird A verkaufen wollen und einen Preis knapp unterhalb der Wertschätzung des B (60) nennen, beispielsweise 59. B wird zu diesem Preis kaufen.

Bietet B im ersten Szenario an, wird er verkaufen wollen und einen Preis knapp unterhalb der Wertschätzung des A (50) nennen, beispielsweise 49. Im zweiten Szenario wird er kaufen wollen und einen Preis knapp über der Wertschätzung des A (50) anbieten, beispielsweise 51. Die entstehende Verteilung ist

---

[49] *McAfee*, 56 J. Econ. Theory 266, 268, 275 f. (1992); *van Damme*, Stability and Perfection of Nash Equilibria, 2. Aufl. 1996, S. 136. Vgl. auch *Brandenburger/Nalebuff*, Co-opetition, 1996, S. 53; *Neuser/Stadtmann*, WISU 2007, 195, 195.

[50] Näher zu diesem Begriff statt vieler *Holler/Illing*, Spieltheorie, 7. Aufl. 2009, S. 10 f.

[51] *Holler/Illing*, Spieltheorie, 7. Aufl. 2009, S. 244 f. Vgl. auch *McAfee*, 56 J. Econ. Theory 266, 275 f. (1992); *Fennell*, 118 Harv. L. Rev. 1399, 1430 f. (2005).

[52] Vgl. *Crawford*, 44 Rev. Econ. Stud. 235, 236 (1977); *Crawford*, 47 Rev. Econ. Stud. 385, 385 (1980).

[53] *Landeo/Spier*, 31 Yale J. on Reg. 143, 158 f. (2014).

[54] Vgl. statt vieler *Minehart/Neeman*, 8 J. Econ. & Mgmt. Strategy 191, 192 (1999).

[55] Theoretisch kann der Anbietende die Gebote hier und im Folgenden unendlich nah gegen die Wertschätzung seines Mitgesellschafters laufen lassen (praktisch aber nur bis auf den kleinstmöglichen Betrag der konkreten Geldeinheit) und würde letzerem immer noch einen klaren ökonomischen Anreiz geben, *Crawford*, 44 Rev. Econ. Stud. 235, 236 (1977); *Crawford*, 47 Econometrica 49, 51 (1979). Unberücksichtigt bleiben dabei (nicht zwingend irrationale) Entscheidungen aus Wut oder Missgunst, vgl. dazu die Beispiele und Ausführungen von *Brams/Taylor*, Fair division, 1996, S. 16; *Brams/Taylor*, Win-Win Solution, 1999, S. 55 f. Der Einfachheit halber sollen an dieser Stelle die genannten Preise genügen.

selbst bei den Szenarien ungleicher Wertschätzungen *envy-free*, dieses Mal ist jeder Gesellschafter mit seiner eigenen Entscheidung sogar zufriedener als mit der Verhaltensalternative.

Offensichtlich ist das Ergebnis in sämtlichen der geschilderten Konstellationen auch effizient.[56] Für den Fall divergierender Wertschätzungen gehen die Anteile und so die gesamte Gesellschaft an denjenigen Gesellschafter, der sie tatsächlich am meisten wertschätzt. Bei gleichen Wertschätzungen gibt es logischerweise keinen „Meistwertschätzenden", die Verteilung an einen beliebigen der beiden Gesellschafter ist also effizient. Bemerkenswert ist allerdings ein anderer Punkt: Bei nicht identischen Wertschätzungen kann sich jede der Parteien dadurch wirtschaftlich besserstellen, dass sie selbst die Rolle des Anbietenden einnimmt. In der ersten Variante kauft A die Anteile des B für 41, wenn er selbst einen Preis vorschlägt, dagegen zahlt er 49, wenn B anbietet. In der zweiten Variante wird B für 51 kaufen, wenn er selbst vorschlägt, muss aber 59 zahlen, wenn A das Verfahren initiiert.[57] Dieses Ergebnis hängt damit zusammen, dass die optimale Strategie des Anbietenden sich an der subjektiven Wertschätzung des Angebotsempfängers orientiert, während die Strategie des Angebotsempfängers sich nur nach dem gebotenen Preis und der *eigenen* subjektiven Wertschätzung richtet.[58]

b) Präferenz für die Rolle des Anbietenden

Der Anbietende nennt also einen Preis unter (über) seiner eigenen Wertschätzung für die Hälfte der Anteile, wenn diese im Vergleich zu seinem Mitgesellschafter hoch (niedrig) ist. Das erklärt sich dadurch, dass im Fall der hohen eigenen Wertschätzung im Vergleich zum Szenario der niedrigen eigenen Wertschätzung andere Interessen vorrangig sind. Ist die eigene Wertschätzung im Vergleich zum Mitgesellschafter hoch (niedrig), dominieren die Interessen des Anbietenden an einem „günstigen" Kauf („teuren" Verkauf), sodass der Preis entsprechend festgelegt wird.[59] Darin liegt keineswegs ein Widerspruch zu der Aussage, dass der Anbietende die Höhe des von ihm genannten Preises von der Wertschätzung seines Mitgesellschafters abhängig macht, denn letztere gibt ja gerade den Ausschlag dafür, ob die eigene Wertschätzung als „vergleichsweise hoch" oder „vergleichsweise niedrig" eingestuft wird.

Daraus folgt, dass jeder Gesellschafter aufgrund des wie dargestellt erzielbaren wirtschaftlichen Vorteils im Fall nicht identischer Wertschätzungen eine strikte Präferenz haben muss, selbst *Anbietender* und nicht etwa Angebotsemp-

---

[56] So allgemein für den Fall vollständiger Information *Moldovanu*, 158 J. Inst. & Theor. Econ. 66, 67 (2002); *Trhal*, Experimental Studies on Partnership Dissolution, 2009, S. 6, Fn. 7. Ebenso für common value-Szenarien *Morgan*, 23 Econ. Theory 909, 912 (2004).

[57] Inhaltlich ebenso *Brandenburger/Nalebuff*, Co-opetition, 1996, S. 53 f.

[58] *de Frutos/Kittsteiner*, 39 RAND J. Econ. 184, 187 (2008).

[59] *Schnabel*, 15 J. Small Bus. & Enterprise Dev. 194, 198 (2008).

fänger zu sein.[60] *Foster/Vohra* weisen auf den damit verbundenen „first mover advantage" hin und bezeichnen die Klausel nicht ganz zu Unrecht als „unstable arrangement".[61]

3. Symmetrisch unvollständige Information

Nun wird die Situation hin zu einer realistischeren Variante[62] abgewandelt, nämlich zu einem *private values*-Szenario mit nur unvollständiger Information. Ein Gesellschafter soll die Wertschätzung seines Mitgesellschafters also nicht genau, sondern nur ungefähr kennen. Für die mathematische Modellierung heißt das, dass nicht die „gegnerische" Wertschätzung an sich, sondern lediglich die zugrundeliegende und gemeinsame Verteilung bekannt ist.

In diesem Fall haben die Gesellschafter im Prinzip zwei Möglichkeiten. Sie können sich erstens allein auf ihre eigene Wertschätzung zurückziehen und einen Preis bieten, zu dem sie selbst indifferent gegenüber einem Kauf oder Verkauf sind. Die entstehende Verteilung ist zwar effizient, und ohne jegliche Information über die Wertschätzung des Mitgesellschafters bleibt dem Anbietenden auch keine andere (rationale) Wahl.[63] Haben die Gesellschafter aber gewisse Kenntnisse über die Wertschätzung des jeweils anderen, können sie sich möglicherweise einen größeren Teil des Kuchens sichern.

a) Bietverhalten und Median als Maßstab

Beide Gesellschafter sind nicht gänzlich ohne Information über die Wertschätzung des anderen. Sie kennen immerhin die Dichte- und Verteilungsfunktion, die der Wertschätzung des anderen zugrunde liegt – es ist bei symmetrischer Information ebenjene, aus der sich ihre eigene Wertschätzung ergibt. Im idealisierten mathematischen Modell kann folglich jeder Gesellschafter durch Quantilsberechnung beurteilen, wie wahrscheinlich eine Wertschätzung des Mitgesellschafters ist, die über oder unter der eigenen liegt. Unter Anwendung dieses Wissens wird sich das Bietverhalten strukturell an demjenigen bei vollständiger Information orientieren. Geht der anbietende Gesellschafter davon

---

[60] *McAfee*, 56 J. Econ. Theory 266, 268, 275 f. (1992); *Young*, Equity, 1995, S. 137 f.; *van Damme*, Stability and Perfection of Nash Equilibria, 2. Aufl. 1996, S. 134. Vgl. auch *Crawford*, 47 Econometrica 49, 52 f. (1979); *Minehart/Neeman*, 8 J. Econ. & Mgmt. Strategy 191, 194, 209 (1999); *Holler/Illing*, Spieltheorie, 7. Aufl. 2009, S. 244; *Comino/Nicolò/Tedeschi*, 54 Eur. Econ. Rev. 718, 722 (2010).

[61] *Foster/Vohra*, Ohio State WPS 93-58, 1, 4 f., 6 ff. (1993).

[62] In diesem Sinne *Crawford*, 44 Rev. Econ. Stud. 235, 236 (1977), nahezu identisch in 47 Econometrica 49, 51 (1979) und 47 Rev. Econ. Stud. 385, 386 (1980), sowie *McAfee*, 56 J. Econ. Theory 266, 267 (1992); *Moldovanu*, 158 J. Inst. & Theor. Econ. 66, 67 (2002). Eher zurückhaltend *Brandenburger/Nalebuff*, Co-opetition, 1996, S. 54.

[63] *Brams/Taylor*, Win-Win Solution, 1999, S. 55; *Neuser/Stadtmann*, WISU 2007, 195, 195.

aus, dass sein Geschäftspartner eine höhere (niedrigere) Wertschätzung als er selbst hat, wird er verkaufen (kaufen) wollen. Dementsprechend wird er den zu nennenden Betrag anpassen und einen Wert über (unter) seiner eigenen Wertschätzung wählen, um „teuer" verkaufen („günstig" kaufen) zu können.[64]

Anders ausgedrückt wird der anbietende Gesellschafter die eigene Wertschätzung in Bezug setzen zum Median der möglichen („gegnerischen") Wertschätzungen, also dem Median der Verteilungsfunktion. Entspricht die Wertschätzung des Anbietenden exakt dem Median, wird der Median als Angebotspreis gewählt, der Initiator nennt also einen Preis in Höhe seiner tatsächlichen eigenen Wertschätzung.[65] Liegt die eigene Wertschätzung unterhalb des Medians, ist es wahrscheinlich, dass die Wertschätzung des anderen oberhalb der eigenen liegt – zumindest wahrscheinlicher als unterhalb. Hat der Anbietende umgekehrt eine Wertschätzung oberhalb des Medians, beträgt die Wahrscheinlichkeit, dass die Wertschätzung des anderen noch oberhalb seiner eigenen liegt, auf jeden Fall weniger als 50%. Die Wahrscheinlichkeit, dass sie unter seiner eigenen liegt, liegt dagegen zwingend bei über 50%. Bei hoher eigener Wertschätzung (oberhalb des Medians) dominiert, wie schon bei vollständiger Information, das Interesse an einem „günstigen" Kauf, bei niedriger eigener Wertschätzung (unterhalb des Medians) das Interesse an einem „teuren" Verkauf.[66] Der Median dient in diesem Zusammenhang also als Orientierungspunkt, als bestmögliches „Näherungsmaß" für die tatsächliche, in der genauen Höhe unbekannte Wertschätzung des Gegenübers. Wäre sie genau bekannt, würde sich der Anbietende wie im Szenario der vollständigen Information exakt daran orientieren.

Wie stark der Anbietende bei der Höhe seines Angebots von der eigenen Wertschätzung abweicht, wird maßgeblich von der (subjektiv angenommen) Differenz zwischen seiner eigenen Wertschätzung und der des Mitgesellschafters bestimmt, also von der Differenz zwischen seiner Wertschätzung und dem Median. Anders ausgedrückt wird der durch den Anbietenden genannte Preis also immer weiter von der eigenen Wertschätzung entfernt sein, je weiter diese eigene Wertschätzung sich wiederum vom Median entfernt,[67] auch wenn sich die Verhältnisse nicht eins zu eins umrechnen lassen[68].

An dieser Stelle besteht ein starker Einfluss des Risikoprofils der Gesellschafter. Ein risikoaffiner Gesellschafter wird sich beispielsweise deutlich eher

---

[64] Zum Ganzen *Schnabel*, 15 J. Small Bus. & Enterprise Dev. 194, 198 (2008), knapp auch *Kittsteiner/Ockenfels/Trhal*, 117 Econ. Lett. 394, 395 (2012).

[65] In diesem Sinne *Schnabel*, 15 J. Small Bus. & Enterprise Dev. 194, 199 (2008). Vgl. auch knapp *Gerchak/Fuller*, 38 Mgmt. Sci. 48, 56 (1992).

[66] *de Frutos/Kittsteiner*, 39 RAND J. Econ. 184, 188 (2008). Vgl. auch erneut *Schnabel*, 15 J. Small Bus. & Enterprise Dev. 194, 198 (2008).

[67] *Schnabel*, 15 J. Small Bus. & Enterprise Dev. 194, 199 f. (2008). Mit Bezug zur Ausgangsverteilung *Gerchak/Fuller*, 38 Mgmt. Sci. 48, 56 (1992).

[68] *Schnabel*, 15 J. Small Bus. & Enterprise Dev. 194, 199 (2008).

auf ein nur „wahrscheinliches" Szenario einlassen als ein risikoaverser, selbst wenn letzterer damit in gewissem Umfang auf wirtschaftliche Vorteile verzichtet. Je risikoaverser der Anbietende ist, desto stärker wird sich der von ihm genannte Preis seiner tatsächlichen eigenen Wertschätzung annähern, stellt er sich damit doch selbst zunehmend indifferent gegenüber jeglichem Verhalten des Angebotsempfängers, ist also „auf der sicheren Seite".[69]

Die Modellierung im Schrifttum geht häufig von risikoneutralen Beteiligten aus.[70] Das lässt sich zwar erneut mit der notwendigen Vereinfachung der Modellierung rechtfertigen,[71] es lässt sich aber trefflich darüber streiten, welches Maß an Risikogeneigtheit einem durchschnittlichen Gesellschafter in der konkreten Situation realistischerweise zu unterstellen ist. *McAfee* führt zumindest für kleinere Unternehmen zu Recht an, dass die Gesellschaftsanteile typischerweise einen Großteil oder sogar sämtliche Vermögenswerte der Parteien ausmachen und die Annahme von Risikoneutralität demzufolge wenig realistisch ist.[72]

b) Fälle ineffizienter Verteilung

Ein von der eigenen Wertschätzung abweichendes Bietverhalten des Verfahrensinitiators kann, muss aber nicht zu einer *ex post* effizienten Verteilung führen. Angenommen, die Wertschätzungen der Gesellschafter liegen beide unterhalb des Medians, wobei die von A noch unterhalb der des B liegen soll. Ist nun A in der Position des Anbietenden, wird er einen oberhalb seiner eigenen Wertschätzung liegenden Preis nennen, um „teuer" zu verkaufen. Liegt die Wertschätzung des B allerdings letztendlich *zwischen* der Wertschätzung des A und dem angebotenen Preis, ist der von A genannte Preis also „zu hoch", wird B zu diesem Preis verkaufen, weil der genannte Betrag auch oberhalb *seiner* Wertschätzung liegt. Das führt zu dem Ergebnis, dass mit A derjenige Gesellschafter alleiniger Anteilsinhaber wird, der die Anteile weniger wertschätzt. Analoge Beispiele lassen sich für den Fall bilden, dass die Wertschätzungen beider Gesellschafter oberhalb des Medians liegen.[73] Zu allem Überfluss „verschwendet"

---

[69] *Gerchak/Fuller*, 38 Mgmt. Sci. 48, 49, 53 ff. (1992); *Trhal*, Experimental Studies on Partnership Dissolution, 2009, S. 17, 25 f. Vgl. auch *Milgrom/Weber*, 50 Econometrica 1089, 1114 ff. (1982); *Kittsteiner/Ockenfels/Trhal*, 117 Econ. Lett. 394, 396 (2012).

[70] So z. B. *de Frutos/Kittsteiner*, 39 RAND J. Econ. 184, 187 (2008); *Schnabel*, 15 J. Small Bus. & Enterprise Dev. 194, 195 (2008). Für Modellierungen abseits von (reinen) private values ebenso z. B. *Brooks/Landeo/Spier*, 41 RAND J. Econ. 649, 653 (2010). Vgl. in einem allgemeineren Kontext auch *Moldovanu*, 158 J. Inst. & Theor. Econ. 66, 70 (2002); *Jehiel/Pauzner*, 37 RAND J. Econ. 1, 4 (2006).

[71] So *Schnabel*, 15 J. Small Bus. & Enterprise Dev. 194, 195 (2008).

[72] *McAfee*, 56 J. Econ. Theory 266, 266 (1992), mit Bezug darauf *Foster/Vohra*, Ohio State WPS 93-58, 1, 6 (1993).

[73] Zum Ganzen *de Frutos/Kittsteiner*, 39 RAND J. Econ. 184, 185, 188 (2008) sowie *Schnabel*, 15 J. Small Bus. & Enterprise Dev. 194, 198 f. (2008) mit anschaulicher Tabelle zu

A aus seiner Sicht noch regelmäßig Geld. Er hätte die Anteile des B nämlich in den allermeisten Fällen günstiger kaufen können, sofern er nicht zufällig einen Preis nur minimal über der Wertschätzung des B geboten hat. Die Differenz zwischen dem tatsächlich gezahlten und dem aus Sicht des A idealen, „verschwendungsärmsten" Kaufpreis hängt davon ab, wie weit der von A genannte Preis über der tatsächlichen Wertschätzung des B liegt. Dieses Szenario ist für A also nicht „kosteneffizient" (*cost-efficient*[74]). Es erfüllt im Übrigen auch nicht das Fairnesskriterium der *envy-freeness*, A hätte nämlich zu dem genannten Preis deutlich lieber verkauft, anstatt die Anteile des B zu erwerben.

Zu Recht wird darauf hingewiesen, dass die ineffiziente Verteilung generell dadurch vermieden werden kann, dass dem „richtigen" Gesellschafter die Rolle des Anbietenden zukommt. Liegen die Wertschätzungen beider Gesellschafter unterhalb des Medians, ist das derjenige mit der höheren Wertschätzung. Liegen beide Wertschätzungen oberhalb des Medians, ist es dementsprechend derjenige mit der niedrigeren Wertschätzung. Liegt die Wertschätzung des einen über dem Median, die des anderen dagegen darunter, entsteht unabhängig von der Person des Anbietenden eine effiziente Verteilung.[75]

Im reinen *common value*-Modell ist der objektive Wert der Anteile für alle Gesellschafter (nahezu) gleich, offensichtlich ist also im Grundsatz jede Zuweisung der Anteile effizient.[76] Aufgrund der unvollständigen Information ist hier aber eine Fehlvorstellung über den objektiven Wert der Anteile möglich. Irrt sich ein Gesellschafter über diesen tatsächlichen Wert, erwirbt er möglicherweise zu einem übermäßig hohen Preis (*winner's curse*[77]) oder geht von einem zu niedrigen Wert aus und erwirbt sie deshalb nicht (*loser's curse*[78]).

4. Asymmetrische Information

Zuletzt bleibt noch das Szenario asymmetrisch verteilter Information, in dem einer der Gesellschafter über eine bestimmte (Teil-)Information verfügt, die dem anderen nicht bekannt ist. Eine solche Asymmetrie kann im Detail verschiedene Ausprägungen annehmen, man kann sich beispielsweise vorstellen,

---

effizienten und ineffizienten Konstellationen. Vgl. auch knapp *Cramton/Gibbons/Klemperer*, 55 Econometrica 615, 616 (1987) und *McAfee*, 56 J. Econ. Theory 266, 268, 277 (1992).

[74] Mit dieser Wortwahl für den Fall vollständiger Information im common value-Szenario *Landeo/Spier*, 31 Yale J. on Reg. 143, 159 (2014).

[75] Zum Ganzen *de Frutos/Kittsteiner*, 39 RAND J. Econ. 184, 185, 188 (2008).

[76] Knapp *Morgan*, 23 Econ. Theory 909, 911, Fn. 4 (2004); *Brooks/Landeo/Spier*, 41 RAND J. Econ. 649, 652 (2010).

[77] Im konkreten Kontext der hier diskutierten Mechanismen *Morgan*, 23 Econ. Theory 909, 914 (2004); *de Frutos/Kittsteiner*, 39 RAND J. Econ. 184, 193 (2008), vgl. auch knapp *Kormann/Schmeing*, FuS 2016, 13, 17. Allgemein(er) *Berninghaus/Ehrhart/Güth*, Strategische Spiele, 3. Aufl. 2010, S. 261; *Krishna*, Auction Theory, 2. Aufl. 2010, S. 86 f.

[78] Siehe z. B. *Kittsteiner*, 44 Games & Econ. Behav. 54, 55 (2003); *Trhal*, Experimental Studies on Partnership Dissolution, 2009, S. 30 f.

dass ein Gesellschafter den Marktwert der Anteile genau kennt, der andere Gesellschafter dagegen nicht.[79]

a) Anbietender mit Informationsdefizit

Bietet der schlechter informierte Gesellschafter an, kann dies bei reinen *private values* zu sämtlichen Problemen führen, die bereits für den Fall symmetrisch unvollständiger Information erläutert wurden, insbesondere zu einer im Ergebnis ökonomisch ineffizienten und nicht fairen Verteilung der Gesellschaftsanteile. Ähnliches gilt für das eben genannte Beispiel mit *common value*, wobei zumindest die Effizienz der Verteilung erhalten bleibt. Zentrales Problem für den schlechter Informierten ist erneut, dass er den idealen Preis nur „erraten" kann.[80] Er wird daher im Grundsatz einen Preis in Höhe des Medians der möglichen Preise festsetzen und muss so das Risiko eines Kaufs deutlich „über Wert" oder eines Verkaufs „unter Wert" eingehen. Die entstehende Verteilung ist auch im *common value*-Szenario regelmäßig nicht fair.[81]

b) Anbietender mit Informationsvorsprung

Im Gegensatz zur Lage bei beidseits unvollständiger Information lassen sich diese Probleme aber für den Fall asymmetrisch informierter Gesellschafter zumindest in der Theorie vermeiden. Für den Fall des *common value* lässt sich die Fairness des Verfahrens wiederherstellen, wenn es der *informierte* Gesellschafter ist, der das Verfahren initiiert und den Preis festlegt.[82]

aa) Effizienz und Fairness bei „wahrheitsgemäßer" Preisfestlegung

Stellt man sich beispielsweise vor, dass der besser Informierte den Marktwert der Anteile als Ganzes genau kennt, wird er grundsätzlich einen Preis in Höhe der Hälfte dieses Werts nennen, um für beide hypothetischen Fälle, Kauf und Verkauf, „kosteneffizient" angeboten zu haben.[83] Aus der individuellen Sicht des schlechter Informierten ist ein solches „wahrheitsgemäßes", am tatsächlichen Marktwert orientiertes Angebot optimal. Der besser Informierte stellt sich dadurch selbst indifferent gegenüber der Entscheidung des Angebotsemp-

---

[79] Siehe z. B. die Modellierung und Darstellung bei *Krishna*, Auction Theory, 2. Aufl. 2010, S. 120 ff.

[80] Vgl. *Landeo/Spier*, 31 Yale J. on Reg. 143, 161 (2014), die treffend von einem „shot in the dark" sprechen.

[81] Im Einzelnen *Brooks/Landeo/Spier*, 41 RAND J. Econ. 649, 654 f., 657 f. (2010); *Landeo/Spier*, 31 Yale J. on Reg. 143, 160 f. (2014); *Landeo/Spier*, 81 U. Chi. L. Rev. 203, 211 ff. (2014).

[82] *Landeo/Spier*, 31 Yale J. on Reg. 143, 162 (2014). Vgl. auch *Brooks/Landeo/Spier*, 41 RAND J. Econ. 649, 654, 656 f. (2010); *Landeo/Spier*, 81 U. Chi. L. Rev. 203, 210 f. (2014).

[83] *Landeo/Spier*, 31 Yale J. on Reg. 143, 162 (2014); *Landeo/Spier*, 81 U. Chi. L. Rev. 203, 210 (2014).

fängers, letzterer erhält den entscheidenden Hinweis über den tatsächlichen Wert der Anteile.[84] Die entstehende Verteilung erfüllt zumindest die Fairnesskriterien der *proportionality* und der *envy-freeness*. Entsprechendes gilt im Fall rein privater Wertschätzungen. Auch hier kommt es neben effizienten gleichermaßen zu fairen Ergebnissen, falls der Gesellschafter mit Informationsvorsprung den Preis an seiner eigenen Wertschätzung ausrichtet.

bb) Kein strategisches Verhalten?

Nun kann man sich fragen, warum bei asymmetrischer Information nicht erneut Fairness- oder sogar Effizienzmängel durch strategisches Verhalten des besser Informierten drohen. Könnte er nicht seinen Informationsvorsprung nutzen, um „günstiger" zu kaufen oder „teurer" zu verkaufen? Abgesehen von eventuellen rechtlichen Regeln, die für „wahrheitsgemäßes" Verhalten sorgen (sollen),[85] ginge der Anbietende mit einem solchen Verhalten abhängig von der konkreten Ausprägung der Informationsasymmetrie aber ein erhebliches Risiko ein.

Stellt man sich ein reines *common value*-Szenario vor, in dem der tatsächliche Wert der Anteile oberhalb der Schätzung des schlechter Informierten liegt, könnte der besser informierte Anbietende selbst dann zum Käufer werden, wenn er nur einen Wert minimal über der Schätzung des Angebotsempfängers wählt (ähnlich den Überlegungen im Fall symmetrisch vollständiger Information). Ist allerdings dem schlechter informierten Angebotsempfänger wiederum bewusst, dass der besser Informierte genaue Kenntnis des Marktwerts hat und ist ihm ebenfalls bewusst, dass der besser Informierte seine Schätzung (die des schlechter Informierten) genau kennt, wird die Lage komplexer.

Erhält der schlechter Informierte unter diesen Voraussetzungen nämlich ein Angebot der genannten Art, sind aus seiner Sicht zwei Szenarien möglich. Einerseits kann der Anbietende tatsächlich einen wahrheitsgemäßen Preis nennen, der dem Marktwert der Hälfte aller Anteile entspricht. Dieser Preis könnte theoretisch genau der Schätzung des schlechter informierten Gesellschafters entsprechen, wird typischerweise aber darüber oder darunter liegen. Andererseits könnte es sich auch um einen strategisch gewählten Preis handeln. Aus einem Angebot oberhalb seiner eigenen Schätzung müsste der Angebotsempfänger schließen, dass der tatsächliche Marktwert ebenfalls höher als seine eigene Schätzung ist, denn der Anbietende versucht offensichtlich, einen Anreiz zum Verkauf zu setzen, was ökonomisch nur Sinn ergibt, wenn der Anbietende gerade dadurch seinen wirtschaftlichen Vorteil maximieren kann. Entsprechendes gilt für ein Angebot, das unterhalb der Schätzung des Angebotsempfängers liegt.

---

[84] Zum Ganzen erneut *Landeo/Spier*, 31 Yale J. on Reg. 143, 162 (2014); *Landeo/Spier*, 81 U. Chi. L. Rev. 203, 210 (2014).
[85] Zum US-amerikanischen Recht *Landeo/Spier*, 31 Yale J. on Reg. 143, 162, Fn. 76 (2014).

Nun kann der Angebotsempfänger aber nicht wissen, ob es sich um einen „wahrheitsgemäßen" oder einen „strategischen" Preis handelt. Vor diesem Hintergrund wäre es für den schlechter informierten Gesellschafter besser, bei einem Angebot oberhalb (unterhalb) seiner eigenen Schätzung „ins Blaue hinein" zu kaufen (verkaufen). Handelt es sich um einen wahrheitsgemäßen Preis, erhält der schlechter Informierte immer noch die Hälfte des Kuchens. Die entstehende Verteilung erfüllt die Kriterien der Effizienz und auch der Proportionalität und der Neidfreiheit. Handelt es sich um einen strategischen Preis, kauft (verkauft) der Angebotsempfänger zu einem Preis unter (über) dem Marktwert – ein aus seiner Sicht sogar noch besseres Ergebnis. Die entstehende Verteilung ist erneut effizient, allerdings nicht fair, weil es erkennbar an der Neidfreiheit mangelt. Ein solches Verhalten des Angebotsempfängers kann der besser Informierte wiederum antizipieren[86] und bietet deshalb von vornherein wahrheitsgemäß an. Dadurch gibt er dem schlechter informierten Gesellschafter ein eindeutiges Signal über den wahren Wert der Anteile und beseitigt so letztlich die Informationsasymmetrie. Ein Angebot durch den besser Informierten führt also deutlich eher zu fairen Ergebnissen, als dies im Fall des Angebots durch den schlechter Informierten der Fall ist.[87]

Bei reinen *private values* gilt es zu beachten, dass die subjektiven Wertschätzungen der Gesellschafter nicht voneinander abhängen. Die Nennung eines strategischen Preises durch den besser Informierten signalisiert dem schlechter Informierten zwar, ob die Wertschätzung des Anbietenden über oder unter seiner eigenen liegt – für ihn hat diese Erkenntnis aber keinerlei Relevanz.[88] Er wird kaufen (verkaufen), wenn der genannte Preis unterhalb (oberhalb) seiner eigenen Wertschätzung für die Anteile liegt. Im *private values*-Szenario sichert ein Angebot des besser Informierten also die Effizienz, allerdings nicht notwendigerweise die Fairness der entstehenden Verteilung, während bei einem Angebot durch den schlechter Informierten beide Kriterien häufig nicht erfüllt werden.

cc) Präferenz für die Rolle des Angebotsempfängers

Die informationelle Unsicherheit des schlechter informierten Gesellschafters sorgt noch für eine Besonderheit. Während im Szenario symmetrisch vollständiger Information jeder Gesellschafter noch die Rolle des *Anbietenden* bevorzugt hat, zeigt sich bei asymmetrischer Informationsverteilung eine Präferenz jedes Gesellschafters für die Rolle des *Angebotsempfängers* – und zwar sowohl

---

[86] Vgl. zu solchen spieltheoretischen „Ich weiß, dass du weißt, dass ..."-Gedankenspielen *Foster/Vohra*, Ohio State WPS 93-58, 1, 4 (1993).

[87] Vgl. zum Ganzen *Landeo/Spier*, 31 Yale J. on Reg. 143, 162 (2014); *Landeo/Spier*, 81 U. Chi. L. Rev. 203, 208, 210 (2014).

[88] Vgl. *de Frutos/Kittsteiner*, 39 RAND J. Econ. 184, 188 f. (2008).

bei *private values* als auch im Fall des *common value*.[89] Das gilt gleichermaßen schon für das Szenario symmetrisch unvollständiger Information, wird soweit ersichtlich aber überwiegend für den Fall der Informationsasymmetrie diskutiert.[90]

Dieser Befund lässt sich ohne Probleme anhand der individuellen Erwägungen von besser und schlechter informiertem Gesellschafter im *common value*-Fall erklären, für den Fall von *private values* gilt Vergleichbares. Für den schlechter informierten Gesellschafter ist es wie gezeigt vorteilhaft, wenn der besser Informierte (wahrheitsgemäß) anbietet, sodass er lieber abwarten wird. Der besser Informierte kann sich dagegen bei einem Angebot des schlechter Informierten wirtschaftlich besserstellen, nämlich seinen eigenen Erlös im Falle eines Verkaufs steigern bzw. seine Ausgaben im Falle eines Kaufs senken. Beide Gesellschafter werden also zögern, das Verfahren tatsächlich zu initiieren[91] – was zumindest zum Teil erklären mag, warum die hier diskutierten Mechanismen in der Praxis so selten ausgelöst werden[92].

C. Lösungsansätze

Schon die Erkenntnis, dass es in bestimmten Fällen zu *ex post* ökonomisch ineffizienten und/oder unfairen Ergebnissen kommen kann, ist für die (rechts-) praktische Anwendung wertvoll. Gerade aus beratender Perspektive muss man sich aber die Frage stellen, ob und wie man diesem Risiko möglicherweise durch geeignete Maßnahmen entgegenwirken kann. Die im Schrifttum diskutierten Lösungsansätze konzentrieren sich im Wesentlichen auf den Fall asymmetrischer Informationsstruktur und verfolgen zwei Ziele: Zum einen, den bereits dargestellten, unter Umständen ineffizienten Zustand gegenseitigen Abwartens zu beseitigen, zum anderen, die Rolle des Anbietenden dem „richtigen" Gesellschafter zuzuweisen.

---

[89] Für den Fall des common value *Morgan*, 23 Econ. Theory 909, 912 ff. (2004); *Landeo/ Spier*, 31 Yale J. on Reg. 143, 162 (2014), für private values *McAfee*, 56 J. Econ. Theory 266, 278 (1992). Vgl. zu private values auch *van Damme*, Stability and Perfection of Nash Equilibria, 2. Aufl. 1996, S. 134; *Trhal*, Experimental Studies on Partnership Dissolution, 2009, S. 27 f.

[90] Insoweit nicht eindeutig *Levmore*, 68 Va. L. Rev. 771, 839 (1982).

[91] Von *Brooks/Landeo/Spier*, 41 RAND J. Econ. 649, 655 ff. (2010); *Landeo/Spier*, 121 Econ. Lett. 390, 392 ff. (2013); *Landeo/Spier*, 31 Yale J. on Reg. 143, 162 (2014) anschaulich mit dem Begriff „gun shy" umschrieben.

[92] *Landeo/Spier*, 121 Econ. Lett. 390, 391 (2013); *Landeo/Spier*, 31 Yale J. on Reg. 143, 162 (2014).

I. Zufällige und statische Verfahren

Eher ungeeignet sind zunächst Mechanismen, die die Rollenverteilung dem Zufall überlassen, beispielsweise durch einen (fairen[93]) Münzwurf. Sie beheben zwar den Schwebezustand, die Rolle des Anbietenden wird aber mit gleicher Wahrscheinlichkeit dem „richtigen" oder dem „falschen" Gesellschafter zugewiesen.[94]

Prinzipiell geeignet ist dagegen eine Regelung, die die Rolle des Anbietenden schon zum Zeitpunkt der Vereinbarung der Klausel unter namentlicher Nennung konkret dem „richtigen" Gesellschafter zuweist, womit typischerweise der besser Informierte in einem *common value*-Szenario gemeint ist. Das bietet sich vor allem an, wenn die Klausel erst *ad hoc* vereinbart wird, das Trigger Event also bereits eingetreten ist.[95] Handelt es sich dagegen um den typischen Fall einer zeitlich vorgelagerten Vereinbarung, beispielsweise schon zum Zeitpunkt der Gesellschaftsgründung, offenbart sich die Schwäche dieses Vorschlags: Er ist nur dann praktikabel, wenn im Voraus bereits absehbar ist, wer für den Fall des Eintritts des Trigger Events tatsächlich der „richtige" Gesellschafter wäre.[96]

Es mag durchaus Konstellationen geben, in denen diese Prognose bereits zu einem solch frühen Zeitpunkt möglich ist, beispielsweise, weil einer der Gesellschafter allein technischen Sachverstand, der andere dagegen die nötige Geschäftserfahrung mitbringt. Der geschäftserfahrene Gesellschafter dürfte regelmäßig derjenige sein, der den Marktwert der Anteile deutlich besser einschätzen kann und so über einen Informationsvorsprung gegenüber seinem Mitgesellschafter verfügt. Solche theoretisch eindeutigen Fälle treten aber praktisch eher selten auf, zumal noch der Umstand einzukalkulieren ist, dass sich die Informationsstruktur zwischen den Gesellschaftern nach Vereinbarung der Klausel verändern kann und bei jedem eventuellen Gesellschafterwechsel aufs Neue geprüft werden muss, ob der alte „richtige" Gesellschafter noch der neue „richtige" Gesellschafter ist. Darin liegt der klare Nachteil einer solchen statischen Regelung, die zwar für klare Verhältnisse sorgt, der es aber an der nötigen Flexibilität fehlt.

---

[93] Vgl. zu private values *van Damme*, Stability and Perfection of Nash Equilibria, 2. Aufl. 1996, S. 134 f.

[94] Vgl. *Levmore*, 68 Va. L. Rev. 771, 839 (1982). So dient der Münzwurf bei der Modellierung dann auch eher dazu, die freiwillige Einleitung des Verfahrens auf faire Weise in eine zwingende zu verwandeln, siehe *van Damme*, Stability and Perfection of Nash Equilibria, 2. Aufl. 1996, S. 134 f.; *Brooks/Landeo/Spier*, 41 RAND J. Econ. 649, 650 (2010). Vgl. aber auch *Young*, Equity, 1995, S. 138 f.

[95] Vgl. dazu unten S. 204 f.

[96] Vgl. zum Ganzen *Landeo/Spier*, 31 Yale J. on Reg. 143, 163 (2014).

II. Vorgeschaltete Verhandlungsrunde

1. Grundidee

Eine dynamischere Variante zeigen *de Frutos/Kittsteiner* für den Fall von *private values*. Sie stellen ein Verhandlungsverfahren vor, durch das die Person des Anbietenden ermittelt werden soll. Diese „Verhandlungsrunde" ist nicht mit dem eigentlichen Preisermittlungsverfahren zu verwechseln und soll im Idealfall (um Kosten durch das Abwarten zu verhindern) schon unmittelbar nach Eintritt des Trigger Events beginnen.[97]

Die Parteien bieten abwechselnd mit steigenden Geboten und können jederzeit aus dem Verfahren aussteigen. Dem zuerst aussteigenden Gesellschafter wird die Rolle des Anbietenden zugewiesen, er erhält dafür eine Zahlung in Höhe des zuletzt von der Gegenseite genannten Gebots.[98] Anders ausgedrückt bieten die Parteien also einen Preis, den sie der anderen Seite dafür bereit sind zu zahlen, dass sie selbst *nicht* Anbietender im Rahmen des Preisermittlungsverfahrens werden. *De Frutos/Kittsteiner* zeigen zum einen, dass ein solches Verhandlungsverfahren die Effizienz wiederherstellen kann. Das geschieht dadurch, dass in dieser Phase Informationen über das Bietverhalten aufgedeckt und auch dem anderen Gesellschafter bekannt gemacht werden, die vorher nur der jeweiligen Partei bekannt waren.[99] Zum anderen wird durch den finanziellen Ausgleich eine angemessene Kompensation für den bereits gezeigten wirtschaftlichen Nachteil geboten, den die Rolle des Anbietenden bei asymmetrischer Informationsverteilung mit sich bringt.

2. Bewertung, Umsetzung und Missbrauchsgefahr

Diese inhaltlich interessante Variante begegnet jedoch gewissen Bedenken in der Umsetzung. Zunächst drohen sämtliche Verschleppungstaktiken, die schon zu den Grundvarianten diskutiert wurden (Verzögerung durch Nichtreaktion oder durch minimale Preiserhöhungen).[100] Diesen Problemen kann man aber noch begegnen, indem man die eingangs besprochenen Gegenmaßnahmen (Reaktionsfristen, Festlegen eines Werts, um den mindestens erhöht werden muss etc.) auf die vorgezogene Verhandlung erstreckt. Fälle wie der bereits diskutierte *Larken Minnesota, Inc. v. Wray*[101] bestätigen schon unabhängig von Erfahrun-

---

[97] *de Frutos/Kittsteiner*, 39 RAND J. Econ. 184, 192 (2008).

[98] Zum Ganzen *de Frutos/Kittsteiner*, 39 RAND J. Econ. 184, 188 ff. (2008). Entsprechend der Vorschlag von *Crawford*, 47 Econometrica 49, 53 (1979) zur Verteilung der Rolle des Anbieters bei symmetrischer Information, diesen aufgreifend *van Damme*, Stability and Perfection of Nash Equilibria, 2. Aufl. 1996, S. 135. Vgl. auch den Vorschlag von *Young*, Equity, 1995, S. 143 ff.

[99] *de Frutos/Kittsteiner*, 39 RAND J. Econ. 184, 188 f. (2008).

[100] Siehe dazu oben S. 17 ff.

[101] Larken Minnesota, Inc. v. Wray, 881 F. Supp. 1413 ff. (D. Minn. 1995), aff'd, 89 F.3d 841 ff. (8th Cir. 1996).

gen rechtlicher Berater, dass solche im ökonomischen Sinne opportunistischen oder schlicht nicht rationalen Verhaltensweisen in emotional aufgeladenen Konfliktsituationen vorkommen können und die vorgeschlagene Verhandlungslösung vor diesem Hintergrund weitere Möglichkeiten zu missbräuchlichem Verhalten eröffnet. Verweigert der „Verlierer" der Verhandlungsrunde beispielsweise die Zahlung, kann man dem noch mit den üblichen zwangsvollstreckungsrechtlichen Maßnahmen begegnen (wegen Geldforderungen, §§ 802a ff. ZPO).

Schwieriger wird es allerdings, wenn der festgelegte Betrag zwar bezahlt wird, der designierte Anbietende aber seiner Pflicht nicht nachkommt und kein Angebot vorlegt. Dieser Fall ist der Situation nicht unähnlich, in der der im Rahmen des Preisermittlungsverfahrens Höchstbietende schlicht nicht zahlt. In der letztgenannten Variante ist das Preisermittlungsverfahren allerdings bereits abgeschlossen und man kann Lösungen unter Einbeziehung der Erklärungen der Parteien finden – beispielsweise den diskutierten Vorschlag, das Recht zum Kauf an den niedriger Bietenden zurückfallen zu lassen.[102] Theoretisch ließe sich diese Vorgehensweise auf die Verhandlungsrunde übertragen. Der höher Bietende würde dann im Rahmen des Preisermittlungsverfahrens zum Anbieter, wobei noch die entsprechende Zahlungspflicht des anderen, „widerwilligen" Gesellschafters durchzusetzen wäre.

Unter ökonomischen Gesichtspunkten ist diese Lösung aber ungeeignet. Es ließe sich zwar argumentieren, dass die Informationen durch das Bietverhalten der Parteien ja ohnehin offengelegt seien und es daher keinen oder zumindest nur einen deutlich geringeren Unterschied mache, wer von beiden im Rahmen der Verhandlungsrunde tatsächlich anbietet. Diese Aussage trifft im Grundsatz zu, gilt aber nur für den Fall, dass der im Rahmen des Preisermittlungsverfahrens Angebotspflichtige sein Bietverhalten in der Verhandlungsrunde tatsächlich an seiner eigenen Präferenz orientiert hat und nicht schon die Höhe seines Gebots aus strategischen Gründen missbräuchlich festgelegt hat. Durch ein solches Verhalten könnte ein Gesellschafter versuchen, auf Umwegen doch noch seinen Mitgesellschafter in die Anbieterrolle zu drängen. Der so „Gedrängte" könnte dann wiederum geneigt sein, das Verhalten seines Mitgesellschafters in gleicher Weise zu sanktionieren und schlicht kein Angebot zu unterbreiten, um nicht die nachteilige Position des Anbietenden einzunehmen.

Die geäußerten Bedenken sollten nicht darüber hinwegtäuschen, dass es sich bei der vorgeschalteten Verhandlungsrunde um einen durchaus zielführenden Lösungsvorschlag handelt, der sich als solcher auch gestalterisch ohne größere Schwierigkeiten umsetzen lässt. Probleme bereitet dagegen dessen kautelarjuristische Absicherung gegen missbräuchliches Verhalten. Vor diesem Hintergrund lohnt es sich, über alternative Wege zur Lösung der Informationsproblematik nachzudenken.

---

[102] Siehe zum Ganzen bereits oben S. 48 ff.

III. Rechtliche Möglichkeiten

Es stellt sich daher die Frage, ob und wie dem Problem der Informations-asymmetrie mit *rechtlichen* Instrumenten begegnet werden kann. Auch die im ökonomischen Schrifttum diskutierten Mechanismen können „rechtlich" aus-gestaltet werden, indem sie zum Gegenstand vertraglicher Absprachen gemacht werden. Im Folgenden konzentriert sich die Untersuchung dagegen neben *genuin* rechtlichen Lösungen, die sich also beispielsweise auf gesetzliche Vor-gaben oder allgemeine rechtliche Prinzipien zurückführen lassen, auf die Gren-zen der vertraglichen Gestaltung.

1. Sittenwidrigkeits- und Ausübungskontrolle

Eine Sittenwidrigkeits- oder Ausübungskontrolle nach §§ 138 Abs. 1, 242 BGB könnte den Informationsvorsprung des besser Informierten zwar nicht ausglei-chen, in gewissem Umfang aber immerhin die wirtschaftlichen und rechtlichen Konsequenzen der Informationsasymmetrie vermeiden.

a) Vergleichbarkeit zu Hinauskündigungsklauseln

Tatsächlich erinnert das bei asymmetrischer Informationsverteilung bestehende Ungleichgewicht zwischen den Gesellschaftern an die bereits diskutierten und potenziell korrekturbedürftigen Machtgefälle im Rahmen von §§ 138 Abs. 1, 242 BGB. Eine ungleiche Informationsverteilung allein sorgt allerdings nicht dafür, dass Russian Roulette-Klauseln inhaltlich in die Nähe verbotener Hi-nauskündigungsklauseln rücken – und zwar weder zum Zeitpunkt ihrer Verein-barung (mit der möglichen Folge des § 138 Abs. 1 BGB) noch zum Zeitpunkt ihrer Ausübung (mit den möglichen Folgen des § 242 BGB). Charakteristisch ist für Hinauskündigungsklauseln nämlich gerade, dass der „schwächere" Ge-sellschafter faktisch durch einseitiges Handeln seines Mitgesellschafters aus der Gesellschaft gedrängt werden kann. Diese Gefahr besteht im Fall der Infor-mationsasymmetrie gerade nicht. Löst der besser Informierte die Klausel aus, kann sich der schlechter Informierte grundsätzlich frei zwischen einem Kauf und einem Verkauf entscheiden (und befindet sich in einem *common value*-Szenario sogar in der für ihn ökonomisch günstigeren Position des Angebots-empfängers). Abweichendes mag gelten, wenn weitere Faktoren wie ein wirt-schaftliches oder rechtliches Ungleichgewicht zwischen den Gesellschaftern hinzukommen; es ist dann aber erkennbar nicht die Informationsasymmetrie, die den Ausschlag gibt, sondern diese zusätzlichen Umstände. Eine Korrek-tur wegen einer hinauskündigungsähnlichen Situation kann im Grundsatz also nicht allein durch ein informationelles Gefälle zwischen den Gesellschaftern begründet werden.

b) Unangemessen niedriger Erwerbspreis

Eine differenziertere Betrachtung ist im Hinblick auf einen möglicherweise unangemessen niedrigen Erwerbspreis geboten. Ein entsprechendes Risiko besteht prinzipiell in zwei verschiedenen Konstellationen: Erstens, wenn der schlechter informierte Gesellschafter zu einem Preis unterhalb des Marktwerts anbietet und der besser informierte Angebotsempfänger zu diesem Preis kauft, zweitens, wenn der besser Informierte einen strategischen Preis unterhalb des Marktwerts bietet und der schlechter informierte Angebotsempfänger verkauft.

Die letztgenannte Variante mag aus den bereits genannten Gründen im *common value*-Szenario nur selten drohen, weil der besser informierte Gesellschafter wahrheitsgemäß anbieten wird – das gilt allerdings nicht zwingend für sämtliche möglichen Ausprägungen der Informationsasymmetrie. Das Drohszenario der erstgenannten Variante ist dagegen nicht ganz unrealistisch: Ein Gesellschafter, der über den Marktwert der Anteile nicht oder nur unzureichend informiert ist, wird die Initiierung des Verfahrens zwar tendenziell scheuen, um wirtschaftliche Nachteile in Form einer unangemessen niedrigen Abfindungszahlung zu vermeiden. Kommt es im Einzelfall dennoch dazu, liegt bei ausreichend großer Differenz zwischen angebotenem Preis und Marktwert aber ein grobes Missverhältnis vor, das eine Korrektur nach §§ 138 Abs. 1, 242 BGB erforderlich macht.

Mit Blick auf den *Vereinbarungs*zeitpunkt der Klausel zeigt sich erneut, dass die Höhe der Abfindung vorab noch gar nicht feststeht. So ist es beispielsweise möglich, dass der schlechter Informierte aufgrund extern eingeholter Gutachten (ungefähr) in Höhe des Marktwerts oder der besser Informierte tatsächlich wahrheitsgemäß anbietet. Eine Sittenwidrigkeit nach § 138 Abs. 1 BGB scheidet daher aus. Besteht ein relevantes Missverhältnis zwischen Abfindungshöhe und Verkehrswert erst zum *Ausübungs*zeitpunkt, vermittelt eine Kontrolle über § 242 BGB nach den bereits dargestellten Grundsätzen ausreichenden, allerdings dann auch nötigen rechtlichen Schutz. Zu berücksichtigen sind erneut sämtliche Umstände des Einzelfalls, unter anderem die Tatsache, dass eine unangemessen niedrige Abfindungszahlung in der Regel gerade nicht droht, wenn der schlechter Informierte das Verfahren nicht selbst auslöst, aber auch, dass das Verfahren der Klausel für ihn möglicherweise den einzigen Weg darstellt, die Zusammenarbeit auf ordentliche Weise zu beenden.

2. Informationsausgleich durch Informationspflicht

Für einen echten Ausgleich des Informationsgefälles sorgt nur eine Pflicht des besser Informierten, den schlechter Informierten noch vor der Initiierung des Preisermittlungsverfahrens über den tatsächlichen Marktwert zu informieren. Rechtlich ließe sich eine solche Pflicht theoretisch auf mehreren Wegen begründen: Erstens über bestehende gesetzliche Regelungen, namentlich über eine Aufklärungspflicht mit der Folge des Anfechtungsrechts nach § 123 Abs. 1, 1. Var. BGB oder von Schadensersatzansprüchen nach §§ 311 Abs. 2, 241 Abs. 2 BGB, § 823 Abs. 2 BGB i. V. m. § 263 StGB, § 826 BGB, und zweitens über eine ausdrückliche individualvertragliche Vereinbarung zwischen den Parteien.

a) Informationspflicht von Gesetzes wegen

aa) Anfechtungsrecht

Eine erfolgreiche Anfechtung führt nach § 142 Abs. 1 BGB bekanntermaßen zur (*ex tunc*-)Nichtigkeit des angefochtenen Rechtsgeschäfts, hier der auf den Vertragsschluss gerichteten Erklärung des schlechter informierten Gesellschafters. In dieser Rechtsfolge liegt prinzipiell eine geeignete „Drohung" gegen den besser informierten Gesellschafter dahingehend, den tatsächlichen Wert der Anteile vorab offenzulegen. Doch für eine wirksame Anfechtung bedarf es nicht zuletzt eines geeigneten Anfechtungsgrunds. Nicht in Betracht kommt im *common value*-Szenario zunächst ein Eigenschaftsirrtum des schlechter Informierten nach § 119 Abs. 2 BGB, denn der Wert einer Sache an sich ist nach ganz überwiegender Auffassung keine verkehrswesentliche Eigenschaft in diesem Sinne.[103] Übrig bleibt allein eine arglistige Täuschung des besser Informierten nach § 123 Abs. 1, 1. Var. BGB.

(1) Arglistige Täuschung durch Unterlassen

Die Täuschungshandlung liegt hier nicht in einem aktiven Tun, sondern allenfalls in einem Unterlassen, nämlich darin, dass der besser Informierte den tatsächlichen Marktwert der Anteile verschwiegen hat. Ein solches Verschweigen kann allerdings nur bei einer ausnahmsweise bestehenden Offenlegungspflicht überhaupt den Tatbestand des § 123 Abs. 1, 1. Var. BGB erfüllen. Ob eine entsprechende Pflicht zur Offenlegung besteht, lässt sich nur durch eine einzelfallbezogene, von erheblicher Rechtsunsicherheit geprägte[104] Abwägung feststellen,[105] für die zu entscheiden ist, ob der Vertragspartner „eine solche Aufklärung nach Treu und Glauben unter Berücksichtigung der Verkehrsanschauung […] erwarte[n] […] darf."[106] Bereits an diesem Punkt ist die Feststellung enorm

---

[103] Statt vieler BGHZ 16, 54, 57; *Singer*, in: von Staudinger, BGB, Neubearb. 2017, § 119 Rn. 100; *Armbrüster*, in: Säcker/Rixecker/Oetker/Limper, MüKo BGB, Bd. 1, 8. Aufl. 2018, § 119 Rn. 139 m. w. N.

[104] Siehe in dieser Hinsicht statt vieler den eindringlichen Praxishinweis bei *Rehberg*, in: Gsell/Krüger/Lorenz/Reymann, BeckOGK BGB, § 123 Rn. 88 (Stand: 01.01.2020).

[105] Zum Ganzen erneut statt vieler *Armbrüster*, in: Säcker/Rixecker/Oetker/Limper, MüKo BGB, Bd. 1, 8. Aufl. 2018, § 123 Rn. 33; *Dörner*, in: Schulze u. a., BGB, 10. Aufl. 2019, § 123 Rn. 2, jeweils m. w. N. Zu den Versuchen einer Systematisierung im Schrifttum umfassend *Fleischer*, Informationsasymmetrie, 2001, S. 266 ff.

[106] BGH NJW-RR 1998, 1406, 1406; NJW 2001, 155, 156. (Leicht) abgewandelte Formulierungen sind häufig, siehe z. B. BGH NJW 1979, 2243, 2243.

wichtig, dass mit Blick auf die Angemessenheit des Kaufpreises grundsätzlich gerade *keine* Offenbarungspflicht besteht; der Verkäufer muss also den Käufer nicht vor einem „zu teuren" Kauf, der Käufer den Verkäufer nicht vor einem „zu günstigen" Verkauf warnen.[107]

(2) Gesellschaftliche Treuepflicht als besonderes Verhältnis

Abweichendes kann jedoch gelten, wenn zwischen den Parteien „ein besonderes persönliches Treue- oder Vertrauensverhältnis […] besteht"[108]. Das erinnert an die zu Beginn dieser Arbeit angesprochenen *fiduciary duties* im US-amerikanischen Recht. Sie wecken nach deutschem Recht Assoziationen mit der zwischen den Gesellschaftern bestehenden (horizontalen[109]) gesellschaftlichen Treuepflicht, die jeden Gesellschafter zur Rücksichtnahme auf die Belange seiner Mitgesellschafter verpflichtet[110].

Ursprünglich als personengesellschaftsrechtlicher Grundsatz „entwickelt",[111] wird die Existenz einer solchen treurechtlichen Bindung der Gesellschafter an die Gesellschaft und zwischen den Gesellschaftern heutzutage auch für die GmbH nicht mehr ernsthaft bestritten[112]. Diese Loyalitäts- und Rücksichtnahmepflicht könnte vorliegend den besser informierten Gesellschafter dazu verpflichten, seinen Informationsvorsprung dadurch auszugleichen, dass er den schlechter informierten über den wahren Marktwert der Anteile aufklärt. Durch ein solches Verständnis würde man die Reichweite und Intensität der gesellschaftlichen Treuepflicht aber aus mehreren Gründen überdehnen.

Erstens hat das Konzept der Treuepflicht einen klaren mitgliedschaftlichen Bezug.[113] Inhaltlich geht es in erster Linie darum, den Gesellschaftszweck aktiv zu fördern, negative Einflüsse soweit möglich zu vermeiden und abzuwehren

---

[107] *Armbrüster*, in: Säcker/Rixecker/Oetker/Limperg, MüKo BGB, Bd. 1, 8. Aufl. 2018, § 123 Rn. 33, zur Täuschung über negative Marktentwicklungen schon RGZ 111, 233 ff., instruktiv auch die Ausführungen von *Fleischer*, Informationsasymmetrie, 2001, S. 321 ff. Vgl. aus strafrechtlicher Perspektive *Rübenstahl/Loy*, NZG 2018, 528, 530 ff.

[108] *Armbrüster*, in: Säcker/Rixecker/Oetker/Limperg, MüKo BGB, Bd. 1, 8. Aufl. 2018, § 123 Rn. 34.

[109] Mit dieser Formulierung z. B. *Lieder*, in: Michalski/Heidinger/Leible/Schmidt, GmbHG, Bd. 1, 3. Aufl. 2017, § 13 Rn. 141 ff.; *Servatius*, in: Henssler/Strohn, GesR, 4. Aufl. 2019, § 705 BGB Rn. 41.

[110] So zur GbR statt vieler BGH NJW-RR 2003, 169 f.; *Servatius*, in: Henssler/Strohn, GesR, 4. Aufl. 2019, § 705 BGB Rn. 41, zur GmbH ebenfalls statt vieler BGHZ 9, 157, 163; 65, 15, 18 f.; *Fastrich*, in: Baumbach/Hueck, GmbHG, 22. Aufl. 2019, § 13 Rn. 21; *Saenger*, in: Saenger/Inhester, GmbHG, 4. Aufl. 2020, § 13 Rn. 19.

[111] Siehe schon RGZ 169, 153, 155 f. sowie später BGHZ 34, 80, 83. Vgl. auch BGHZ 65, 15, 19.

[112] *Dreher*, DStR 1993, 1632, 1632; *Schindler*, in: Ziemons/Jaeger/Pöschke, BeckOK GmbHG, 43. Ed. 2020, § 47 Rn. 55 (Stand: 01.11.2019).

[113] Vgl. BGHZ 34, 80, 83, zur GbR *Servatius*, in: Henssler/Strohn, GesR, 4. Aufl. 2019, § 705 BGB Rn. 41 und zur GmbH *Fastrich*, in: Baumbach/Hueck, GmbHG, 22. Aufl. 2019, § 13 Rn. 20.

und sich allgemein loyal gegenüber der Gesellschaft und den Mitgesellschaftern zu verhalten.[114] Dieser Bereich wird bei der Übertragung von Geschäftsanteilen zwischen den Gesellschaftern zwar noch nicht verlassen,[115] die gesellschaftliche Treuepflicht spielt hier aber seltener und nur noch in schwächerer Form eine Rolle als bei mitgliedschaftlichen Kernfragen, wie beispielsweise dem Abstimmungsverhalten[116].

Dieses Ergebnis verschärft sich noch mit Blick auf einen weiteren, zweiten Aspekt: Die Gesellschafter stehen sich kurz vor und bei der Initiierung eines Russian Roulette-Verfahrens häufig nicht mehr wohlgesonnen und in der idealtypischen Situation gegenseitigen Vertrauens und kooperativer Unternehmensführung gegenüber. Besonders eindeutig ist das für den Fall eines als Trigger Event vereinbarten Deadlocks, aber auch auf eine voraussetzungslos anwendbare Klausel muss und wird man nicht selten nur deshalb zurückgreifen, weil anderweitige Einigungsversuche gescheitert sind. Ein Streit zwischen den Gesellschaftern beseitigt freilich nicht per se deren treurechtliche Bindung. Ebenso wenig endet die treurechtliche Beziehung allein deshalb, weil die Zusammenarbeit dem Ende entgegengeht; sie zieht sich vielmehr bis ins Liquidationsstadium[117] und kann sogar noch „nachmitgliedschaftliche"[118] Wirkung entfalten[119]. Weil die Grenzen der gesellschaftlichen Treuepflicht aber so unscharf und ihr Inhalt so wenig konkret sind, kommt den individuellen Umständen des einzelnen Falls besondere Bedeutung bei der Abgrenzung zu.[120]

Ziehen die Gesellschafter nun, wie dargestellt und für alle erkennbar, nicht mehr „an einem Strang", muss man an einem schutzwürdigen Vertrauen jedes Gesellschafters daran zweifeln, dass der jeweils andere die Interessen seines Mitgesellschafters in angemessenem Umfang berücksichtigt.[121] Es geht hier

---

[114] So mit vergleichbaren Formulierungen statt vieler für die GmbH *Merkt*, in: Fleischer/Goette, MüKo GmbHG, Bd. 1, 3. Aufl. 2018, § 13 Rn. 88; *Fastrich*, in: Baumbach/Hueck, GmbHG, 22. Aufl. 2019, § 13 Rn. 21, für die GbR *Saenger*, in: Schulze u. a., BGB, 10. Aufl. 2019, § 705 Rn. 13; *Schöne*, in: Bamberger/Roth/Hau/Poseck, BeckOK BGB, 53. Ed. 2020, § 705 Rn. 102 (Stand: 01.02.2020).

[115] Vgl. *Merkt*, in: Fleischer/Goette, MüKo GmbHG, Bd. 1, 3. Aufl. 2018, § 13 Rn. 158 ff.

[116] Siehe dazu aus der neueren Rechtsprechung BGH NJW 2016, 2739 ff.; OLG München NZG 2016, 1149 ff. und aus dem Schrifttum *Lieder*, in: Michalski/Heidinger/Leible/Schmidt, GmbHG, Bd. 1, 3. Aufl. 2017, § 13 Rn. 162 ff., 183 ff.; *Merkt*, in: Fleischer/Goette, MüKo GmbHG, Bd. 1, 3. Aufl. 2018, § 13 Rn. 111 ff.

[117] *Lieder*, in: Michalski/Heidinger/Leible/Schmidt, GmbHG, Bd. 1, 3. Aufl. 2017, § 13 Rn. 148; *Merkt*, in: Fleischer/Goette, MüKo GmbHG, Bd. 1, 3. Aufl. 2018, § 13 Rn. 108; *Bayer*, in: Bayer/Hommelhoff/Kleindiek, Lutter/Hommelhoff GmbHG, 20. Aufl. 2020, § 14 Rn. 32.

[118] Mit dieser Formulierung *Lieder*, in: Michalski/Heidinger/Leible/Schmidt, GmbHG, Bd. 1, 3. Aufl. 2017, § 13 Rn. 148.

[119] *Raiser*, in: Habersack/Casper/Löbbe, GmbHG, Bd. 1, 3. Aufl. 2019, § 14 Rn. 85; *Bayer*, in: Bayer/Hommelhoff/Kleindiek, GmbHG, 20. Aufl. 2020, § 14 Rn. 32.

[120] Vgl. *Lieder*, in: Michalski/Heidinger/Leible/Schmidt, GmbHG, Bd. 1, 3. Aufl. 2017, § 13 Rn. 135; *Merkt*, in: Fleischer/Goette, MüKo GmbHG, Bd. 1, 3. Aufl. 2018, § 13 Rn. 89 ff.

[121] Vgl. OLG Köln, Urteil v. 07.08.2008 – Az. 18 U 55/06, juris Rn. 57 ff.; *Armbrüster*, in: Säcker/Rixecker/Oetker/Limperg, MüKo BGB, Bd. 1, 8. Aufl. 2018, § 123 Rn. 37.

nicht um die häufig anzutreffende Konstellation, dass einer der Gesellschafter finanzielle Eigeninteressen „im Geheimen" verfolgt, sondern er tut dies ganz offen. Zum Zeitpunkt unmittelbar vor und bei der Initiierung des Verfahrens ist dieser Umstand jedem Gesellschafter bewusst: Hier geht es nicht mehr um die Verfolgung eines gemeinsamen Gesellschaftszwecks, sondern um das wirtschaftlich nachvollziehbare Interesse, die eigenen Anteile möglichst teuer zu verkaufen oder die des Gegenübers möglichst günstig zu übernehmen.[122] Die Situation ähnelt daher mehr einem Verkauf am freien Markt zwischen Individuen ohne besondere Beziehung statt einer Konstellation, in der ein Gesellschafter aufgrund einer treurechtlichen Beziehung zur besonderen Rücksichtnahme auf die Interessen seines Mitgesellschafters verpflichtet sein sollte. Folglich kann man von keinem Gesellschafter erwarten, dass er die Interessen seines (Noch-)Mitgesellschafters entgegen den eigenen Interessen umfassend beachtet.

Nimmt man sämtliche dieser Punkte zusammen und führt sich dann noch vor Augen, dass der schlechter Informierte sein Informationsdefizit möglicherweise noch über sein Auskunfts- und Einsichtsrecht aus § 51a GmbHG und extern eingeholte Bewertungsgutachten ausgleichen kann[123], ist die Annahme einer Aufklärungspflicht des besser Informierten aufgrund der gesellschaftlichen Treuebeziehung für den Fall einer Russian Roulette-Klausel in aller Regel nicht angemessen.

bb) Schadensersatzansprüche

Akzeptiert man den Befund, dass unter treurechtlichen Gesichtspunkten keine Aufklärungspflicht des besser Informierten besteht, entfallen deshalb letztendlich auch zivilrechtliche Ansprüche auf Schadensersatz, namentlich wegen Verschuldens bei Vertragsschluss nach §§ 280 Abs. 1, 311 Abs. 2, 241 Abs. 2 BGB, wegen Betrugs nach § 823 Abs. 2 BGB i. V. m. § 263 StGB[124] und wegen vorsätzlicher sittenwidriger Schädigung nach § 826 BGB.

(1) Tatbestand

Zunächst unterscheidet sich die Beurteilung einer eventuellen allgemeinen vorvertraglichen Informationspflicht vor dem Hintergrund der §§ 311 Abs. 2, 241 Abs. 2 BGB nicht wesentlich von den Ausführungen zu § 123 Abs. 1, 1. Var.

---

[122] Vgl. allgemein *Singer/von Finckenstein*, in: von Staudinger, BGB, Neubearb. 2017, § 123 Rn. 13, die für Kaufverträge von einem „natürlichen Interessensgegensatz" sprechen.

[123] Vgl. zu diesem Aspekt BGH NJW-RR 2003, 169, 170 („ihnen [den Mitgesellschaftern] aber nicht bekannt sein können"). Vgl. aber auch OLG Hamm DB 1991, 799 f., dazu *Fleischer*, Informationsasymmetrie, 2001, S. 528 f. und knapp *Bachmann/Eidenmüller/Engert/Fleischer/ Schön*, Rechtsregeln, 2012, S. 35.

[124] Der Schutzgesetzcharakter von § 263 StGB ist in ständiger Rechtsprechung anerkannt, siehe z. B. BGHZ 57, 137, 138 und 142 f.; BGH NJW 1993, 2992 f.; BGHZ 149, 10, 18 f.

BGB. Zwar verfolgt die Anfechtungsmöglichkeit wegen arglistiger Täuschung einen anderen Zweck als die Schadensersatzpflicht nach §§ 280 Abs. 1, 311 Abs. 2, 241 Abs. 2 BGB, denn während erstere der Absicherung der Willensfreiheit des Anfechtungsberechtigten dient, schützt letztere die Vermögensinteressen des Anspruchsinhabers[125]. Trotzdem sind die rechtlichen Erwägungen zu den beiden grundsätzlich nebeneinander anwendbaren Rechtsinstituten weitgehend deckungsgleich.[126] Im Detail ergeben sich freilich einige mitunter umstrittene Differenzierungsfragen[127] und Unterschiede (so kommt beispielsweise eine Schadensersatzpflicht nach §§ 280 Abs. 1, 311 Abs. 2, 241 Abs. 2 BGB wegen § 276 Abs. 1 S. 1 BGB schon wegen fahrlässigen Handelns in Betracht, während § 123 Abs. 1 BGB Arglist verlangt[128]), die für die Frage der Russian Roulette-Klausel aber keine besondere Rolle spielen.

Entsprechendes gilt für das Verhältnis von arglistiger Täuschung und Betrug nach § 263 Abs. 1 StGB. Im Detail existieren hier erneut einige teils kontrovers diskutierte Unterschiede, die für Russian Roulette-Klauseln aber nicht von besonderer Bedeutung sind (beispielsweise setzt der Betrug einen Vermögensschaden voraus, die Anfechtungsmöglichkeit nach § 123 Abs. 1, 1. Var. BGB dagegen nicht). Jedenfalls ist auch im Rahmen der Schadensersatzpflicht wegen Betrugs nach § 823 Abs. 2 BGB i. V. m. § 263 StGB bei der Frage der Täuschungshandlung zu prüfen, ob bei einem Handeln durch Unterlassen überhaupt eine Aufklärungspflicht bestand.[129]

Nichts anderes gilt im Ergebnis für § 826 BGB. In der Verleitung zum Abschluss eines ungünstigen Vertrags könnte zwar eine vorsätzliche sittenwidrige Schädigung im Sinne der Norm liegen,[130] im Einklang mit der Beurteilung im Rahmen von § 123 Abs. 1, 1. Var. BGB und §§ 280 Abs. 1, 311 Abs. 2, 241 Abs. 2 BGB muss man aber auch hier davon ausgehen, dass den besser Informierten keine Pflicht trifft, den Marktwert der Anteile von sich aus offenzulegen.[131]

---

[125] So z. B. BGH NJW 1998, 302, 304. Vgl. auch BGH NJW 1979, 1983, 1983 f.

[126] *Fleischer*, Informationsasymmetrie, 2001, S. 449 f.; *Armbrüster*, in: Säcker/Rixecker/Oetker/Limperg, MüKo BGB, Bd. 1, 8. Aufl. 2018, § 123 Rn. 102. Vgl. aus der Rechtsprechung BGH NJW-RR 2002, 308, 309 f. (noch vor der Schuldrechtsreform).

[127] Näher dazu statt vieler *Armbrüster*, in: Säcker/Rixecker/Oetker/Limperg, MüKo BGB, Bd. 1, 8. Aufl. 2018, § 123 Rn. 103; *Rehberg*, in: Gsell/Krüger/Lorenz/Reymann, BeckOGK BGB, § 123 Rn. 107.1 (Stand: 01.01.2020), jeweils m. w. N.

[128] *Rehberg*, in: Gsell/Krüger/Lorenz/Reymann, BeckOGK BGB, § 123 Rn. 54, 57 (Stand: 01.01.2020) m. w. N. Vgl. aus der Rechtsprechung z. B. BGH NJW 1977, 1055, 1055; NJW 2016, 1815, 1817 f.

[129] Näher statt vieler *Fischer*, StGB, 65. Aufl. 2018, § 263 Rn. 38 ff.; *Hefendehl*, in: Joecks/Miebach, MüKo StGB, Bd. 5, 3. Aufl. 2019, § 263 Rn. 180 ff., jeweils m. w. N.

[130] *Wagner*, in: Säcker/Rixecker/Oetker/Limperg, MüKo BGB, Bd. 6, 7. Aufl. 2017, § 826 Rn. 66. Vgl. auch *Spindler*, in: Gsell/Krüger/Lorenz/Reymann, BeckOGK BGB, § 826 Rn. 28 (Stand: 01.02.2020).

[131] Vgl. *Förster*, in: Bamberger/Roth/Hau/Poseck, BeckOK BGB, 53. Ed. 2020, § 826

(2) Schadensbestimmung

Selbst falls man dies anders sieht, erscheint zweifelhaft, ob die Zwecke und Eigenheiten einer Russian Roulette-Klausel ohne Weiteres mit den schadensrechtlichen Folgen einer Verletzung der Aufklärungspflicht vereinbar sind und ob ein entsprechender Schadensersatzanspruch dem schlechter Informierten wirklich weiterhilft.

(a) Grundlagen und Ausgangsszenario

Zunächst können selbst die gesetzlichen Schadensersatzansprüche nicht über die Effizienzmängel bei *private values* hinweghelfen. Eine rechtliche Pflicht dahingehend, über rein subjektive, objektiv oft nur eingeschränkt mess- und verifizierbare Wertschätzungen aufzuklären, die sich darüber hinaus zumindest in der Theorie kurzfristig ändern können, erscheint kaum vorstellbar und ist dem deutschen Recht allgemein fremd.[132] Spielen (auch) *common value*-Elemente eine Rolle, steht man vor der Frage der konkreten Schadensbestimmung und -berechnung, die angesichts der allgemein schon komplexen und umstrittenen Detailfragen des Schadensrechts gewisse Probleme aufwirft.

Als Ausgangspunkt dient § 249 Abs. 1 BGB, nach dem der Schadensersatz darauf gerichtet ist, denjenigen Zustand herzustellen, der bestehen würde, wenn der zum Ersatz verpflichtende Umstand nicht eingetreten wäre (Naturalrestitution). Nach der trotz aller Kritik auch heute noch überwiegend zugrunde gelegten Differenzhypothese[133] müsste man sich für den Fall der Aufklärungspflicht also den Umstand „Unterlassen der Information des Mitgesellschafters" hinwegdenken (also davon ausgehen, dass ordnungsgemäß aufgeklärt wurde) und die entstehende („hypothetische"[134]) Vermögenslage mit der jetzigen („realen"[135]) vergleichen. Exemplarisch mag man sich ein *common value*-Szenario vorstellen, in dem sich der besser informierte Gesellschafter aus beliebigen Gründen zur Abgabe eines Angebots oberhalb des Marktwerts entschlossen haben soll, der schlechter Informierte möge aufgrund seiner unsicheren Informationsgrundlage zu diesem Preis kaufen. Worin besteht also nun der Schaden, wie hoch fällt er aus und wie wird er ersetzt?

Rn. 58 (Stand: 01.02.2020); *Spindler*, in: Gsell/Krüger/Lorenz/Reymann, BeckOGK BGB, § 826 Rn. 31 (Stand: 01.02.2020).

[132] Vgl. knapp *Haar*, Personengesellschaft im Konzern, 2006, S. 527.

[133] Näher statt vieler *Oetker*, in: Säcker/Rixecker/Oetker/Limperg, MüKo BGB, Bd. 2, 8. Aufl. 2019, § 249 Rn. 16 ff.; *Flume*, in: Bamberger/Roth/Hau/Poseck, BeckOK BGB, 53. Ed. 2020, § 249 Rn. 37 ff. (Stand: 01.02.2020), jeweils m. w. N.

[134] Statt aller *Oetker*, in: Säcker/Rixecker/Oetker/Limperg, MüKo BGB, Bd. 2, 8. Aufl. 2019, § 249 Rn. 18; *Schulze*, in: Schulze u. a., BGB, 10. Aufl. 2019, § 249 Rn. 4; *Flume*, in: Bamberger/Roth/Hau/Poseck, BeckOK BGB, 53. Ed. 2020, § 249 Rn. 37 (Stand: 01.02.2020).

[135] So *Oetker*, in: Säcker/Rixecker/Oetker/Limperg, MüKo BGB, Bd. 2, 8. Aufl. 2019, § 249 Rn. 18.

(b) Grundsatz der Vertragsaufhebung

Schon die Länge der einschlägigen Kommentierungen zeigt, dass die Einzelheiten zum Schadensersatz bei vorvertraglichen Aufklärungspflichtverletzungen selbst heute alles andere als geklärt sind. Die Diskussion wird vor allem im Rahmen des Verschuldens bei Vertragsschluss nach §§ 280 Abs. 1, 311 Abs. 2, 241 Abs. 2 BGB geführt, das auch im Folgenden als Ausgangspunkt genommen wird.

Im Grundsatz ist man sich weitestgehend einig, dass der Schaden im Abschluss eines für den Geschädigten wirtschaftlich ungünstigen Vertrags liegt, sodass nach dem Grundsatz der Naturalrestitution als Vertrauensschaden die Aufhebung dieses Vertrags verlangt werden kann.[136] Begründen lässt sich das allgemein damit, dass der Geschädigte dann, wenn er von der geheim gehaltenen Information Kenntnis gehabt hätte, den Vertrag überhaupt nicht oder zumindest nicht mit diesem Inhalt geschlossen hätte.[137]

Für den geschilderten Fall einer Russian Roulette-Klausel kann man daran vorsichtige Zweifel äußern. Aufgrund des regelmäßig als „Vollzugsautomatismus"[138] ausgestalteten Preisermittlungsverfahrens hat der Angebotsempfänger aus guten Gründen gerade nicht die Möglichkeit, sich dem Verfahren vollständig zu entziehen. Der Vertrag kommt also auf jeden Fall zustande, ob mit oder ohne sein Zutun. Er kommt sogar mit annähernd demselben Inhalt zustande, denn die Höhe des Kaufpreises bestimmt allein der Anbietende und selbst die Kaufsache ist schon im Vorhinein klar auf Anteile einer konkreten Gesellschaft festgelegt, wenn auch bei nichtparitätischer Beteiligungsstruktur noch nicht in einem bestimmten Umfang. Der einzige Umstand, der sich bei Kenntnis des Angebotsempfängers vom wahren Wert der Anteile hätte ändern können und bei rationalem Verhalten tatsächlich geändert hätte, ist die Verteilung der Käufer- und Verkäuferrolle. Hätte der Geschädigte gewusst, dass der initiierende Gesellschafter zu einem Preis oberhalb des Verkehrswerts anbietet, hätte er verkauft statt gekauft. Auch diese abweichende Rollenverteilung genügt aber für einen Anspruch auf Aufhebung des Vertrags. Sofern der Schädiger einwendet, dass der Geschädigte den Vertrag selbst bei Kenntnis des verschwiegenen Umstands genauso geschlossen hätte, ist der Schädiger dafür beweispflichtig.[139]

---

[136] Statt vieler BGH NJW 1981, 1035, 1036; NJW 1989, 1793, 1794; *Feldmann*, in: von Staudinger, BGB, Neubearb. 2018, § 311 Rn. 177; *Emmerich*, in: Säcker/Rixecker/Oetker/Limperg, MüKo BGB, Bd. 3, 8. Aufl. 2019, § 311 Rn. 211.

[137] *Gebhardt*, Herabsetzung der Gegenleistung, 2001, S. 19; *Emmerich*, in: Säcker/Rixecker/Oetker/Limperg, MüKo BGB, Bd. 3, 8. Aufl. 2019, § 311 Rn. 211.

[138] Siehe zu diesem Begriff bereits oben S. 93, 18 f.

[139] BGH NJW 1984, 1688, 1688 f.; NJW 1998, 302, 303. Vgl. auch BGH NJW 1981, 2050, 2051; NJW 1989, 1793, 1794.

(c) Festhalten am Vertrag, Interessen der Parteien und Stellungnahme

Die Aufhebung des Vertrags entspricht aber nicht zwingend den Interessen der Parteien, noch nicht einmal unbedingt dem Interesse des Geschädigten. Die Kooperation der beiden Gesellschafter besteht dann nämlich zunächst fort und ein eventueller Konflikt zwischen ihnen bleibt vorerst ungelöst. Schon unabhängig von dem Zeitverlust, den ein erneutes Preisermittlungsverfahren mit sich bringt, kann es daher im Einzelfall für den Geschädigten günstiger sein, am Vertrag festzuhalten und „nur" den „Ausgleich für seine enttäuschte Leistungserwartung"[140] zu verlangen. Die höchstinstanzliche Rechtsprechung geht in diesem Rahmen davon aus, dass es dem Geschädigten bei Kenntnis der geheim gehaltenen Information tatsächlich gelungen wäre, den Vertrag zu günstigeren Konditionen abzuschließen. Dabei soll es nicht darauf ankommen, ob die schädigende Partei diesen Konditionen tatsächlich zugestimmt hätte.[141] Ob diese, wohl auf § 251 Abs. 1 BGB gestützte[142], Entschädigung in Geld mit dem klaren Vorrang der Naturalrestitution nach § 249 Abs. 1 BGB vereinbar ist, erscheint zweifelhaft, soll hier aber nicht näher vertieft werden.[143]

Bezogen auf Russian Roulette-Klauseln bedeutet diese Rechtsprechung insbesondere, dass der Schädiger nicht mit dem Argument gehört werden kann, er hätte nicht zu einem solch hohen Preis angeboten (sondern eher zum Marktwert), wenn er gewusst hätte, dass der Geschädigte ebenfalls über den Wert der Anteile informiert gewesen wäre. Gleichzeitig dürfte es keine Rolle spielen, wenn der Schädiger einwendet, er hätte das Verfahren in einem solchen Fall *überhaupt* nicht ausgelöst. Zuletzt dürfte es auch nicht entscheidend sein, ob der Geschädigte zu dem angebotenen Preis bei wahrheitsgemäßer Aufklärung durch den besser Informierten überhaupt noch gekauft, oder nicht eher verkauft hätte.[144] Seine „enttäuschte Leistungserwartung"[145] bestimmt sich in dem eingangs genannten Beispiel jedenfalls nach der Differenz zwischen dem gezahlten Betrag und dem Verkehrswert, der Schaden liegt also untechnisch gesprochen in dem Betrag, den er „zu viel" gezahlt hat.[146]

---

[140] *Feldmann*, in: von Staudinger, BGB, Neubearb. 2018, § 311 Rn. 179. Unter Verweis darauf auch allgemein *Gebhardt*, Herabsetzung der Gegenleistung, 2001, S. 146.

[141] Siehe zum Ganzen BGH NJW 1989, 1793, 1794; BGHZ 168, 35, 39 f.; BGH NJW 2012, 846, 847, ebenso OLG Hamm DB 1991, 799, 800.

[142] Dazu monographisch *Gebhardt*, Herabsetzung der Gegenleistung, 2001, S. 97 ff.

[143] Kritisch und näher dazu z. B. *Theisen*, NJW 2006, 3102, 3104.

[144] Vgl. allgemein zu den Schwierigkeiten der Schadensberechnung bei Auktionen *Kreße*, Auktion als Wettbewerbsverfahren, 2014, S. 242 f.

[145] *Feldmann*, in: von Staudinger, BGB, Neubearb. 2018, § 311 Rn. 179.

[146] So die typischen Fälle, allerdings nicht zum Russian Roulette, z. B. in BGH NJW 1981, 2050 f.; NJW 1989, 1793; NJW 1998, 302 ff.; BGHZ 168, 35, 39 f.; BGH NJW 2012, 846 f. Monographisch und differenzierend zu den Einzelheiten und Problemen der verschiedenen Möglichkeiten der Schadensberechnung *Gebhardt*, Herabsetzung der Gegenleistung, 2001, S. 126 ff.

Misslicherweise hebelt man gerade mit dieser Berechnung aber einen der ursprünglichen Hauptzwecke des Preisermittlungsverfahrens aus. Streitigkeiten und gerichtliche Verfahren über die angemessene Höhe der Abfindung, die grundsätzlich nach der Höhe des Verkehrswerts zu bemessen ist, sollten durch das spezielle Preisermittlungsverfahren gerade vermieden werden. Nun müsste dieser Verkehrswert aber doch wieder im Detail bestimmt werden, um den genauen Umfang des Schadensersatzes festzustellen – mit all den erneuten Konflikten, gerichtlichen Verfahren und zusätzlichen Kosten, die eine solche Auseinandersetzung mit sich bringen kann.

b) *Vertraglich vereinbarte Informationspflicht*

Die naheliegendste Vorkehrung gegen die nach hier vertretener Auffassung nicht bestehende Informationspflicht *von Gesetzes wegen* liegt darin, eine solche Pflicht ausdrücklich *vertraglich* zu vereinbaren.[147] Davon zu unterscheiden ist die Vereinbarung eines bloßen Informations*rechts*,[148] das in der Wirkung klar hinter einer solchen Informations*pflicht* zurückbleibt. Während eine Informationspflicht den besser Informierten dazu „zwingen" würde, seinen Informationsvorsprung von sich aus offenzulegen, müsste der schlechter Informierte bei einem Informationsrecht erst eine entsprechende Anfrage stellen. Ein Informationsrecht versagt daher mit Blick auf das Ziel des Informationsausgleichs immer dann, wenn der schlechter Informierte aus beliebigen Gründen kein solches Informationsgesuch stellt, beispielsweise, weil er das Informationsgefälle oder dessen Ausmaß nicht realisiert. Nach deutschem Recht dürfte die Vereinbarung eines solchen Informationsrechts zumindest in der GmbH angesichts des umfassenden, satzungsfesten Auskunfts- und Einsichtsrechts des § 51a GmbHG ohnehin kaum einen Mehrwert bringen.[149] Die nachfolgenden Ausführungen konzentrieren sich deshalb allein auf die Vereinbarung einer Informationspflicht.

aa) *Schadensbestimmung*

Tatsächlich beseitigt man mit einer solchen ausdrücklich vereinbarten Pflicht zur Information die rechtliche Unsicherheit auf der Tatbestandsebene. Die Probleme auf der Rechtsfolgenseite sind aber damit noch nicht zwingend behoben und gegen die Informationspflicht ergeben sich ganz grundlegende Bedenken. Zunächst sei erneut darauf hingewiesen, dass eine solche Pflicht nicht die Schwierigkeiten im reinen *private values*-Modell lösen kann und damit auch im realistischeren Fall der *affiliated values* nicht immer zu ökonomisch erwünsch-

---

[147] *Brockmann*, Shoot-Out-Klauseln, 2017, S. 198 f.
[148] So der Vorschlag von *Joint Task Force*, 63 Bus. Law. 385, 461 (2008).
[149] Vgl. explizit zu Schadensersatzansprüchen bei der Übertragung von Geschäftsanteilen *Hillmann*, in: Fleischer/Goette, MüKo GmbHG, Bd. 2, 3. Aufl. 2019, § 51a Rn. 104.

ten Ergebnissen verhilft. Die Schadensbestimmung nach §§ 249 ff. BGB gilt im Übrigen grundsätzlich ebenso für rein individualvertraglich begründete Pflichten, sodass sich die bereits erörterten Probleme hier genauso stellen. Vor dem Hintergrund der schwierigen konkreten Schadensberechnung bietet sich die Festlegung einer (fixen[150]) Vertragsstrafe im Sinne des § 339 S. 1 BGB für den Fall eines Verstoßes gegen die Offenlegungspflicht an.[151] Tatsächlich umschifft eine Vertragsstrafe gekonnt das Problem, den entstandenen Schaden konkret beziffern zu müssen und kann gleichzeitig einen klaren wirtschaftlichen Anreiz für den besser Informierten setzen, seiner Informationspflicht wirklich nachzukommen („Doppelfunktion"[152]).

bb) Stellungnahme

Die entscheidende Frage ist jedoch, ob all diese Mühe bei der kautelarjuristischen Gestaltung einer Informationspflicht im Rahmen von Russian Roulette-Klauseln wirklich gerechtfertigt ist. Natürlich kann beim Verfassen der Klausel versucht werden, die Unsicherheits- und Risikofaktoren des Verfahrens so gut wie möglich zu beseitigen, um ökonomisch ungewollte Ergebnisse zu vermeiden. Es gilt allerdings zu bedenken, dass das Russian Roulette von seinem ungewissen Ausgang auch profitiert. Es kann und sollte nicht das Ziel sein, einen solchen Mechanismus vollständig zu „zähmen" und ihm so zwar einige Nachteile, aber zeitgleich einige wesentliche Vorteile zu nehmen, die ihn gegenüber anderen Möglichkeiten der Gesellschaftertrennung positiv hervorheben. Die Gesellschafter haben sich zudem bei Vereinbarung der Klausel offenbar dazu entschlossen, ein gewisses Unsicherheitsmoment zu akzeptieren, um dafür im Ernstfall auf einen zügigen „Notfallmechanismus" zur Beendigung der Zusammenarbeit zurückgreifen zu können. Dass es dabei nur unter idealisierten ökonomischen Bedingungen, praktisch aber nicht zwingend zu einer Abfindung exakt zum Verkehrswert kommt,[153] ist den Beteiligten und ihren rechtlichen Beratern bewusst, in gewissem Umfang von ihnen gewollt und auch rechtlich zulässig, sofern nicht die Grenzen der Sittenwidrigkeit oder zwingender gesellschaftsrechtlicher Abfindungsgrundsätze überschritten werden. Der erzeugte Verhandlungsdruck sorgt obendrein dafür, dass die Klausel nur selten ausgelöst wird und schmälert dadurch zusätzlich die Bedeutung ökonomisch

---

[150] Vgl. *Walchner*, in: Dauner-Lieb/Heidel/Ring, BGB, Bd. 2/1, 3. Aufl. 2016, § 339 Rn. 6; *Gottwald*, in: Säcker/Rixecker/Oetker/Limperg, MüKo BGB, Bd. 3, 8. Aufl. 2019, § 339 Rn. 28.

[151] In diesem Sinne auch *Brockmann*, Shoot-Out-Klauseln, 2017, S. 247.

[152] *Ulrici*, in: Gsell/Krüger/Lorenz/Reymann, BeckOGK BGB, § 339 Rn. 17 (Stand: 01.03.2020) m. w. N. Inhaltlich ebenso statt vieler BGH NJW 2000, 2106, 2107 („doppelte[r] Zweck"); *Gottwald*, in: Säcker/Rixecker/Oetker/Limperg, MüKo BGB, Bd. 3, 8. Aufl. 2019, Vor § 339 Rn. 6 („doppelte Funktion").

[153] Zu strikt daher *Wälzholz*, GmbH-StB 2007, 84, 86.

unerwünschter Ergebnisse. Diese Argumentation trifft *prima facie* auch auf den eingangs erörterten ökonomischen Lösungsvorschlag der Verhandlungsrunde zu. Er beseitigt die Problematik der Informationsverteilung aber subtiler und sorgt zumindest tendenziell für eine (effizienzfördernde) geringere Verzögerung bei der Trennung der Gesellschafter.

Auch wenn sich durch Vereinbarung einer Offenlegungspflicht in Verbindung mit einer Vertragsstrafe eine symmetrische Informationsverteilung jedenfalls im *common value*-Szenario vergleichsweise überzeugend wiederherstellen lässt, sprechen die genannten grundlegenden Aspekte tendenziell gegen die Vereinbarung einer solchen Informationspflicht.[154]

c) MAC-Klauseln

Im Ergebnis nicht anders sind die klassischerweise in Unternehmenskaufverträgen enthaltenen MAC-Klauseln zu beurteilen (*material adverse change*, auch als MAE, *material adverse event*, bezeichnet). Sie beinhalten zwar, in den Einzelheiten abhängig von der konkreten Ausgestaltung, eine Pflicht des besser Informierten dahingehend, über wesentlich nachteilhafte wirtschaftliche Veränderungen der Gesellschaft aufzuklären.[155] Selbst MAC-Klauseln helfen allerdings zum einen nicht im Fall von *private values*, die rein individuelle Präferenzen widerspiegeln, nicht dagegen die von der Klausel regelmäßig geforderten „unternehmensbezogenen Umstände". Zum anderen muss man selbst bei Fehleinschätzungen über die Höhe des Verkehrswerts (*common value*) stark daran zweifeln, ob MAC-Klauseln tatsächlich Abhilfe schaffen können. Immerhin geht es gerade nicht um den (gleichbleibenden!) Verkehrswert des Unternehmens, sondern darum, wie hoch die Parteien diesen Wert einschätzen. Jedenfalls von den typischen Formulierungen dürfte dieser Fall kaum erfasst sein.[156]

3. Sonstige gestalterische Maßnahmen

Landeo/Spier erwähnen abschließend noch sogenannte *claw back*- und *earn out*-Klauseln. Beiden Mechanismen ist im Kontext einer Russian Roulette-Vereinbarung gemein, dass der Ausscheidende im Fall eines späteren Verkaufs des Unternehmens an einen Dritten an einem eventuell erzielten (Mehr-)Erlös be-

---

[154] Anders dagegen knapp *Brockmann*, Shoot-Out-Klauseln, 2017, S. 198 f. Vgl. auch *Carey*, 39 Real Prop. Prob. & Tr. J. 651, 674 f. (2005).

[155] Im Zusammenhang mit Russian Roulette-Mechanismen *Landeo/Spier*, 31 Yale J. on Reg. 143, 163 (2014). Allgemein zu MAC-Klauseln aus deutscher Perspektive *Lange*, NZG 2005, 454 ff. m. w. N.

[156] Formulierungsvorschläge finden sich z. B. bei *Henssler*, in: FS Huber, 2006, S. 739, 755 f.; *Preisser*, Risikoverteilung, 2015, S. 214 ff. Nur zur Definition des material adverse change auch *Picot/Duggal*, DB 2003, 2635, 2639 f., ähnlich *Kindt/Stanek*, BB 2010, 1490, 1490 f.

teiligt wird.[157] Solche Klauseln helfen immerhin für den Fall, dass der schlechter Informierte zu einer im Vergleich zum Marktpreis zu niedrigen Abfindung ausscheidet und der besser Informierte das gesamte Unternehmen anschließend zu einem höheren Preis verkauft. Sie helfen aber erkennbar nicht ohne Weiteres, wenn der schlechter Informierte den Wert der Anteile überschätzt und so zu einem zu hohen Preis kauft.[158] Die Problematik rund um *private values* lässt sich außerdem auch mit solchen Klauseln nicht zufriedenstellend lösen.

D. Zwischenfazit: Effizienz- und Fairnessmängel

Als Kernthese lässt sich festhalten, dass Russian Roulette-Verfahren weder bei *private values* noch bei einem *common value* durchgehend zu ökonomisch effizienten und ökonomisch fairen Ergebnissen führen. Probleme können sich bei rationalem Verhalten immer dann ergeben, wenn die Parteien nicht auf vollständiger Informationsgrundlage handeln, letztere also entweder symmetrisch unvollständig[159] oder asymmetrisch ist. Selbst dann produzieren Russian Roulette-Klauseln aber nicht generell ineffiziente und unfaire Ergebnisse. Die Einzelheiten hängen vielmehr von einer ganzen Reihe an Faktoren ab, von denen in dieser Arbeit vor allem die Bedeutung des Informationsstands des Anbietenden näher erläutert wurde. Eine Patentlösung für sämtliche dieser Probleme existiert wie so oft nicht und ist aus rechtlicher Sicht möglicherweise auch nicht in allen Einzelheiten gewollt, um den Verhandlungsdruck in ausreichendem Maß aufrecht zu erhalten. Zumindest für den Fall asymmetrischer Information im *common value*-Szenario scheint nicht zu Unrecht eine gewisse Sympathie des ökonomischen Schrifttums für vorgeschaltete Mechanismen verschiedener Art zu bestehen, die auf Ausgleich des informationell bedingten Verhandlungsungleichgewichts gerichtet sind.[160] Aus rechtlicher Sicht eignet sich am ehesten

---

[157] *Landeo/Spier*, 31 Yale J. on Reg. 143, 163 (2014), mit einem solchen Vorschlag auch *Carey*, 39 Real Prop. Prob. & Tr. J. 651, 675 (2005). Vor allem earn out-Vereinbarungen haben auch im deutschsprachigen Schrifttum breite Beachtung gefunden, siehe z. B. *Hilgard*, BB 2010, 2912 ff.; *Werner*, DStR 2012, 1662 ff.; *Bergjan*, in: Holzapfel/Pöllath, Unternehmenskauf, 15. Aufl. 2017, Rn. 829 ff.; *Ziegenhain*, in: Meyer-Sparenberg/Jäckle, Beck'sches M&A-Hdb., 2017, § 13 Rn. 51 ff.; *Weitnauer*, in: Weitnauer, Hdb. Venture Capital, 6. Aufl. 2019, Teil I. Rn. 77 f.

[158] Formulierungsbeispiele für earn out-Klauseln finden sich z. B. bei *v. Schlabrendorff*, in: Semler/Volhard, Arbeitshdb. Unternehmensübernahmen, Bd. 1, 2001, § 16 Rn. 38; *Meyer-Sparenberg*, in: Hoffmann-Becking/Gebele, Beck'sches Fb. BHW, 13. Aufl. 2019, III. Nr. 18 § 4.

[159] Dies verkennt *Brockmann*, Shoot-Out-Klauseln, 2017, S. 86, 197, der allerdings auch zu Unrecht nicht zwischen (symmetrisch) vollständiger und symmetrisch unvollständiger Information unterscheidet.

[160] Vgl. z. B. auch die hier nicht näher diskutierte „Vetolösung" von *Li/Wolfstetter*, 62 Oxf. Econ. Pap. 529, 541 f. (2010), dazu kritisch *Brockmann*, Shoot-Out-Klauseln, 2017, S. 87.

noch die vertragliche Vereinbarung einer Offenlegungspflicht mit Androhung einer Vertragsstrafe für den Fall des Zuwiderhandelns, wobei nach hier vertretener Auffassung trotz allem keine Empfehlung für diese Vorgehensweise gegeben werden kann. Vor allem mit der rechtlichen Variante torpediert man in gewissem Umfang die Vorzüge des Verfahrens, reduziert nämlich den Verhandlungsdruck und zieht die Dauer bis zur Übertragung der Anteile weiter in die Länge. Noch komplexer gestaltet sich die spieltheoretische Analyse und auch die Lösung der Ineffizienz- und Fairnessprobleme im realistischeren Fall der hier nicht näher diskutierten *affiliated values*.[161]

Dass nicht nur die rechtliche, sondern auch die ökonomische Diskussion um Russian Roulette-Klauseln bei Weitem noch nicht abgeschlossen ist, zeigt sich nicht zuletzt anhand der experimentellen Betrachtung des Bietverhaltens der Gesellschafter.[162] Unter kontrollierten Bedingungen bestätigt sich zunächst die Vorhersage, dass ein Angebot des besser informierten Gesellschafters bei asymmetrischer Information eher zu effizienten und fairen Ergebnissen führt als ein Angebot des schlechter informierten.[163] Interessanterweise sprechen die experimentellen Ergebnisse aber auch dafür, dass der Russian Roulette-Mechanismus im IPV-Modell unter Effizienzgesichtspunkten sogar einem Highest Sealed Bid-Verfahren überlegen sein kann.[164] Aus noch nicht genau geklärten Gründen wählt der Anbietende im Rahmen einer Russian Roulette-Klausel häufiger einen Preis in Höhe seiner eigenen Wertschätzung (was eher zu effizienten Ergebnissen führt), als dies bei einem Highest Sealed Bid der Fall ist.[165] *Kittsteiner/Ockenfels/Trhal* sprechen Risiko- und Verlustaversion und das Streben nach einer neidfreien Verteilung als möglichen Grund für ein solches Verhalten an, geben aber offen zu, dass sich allein dadurch die statistisch stark ausgeprägten Unterschiede zwischen dem Bietverhalten bei Russian Roulette und Highest Sealed Bid nicht erklären lassen.[166]

Brooks/Landeo/Spier weisen darauf hin, dass die theoretisch klaren Gleichgewichtsprognosen in der Praxis ohnehin kaum erfüllt werden und verweisen

---

[161] Dazu z. B. *de Frutos/Kittsteiner*, 39 RAND J. Econ. 184, 193 f. (2008) sowie umfassend und experimentell *Trhal*, Experimental Studies on Partnership Dissolution, 2009, S. 28 ff.

[162] Entsprechende Untersuchungen finden sich z. B. bei *Brooks/Landeo/Spier*, 41 RAND J. Econ. 649, 658 ff. (2010); *Kittsteiner/Ockenfels/Trhal*, 117 Econ. Lett. 394, 395 f. (2012); *Landeo/Spier*, 121 Econ. Lett. 390, 392 ff. (2013); *Landeo/Spier*, 31 Yale J. on Reg. 143, 177 ff. (2014); *Landeo/Spier*, 81 U. Chi. L. Rev. 203, 215 ff. (2014).

[163] *Brooks/Landeo/Spier*, 41 RAND J. Econ. 649, 661 (2010); *Landeo/Spier*, 121 Econ. Lett. 390, 393 f. (2013); *Landeo/Spier*, 31 Yale J. on Reg. 143, 180 ff. (2014); *Landeo/Spier*, 81 U. Chi. L. Rev. 203, 217 ff. (2014).

[164] *Trhal*, Experimental Studies on Partnership Dissolution, 2009, S. 12, 20 f.; *Kittsteiner/Ockenfels/Trhal*, 117 Econ. Lett. 394, 395 (2012). Zum „Effizienzeinbruch" bei interdependent values allerdings *Trhal*, Experimental Studies on Partnership Dissolution, 2009, S. 54.

[165] *Trhal*, Experimental Studies on Partnership Dissolution, 2009, S. 25 f.; *Kittsteiner/Ockenfels/Trhal*, 117 Econ. Lett. 394, 396 (2012).

[166] *Kittsteiner/Ockenfels/Trhal*, 117 Econ. Lett. 394, 396 (2012).

zur Begründung auf die einschlägige Literatur zum Ultimatumspiel,[167] das als eines der verhaltensökonomischen Paradebeispiele für nur begrenzt rationales Verhalten (*bounded rationality*) gilt[168]. Tatsächlich könnten intrinsische Gerechtigkeitserwägungen erklären, warum der besser Informierte seinen potenziellen Mehrgewinn oft nicht in voller Höhe ausschöpft.

Letztendlich scheinen all diese Aspekte aber ohnehin oft nur dann eine Rolle zu spielen, wenn man die Parteien zur Anwendung des Russian Roulette-Verfahrens „zwingt". Haben sie beispielsweise alternativ die Möglichkeit, simple Kauf- oder Verkaufsangebote zu unterbreiten, wählen sie diese Option in der Mehrzahl der Fälle – und zwar sowohl bei symmetrischer als auch bei asymmetrischer Informationsverteilung.[169]

Von rechtlicher Seite werden sämtliche dieser Erkenntnisse bisher weitgehend ignoriert. Das ist vor dem Hintergrund ihrer stark theoretischen und vor allem mathematischen Prägung nachvollziehbar, aber auch bedauerlich, denn grundlegende Einblicke in das spieltheoretische Verhalten der Akteure sind für ein vollständiges Bild von Russian Roulette-Klauseln nahezu unerlässlich. Die kautelarjuristische Praxis sollte der ökonomischen Diskussion zumindest entnehmen, dass der Person des Anbietenden unabhängig vom konkreten Informationsszenario derart entscheidende Bedeutung zukommt, dass dieser Aspekt nicht gänzlich ungeregelt bleiben sollte.[170] In diesem Zusammenhang verdient vor allem die von ökonomischer Seite geäußerte Idee einer vorgeschalteten Verhandlungsrunde mehr Beachtung. Auf die Hilfe des BGB kann man wie gezeigt jedenfalls kaum vertrauen, denn eine (gesetzliche) vorvertragliche Aufklärungspflicht des besser Informierten besteht in aller Regel nicht.

---

[167] *Brooks/Landeo/Spier*, 41 RAND J. Econ. 649, 659 (2010). Zum Ultimatumspiel statt vieler *Güth/Schmittberger/Schwarze*, 3 J. Econ. Behav. & Org. 367 ff. (1982); *Thaler*, 2 J. Econ. Persp. 195 ff. (Fall 1988).

[168] Anschaulich und allgemeinverständlich zur Entwicklung der verhaltensökonomischen Forschung *Thaler*, Misbehaving, 2015.

[169] *Brooks/Landeo/Spier*, 41 RAND J. Econ. 649, 661 f. (2010).

[170] In diese Richtung auch der Appell von *Trhal*, Experimental Studies on Partnership Dissolution, 2009, S. 13.

§ 12 Rechtspraktische Realisierung

Zuletzt stellt sich die Frage, wie Russian Roulette- und Texas Shoot Out-Mechanismen in der Beratungs- und Gestaltungspraxis bestmöglich umgesetzt werden können. Eingangs und im Verlauf dieser Arbeit wurde bereits auf einige klauselspezifische und inhaltliche Fragen hingewiesen (Trigger Events, Reaktionsfristen etc.), die an dieser Stelle nicht wiederholt werden sollen. Nachfolgend soll vielmehr der geeignete rechtliche Rahmen abgesteckt werden. Zum einen geht es darum, ob Russian Roulette, Texas Shoot Out und Co. in sämtlichen Gesellschafterkonstellationen problemlos verwendet werden können oder ob sie nur in bestimmten Situationen zu empfehlen sind. Zum anderen ist auch auf die Art und Weise der Regelung einzugehen, namentlich den sinnvollen „Ort" und „Zeitpunkt" der Vereinbarung.

A. (Un-)geeignete Gesellschafterkonstellationen

Der arteigene, maßgeblich auf der „Zufälligkeit" des Ausgangs basierende Charakter und das spezielle Preisermittlungsverfahren von Russian Roulette und Texas Shoot Out-Klauseln lassen bereits vermuten, dass ihr Einsatz keineswegs in sämtlichen Gesellschafterkonstellationen sinnvoll ist. Tatsächlich hängt die Geeignetheit einer konkreten Gesellschaft ganz entscheidend von zwei Kriterien ab: der Anzahl der Gesellschafter und ihrer Beteiligungsstruktur.

I. Zweipersonengesellschaften als Idealfall

Wie zu Beginn dieser Arbeit erläutert, bilden Joint Ventures das mit Abstand beliebteste Einsatzgebiet der hier diskutierten Klauseln. Dieser Befund erklärt sich durch einen bestimmten Aspekt, der einem großen Teil aller Gesellschaften und vielen Joint Ventures im Speziellen[1] gemein ist: der (oft paritätischen) Verteilung der Anteile zwischen lediglich zwei Gesellschaftern.[2] Doch warum

---

[1] Skeptisch bis ablehnend dagegen noch *Langefeld-Wirth*, RIW 1990, 1, 3, Fn. 14; *Martinek*, Moderne Vertragstypen, Bd. 3, 1993, S. 217 f.

[2] Allgemein *von Kottwitz*, Konfliktaustragung, 2003, S. 17, 20 f.; *Reher*, Zweipersonen-GmbH, 2003, S. 1; *Knies*, Patt, 2005, S. 1; *Dauner-Lieb/Winnen*, in: FS Brambring, 2012, S. 45, 45. Empirisch *Baumann*, Abfindungsregelungen, 1987, S. 33 ff.; *Kornblum/Hampf/Naß*, GmbHR 2000, 1240, 1245, 1249 f.; *Lieder/Hoffmann*, GmbHR 2017, 1233 ff.

lassen sich Russian Roulette, Texas Shoot Out und Co. gerade in solchen Fällen gewinnbringend einsetzen?

1. Paritätische Beteiligungsquoten

Zum einen sind Zweipersonengesellschaften mit gleich hoher Beteiligung der beiden einzigen Gesellschafter besonders anfällig für die bereits mehrfach erwähnten Pattsituationen.[3] Das gilt nicht allein für die Gesellschafterebene, die dortige Beteiligungsstruktur spiegelt sich nämlich häufig auf der Stufe der Geschäftsführung wider.[4] Auf beiden Ebenen wird die als gesetzlicher Grundfall vorgesehene Stimmenmehrheit oder sogar Einstimmigkeit (vgl. z. B. für die GmbH §§ 46, 47 Abs. 1 GmbHG einerseits sowie § 35 Abs. 1 S. 1, Abs. 2 S. 1 GmbHG andererseits) in der Gesellschaft nur dann erreicht, wenn sich beide Beteiligten einig sind. Aus der paritätischen (Ver-)Teilung von Anteilsinhaberschaft und Geschäftsführung resultiert also letztendlich ein „[f]aktisches Einstimmigkeitsprinzip"[5].

Zum anderen wirkt sich eine gleich hohe Beteiligung der Gesellschafter vergleichsweise günstig auf ein eventuelles rechtliches oder wirtschaftliches Machtgefälle aus, indem sie dessen Auswirkungen mildert. Besonders deutlich wird dies im Fall unterschiedlicher Finanzkraft: Die Lage wird für den finanziell schwächeren Gesellschafter noch deutlich prekärer, wenn er weniger Anteile als sein Mitgesellschafter innehat. Wird nun ein Russian Roulette- oder Texas Shoot Out-Mechanismus ausgelöst, hat er nicht nur Schwierigkeiten, die Finanzierung *überhaupt* sicherzustellen, sondern muss im Vergleich zu seinem Geschäftspartner eine höhere Summe für dessen größeres Anteilspaket aufbringen. Eine paritätische Beteiligungsstruktur sorgt daher eher für „Waffengleichheit" zwischen den Parteien und stellt so die insgesamt günstigste Konstellation für die Verwendung der hier diskutierten Mechanismen dar.

2. Nichtparitätische Beteiligungsquoten

Prinzipiell können die Klauseln allerdings selbst dann verwendet werden, wenn die Anteile nicht im Verhältnis 50:50, sondern ungleich zwischen zwei Gesell-

---

[3] *Martinek*, Moderne Vertragstypen, Bd. 3, 1993, S. 217; *Bachmann/Eidenmüller/Engert/ Fleischer/Schön*, Rechtsregeln, 2012, S. 68 f.; *Dauner-Lieb/Winnen*, in: FS Brambring, 2012, S. 45, 45; *Elfring*, NZG 2012, 895, 895; *Natterer*, in: Hamann/Sigle, Vb. GesR, 2. Aufl. 2012, 2. Teil Rn. 220; *Leistikow*, in: Heussen/Hamm, Beck'sches Rechtsanwalts-Hdb., 11. Aufl. 2016, § 44 Rn. 112.

[4] Statt vieler *Oppenländer*, DStR 1996, 922, 922; *Reher*, Zweipersonen-GmbH, 2003, S. 1; *Göthel*, BB 2014, 1475, 1476; *Fleischer*, in: Fleischer/Goette, MüKo GmbHG, Bd. 1, 3. Aufl. 2018, § 1 Rn. 73. Empirisch zur GmbH *Lieder/Hoffmann*, GmbHR 2017, 1233, 1235.

[5] So die zutreffende Formulierung bei *Reher*, Zweipersonen-GmbH, 2003, S. 21. Ähnlich *Bachmann/Eidenmüller/Engert/Fleischer/Schön*, Rechtsregeln, 2012, S. 68 f. Vgl. auch *Heusel/Goette*, GmbHR 2017, 385, 385.

schaftern verteilt sind.[6] In solchen Fällen kann nämlich ebenfalls eine Pattsituation drohen, falls beispielsweise für Beschlüsse aus gesetzlichen oder statutarischen Gründen eine qualifizierte Mehrheit erforderlich ist, diese aber keiner der Gesellschafter alleine innehat.[7] In einer Zweipersonengesellschaft mit nichtparitätischer Beteiligungsstruktur sollte die Vereinbarung einer Russian Roulette- oder Texas Shoot Out-Klausel jedoch besonders kritisch geprüft werden. Ein (insbesondere finanzielles) Machtungleichgewicht zwischen den Parteien kann durch eine solche Anteilsvergabe nicht nur verschärft, sondern, wie eben dargestellt, sogar erst dadurch verursacht werden, dass ein Minderheitsgesellschafter zumindest hypothetisch die Finanzierung des (eventuell deutlich) größeren Anteilspakets seines Mitgesellschafters stemmen können muss.[8] Ökonomische Analysen haben darüber hinaus gezeigt, dass eine asymmetrische Anteilsverteilung effiziente Ergebnisse im Rahmen von Russian Roulette-Klauseln erschwert.[9] Bei einer divergierenden Anteilsverteilung zwischen zwei Gesellschaftern ist von der Vereinbarung einer der hier diskutierten Klauseln daher im Zweifelsfall abzuraten, von vornherein ausschließen sollte man sie als Möglichkeit der Konfliktlösung aber nicht.[10]

II. Mehrpersonengesellschaften als Problemfall

Unübersichtlich und oft äußerst problematisch gestaltet sich der Einsatz der hier diskutierten Mechanismen dagegen spätestens dann, wenn die Gesellschaft *mehr* als zwei Gesellschafter hat. Die nachfolgenden Ausführungen können nur einen Überblick über die Problematik bieten; eine ausführliche Erläuterung sämtlicher Detailprobleme inklusive möglicher kautelarjuristischer Lösungsansätze ist dagegen im Rahmen dieser Arbeit weder möglich noch sinnvoll.[11]

---

[6] *Schwarz*, in: Walz, ADR-Formularbuch, 2. Aufl. 2017, Kap. 21 Rn. 18. Eher skeptisch dagegen *Stephan*, in: Schaumburg, Joint Ventures, 1999, S. 97, 118. Dass die Vereinbarung auch bei nichtparitätischen Beteiligungsquoten tatsächlich vorkommt, zeigt der Sachverhalt der bereits diskutierten Entscheidung Cass. com., 28 avr. 2009, n° 08-13044 und 08-13049, Dr. sociétés 2009, n° 7, 20, comm. 136 und beispielsweise auch Damerow Ford Co. v. Bradshaw, 876 P.2d 788 ff. (Or. Ct. App. 1994).

[7] *Field*, 58 Minn. L. Rev. 985, 987 f., 990 (1974); *Reher*, Zweipersonen-GmbH, 2003, S. 22; *Wälzholz*, NWB 2018, 190, 191. Vgl. auch *Wolfram*, US-amerikanischer Deadlock, 1999, S. 4.

[8] Vgl. *Oppenheim*, Abfindungsklauseln, 2011, S. 124.

[9] *Wolfstetter*, 158 J. Inst. & Theor. Econ. 86, 87 (2002); *Jehiel/Pauzner*, 37 RAND J. Econ. 1, 12 f., 17 (2006); *Athanassoglou/Brams/Sethuraman*, 60 Math. Soc. Sci. 191, 194 (2010). Vgl. auch *Brooks/Landeo/Spier*, 41 RAND J. Econ. 649, 654 (2010).

[10] In diesem Sinne auch *Schulte/Sieger*, NZG 2005, 24, 30; *Schulte/Pohl*, Joint-Venture-Gesellschaften, 3. Aufl. 2012, Rn. 822; *Reinhard*, in: Wachter, Praxis des Handels- und GesellschaftsR, 4. Aufl. 2018, § 20 Rn. 76.

[11] Einen der wenigen Formulierungsvorschläge für Mehrpersonenkonstellationen bietet *Joint Task Force*, 63 Bus. Law. 385, 472 ff. (2008).

1. Schwierigkeiten kautelarjuristischer Gestaltung

Von beratender Seite wird nahezu einstimmig empfohlen, bei der geplanten Vereinbarung von Russian Roulette, Texas Shoot Out und Co. in Mehrpersonenkonstellationen besondere Vorsicht walten zu lassen[12] – sofern diese Möglichkeit überhaupt explizit erwähnt und nicht von vornherein ausgeblendet wird[13]. Zur Begründung begnügt man sich fast durchgehend mit dem knappen Hinweis auf die (zu) „komplexe"[14] und „unübersichtliche"[15] Gestaltungssituation. Dieser Befund trifft im Ergebnis zu, beantwortet aber nicht die Frage, worin genau die gestalterischen Hindernisse bestehen und ob sie nicht doch zumindest teilweise ausgeräumt werden können.

a) Rechtsfolgenseite

Soweit ersichtlich zeigt *Ewasiuk* als nahezu Einziger in detaillierter Form die aus seiner Sicht bestehenden Schwierigkeiten. Er bezeichnet die beiden Hauptprobleme in Mehrpersonenkonstellationen auf der Rechtsfolgenseite als „conflicting triggerings" und „inconsistent elections",[16] von denen Russian Roulette- und Texas Shoot Out-Verfahren in besonderer Weise betroffen sind.

aa) Conflicting triggerings

Angenommen, das Verfahren wird in einer Dreipersonengesellschaft von einem Gesellschafter gegen einen zweiten in Gang gesetzt, was geschieht, wenn der dritte kurz danach ebenfalls die Klausel auslöst? Und macht es einen Unterschied, ob letzterer nur gegen einen oder gegen beide seiner Mitgesellschafter vorgeht? Für solche „konfligierenden Auslösungen" (*conflicting triggerings*) diskutiert *Ewasiuk* eine ganze Reihe an Lösungsmöglichkeiten, die hier nicht in allen Einzelheiten wiedergegeben werden sollen, angefangen bei der Pflicht, das Verfahren stets gegen alle anderen Gesellschafter auszulösen, bis hin zur Möglichkeit, weitere Auslösungserklärungen zu sperren (zumindest solche unter Beteiligung der schon involvierten Gesellschafter), bis das zuerst begonnene und noch laufende Verfahren abgeschlossen ist.[17]

---

[12] *Herzfeld*, in: Nicklisch, Der komplexe Langzeitvertrag, 1987, S. 199, 202; *Schulte/Sieger*, NZG 2005, 24, 30; *Fett/Spiering*, in: Fett/Spiering, Hdb. Joint Venture, 2. Aufl. 2015, Kap. 7 Rn. 591; *Schulte/Pohl*, Joint-Venture-Gesellschaften, 4. Aufl. 2015, Rn. 833. Optimistischer dagegen *Brockmann*, Shoot-Out-Klauseln, 2017, S. 181. Hinweise dazu, wie die Gestaltung auch in Mehrpersonenkonstellationen gelingen kann, gibt *Carey*, 39 Real Prop. Prob. & Tr. J. 651, 691 f. (2005).

[13] So z. B. *von Unger*, in: Gummert, MAHdb. PersonengesR, 3. Aufl. 2019, § 12 Rn. 149.

[14] *Kershaw/Witz*, in: Micheler/Prentice, Joint Ventures, 2000, S. 43, 90; *Wedemann*, Gesellschafterkonflikte, 2013, S. 494; *Werner*, GmbHR 2014, 315, 315; *Fett/Spiering*, in: Fett/Spiering, Hdb. Joint Venture, 2. Aufl. 2015, Kap. 7 Rn. 591.

[15] *Fett/Spiering*, in: Fett/Spiering, Hdb. Joint Venture, 2. Aufl. 2015, Kap. 7 Rn. 591.

[16] *Ewasiuk*, Shareholder Agreements, 2. Aufl. 2012, S. 103 f. Nr. 3.3.5.

[17] *Ewasiuk*, Shareholder Agreements, 2. Aufl. 2012, S. 103 f. Nr. 3.3.5.

Die erstgenannte Variante punktet mit ihrer einfachen Handhabbarkeit, ihr fehlt es aber an der nötigen Flexibilität.[18] In Fällen, in denen ein Konflikt auch durch das Ausscheiden nur eines von zwei zerstrittenen Gesellschaftern gelöst werden könnte, die restlichen Gesellschafter also nicht in das Verfahren involviert werden müssten, führt sie zu tendenziell übermäßig drastischen Ergebnissen. Vor diesem Hintergrund erscheint die letztgenannte Möglichkeit daher insgesamt noch am tauglichsten und wird wohl auch von *Ewasiuk* selbst bevorzugt, obwohl er sich keiner der Varianten ausdrücklich anschließt.[19] Sie hat den Vorteil, dass sie eine „geschmeidigere" Anwendung in Mehrpersonenkonstellationen garantiert, weil sie es den Gesellschaftern erlaubt, das Verfahren nur gegen bestimmte andere Gesellschafter auszulösen – selbst wenn diese Möglichkeit zur Feinjustierung unweigerlich zu einer gesteigerten Komplexität in der Handhabung führt.

Die Dynamik dieser Variante erlaubt es insbesondere, dem Zweck der Konfliktlösung besser gerecht zu werden. Falls es in einer Mehrpersonengesellschaft genügen sollte, dass nur einer von zwei verfeindeten „Streithähnen" ausscheidet, ohne dass die anderen Gesellschafter vom Verfahren betroffen sein müssen, sorgt die Möglichkeit, das Verfahren nur gegen bestimmte Gesellschafter auszulösen, für weniger einschneidende und insgesamt angemessenere Ergebnisse.[20] Im Gegenzug bedeutet das allerdings, dass das Trigger Event deutlich präziser und detaillierter festgelegt werden muss. So muss nicht nur geregelt werden, in welchen Situationen die Klausel überhaupt ausgelöst werden kann, sondern auch gegen wen – eine nicht immer leicht zu bewältigende Aufgabe, auf die sogleich im Rahmen der Tatbestandsseite noch näher einzugehen sein wird.

Abschließend sei noch darauf hingewiesen, dass im Rahmen von *conflicting triggerings* die Frage zu klären ist, ob mehrere Gesellschafter *gemeinsam* die Klausel auslösen dürfen (von *Ewasiuk* als „joint triggering"[21] bezeichnet) oder ob auf initiierender Seite stets nur ein *einziger* Gesellschafter stehen darf. Entscheidet man sich für letztere Variante, wird die Gestaltungssituation zumindest geringfügig übersichtlicher. Viel gewonnen ist dadurch allerdings nicht, beispielsweise gibt es dann bei vier Gesellschaftern immer noch 28 verschiedene Konstellationen, in denen sich die Gesellschafter bei Initiierung des Verfahrens gegenüberstehen können.[22]

---

[18] So auch *Ewasiuk*, Shareholder Agreements, 2. Aufl. 2012, S. 103 Nr. 3.3.5.

[19] *Ewasiuk*, Shareholder Agreements, 2. Aufl. 2012, S. 103 f. Nr. 3.3.5.

[20] Vgl. auch *Brockmann*, Shoot-Out-Klauseln, 2017, S. 177.

[21] *Ewasiuk*, Shareholder Agreements, 2. Aufl. 2012, S. 102 f. Nr. 3.3.5. Vgl. zu gestalterischen Tücken *942925 Alberta Ltd v Thompson*, 2008 ABCA 81.

[22] Die Anzahl der Möglichkeiten wird durch $n \cdot (2^{n-1} - 1)$ beschrieben, wobei n die Zahl der Gesellschafter darstellt. Diese Formel gilt allerdings nur dann, wenn drei Bedingungen erfüllt sind: Erstens steht auf der auslösenden Seite stets nur ein einziger Gesellschafter, zweitens stehen auf der Gegenseite beliebig viele (bis zu maximal $n-1$) Gesellschafter und drittens wird

bb) Inconsistent elections

Regelungsbedarf sieht *Ewasiuk* zu Recht auch im Fall der „inkonsistenten (Aus-)Wahlen" (*inconsistent elections*), also dann, wenn ein Gesellschafter das Verfahren gegen mehrere andere Gesellschafter auslöst und die Angebotsempfänger unterschiedliche Entscheidungen treffen, d. h. mindestens einer von ihnen kaufen und mindestens einer von ihnen verkaufen will.[23]

(1) Angebot an einzelne(n) Gesellschafter

Theoretisch ließe sich dem von vornherein mit einem Vorschlag von *Oppenheim* begegnen, der „nur ein Angebot an *einen* ausgesuchten Gesellschafter [Hervorhebung S.S.S.]"[24] zulassen will. Als Nachteil führt er an, dass sich in der Folge die Beteiligungsverhältnisse verschieben, ohne dass die nicht involvierten Gesellschafter zugestimmt hätten. Durch eine antizipierte Zustimmung sämtlicher Gesellschafter im Gesellschaftsvertrag ließe sich dem aber rechtlich einwandfrei entgegenwirken.[25]

Die wirkliche Schwäche dieses Vorschlags liegt an anderer Stelle. Er umschifft zwar das Problem der *inconsistent elections*, dies geschieht jedoch durch eine simple, zu statische Übertragung von Zwei- auf Mehrpersonenkonstellationen, ohne den dynamischen Besonderheiten des Falls mit vielen Gesellschaftern Rechnung zu tragen. So kann man sich Situationen vorstellen, in denen ein Entscheidungspatt nicht zwingend durch ein Angebot an einen einzelnen Gesellschafter aufgelöst wird, beispielsweise, weil ein weiterer Gesellschafter immer noch eine Sperrminorität besitzt oder man lediglich eine diffuse Mehrpersonenkonstellation in eine nicht minder streitanfällige paritätische Zweipersonenkonstellation verwandelt. Die Klausel müsste so gegebenenfalls mehrmals hintereinander ausgelöst werden; dem Ziel einer effektiven und schnellen Konfliktlösung würde man so nicht umfassend gerecht. Vor diesem Hintergrund sollte in Mehrpersonenkonstellationen nach einem Weg gesucht werden, bei Bedarf mehr als „nur" zwei Gesellschafter gleichzeitig in das Verfahren einzubinden.

---

die Situation, dass Gesellschafter A gegen Gesellschafter B auslöst, *nicht* zusammen mit der umgekehrten Konstellation (B gegen A) als ein einzelner, gemeinsamer Fall behandelt. Verändert man diese Parameter, muss die Formel entsprechend angepasst werden, am grundlegenden Befund ändert dies aber nichts.

[23] *Ewasiuk*, Shareholder Agreements, 2. Aufl. 2012, S. 104 Nr. 3.3.5, die grundlegende Problematik erkennt auch *Brockmann*, Shoot-Out-Klauseln, 2017, S. 180. Vgl. auch die Hinweise bei *Carey*, 39 Real Prop. Prob. & Tr. J. 651, 692 (2005) und, sehr knapp, *Herzfeld*, Joint Ventures, 1983, S. 48.

[24] *Oppenheim*, Abfindungsklauseln, 2011, S. 124.

[25] Zum Ganzen *Oppenheim*, Abfindungsklauseln, 2011, S. 124.

(2) „Vereinheitlichung" der Angebotsempfänger

Oppenheim spricht auch eine pauschalisierende Lösung an, ohne sie allerdings ausdrücklich zu empfehlen. Seine Prämisse ist, dass nicht „einzelne Angebote an *jeden* Gesellschafter ab[ge]geben [Hervorhebung S.S.S.]"[26] werden sollten. Er diskutiert stattdessen die Variante, sämtliche Angebotsempfänger als eine einzige Partei zu behandeln, der nur *ein* Angebot unterbreitet wird, das dann durch Mehrheits- oder Einstimmigkeitsbeschluss angenommen oder abgelehnt werden muss.[27] Je mehr Gesellschafter involviert sind, desto schwieriger gestaltet sich allerdings eine einstimmige Entscheidung.[28] Das Mehrheitserfordernis führt dagegen zu einem faktischen Drag Along durch die Mehrheit der Angebotsempfänger, der die überstimmten Gesellschafter zu Gunsten einer leichteren Abwicklung des Verfahrens möglicherweise unangemessen benachteiligt.[29]

Letztlich überzeugt die Argumentation von *Oppenheim* schon im Ausgangspunkt nicht. Er geht zu Unrecht davon aus, dass ein Angebot einzeln an die übrigen Gesellschafter generell nicht zielführend ist und möchte dies an folgendem Beispiel zeigen: In einer Gesellschaft mit drei Gesellschaftern (A, B und C) gibt A jeweils an B und C ein Verkaufsangebot ab. B nimmt an und kauft von A, C lehnt ab und muss an A verkaufen. Dies brächte den Beteiligten laut *Oppenheim* keinen Vorteil, stattdessen würden „lediglich die Anteile hin- und hergeschoben"[30].

Das ist in mehrfacher Hinsicht unzutreffend. Geht man von einer paritätischen Anteilsverteilung aus, ergibt sich folgendes Bild: A gibt seine eigenen Anteile an B ab, erhält aber im Gegenzug Anteile in gleicher Höhe von C; für A ändert sich im Ergebnis also in der Tat nichts. B erhält zusätzlich zu seiner eigenen Beteiligung die Anteile von A und besitzt nun zwei Drittel aller Anteile. C gibt seine Anteile an A ab und scheidet aus der Gesellschaft aus. Das Verfahren führt also zum einen dazu, dass ein Gesellschafter die Gesellschaft verlässt und es sich statt einer Mehr- nun um eine Zweipersonengesellschaft handelt. Zum anderen besteht jetzt ein klares „Anteilsgefälle" zwischen A und B, denn B kann zumindest einfache Mehrheitsbeschlüsse ohne Mitwirkung von A treffen. Zumindest insoweit ist also die Handlungsfähigkeit der Gesellschaft wiederhergestellt. Selbst wenn man die entstehende, nichtparitätische Zweipersonengesellschaft aus den bereits genannten Gründen durchaus kritisch sehen

---

[26] *Oppenheim*, Abfindungsklauseln, 2011, S. 124.

[27] *Oppenheim*, Abfindungsklauseln, 2011, S. 124 f. Ähnlich eine der von *Ewasiuk*, Shareholder Agreements, 2. Aufl. 2012, S. 104 Nr. 3.3.5 dargestellten Möglichkeiten, die er aber selbst verwirft. Vgl. auch *Singleton*, Joint Ventures, 5. Aufl. 2017, S. 341 Nr. 18.11.

[28] Vgl. grundlegend *Buchanan/Tullock*, Calculus of Consent, 1971, S. 106 ff., dazu *Bachmann*, Private Ordnung, 2006, S. 198 ff.

[29] In diesem Sinne auch *Ewasiuk*, Shareholder Agreements, 2. Aufl. 2012, S. 104 Nr. 3.3.5.

[30] *Oppenheim*, Abfindungsklauseln, 2011, S. 124.

kann und ein Entscheidungspatt nach wie vor nicht ausgeschlossen ist, stellt sie entgegen der Ansicht von *Oppenheim* zumindest eine Verbesserung gegenüber der ursprünglichen Dreipersonenkonstellation dar.[31] Jedenfalls kann man nicht davon sprechen, dass nur „Anteile hin- und hergeschoben würden."[32]

(3) Kaufpflicht gegenüber sämtlichen Verkaufswilligen

Die Berücksichtigung der individuellen Entscheidung jedes einzelnen Gesellschafters sorgt zwar für die nötige Flexibilität bei der Anwendung der Klausel, wirft aber nach wie vor die Frage auf, wie mit *inconsistent elections* umgegangen werden soll. *Ewasiuk* diskutiert verschiedenste Lösungsansätze (von denen erneut nicht alle an dieser Stelle erörtert werden sollen) und bevorzugt anscheinend die Variante, dass der letztlich kaufende Gesellschafter, sei es der initiierende oder einer der Angebotsempfänger, die Anteile aller verkaufswilligen Gesellschafter übernehmen muss.[33] Diese Lösung sorgt jedenfalls für einen „klaren Schnitt" und setzt den Willen der Gesellschafter konsequent um. Sie führt allerdings einen zusätzlichen Unsicherheitsfaktor ein und sorgt so dafür, dass sich die Angebotsempfänger zumindest in der Tendenz eher für den Verkauf als für den Kauf entscheiden werden.

(a) Unsicherheit über den Umfang der Verpflichtung

Im Unterschied zu typischen Zweipersonenkonstellationen ist nämlich der Umfang der konkreten Verpflichtung für die Angebotsempfänger selbst nach Abgabe des Angebots durch den Anbietenden noch unklar. Im Zweipersonenszenario ist sicher, dass bei Kaufabsicht auf jeden Fall das Anteilspaket des jeweils anderen vollständig übernommen werden muss. In einer Mehrpersonenkonstellation kann ein kaufwilliger Angebotsempfänger aber grundsätzlich nicht wissen, ob er am Ende nur wenige, viele oder sogar alle seiner Mitgesellschafter auskaufen muss. Einige Gesellschafter dürften sich vor diesem Hintergrund gegen den Kauf und „sicherheitshalber" für den Verkauf entscheiden, zumal bei Vorliegen von Antipathien gegenüber bestimmten Gesellschaftern ein gewisses Risiko besteht, zunächst ausgerechnet mit einem solchen unliebsamen, aber ebenfalls kaufwilligen Mitgesellschafter in der Gesellschaft zu verbleiben.[34] Das alles gilt freilich nur, falls die Auswahlentscheidungen zeitgleich getroffen werden müssen und die Entscheidungen der anderen dem kaufinteressierten Angebotsempfänger nicht schon vor seiner eigenen Entscheidung bekannt sind.

---

[31] Vgl. auch *Brockmann*, Shoot-Out-Klauseln, 2017, S. 177.
[32] Siehe erneut *Oppenheim*, Abfindungsklauseln, 2011, S. 124.
[33] *Ewasiuk*, Shareholder Agreements, 2. Aufl. 2012, S. 105 Nr. 3.3.5. So auch der komplexe Formulierungsvorschlag bei *Joint Task Force*, 63 Bus. Law. 385, 476 (2008).
[34] Vgl. zum Ganzen knapp *Ewasiuk*, Shareholder Agreements, 2. Aufl. 2012, S. 105 Nr. 3.3.5.

Denkbar ist auch ein Austausch der Angebotsempfänger über ihre jeweiligen Auswahlentscheidungen, wobei eine einvernehmliche, (rechts-)sichere Absprache im Fall eines Deadlocks kaum mehr möglich sein wird – schließlich wird die Klausel deswegen ja typischerweise erst ausgelöst.

(b) Lösung durch Kenntnisverschaffung?

Das Problem des *ex ante* unsicheren Umfangs der Kaufverpflichtung erkennt *Ewasiuk* und möchte es dadurch lösen, dass ein Mechanismus eingebaut wird, der einem grundsätzlich kaufwilligen Angebotsempfänger Kenntnis über die Auswahlentscheidungen seiner Mitgesellschafter verschafft, bevor er selbst „endgültig verpflichtet" ist („before he [...] is definitely committed"[35]). Wie dieser Mechanismus im Detail aussehen soll, lässt *Ewasiuk* offen.

Diesem Vorschlag ist zugutezuhalten, dass er tatsächlich die Unsicherheit über das Ausmaß der Kaufverpflichtung behebt. Der grundsätzlich kaufwillige Angebotsempfänger kann im Zeitpunkt seiner Entscheidung genau erkennen, wessen Anteile er übernehmen müsste. Es bliebe allerdings noch zu klären und sorgfältig zu vereinbaren, wie und unter welchen Umständen die „endgültige Verpflichtung" der Gesellschafter überhaupt hinausgezögert werden soll. Ein entsprechender Vorschlag der *Joint Task Force* des *Committee on LLCs, Partnerships and Unincorporated Entities* und des *Committee on Taxation* der *American Bar Association* sieht vor, dass der kaufwillige Angebotsempfänger nur kaufen darf und muss, wenn er innerhalb einer Frist von sieben Tagen, nachdem die Entscheidungen der Angebotsempfänger zum Kauf oder Verkauf abzugeben waren, nicht nur die Bereitschaft zum Kauf der Anteile des *Anbietenden*, sondern auch die zum Kauf der Anteile *jedes anderen* (verkaufswilligen) Angebotsempfängers signalisiert. Wird eine solche Erklärung nicht oder nicht fristgemäß abgegeben, wird dies als Verkaufsentscheidung des entsprechenden Gesellschafters ausgelegt.[36]

Diese Variante erscheint allerdings schon aufgrund der Komplexität des Ablaufs und der Formulierung recht unhandlich.[37] Sie gewährt im Übrigen dem kaufwilligen Angebotsempfänger einen übermäßigen Vorteil. So weiß der Initiator des Verfahrens weder, ob er Käufer oder Verkäufer wird, noch weiß er, wie viele seiner Mitgesellschafter er im Falle eines Kaufs auskaufen müsste – und muss deshalb vorsichtshalber seine Finanzierung so planen, dass sie den Kauf sämtlicher Anteile seiner Mitgesellschafter deckt. Ein kaufwilliger Angebotsempfänger hat nach der geschilderten Gestaltungsvariante dagegen Informationen über die Anzahl der kauf- und verkaufswilligen Gesellschafter und so über den konkreten Umfang seiner Verpflichtung. Ob und in welchem Um-

---

[35] *Ewasiuk*, Shareholder Agreements, 2. Aufl. 2012, S. 105 Nr. 3.3.5.
[36] *Joint Task Force*, 63 Bus. Law. 385, 476 (2008).
[37] Siehe erneut den ausladenden Formulierungsvorschlag bei *Joint Task Force*, 63 Bus. Law. 385, 476 (2008).

fang das tatsächlich der Fall ist, hängt erneut von der konkreten Gestaltung ab. Dieses spezifische Unsicherheitsrisiko über den Umfang der Kaufverpflichtung ist in Mehrpersonengesellschaften *ohne* eine solche die Verpflichtung aufschiebende Spezialregelung jedenfalls gleichmäßiger und so fairer zwischen allen Gesellschaftern verteilt.

b) Tatbestandsseite: Deadlock im Mehrpersonenverhältnis

Ewasiuk äußert sich lediglich zur Rechtsfolgenseite, nicht dagegen zu eventuellen Problemen im Hinblick auf das Trigger Event eines Deadlocks. Das ist insofern konsequent, als er zumindest tendenziell eine „freie" Klausel zugrunde legt, die voraussetzungslos anwendbar ist.[38] Knüpft man die Vereinbarung allerdings an eine Pattsituation zwischen den Gesellschaftern und orientiert man sich an der in dieser Arbeit verfolgten Linie, das Verfahren nur auf die „streitrelevanten" Parteien zu erstrecken, bereitet es in Mehrpersonenverhältnissen bereits Schwierigkeiten, den Deadlock und somit den Anwendungsbereich klar zu definieren.[39]

Ein Problem kann schon darin liegen, überhaupt die „blockierenden" Gesellschafter zu bestimmen. Zur Verdeutlichung kann man sich folgendes Szenario vorstellen: In einer Dreipersonen-GmbH besitzt ein Gesellschafter (A) 50% der Anteile, ein weiterer (B) 24,9% und der letzte (C) hält eine Sperrminorität von 25,1%. Bei der Abstimmung über eine Satzungsänderung kann der (Sperr-)Minderheitsgesellschafter C aufgrund der erforderlichen qualifizierten Mehrheit von drei Vierteln der Stimmen (§ 53 Abs. 2 S. 1, 2. Hs. GmbHG) den Beschluss selbst dann verhindern, wenn die anderen beiden „zusammenhalten". Für diesen Fall müsste A jedenfalls gegen C auslösen. Einer von beiden ginge aus dem Verfahren als Gesellschafter mit qualifizierter Mehrheit, nämlich 75,1% der Anteile hervor. Stellt man sich nun vor, dass B *und* C gegen den Beschluss stimmen und A die Klausel auslöst, gegen wen müsste er sich dann wenden? Man könnte argumentieren, dass konsequenterweise gegen B *und* C ausgelöst werden muss, da beide gegen den Beschluss gestimmt haben und so für die Pattsituation (mit-)verantwortlich sind. Andererseits könnte B gegen dieses Vorgehen nicht ganz zu Unrecht einwenden, dass sein Abstimmungsverhalten völlig unerheblich ist. Er besitzt nicht einmal eine Sperrminorität und könnte den Beschluss nicht verhindern; der Deadlock bestünde danach allein zwischen A und C. Selbst daran mag man aber zweifeln, immerhin wird allein ein Be-

---

[38] Vgl. *Ewasiuk*, Shareholder Agreements, 2. Aufl. 2012, S. 94 Nr. 3.2.1, Precedents S. 323 Nr. 6.01.01.

[39] So schon *Field*, 58 Minn. L. Rev. 985, 990 (1974), der sogar anregt, besser auf andere Trigger Events zurückzugreifen, beispielsweise das bloße Verlangen der Anteilsmehrheit. Zu pauschal allerdings *Heckschen*, in: Heckschen/Heidinger, GmbH, 4. Aufl. 2018, Kap. 4 Rn. 454, der davon ausgeht, dass Pattsituationen „nur in Zweipersonengesellschaften auftreten können."

schluss behindert, für den eine qualifizierte Mehrheit erforderlich ist, während Beschlüsse mit einfacher Mehrheit nach wie vor zustande kommen können und der wirtschaftliche Fortbestand der Gesellschaft deswegen noch nicht unmittelbar gefährdet sein muss.

Solchen Fragen und Problemen begegnet man in Zweipersonenkonstellationen glücklicherweise nur in deutlich geringerem Umfang, zu einem großen Teil sogar überhaupt nicht. Generelle Empfehlungen für die Handhabung des Deadlock-Kriteriums in Mehrpersonenkonstellationen sind kaum möglich; praxisorientierte Lösungen müssen jedenfalls die rechtlichen und wirtschaftlichen Besonderheiten der Gesellschaft berücksichtigen, insbesondere die Beteiligungsverhältnisse und eventuell abweichend von den gesetzlichen Vorgaben vereinbarte Mehrheitserfordernisse. Losgelöst von inhaltlichen Fragen ist wieder einmal entscheidend, dass die kautelarjuristische Gestaltung in Mehrpersonenkonstellationen wirklich „wasserdicht" ist, in diesem Fall also das Trigger Event minutiös in der Klausel festgehalten wird. In Abhängigkeit von der konkreten Beteiligungsstruktur kann das im Einzelfall dazu führen, dass nicht einmal typisierende Regelungen möglich sind und stattdessen bestimmte Szenarien (im Sinne von „trigger-relevanten" und „trigger-irrelevanten" Konstellationen) einzeln aufgeführt werden müssen – eine gestalterisch mühsame und fehleranfällige Sisyphusarbeit.[40]

2. Mehrpersonengesellschaft als quasi-paritätische Zweipersonengesellschaft

Selbst für den Fall von Mehrpersonengesellschaften gibt es aber Situationen, in denen Russian Roulette- und Texas Shoot Out-Mechanismen eine vergleichsweise unkomplizierte Trennung ermöglichen. Stehen sich mehrere Gesellschafter wie zwei Blöcke mit jeweils 50 % der Anteile und „einheitliche[r] Willensbildung"[41] gegenüber (beispielsweise zwei Familien oder Familienstämme[42]), kann eine der Zweipersonengesellschaft mit paritätischen Beteiligungsquoten vergleichbare Lage entstehen.[43] Entscheidend ist dabei die Antwort auf die Frage, wie stark der Zusammenhalt innerhalb der Gesellschafterblöcke ist und ob die „einheitliche Willensbildung" tatsächlich, auch für die Zukunft, gesichert ist[44] – anderenfalls handelt es sich nämlich statt einer geordneten schnell wieder

---

[40] In diesem Sinne auch *Ewasiuk*, Shareholder Agreements, 2. Aufl. 2012, S. 102 Nr. 3.3.5, der von einer „Herculean task" spricht.

[41] So die Formulierung bei *Schwarz*, in: Walz, ADR-Formularbuch, 2. Aufl. 2017, Kap. 21 Rn. 20.

[42] Vgl. *Fabis*, Gesellschafterkonflikte, 2007, S. 289; *Binz/Mayer*, NZG 2012, 201, 210; *Kormann/Schmeing*, FuS 2016, 13, 17; *Wälzholz*, NWB 2018, 190, 190.

[43] *Carey*, 39 Real Prop. Prob. & Tr. J. 651, 691 f. (2005); *Schwarz*, in: Walz, ADR-Formularbuch, 2. Aufl. 2017, Kap. 21 Rn. 20.

[44] *Schwarz*, in: Walz, ADR-Formularbuch, 2. Aufl. 2017, Kap. 21 Rn. 20 f. Vgl. auch *Ewasiuk*, Shareholder Agreements, 2. Aufl. 2012, S. 102 Nr. 3.3.5.

um eine der eben erläuterten, schwer zu handhabenden diffusen Mehrpersonen-konstellationen.

Eine gewisse Linderung gegen „Abweichler" innerhalb eines Blocks können Stimmbindungsverträge schaffen. Sie wirken zwar grundsätzlich nur schuld-rechtlich und führen daher in aller Regel nicht zu einem Beschlussmangel, wenn ein Gesellschafter gegen eine solche Vereinbarung verstößt.[45] In der Pra-xis kann man sich aber beispielsweise mit der Vereinbarung einer Vertragsstrafe behelfen[46] und so dafür sorgen, dass die einheitliche Abstimmung in aller Regel gewährleistet ist.

3. Sealed Bid-Verfahren als Ausweg?

Einige Stimmen im Schrifttum weisen darauf hin, dass eine bestimmte Spiel-art der hier diskutierten Klauseln sich auch für Mehrpersonenkonstellationen eignet: das (Highest) Sealed Bid.[47] Tatsächlich umschifft dieses Verfahren bei mehr als zwei Gesellschaftern vollständig das Problem der *inconsistent elec-tions* und kann in dieser Hinsicht insbesondere im Vergleich zum Russian Rou-lette und Texas Shoot Out überzeugen. Die einschlägigen Ausführungen lassen das Highest Sealed Bid allerdings nahezu als „Allheilmittel" im Einsatz gegen die kautelarjuristischen Schwierigkeiten des Mehrpersonenszenarios erschei-nen – ein Anspruch, dem es letztlich nicht ganz gerecht wird.

Zunächst stellt sich das Problem der *conflicting triggerings* in gleicher Weise beim Highest Sealed Bid. Um ihm zu entgehen, wird mehrfach ausdrücklich vorgeschlagen, die Klausel so zu formulieren, dass sie stets gegen alle ande-ren Gesellschafter ausgelöst werden muss.[48] Das führt wiederum zu den be-reits angesprochenen, tendenziell unnötig drastischen Ergebnissen. In letzter Konsequenz mag man aus den im Abschnitt zur Missbrauchsgefahr genannten Gründen sogar an der rechtlichen Zulässigkeit zweifeln, falls von einer klar auf den Zweck der Konfliktvermeidung und -lösung abzielenden Vereinbarung Ge-sellschafter erfasst sind, die überhaupt nicht an der Entstehung der (potenziel-

---

[45] Für die GmbH *Römermann*, in: Michalski/Heidinger/Leible/Schmidt, GmbHG, Bd. 2, 3. Aufl. 2017, § 47 Rn. 532; *Zöllner/Noack*, in: Baumbach/Hueck, GmbHG, 22. Aufl. 2019, § 47 Rn. 117; *Drescher*, in: Fleischer/Goette, MüKo GmbHG, Bd. 2, 3. Aufl. 2019, § 47 Rn. 250.

[46] *Zöllner/Noack*, in: Baumbach/Hueck, GmbHG, 22. Aufl. 2019, § 47 Rn. 119; *Drescher*, in: Fleischer/Goette, MüKo GmbHG, Bd. 2, 3. Aufl. 2019, § 47 Rn. 251.

[47] *Bastuck/von Schönfeld/Schütte*, in: Ellison/Kling, Joint Ventures, 2. Aufl. 1997, S. 109, 147; *Wälzholz*, GmbH-StB 2007, 84, 89; *Dauner-Lieb/Winnen*, in: FS Brambring, 2012, S. 45, 68; *Wedemann*, Gesellschafterkonflikte, 2013, S. 494; *Langenfeld/Miras*, GmbH-Vertragspra-xis, 7. Aufl. 2015, Rn. 380; *Heckschen*, in: Heckschen/Heidinger, GmbH, 4. Aufl. 2018, Kap. 4 Rn. 451. Vgl. auch *Oertle*, Gemeinschaftsunternehmen, 1990, S. 79.

[48] So dann auch *Wälzholz*, GmbH-StB 2007, 84, 89; *Wedemann*, Gesellschafterkonflikte, 2013, S. 495; *Langenfeld/Miras*, GmbH-Vertragspraxis, 7. Aufl. 2015, Rn. 380; *Heckschen*, in: Heckschen/Heidinger, GmbH, 4. Aufl. 2018, Kap. 4 Rn. 451; *Seibt*, in: Römermann, MAHdb. GmbHR, 4. Aufl. 2018, § 2 Rn. 322. Allgemein zu Auktionsverfahren auch *Brockmann*, Shoot-Out-Klauseln, 2017, S. 177.

len) Pattsituation mitwirken. Auch *Brockmann* führt zu Recht aus, dass es zur Auflösung des Konflikts häufig schon genügt, lediglich einen oder einige wenige Gesellschafter aus der Gesellschaft ausscheiden zu lassen. Sein Lösungsvorschlag sieht vor, diese(n) Gesellschafter beispielsweise vorab in der Form zu bestimmen, dass der oder die Geringstbietende(n) beim Highest Sealed Bid die Gesellschaft verlassen müssen[49] – und gerät damit, ähnlich wie schon der Ansatz von *Oppenheim*, tendenziell zu statisch und undifferenziert. So mag es zur Konfliktlösung im Einzelfall erforderlich sein, dass mehr als nur einer oder einige wenige Gesellschafter aus der Gesellschaft ausscheiden. In solchen Fällen sollte das Verfahren aber nicht mehrmals hintereinander ausgelöst werden müssen, sondern schon bei der ersten Anwendung alle relevanten Gesellschafter erfassen. Möchte man dagegen auf jegliches Trigger Event verzichten,[50] erhöht man wiederum das Missbrauchsrisiko und setzt sich so wieder eher der Gefahr einer Unwirksamkeit im Rahmen der Ausübungskontrolle aus.

Jeder Versuch, einzelne Probleme der Anwendung in Mehrpersonenkonstellationen zu beheben, führt also zu neuen Schwierigkeiten, „[j]ede Lösung eines Problems ist ein neues Problem."[51] Selbst wenn *Goethe* mit dieser Aussage offensichtlich nicht das erst mehr als hundert Jahre später auftauchende Highest Sealed Bid im Blick hatte, lässt sich seine Bemerkung doch ohne Weiteres übertragen. Selbst wenn das (Highest) Sealed Bid-Verfahren (und möglicherweise ähnliche Verfahren mit Auktionselementen[52]) also auch bei Beteiligung mehrerer Gesellschafter vergleichsweise reibungslos verlaufen kann, sollten sich die Parteien sehr genau überlegen, ob sie die besonderen gestalterischen Schwierigkeiten in Mehrpersonenkonstellationen wirklich in Kauf nehmen möchten – und im Grundsatz von der Vereinbarung eines der hier diskutierten Mechanismen absehen.[53]

B. Zeitpunkt und Regelungsort

Haben sich die Parteien dazu entschlossen, eine der Klauseln zu vereinbaren, stellen sich zwei weitere Fragen im Zuge der rechtlichen Umsetzung. Erstens muss entschieden werden, ob die Klausel im Voraus fixiert werden soll oder ob man erst im Konfliktfall mittels einer *ad hoc*-Regelung eingreifen will. Zweitens muss man sich darüber einigen, „wo" die Vereinbarung erfolgen soll, nämlich entweder im Gesellschaftsvertrag oder einer nebenvertraglichen Abrede. Abschließend soll die Frage des richtigen Zeitpunkts in einer Spezialkonstella-

---

[49] *Brockmann*, Shoot-Out-Klauseln, 2017, S. 177.
[50] Nicht eindeutig, anscheinend aber in diese Richtung *Wälzholz*, GmbH-StB 2007, 84, 89.
[51] *Burkhardt*, Goethes Unterhaltungen mit Friedrich v. Müller, 1870, S. 44.
[52] So *Brockmann*, Shoot-Out-Klauseln, 2017, S. 177 ff.
[53] Anders *Brockmann*, Shoot-Out-Klauseln, 2017, S. 177 f. für Auktionsverfahren.

tion nochmals aufgegriffen werden, indem untersucht wird, inwiefern sich ein Russian Roulette-Mechanismus entsprechend dem angloamerikanischen Vorbild als gerichtlich angeordnetes Trennungsverfahren in der Beendigungsphase der Gesellschaft eignet.

I. Präventiv- oder ad hoc-Regelung?

Der Eintritt des Trigger Events fungiert als Abgrenzungsmaßstab für den Zeitpunkt der Vereinbarung. Einigen sich die Gesellschafter schon *vor* Eintritt des Trigger Events, handelt es sich um eine präventive Regelung, einigen sie sich erst *danach*, liegt eine *ad hoc*-Vereinbarung vor. Für „freie" Klauseln kann logischerweise nicht auf das Auftreten eines Trigger Events abgestellt werden. Typischerweise liegt aber auch hier ein bestimmter wirtschaftlicher oder rechtlicher Anlass für die Beendigung der Zusammenarbeit vor, der sich als Bezugspunkt nehmen ließe.

Einige Stimmen im Schrifttum halten die *ad hoc*-Variante für vorzugswürdig.[54] Nicht zu Unrecht wird als Argument angeführt, dass bei einer spontanen Vereinbarung deutlich besser einzuschätzen sei, ob zwischen den Parteien ein finanzielles oder anderweitiges Ungleichgewicht herrscht oder sonstige Gründe dagegen sprechen, die Gesellschafter mittels eines radikalen Ausstiegsmechanismus zu trennen.[55] Zusätzlich spricht für diese Vorgehensweise ein verhandlungstaktischer Aspekt: Man vermeidet es, den Geschäftspartner direkt zu Beginn der Kooperation mit der Möglichkeit des Scheiterns zu konfrontieren. Von manchen mag die Vereinbarung oder schon das bloße Ansprechen von Konfliktlösungsmechanismen als mangelndes Vertrauen ihnen oder dem gemeinsamen Vorhaben gegenüber aufgefasst werden.[56]

Dieses Misstrauensargument sollte allerdings nicht überbewertet werden. Nicht selten stehen sich auf beiden Seiten geschäftserfahrene oder jedenfalls gut beratene Parteien gegenüber, die den Wunsch nach einer Klausel zur Streitschlichtung und Beendigung der Zusammenarbeit nicht direkt als persönlichen Affront auffassen werden. Der Hinweis darauf, dass ein Machtgefälle zwischen den Parteien *ad hoc* deutlich besser beurteilt werden kann als bei einer Vereinbarung zu einem früheren Zeitpunkt, ist dagegen nicht von der Hand zu weisen. Gleichwohl wirkt die Idee einer spontanen Vereinbarung leicht paradox: An einen Deadlock geknüpfte Russian Roulette- und Texas Shoot Out-Mechanis-

---

[54] *Wedemann*, Gesellschafterkonflikte, 2013, S. 493 f., 499 f.; *Lutz*, Gesellschafterstreit, 5. Aufl. 2017, Rn. 560, in diese Richtung wohl auch *Werner*, GmbHR 2014, 315, 315. Vgl. ebenfalls *Schulte/Sieger*, NZG 2005, 24, 24 und 31; *Robles y Zepf/Girnth/Stumm*, BB 2016, 2947, 2949.

[55] *Wedemann*, Gesellschafterkonflikte, 2013, S. 500.

[56] Exemplarisch aus rechtlicher und ökonomischer Perspektive *Nanda/Williamson*, 73 Harv. Bus. Rev. 119, 128 (Nov./Dec. 1995); *Knies*, Patt, 2005, S. 1; *Comino/Nicolò/Tedeschi*, 54 Eur. Econ. Rev. 718, 719 (2010) und auch schon *o. V.*, 78 Harv. L. Rev. 393, 406 (1964).

men dienen ausschließlich der Konfliktbewältigung für den Fall, dass die Gesellschafter untereinander heftig zerstritten sind. Ob sich die Parteien in einer solchen Situation, in der die grundsätzliche Einigungsbereitschaft gerade *fehlt*, noch zu einem gemeinsamen Vorgehen zur Lösung des Konflikts durchringen können, erscheint zumindest zweifelhaft[57] – Ausnahmen sind aber natürlich denkbar und kommen auch tatsächlich vor[58].

Man mag im Übrigen argumentieren, dass es durchaus einigungsfördernd sein kann, wenn für den Fall eines Deadlocks gerade *keine* konkrete Vereinbarung getroffen wurde. Die Zukunft der Gesellschaft ist dann nämlich unsicher und ohne eine einvernehmliche Lösung der Gesellschafter besteht die Pattsituation fort.[59] Dieser Einwand ist nicht unberechtigt, denn in der Tat sorgt eine fehlende Regelung für beträchtlichen Einigungsdruck auf die Parteien. Es ist sogar durchaus möglich, dass dieser Einigungsdruck im Einzelfall größer ist als derjenige, der durch den unsicheren Ausgang einer Russian Roulette- oder Texas Shoot Out-Klausel erzeugt wird. Im gesellschaftsrechtlichen Schrifttum und vor allem in den einschlägigen Vertragshandbüchern werden allerdings seit Jahren verschiedenste Formen von vorab zu regelnden Konfliktbewältigungsmechanismen diskutiert und empfohlen. Sofern man den Verfassern nicht zynisch und ungerechtfertigterweise allein die Mandantenakquise als Ziel solcher Empfehlungen unterstellen will, spricht daher insgesamt einiges dafür, dass sich die präventive Vereinbarung gegenüber der bewussten Nichtregelung[60] und so zumindest tendenziell auch gegenüber der *ad hoc*-Variante bewährt hat und dementsprechend für Russian Roulette, Texas Shoot Out und Co. ebenfalls nahezulegen ist.

---

[57] In diesem Sinne *Brockmann*, Shoot-Out-Klauseln, 2017, S. 220, noch deutlicher *Schwarz*, in: Walz, ADR-Formularbuch, 2. Aufl. 2017, Kap. 21 Rn. 1, 23. Vgl. auch *Böhm*, Konfliktbeilegung, 2000, S. 63.

[58] So z. B. in Damerow Ford Co. v. Bradshaw, 876 P.2d 788, 792 (Or. Ct. App. 1994).

[59] *O. V.*, 78 Harv. L. Rev. 393, 406 (1964); *Berens*, 26 Bus. Law. 1527, 1541 (1971); *Gericke/Dalla Torre*, in: Kunz/Jörg/Arter, Gesellschaftsrecht VII, 2012, S. 19, 52; *Schulte/Pohl*, Joint-Venture-Gesellschaften, 4. Aufl. 2015, Rn. 685. Instruktiv aus ökonomischer Sicht *Comino/Nicolò/Tedeschi*, 54 Eur. Econ. Rev. 718, 719, 726 (2010).

[60] In diese Richtung *Field*, 58 Minn. L. Rev. 985, 1007 (1974); *Bainbridge*, Corporation Law and Economics, 2002, S. 812; *Risse*, in: Poulton, Arbitration of M&A Transactions, 2014, S. 369, 375; *Fett/Spiering*, in: Fett/Spiering, Hdb. Joint Venture, 2. Aufl. 2015, Kap. 7 Rn. 527; *Schulte/Pohl*, Joint-Venture-Gesellschaften, 4. Aufl. 2015, Rn. 686; *Giesen*, in: Seibt, Beck'sches Fb. M&A, 3. Aufl. 2018, Form. G. II Nr. 38; *Wirbel*, in: Gummert/Weipert, Münchener Hdb. GesR, Bd. 1, 5. Aufl. 2019, § 28 Rn. 58, 61; *Wentrup*, in: Hoffmann-Becking/Gebele, Beck'sches Fb. BHW, 13. Aufl. 2019, IX. Nr. 28 Rn. 12; *Handke/Gärtner/Goetsch*, in: Mehrbrey, Hdb. Gesellschaftsrechtliche Streitigkeiten, 3. Aufl. 2019, § 2 Rn. 335. Differenzierend zu beiden Sichtweisen *Hewitt/Howley/Parkes*, Joint Ventures, 6. Aufl. 2016, S. 241 Rn. 10-02.

II. Gesellschaftsvertrag oder Nebenabrede?

Des Weiteren bleibt noch zu klären, „wo" die Vereinbarung geregelt werden soll. In Betracht kommt neben der Aufnahme in den Gesellschaftsvertrag die Regelung in einer schuldrechtlichen Nebenabrede. Die für die Parteien ideale Vorgehensweise hängt, so viel sei vorweggenommen, neben ihren individuellen Präferenzen maßgeblich mit den korrespondierenden Pflichten zur notariellen Beurkundung zusammen, die bereits eingangs erläutert wurden.[61] Die nachfolgenden Ausführungen orientieren sich deshalb an der GmbH,[62] sodass die Differenzierung zwischen materiellen und formellen Satzungsbestandteilen und die Diskussion über den Satzungsbegriff im GmbHG auch an dieser Stelle wieder von Bedeutung ist.

1. Vor- und Nachteile der Regelungsmöglichkeiten

Die Regelung in einer schuldrechtlichen Nebenabrede bietet zunächst den Vorteil, dass sie dem Geheimhaltungsinteresse der Parteien entgegenkommt. Nebenabreden unterliegen nicht den Öffentlichkeitsvorschriften des Handelsregisters (vgl. §§ 9, 10 HGB), sind also von Konkurrenten nicht einsehbar.[63] Die grundsätzliche Formfreiheit beim Abschluss von Nebenvereinbarungen, ein weiterer, häufig genannter Vorteil einer Regelung außerhalb des Gesellschaftsvertrags,[64] ist dagegen wegen der ohnehin bestehenden Pflicht zur Beurkundung nach § 15 Abs. 4 S. 1 GmbHG bei Russian Roulette und Texas Shoot Out-Mechanismen nicht relevant[65] – um eine notarielle Beurkundung kommt man so oder so nicht herum. Immerhin lässt sich eine per Nebenabrede vereinbarte Russian Roulette- oder Texas Shoot Out-Klausel aber grundsätzlich formfrei wieder aufheben, sofern dadurch nicht eine erneute Abtretungsverpflichtung begründet wird.[66] Der Gesellschaftsvertrag einer GmbH kann dagegen nach §§ 53 Abs. 2 S. 1, 54 Abs. 1 S. 1, Abs. 3 GmbHG nur durch notarielle Beurkundung

---

[61] Dazu ausführlich oben S. 61 ff.

[62] Zu Lage in Personengesellschaften und der Aktiengesellschaft *Brockmann*, Shoot-Out-Klauseln, 2017, S. 211 ff.

[63] *Oppenländer*, in: Oppenländer/Trölitzsch, Praxishdb. GmbH-Geschäftsführung, 2. Aufl. 2011, § 10 Rn. 1; *Schmolke*, in: Vogt/Fleischer/Kalss, Gesellschafts- und KapitalmarktR, 2014, S. 107, 113 f.; *Raiser/Veil*, Kapitalgesellschaften, 6. Aufl. 2015, § 35 Rn. 30; *Schmidt*, in: Michalski/Heidinger/Leible/Schmidt, GmbHG, Bd. 1, 3. Aufl. 2017, § 3 Rn. 92. Eher zurückhaltend *Holler/Frese*, BB 2014, 1479, 1482. Zu Umfang und Grenzen dieses Rechts auf Einsichtnahme *Krafka*, in: Schmidt, MüKo HGB, Bd. 1, 4. Aufl. 2016, § 9 Rn. 6 ff.; *Schaub*, in: Boujong/Ebenroth/Joost/Strohn, HGB, Bd. 1, 4. Aufl. 2020, § 9 Rn. 3 ff.

[64] *Wälzholz*, GmbHR 2009, 1020, 1021; *Wicke*, in: Fleischer/Goette, MüKo GmbHG, Bd. 1, 3. Aufl. 2018, § 3 Rn. 130. Zurückhaltend *Priester*, in: FS Claussen, 1997, S. 319, 322.

[65] Vgl. *Meyer*, in: von Rechenberg/Ludwig, Kölner Hdb. Handels- und GesR, 4. Aufl. 2017, Kap. 13 Rn. 315; *Schäfer*, in: Henssler/Strohn, GesR, 4. Aufl. 2019, § 3 GmbHG Rn. 33.

[66] Vgl. *Reichert/Weller*, in: Fleischer/Goette, MüKo GmbHG, Bd. 1, 3. Aufl. 2018, § 15 Rn. 104; *Verse*, in: Henssler/Strohn, GesR, 4. Aufl. 2019, § 15 GmbHG Rn. 70.

des zugrundeliegenden Beschlusses und Anmeldung zum Handelsregister geändert werden.[67] Für Russian Roulette, Texas Shoot Out und Co. ebenfalls kaum von Bedeutung ist die Möglichkeit, Gesellschaftervereinbarungen nach vorheriger Absprache mit einfacher Mehrheit zu ändern, während für eine Satzungsänderung stets die qualifizierte Mehrheit des § 53 Abs. 2 S. 1 GmbHG erforderlich ist.[68] Aufgrund der im Rahmen dieser Klauseln regelmäßig vorliegenden paritätischen Beteiligungsstruktur bei nur zwei Gesellschaftern läuft sowohl die einfache als auch die qualifizierte Mehrheit faktisch auf ein Einstimmigkeitserfordernis hinaus.[69]

Andererseits bringt auch die Aufnahme in den Gesellschaftsvertrag gewisse Vorzüge mit sich. Zunächst ist die Vereinbarung einer Russian Roulette- oder Texas Shoot Out-Klausel wie gezeigt ohnehin beurkundungsbedürftig, die Regelung im Gesellschaftsvertrag der Projektgesellschaft kann daher eine unnötige doppelte Beurkundung vermeiden und zu wenigstens geringfügig niedrigeren Notarkosten führen.[70] Außerdem kann die Klausel so als korporative Regelung ohne weitere Zwischenschritte auch zukünftige Gesellschafter berechtigen und verpflichten. Der Vollständigkeit halber sei noch darauf hingewiesen, dass für Regelungen in der Nebenabrede eine Kündigung nach § 723 BGB möglich ist, ganz im Gegensatz zum Gesellschaftsvertrag, der insoweit mehr Stabilität bietet. Dieser Aspekt wird in der Praxis aber weitgehend entschärft. Wie bereits erläutert sind selbst vor dem Hintergrund des § 723 Abs. 3 BGB gewisse zeitliche Einschränkungen des Kündigungsrechts erlaubt und üblich.[71] Nur so lässt sich nämlich dem Zweck von Nebenabreden gerecht werden, die Zusammenarbeit zwischen den Gesellschaftern rechtlich dauerhaft zu regeln.[72]

2. Stellungnahme

Die Parteien können im Rahmen von Russian Roulette, Texas Shoot Out und Co. weitgehend frei zwischen der Aufnahme der Klausel in den Gesellschaftsvertrag und der Vereinbarung per Nebenabrede wählen. Bei der Entscheidungs-

---

[67] *Schmolke*, in: Vogt/Fleischer/Kalss, Gesellschafts- und KapitalmarktR, 2014, S. 107, 114, ohne konkreten Normbezug auch *Schmiegelt/Schmidt*, in: Prinz/Winkeljohann, Beck'sches Hdb. GmbH, 5. Aufl. 2014, § 3 Rn. 157; *Schulte/Pohl*, Joint-Venture-Gesellschaften, 4. Aufl. 2015, Rn. 83.

[68] Vgl. *Schmiegelt/Schmidt*, in: Prinz/Winkeljohann, Beck'sches Hdb. GmbH, 5. Aufl. 2014, § 3 Rn. 157.

[69] Siehe dazu bereits oben S. 192.

[70] *Priester*, in: FS Claussen, 1997, S. 319, 322, ähnlich auch *Wicke*, in: Fleischer/Goette, MüKo GmbHG, Bd. 1, 3. Aufl. 2018, § 3 Rn. 130.

[71] Dazu oben S. 96 f.

[72] *Wicke*, DStR 2006, 1137, 1140; *Trölitzsch*, in: Ziemons/Jaeger/Pöschke, Beck-OK GmbHG, 43. Ed. 2020, § 53 Anhang Gesellschaftervereinbarungen, Rn. 18 (Stand: 01.02.2020). Vgl. auch *Schäfer*, in: Säcker/Rixecker/Oetker/Limperg, MüKo BGB, Bd. 6, 7. Aufl. 2017, § 723 Rn. 22 ff. Aus der Perspektive der AG *Pentz*, in: Goette/Habersack, MüKo AktG, Bd. 1, 5. Aufl. 2019, § 23 Rn. 199.

findung ist neben sonstigen einzelfallbezogenen Umständen insbesondere die
Frage von Bedeutung, welcher der erläuterten Aspekte für die Beteiligten Priorität hat;[73] wem beispielsweise die Geheimhaltung sehr wichtig ist, der wird
sich tendenziell gegen eine Regelung in der Satzung entscheiden etc.

Vermutlich auch deshalb hält sich die rechtsberatende Literatur mit ausdrücklichen Empfehlungen für die eine oder andere Gestaltungsvariante eher
zurück. Man begnügt sich vielmehr überwiegend mit dem mal mehr, mal weniger eindeutigen Hinweis darauf, dass die Vereinbarung in der Satzung ebenso wie in einer Nebenvereinbarung zulässig und möglich ist.[74] Nur wenige
sprechen sich gezielt für eine der beiden Möglichkeiten aus, dann aber tendenziell für eine Regelung (allein) in einer Nebenabrede, also dem Joint Venture-
Vertrag,[75] die sich auch rechtstatsächlich überwiegend durchgesetzt zu haben
scheint[76]. Unabhängig von der gewählten Vorgehensweise ist jedenfalls darauf
zu achten, dass Nebenabreden und Satzungstext kompatibel sind, d. h. zwischen
ihnen keine inhaltlichen oder rechtlichen Widersprüche bestehen. Anderenfalls
droht im Anwendungsfall ein unnötiger Streit der Parteien darüber, welche Vereinbarung vorrangig sein und wie der Konflikt im konkreten Fall aufgelöst werden soll.[77]

III. Einsatz als richterlich angeordnete (Zwangs-)Maßnahme

Im weitesten Sinne mit dem Aspekt des „richtigen Zeitpunkts" der Vereinbarung
ist die besondere und im deutschsprachigen Schrifttum bisher nicht erörterte
Frage danach verknüpft, ob das Russian Roulette als *richterliche* Maßnahme
genutzt werden kann – eine Variante, die im US-amerikanischen Schrifttum von
Landeo/Spier propagiert wird[78]. Inhaltlich bedeutet das, die hier diskutierten
Klauseln nicht als privatautonom vereinbarte Lösungsmechanismen, sondern
als staatlich verordnetes (Zwangs-)Instrument zur Konfliktlösung zu sehen.

---

[73] In diesem Sinne auch *Brockmann*, Shoot-Out-Klauseln, 2017, S. 217.

[74] Vgl. *Schulte/Sieger*, NZG 2005, 24, 28; *Werner*, GmbHR 2005, 1554, 1558; *Wälzholz*,
GmbH-StB 2007, 84, 86; *Lohr*, GmbH-StB 2014, 93, 93; *Grau*, CF 2015, 39, 46; *Schulte/Pohl*,
Joint-Venture-Gesellschaften, 4. Aufl. 2015, Rn. 792, 810.

[75] So z. B. *Otto*, GmbHR 1996, 16, 20; *Holler/Frese*, BB 2014, 1479, 1482, zum schweizerischen Recht ebenso *Nater*, Willensbildung, 2010, S. 210. Für eine Regelung in der Satzung
dagegen *Handke/Gärtner/Goetsch*, in: Mehrbrey, Hdb. Gesellschaftsrechtliche Streitigkeiten,
3. Aufl. 2019, § 2 Rn. 335.

[76] So *Kuhn*, in: Schulte/Schwindt/Kuhn, Joint Ventures, 2009, § 8 Rn. 90; *Lohr*, GmbH-
StB 2014, 93, 93. Vgl. auch *Schmolke*, in: Vogt/Fleischer/Kalss, Gesellschafts- und KapitalmarktR, 2014, S. 107, 114; *Wirbel*, in: Gummert/Weipert, Münchener Hdb. GesR, Bd. 1,
5. Aufl. 2019, § 28 Rn. 34 f.

[77] Näher zum Verhältnis von Nebenabrede und Gesellschaftsvertrag *Wiedemann*, in: Lut-
ter/Wiedemann, Gestaltungsfreiheit im GesR, 1998, S. 5, 30 f.; *Khalilzadeh*, GmbHR 2013,
232 ff. Vgl. auch *Joussen*, Gesellschafterabsprachen, 1995, S. 97 ff.

[78] *Landeo/Spier*, 31 Yale J. on Reg. 143, 171 ff. (2014), bekräftigt in *Landeo/Spier*, 81 U.
Chi. L. Rev. 203, 208 (2014).

Diese Art der Verwendung ist nicht auf eine bestimmte Spielart beschränkt. Beispiele aus der gerichtlichen Praxis gibt es, soweit ersichtlich, aber ausschließlich zum Russian Roulette, das auch im Folgenden zugrunde gelegt werden soll. Es ist zum einen zu klären, ob es sich wirklich um einen sinnvollen Einsatz des Russian Roulette handelt, welche Vor- und Nachteile also damit verbunden sind. Zum anderen stellt sich die Frage, ob es sich bei einem solchen Vorgehen *de lege lata* auch nach deutschem Recht um einen gangbaren Weg handelt.

1. Vor- und Nachteile

Unabhängig von der dirigierenden Rechtsordnung lässt sich im Einklang mit *Landeo/Spier* zunächst festhalten, dass die Anordnung von Russian Roulette-Mechanismen durch die Gerichte einen wesentlichen Vorteil gegenüber der rein privatautonomen Ausübung bietet: die Möglichkeit zur richterlichen „Feinjustierung" des Preisermittlungsverfahrens. Sie ermöglicht es, das Verfahren den Umständen des konkreten Falls anzupassen und so viele der bereits diskutierten Schwierigkeiten im Idealfall gänzlich zu vermeiden. Missbrauchskonstellationen können durch das Gericht erkannt und Machtgefälle finanzieller Art beispielsweise dadurch behoben werden, dass dem schwächer aufgestellten Gesellschafter eine längere Frist zur externen Finanzierung eingeräumt wird.[79] Dem Risiko ökonomisch ineffizienter oder unfairer Ergebnisse lässt sich ebenfalls abhelfen, indem das Gericht dem „richtigen" Gesellschafter die Rolle des Anbietenden zuweist[80] und so oft gleichzeitig eine unangemessen niedrige Abfindungszahlung vermeidet.[81] Zusätzlich stellen *Landeo/Spier* die nicht ganz fernliegende Vermutung auf, dass das Wissen um eine ohnehin drohende gerichtliche Anwendung eines Russian Roulette die Verhandlungen der Parteien im Vorfeld beeinflussen und zu ökonomisch faireren Ergebnissen führen könnte.[82]

All dies setzt aber offensichtlich eine gewisse Sachkenntnis des Gerichts voraus. Profundes Hintergrundwissen über die rechtlichen Einzelheiten und Gestaltungsoptionen eines Russian Roulette sowie zumindest ein grundlegendes Verständnis der ökonomischen Zusammenhänge sind für eine effektive richterliche Steuerung des Verfahrens unerlässlich. US-amerikanische und kanadische Gerichte haben diese Kenntnisse zumindest in Einzelfällen bewiesen; man wird sie ihnen angesichts der ergangenen, methodisch überzeugenden Entscheidungen daher zumindest nicht generell absprechen können. Deutschen Gerichten mangelt es dagegen tendenziell an Erfahrung im Umgang mit Russian Roulette-

---

[79] Vgl. *Kinzie v Dells Holdings Ltd*, 2010 BCSC 1360 paras 25, 33–34.

[80] So geschehen z. B. in *Whistler Service Park Ltd v Glacier Creek Development Corp*, 2005 BCSC 1942 paras 43–45.

[81] Vgl. zum Ganzen *Landeo/Spier*, 31 Yale J. on Reg. 143, 172 (2014); *Landeo/Spier*, 81 U. Chi. L. Rev. 203, 206 (2014).

[82] *Landeo/Spier*, 31 Yale J. on Reg. 143, 177 (2014).

Klauseln, so dass man, bei aller gebotenen Zurückhaltung, insoweit häufiger an ihrer Fähigkeit zur kundigen richterlichen Verfahrenslenkung zweifeln muss.

2. (Keine) Anwendungsmöglichkeiten de lege lata

Nach derzeit geltendem deutschem Recht besteht ohnehin kaum eine Möglichkeit, eine solche richterliche Steuerung des Verfahrens zu erreichen. Ganz allgemein gesprochen liegt das an den unterschiedlichen Grundkonzeptionen der deutschen und angloamerikanischen Vorschriften, insbesondere an den unterschiedlich großen Handlungsspielräumen der Gerichte.

a) Regelungen im angloamerikanischen Recht

Das Recht des Bundesstaates Delaware ist beispielsweise in Del. Code Ann. tit. 8, § 273 (West, Westlaw through ch. 239 of the 150th Gen. Assemb. [2019–2020])[83] überaus detailliert und konkret auf die Situation eines Deadlocks in paritätischen Gesellschaften zugeschnitten. Der *Delaware Court of Chancery* entnimmt in der bereits diskutierten Entscheidung *Fulk v. Washington Service Associates, Inc.*[84] den dortigen gesellschaftsrechtlichen Vorschriften zudem einen erheblichen Entscheidungs- und Umsetzungsspielraum.

Nach Del. Code Ann. tit. 8, § 273(a) (West, Westlaw through ch. 239 of the 150th Gen. Assemb. [2019–2020]) haben sich auf den Antrag eines Gesellschafters hin, die Gesellschaft nicht fortzuführen, grundsätzlich beide Gesellschafter auf einen Plan zur genauen Abwicklung zu einigen. Kommt eine solche Einigung nicht (innerhalb einer bestimmten Zeit) zustande oder wird der abgesprochene Plan nicht (innerhalb einer bestimmten Zeit) umgesetzt, erkennt das Gericht in Del. Code Ann. tit. 8, § 273(b) (West, Westlaw through ch. 239 of the 150th Gen. Assemb. [2019–2020]) nicht nur die dem Wortlaut nach zweifelsfrei gegebene eigene Befugnis, die Gesellschaft aufzulösen und abzuwickeln („may dissolve and by appointment of 1 or more trustees […], administer and wind up its affairs"), sondern auch das Recht, vergleichbare Maßnahmen anzuordnen, die zu einem ähnlichen Ergebnis führen: „Nothing in the statute requires that process to be contorted into a procedural straightjacket that limits the Court to only one structure for discontinuing the joint venture in the absence of an agreed-upon plan."[85] Zur Begründung stützt sich der *Delaware Court of Chancery* nicht zuletzt auf die generalklauselartige Kompetenzbeschreibung des Del. Code Ann. tit. 8, § 283 (West, Westlaw through ch. 239 of the 150th

---

[83] Ähnliche Vorschriften existieren auch in anderen Bundesstaaten, siehe z. B. für Missouri Mo. Ann. Stat. § 351.467 (West, Westlaw through the end of the 2019 1st Reg. and 1st Ex. Sess. of the 100th Gen. Assemb.). Näher dazu bereits oben S. 52 f., Fn. 115.

[84] Fulk v. Washington Service Associates, Inc., No. CIV.A. 17747-NC, 2002 WL 1402273 (Del. Ch. June 21, 2002).

[85] Fulk v. Washington Service Associates, Inc., No. CIV.A. 17747-NC, 2002 WL 1402273, *10 (Del. Ch. June 21, 2002).

Gen. Assemb. [2019–2020]) und entnimmt so Del. Code Ann. tit. 8, § 273(b)
(West, Westlaw through ch. 239 of the 150th Gen. Assemb. [2019–2020]) neben
einem Gesamtverkauf der Gesellschaft an einen Dritten auch die Möglichkeit,
einen der beiden Gesellschafter die Anteile des jeweils anderen übernehmen zu
lassen.[86]

Noch deutlicher wird der teils erhebliche Umsetzungsspielraum angloame-
rikanischer Gerichte mit einem Blick auf das kanadische System. Exemplarisch sei an dieser Stelle der gesetzlich ausdrücklich vorgegebene, umfangreiche Katalog möglicher Maßnahmen in *Business Corporations Act*, SBC 2002,
c 57, s 227(3) genannt,[87] dessen Buchstabe h den Gerichten in British Columbia
als Grundlage für die Anordnung eines Russian Roulette-Mechanismus dient
(„directing a shareholder to purchase some or all of the shares of any other
shareholder").[88] Aus deutscher Sicht sind die kanadischen Entscheidungen argumentativ oft weniger ergiebig als beispielsweise das US-amerikanische Urteil in *Fulk v. Washington Service Associates, Inc.*, interessanterweise nimmt
Kanada aber noch vor den Vereinigten Staaten eine weltweit wohl führende
Rolle ein, wenn es um die reine Häufigkeit der gerichtlichen Anwendung von
Russian Roulette-Klauseln geht.

b) Regelung im deutschen Recht

Entsprechende Vorschriften sucht man im deutschen GmbH-Recht vergebens,
insbesondere existieren keinerlei gesetzliche Spezialregelungen für (paritätisch
strukturierte) Zweipersonengesellschaften.[89] Gewisse Ambitionen in Rechtsprechung und Schrifttum, die zweigliedrige Strukturierung bei der Auslegung
bestimmter gesetzlicher Vorgaben besonders zu berücksichtigen,[90] ändern
nichts an diesem grundsätzlichen Befund. Funktional am nächsten kommt man
den angloamerikanischen Normen noch mit der Möglichkeit einer Auflösung
durch Urteil nach §§ 61, 60 Abs. 1 Nr. 3 GmbHG mit anschließender Liquidati-

---

[86] Näher zur Begründung des Gerichts Fulk v. Washington Service Associates, Inc., No.
CIV.A. 17747-NC, 2002 WL 1402273, *10 (Del. Ch. June 21, 2002). Vgl. aber auch Haley v.
Talcott, 864 A.2d 86, 97, Fn. 31 (Del. Ch. 2004) m. w. N. zur Forderung nach einer gewissen
Zurückhaltung.

[87] Vgl. zum schweizerischen Recht auch BGE 138 III 294 E. 3.3.3 S. 303 f. zu Art. 731b
Abs. 1 OR, dazu *Trautmann/von der Crone*, SZW/RSDA 2012, 461, 470 ff.

[88] So z. B. in *Whistler Service Park Ltd v Glacier Creek Development Corp*, 2005 BCSC
1942 paras 19ff, aff'd 2005 BCCA 472; *Kinzie v Dells Holdings Ltd*, 2010 BCSC 1360 paras
16ff. Siehe zu weiteren kanadischen Entscheidungen *Landeo/Spier*, 81 U. Chi. L. Rev. 203,
205, Fn. 19 (2014).

[89] *Schneider*, in: FS Kellermann, 1991, S. 403, 405 f.

[90] Siehe exemplarisch BGHZ 16, 317, 322 f.; 80, 346, 347 f.; *Schneider*, in: FS Kellermann, 1991, S. 403, 410 ff.; *Winkler*, GmbHR 2017, 334, 336 f., 339 f.; *Lücke/Simon*, in: Saen-
ger/Inhester, GmbHG, 4. Aufl. 2020, § 38 Rn. 38. Kritisch zu diesen Tendenzen *Lieder/Ring-
lage*, GmbHR 2017, 1065 ff. m. w. N.

on nach §§ 66 ff. GmbHG (ähnlich die Vorschriften der §§ 133, 145 ff. HGB),[91] bleibt aber doch in mehrfacher Hinsicht hinter ihnen zurück.

aa) Fehlender Gestaltungs- und Umsetzungsspielraum

Zum einen ist die einzig vorgesehene Rechtsfolge ein Gestaltungsurteil (vgl. § 60 Abs. 1 Nr. 3 GmbHG), durch das die Gesellschaft aufgelöst wird. Sofern die Voraussetzungen des § 61 GmbHG vorliegen, handelt es sich nach wohl allgemeiner Ansicht entgegen dem Wortlaut um eine gebundene, nicht um eine Ermessensentscheidung.[92] Spielraum für sonstige richterliche Maßnahmen, insbesondere die Trennung der Parteien durch ein Russian Roulette-Verfahren, besteht angesichts der eindeutigen Formulierung *de lege lata* nicht und wird auch im Schrifttum nicht einmal ansatzweise diskutiert. Allein der Gesetzgeber könnte hier für einen weiteren Entscheidungsspielraum des Gerichts sorgen.

Zum anderen kommt deutschen Gerichten in deutlich geringerem Umfang eine „Dienstleisterfunktion" zu, als dies im angloamerikanischen Raum der Fall ist. So reicht beispielsweise das Selbstverständnis des *New York Supreme Court* so weit, dass er dem § 61 Abs. 1 GmbHG sehr ähnlichen N.Y. Limited Liability Company Law § 702 (West, Westlaw through L.2019, chapter 758 & L.2020, chapter 1 to 28, 30 to 41, 43, 44, 50 to 55, 59) nicht nur die (erneut dem Wortlaut nach zweifelsfrei gegebene) Befugnis entnimmt, die Auflösung der Gesellschaft anzuordnen, sondern sich sogar in der Pflicht sieht, einen geeigneten Abwicklungsmechanismus zu bestimmen („[…], it is the duty of the Court to provide a mechanism for the liquidation and distribution of [the company's] assets"[93]) – und zwar aus reinen Billigkeitserwägungen sogar einen solchen, der gesetzlich nicht ausdrücklich vorgesehen ist („appropriate equitable remedy"[94]). Im deutschen Recht entscheiden nach einem Auflösungsbeschluss des Gerichts dagegen allein die Liquidatoren der GmbH über das strategische Vorgehen bei der Abwicklung. Ihnen obliegt nach § 70 S. 1, 1. Hs. GmbHG die Aufgabe, das Vermögen der Gesellschaft in Geld umzusetzen („Versilberung"[95]) und nach

---

[91] Zur Anwendung des § 61 GmbHG auf zerstrittene Gesellschafter BGHZ 80, 346, 347 ff.; BGH NJW 1985, 1901 f.; OLG München NZG 2005, 554 ff.; OLG Naumburg NZG 2012, 629 ff.; *Limpert*, in: Fleischer/Goette, MüKo GmbHG, Bd. 3, 3. Aufl. 2018, § 61 Rn. 33 m. w. N. Rechtsvergleichend *Bachmann/Eidenmüller/Engert/Fleischer/Schön*, Rechtsregeln, 2012, S. 71 f.

[92] Statt aller RGZ 164, 129, 132; *Paura*, in: Ulmer/Habersack/Löbbe, GmbHG, Bd. 3, 2. Aufl. 2016, § 66 Rn. 42; *Nerlich*, in: Michalski/Heidinger/Leible/Schmidt, GmbHG, Bd. 2, 3. Aufl. 2017, § 61 Rn. 46; *Haas*, in: Baumbach/Hueck, GmbHG, 22. Aufl. 2019, § 61 Rn. 21; *Limpert*, in: Fleischer/Goette, MüKo GmbHG, Bd. 3, 3. Aufl. 2018, § 61 Rn. 16, 51.

[93] Mizrahi v. Cohen, 2013 WL 238490, No. 3865/10, *2 (N.Y. Jan. 15, 2013). Näher dazu *Landeo/Spier*, 81 U. Chi. L. Rev. 203, 204 (2014) m. w. N.

[94] Mizrahi v. Cohen, 961 N.Y.S.2d 538, 542 (N.Y. App. Div. 2013). Nicht zu Unrecht kritisch *Makoff*, 38 Cardozo L. Rev. 1541, 1567 (2017).

[95] Statt vieler *Nerlich*, in: Michalski/Heidinger/Leible/Schmidt, GmbHG, Bd. 2, 3. Aufl.

Abzug der Verbindlichkeiten an die Gesellschafter zu verteilen, § 72 GmbHG. Dabei haben die Liquidatoren zwar den Erlös für die Gesellschafter zu maximieren, hinsichtlich der genauen Vorgehensweise sind sie aber weitgehend frei („pflichtgemäßes Ermessen").[96]

bb) Konfliktlösung auf Ebene der Liquidatoren

Nun sind die Liquidatoren aber nach § 66 Abs. 1 GmbHG grundsätzlich die früheren Geschäftsführer der GmbH („geborene Liquidatoren"[97]). Bei einer paritätischen Zweipersonengesellschaft, in der sich die Beteiligungsstruktur auf der Geschäftsführungsebene spiegelt, beide Gesellschafter also auch gleichberechtigte Geschäftsführer sind, droht ein vorheriger Konflikt mit in die Liquidationsphase genommen zu werden. Besteht hier also doch ein Bedürfnis, die Parteien zu trennen, und kann dafür eventuell ein Russian Roulette genutzt werden?

Das ist aus zwei Gründen nicht der Fall. Erstens gibt es im Liquidationsstadium ebenfalls keine gesetzliche Grundlage, aufgrund derer ein solcher Mechanismus, notfalls auch gegen den Willen der Parteien, gerichtlich angeordnet oder durchgesetzt werden könnte. Zweitens existiert unter anderem für die genannten Konfliktfälle die Möglichkeit eines Antrags nach § 66 Abs. 2, Abs. 3 S. 1 GmbHG, durch den aus wichtigem Grund ein oder mehrere Liquidatoren abberufen und ein oder mehrere neue Liquidatoren durch das zuständige Gericht bestellt werden können („gekorene Liquidatoren"[98], vergleichbare Regelungen enthalten §§ 146 Abs. 2, 147, 2. Hs. HGB). Obwohl die Vorschrift ursprünglich unter anderem zum Schutz von Minderheitsinteressen konzipiert wurde,[99] kann § 66 Abs. 2 GmbHG allgemein bei „[u]nüberbrückbare[n] Meinungsverschiedenheiten zwischen den Liquidatoren"[100] anwendbar sein[101] – und so in klas-

---

2017, § 70 Rn. 26; *Müller*, in: Fleischer/Goette, MüKo GmbHG, Bd. 3, 3. Aufl. 2018, § 70 Rn. 15.

[96] *Paura*, in: Ulmer/Habersack/Löbbe, GmbHG, Bd. 3, 2. Aufl. 2016, § 70 Rn. 17; *Wicke*, GmbHG, 3. Aufl. 2016, § 70 Rn. 3; *Müller*, in: Fleischer/Goette, MüKo GmbHG, Bd. 3, 3. Aufl. 2018, § 70 Rn. 16; *Lorscheider*, in: Ziemons/Jaeger/Pöschke, BeckOK GmbHG, 43. Ed. 2020, § 70 Rn. 13 (Stand: 01.02.2020).

[97] So die übliche Terminologie, siehe statt vieler BGH NJW-RR 2009, 333 ff.; *Nerlich*, in: Michalski/Heidinger/Leible/Schmidt, GmbHG, Bd. 2, 3. Aufl. 2017, § 66 Rn. 21; *Müller*, in: Fleischer/Goette, MüKo GmbHG, Bd. 3, 3. Aufl. 2018, § 66 Rn. 12.

[98] So erneut die übliche Terminologie, siehe statt vieler *Wicke*, GmbHG, 3. Aufl. 2016, § 66 Rn. 3; *Altmeppen*, GmbHG, 9. Aufl. 2019, § 66 Rn. 21; *Kolmann/Riedemann*, in: Saenger/Inhester, GmbHG, 4. Aufl. 2020, § 66 Rn. 21.

[99] *Nerlich*, in: Michalski/Heidinger/Leible/Schmidt, GmbHG, Bd. 2, 3. Aufl. 2017, § 66 Rn. 35; *Müller*, in: Fleischer/Goette, MüKo GmbHG, Bd. 3, 3. Aufl. 2018, § 66 Rn. 27. Vgl. auch Stenographische Berichte über die Verhandlungen des Reichstages, 8. Legislaturperiode – I. Session 1890/92, Fünfter Anlageband, Aktenstück Nr. 660, S. 3724, 3757.

[100] *Nerlich*, in: Michalski/Heidinger/Leible/Schmidt, GmbHG, Bd. 2, 3. Aufl. 2017, § 66 Rn. 43.

[101] OLG Frankfurt, Beschluss v. 17.11.2005 – 20 W 388/05, BeckRS 2006, 12462; *Müller*,

sischen Deadlock-Situationen. Die Gesellschafter behalten zwar ein gewisses Weisungsrecht gegenüber den Liquidatoren zurück,[102] insbesondere, wenn man mit der wohl überwiegenden Auffassung der Meinung ist, dass die Liquidatoren einen Gesamtverkauf der Gesellschaft grundsätzlich sogar *gegen* den Willen der Gesellschafter durchsetzen können,[103] spielt der Streit zwischen den Gesellschaftern aber letztendlich kaum noch eine Rolle.

C. Zwischenfazit: Beschränktes Einsatzgebiet

Abschließend lässt sich festhalten, dass Zweipersonengesellschaften mit paritätischer Beteiligungsstruktur aufgrund der „klaren Verhältnisse" zu Recht der bevorzugte Anwendungsbereich der hier diskutierten Mechanismen sind. Schon deutlich unübersichtlicher wird es bei zwei Gesellschaftern mit ungleicher Beteiligungshöhe, vor allem das gesteigerte Missbrauchsrisiko ist in diesen Konstellationen nicht von der Hand zu weisen.

Äußerst komplex gestaltet sich die Lage bei Gesellschaften mit *mehr* als zwei Gesellschaftern, sofern sich diese nicht wie dargestellt in zwei gleich starke Gruppen mit jeweils einheitlicher interner Willensbildung bündeln lassen. Die Fülle der dargestellten Probleme und der erhöhte Regelungsaufwand sorgen zumindest im Fall von Russian Roulette- und Texas Shoot Out-Mechanismen für eine äußerst komplexe und nicht leicht beherrschbare vertragliche Gestaltungssituation, der sich weder die Parteien noch deren rechtliche Berater ohne guten Grund aussetzen sollten. Dieser Befund verstärkt sich, je größer der Gesellschafterkreis, je zersplitterter und uneinheitlicher die Beteiligungsstruktur und je unterschiedlicher die finanziellen und wirtschaftlichen Hintergründe der einzelnen Parteien sind. Auch das für solche Fälle immer wieder vorgeschlagene (Highest) Sealed Bid-Verfahren erzielt nicht die günstigen Anwendungsbedingungen und Ergebnisse, die bei einer Zweipersonengesellschaft möglich sind.

Im Hinblick auf den Zeitpunkt der Regelung sollte aus den genannten Gründen eine präventive Vereinbarung angestrebt werden. Hinsichtlich des Regelungsorts, im Gesellschaftsvertrag oder in der Nebenabrede, sind die Parteien weitgehend frei und sollten sich davon leiten lassen, welche Vor- und Nachteile der beiden Varianten für sie besonders wichtig sind. Rechtspraktisch hat sich wohl überwiegend die Vereinbarung (nur) in der Nebenabrede durchgesetzt.

---

in: Fleischer/Goette, MüKo GmbHG, Bd. 3, 3. Aufl. 2018, § 66 Rn. 34. Vgl. auch BayObLG NJW-RR 1996, 1384; LG Mainz Rpfleger 2005, 544 f.

[102] *Nerlich*, in: Michalski/Heidinger/Leible/Schmidt, GmbHG, Bd. 2, 3. Aufl. 2017, § 70 Rn. 26; *Müller*, in: Fleischer/Goette, MüKo GmbHG, Bd. 3, 3. Aufl. 2018, § 70 Rn. 16.

[103] So z. B. *Schmidt*, in: Scholz, GmbHG, Bd. 3, 11. Aufl. 2015, § 70 Rn. 14; *Nerlich*, in: Michalski/Heidinger/Leible/Schmidt, GmbHG, Bd. 2, 3. Aufl. 2017, § 70 Rn. 27; *Müller*, in: Fleischer/Goette, MüKo GmbHG, Bd. 3, 3. Aufl. 2018, § 70 Rn. 16, jeweils m. w. N.

Bei der gerichtlichen Anordnung eines Russian Roulette-Verfahrens im Rahmen der Beendigung der Gesellschaft handelt es sich grundsätzlich um eine überaus vorteilhafte Anwendungsart, die viele der bereits diskutierten Nachteile und Risiken beseitigt oder zumindest schmälert; insbesondere kanadische Gerichte zeigen bei dieser Vorgehensweise ein bemerkenswertes Feingefühl für mögliche Fallstricke. Zugegebenermaßen ist die richterliche Anordnung eines Russian Roulette aber selbst in den Vereinigten Staaten (noch) selten. *Fulk v. Washington Service Associates, Inc.* dürfte eine Sonderstellung einnehmen, die sich vor allem durch die kaum nachvollziehbare, absolute Blockadehaltung einer Partei erklären lässt. Nach derzeit geltendem deutschen Recht lässt sich ein solches Vorgehen wie gezeigt nicht umsetzen. Deutschen Gerichten fehlt vor allem der erhebliche rechtliche Handlungsspielraum, der angloamerikanischen Richtern ein solches Vorgehen ermöglicht. Während die hiesigen Gerichte in der Regel klassische „Rechtsfragenklärer" sind, kommt nordamerikanischen Richtern bei der Trennung von Gesellschaftern eine deutlich aktivere Rolle zu, die sich mit unserem rechtlichen Instrumentarium kaum nachahmen lässt.

Teil 5

Schlussbetrachtung

§ 13 „Licht und Schatten"

Russian Roulette- und Texas Shoot Out-Klauseln sind ein faszinierendes For-schungsgebiet. Wie kaum ein anderes rechtliches Thema laden sie zu einer um-fassenden Betrachtung ein, die weder vor den Grenzen einzelner Staaten noch einzelner Fachdisziplinen Halt machen muss. Die rechtsvergleichende Betrach-tung profitiert vor allem davon, dass sich die Kernfrage nach der rechtlichen „Fairness" des Verfahrens in ähnlicher Form in sämtlichen Rechtsordnungen stellt, ohne dass zu den hier diskutierten Vereinbarungen spezifisch auf sie zu-geschnittene gesetzliche Vorgaben existieren.

Nach deutschem Recht werfen Russian Roulette, Texas Shoot Out und Co. eine ganze Reihe an unterschiedlichen Fragen auf, die von den beurkundungs-rechtlichen Aspekten des GmbHG bis zur Frage des „Spiel"charakters nach §§ 762 f. BGB, von kündigungs- und austrittsrechtlichen Erwägungen bis zur Sittenwidrigkeits- und Missbrauchsgefahr reichen. Heillos zerstrittenen Gesell-schaftern sind solche „technischen" rechtlichen Einzelheiten nicht unwichtig. Die Erfahrung zeigt jedoch, dass Auseinandersetzungen insbesondere in perso-nalistisch strukturierten Gesellschaften früher oder später (auch) auf eine emo-tionale Ebene rutschen. Oft bemühen sich die Gesellschafter dann nur noch am Rande darum, den Konflikt wirklich beizulegen, und versuchen vielmehr, den Mitgesellschaftern auf verschiedenste Weise das Leben schwer zu machen.[1] Nicht zu Unrecht wird daher vor allem im Ausland der Gründung einer Gesell-schaft im Allgemeinen und eines Joint Ventures im Besonderen der Charakter einer Hochzeit nachgesagt, der Auflösung der einer Scheidung – inklusive des dazugehörigen Rosenkriegs.[2]

Die in dieser Arbeit behandelten Mechanismen können im Idealfall für eine so saubere und faire Trennung der Gesellschafter sorgen, dass es zu einem sol-chen „Verteilungskrieg" erst gar nicht kommt. Sie sind Konfliktlösungs-, Be-

---

[1] *Langenfeld/Miras*, GmbH-Vertragspraxis, 7. Aufl. 2015, Rn. 376. Vgl. auch *Fisher/Shapiro*, Beyond Reason, 2005, S. 5 f.

[2] *De Ly*, RDAI/Int'l Bus. L.J. 1995, 279, 282; *Nanda/Williamson*, 73 Harv. Bus. Rev. 119, 128 (Nov./Dec. 1995); *Van Gils*, in: Drenth/Thierry/de Wolff, Hbk. of Work and Organizational Psychology, Bd. 4, 2. Aufl. 1998, S. 89, 108; *Jonet/Evrard*, Joint Ventures, 2006; *Gevurtz*, Cor-poration Law, 2. Aufl. 2010, S. 485; *Laurence/Mancuso*, Buyout Agreements, 6. Aufl. 2013, S. 1 f.; *Brockmann*, Shoot-Out-Klauseln, 2017, S. 1 f. Vgl. auch *Langenfeld/Miras*, GmbH-Ver-tragspraxis, 7. Aufl. 2015, Rn. 376, Fn. 4. Differenzierend und durchaus kritisch gegenüber die-sem Vergleich *Howe*, 22 Bus. Law. 469, 469 (1967).

endigungs- und Bewertungsmechanismen zugleich und zeichnen sich neben ihrem ausgeklügelten Preisfindungsverfahren durch ihr erhebliches Abschreckungspotenzial aus, das die Gesellschafter selbst in einer Atmosphäre gegenseitiger Antipathie wieder zurück an den Verhandlungstisch zwingen kann. Risiken wie die Missbrauchsgefahr trüben diesen Eindruck, können aber durch eine sorgfältige kautelarjuristische „Komposition" zumindest zum Teil vermieden werden.

Eine der wichtigsten gestalterischen Fragen liegt darin, ob sich die konkrete Situation überhaupt für eine der hier diskutierten Klauseln eignet. Das ist umso eher der Fall, je mehr sich die Gesellschafter in sämtlichen rechtlichen und wirtschaftlichen Belangen „auf Augenhöhe" begegnen, je gleicher sie sich also im Hinblick auf ihre rechtlichen und wirtschaftlichen Umstände und Verhältnisse sind (steuerliche und kartellrechtliche Risiken, Beteiligungshöhe, Finanzkraft, Informationsstruktur etc.).[3] Selbst dann sollten der Ablauf und die Umstände der Klausel möglichst konkret und detailliert festgelegt werden, um mögliche Unklarheiten bei der Anwendung zu vermeiden – „[a] shotgun buy-sell is strong medicine[; o]ne takes it strictly in accordance with the prescription or not at all."[4] Aufgrund der genannten Vorzüge wäre ein häufigerer Gebrauch von Russian Roulette, Texas Shoot Out und Co. in der Rechtspraxis ein Schritt in die richtige Richtung – vorausgesetzt, die in dieser Arbeit aufgezeigten Vorsichtsmaßnahmen werden beachtet und man ist sich der Tatsache bewusst, dass die Klauseln in ungeeigneten (Gestaltungs-)situationen mehr „Schatten" als „Licht" sein können.

Wie hoch derzeit die tatsächliche rechtspraktische Bedeutung der hier diskutierten Mechanismen in Deutschland ist, lässt sich nur schwer einschätzen. Eine jüngere, wenn auch tendenziell lokal begrenzte empirische Untersuchung von *Wedemann* hat in 200 Gesellschaftsverträgen keine einzige solcher Klauseln gefunden[5] – was allerdings nicht ausschließt, dass sie in einer nicht öffentlich einsehbaren schuldrechtlichen Nebenabrede vereinbart sind. Während im sonstigen Schrifttum teils heute noch betont wird, dass „weder in der Praxis noch in der Rechtsprechung ausreichende Erfahrungen"[6] mit den in dieser Arbeit diskutierten Vereinbarungen vorliegen, halten andere sie zumindest für „praxisbedeutend"[7]. In der Tat wird man ein nicht unerhebliches Interesse an solchen Mechanismen kaum abstreiten können, anders lassen sich die diversen

---

[3] Vgl. *Brooks/Landeo/Spier*, 41 RAND J. Econ. 649, 665 (2010); *Landeo/Spier*, 31 Yale J. on Reg. 143, 163 ff. (2014).

[4] *Trimac Ltd v C-I-L Inc* (1987), 52 Alta LR (2d) 263 para 29.

[5] *Wedemann*, Gesellschafterkonflikte, 2013, S. 493, zum Studiendesign dort S. 11 f. Im US-amerikanischen Raum zeigt sich ein anderes Bild, siehe *Gomtsian*, 53 Am. Bus. L.J. 677, 724 ff., 743 f. (2016).

[6] So *Wirbel*, in: Gummert/Weipert, Münchener Hdb. GesR, Bd. 1, 5. Aufl. 2019, § 28 Rn. 61.

[7] So *Cziupka*, in: Scholz, GmbHG, Bd. 1, 12. Aufl. 2018, § 3 Rn. 107.

Artikel zu Russian Roulette, Texas Shoot Out und Co. kaum erklären, die sich seit dem Urteil des Oberlandesgerichts Nürnberg in Internetauftritten größerer Wirtschaftskanzleien finden.[8]

---

[8] Statt vieler *Schroeder*, Shoot Out-Klauseln, März 2014 (http://www.gvw.com/aktuelles/ newsletter/gvw-newsletter/maerz-2014/shoot-out-klauseln-sind-wirksam.html, zuletzt abgerufen am 30.04.2020); *Clemens*, "Shoot-Out"-Klauseln, Juli 2014 (https://www.twobirds.com/de/ news/articles/2014/germany/juli/wirksamkeit-von-shoot-out-klauseln-im-gesellschafterstreit, zuletzt abgerufen am 30.04.2020). Humorvoll *Rode*, „Deadlock", 26.08.2016 (https://www. cmshs-bloggt.de/gesellschaftsrecht/deadlock-gesellschaftsrecht-meets-death-metal/, zuletzt abgerufen am 30.04.2020). In diesem Sinne zum Ganzen auch *Brockmann*, Shoot-Out-Klauseln, 2017, S. 29 f.

§ 14 Zusammenfassung in Thesen

1. Für die in dieser Arbeit diskutierten Mechanismen existiert eine solche Vielfalt an unterschiedlichen und uneinheitlich genutzten Begriffen, dass man sich zur inhaltlichen Bestimmung nicht allein auf die Bezeichnung der Klausel verlassen kann. Einzig ein Blick auf den Preisfindungsmechanismus der konkreten Vereinbarung lässt sicher erkennen, um welche Variante es sich handelt.

2. Die erhebliche internationale Verbreitung von Russian Roulette, Texas Shoot Out und Co. ist in mehrfacher Hinsicht für die Diskussion im deutschen Recht wertvoll. Während in dogmatischer Hinsicht bereits die weitgehende Anerkennung im Ausland vermuten lässt, dass solche Klauseln auch bei uns nicht gänzlich unzulässig sein können, liefern ausländische Urteile bereits „Abwägungsmaterial" und Argumente, die, mit der gebotenen Zurückhaltung, bei der Analyse nach deutschem Recht genutzt werden können. Für die Kautelarpraxis zeigen die diversen Entscheidungen darüber hinaus potenzielle Risiken und Fallstricke bei der Gestaltung solcher Mechanismen.

3. Die Vereinbarung einer der hier diskutierten Klauseln bedarf in der GmbH der notariellen Beurkundung nach § 15 Abs. 4 S. 1 GmbHG. Diese Formpflicht gilt unabhängig von der konkreten Regelungsart und wird durch die Formpflichten nach §§ 2 Abs. 1 S. 1, 53 Abs. 2 S. 1, 1. Hs. GmbHG flankiert, die im Einzelfall eine zusätzliche Beurkundung erforderlich machen können. Daneben erfordert § 15 Abs. 3 GmbHG zwingend eine weitere Beurkundung bei der Abtretung.

4. Die Ausübung der Klausel bedarf dagegen nach hier vertretener und auch sonst überwiegender Auffassung keiner (erneuten) Beurkundung nach § 15 Abs. 4 S. 1 GmbHG. Die Beurkundung der Klausel zum Zeitpunkt der Vereinbarung genügt den Formzwecken des § 15 Abs. 4 S. 1 GmbHG, insbesondere werden die Anteile aufgrund der rein gesellschaftsinternen Umverteilung durch Russian Roulette, Texas Shoot Out und Co. nicht Gegenstand des freien, gewinnorientierten Handelsverkehrs. Weil die Beurkundungsfreiheit der Ausübungserklärungen aber bisher nicht höchstrichterlich abgesegnet ist, wird im Einklang mit dem beratenden Schrifttum „zur Sicherheit" eine erneute Beurkundung empfohlen.

5. Die hier diskutierten Klauseln sind keine Spiele im Sinne von § 762 Abs. 1 BGB. Den Gesellschaftern geht es nicht um Unterhaltung oder die Aussicht

auf finanziellen Gewinn, sondern um einen wirtschaftlich nachvollziehbaren Grund, typischerweise die Auflösung eines Konflikts. Selbst voraussetzungslos anwendbare Klauseln dienen immer noch der jederzeitigen Beendigung der Zusammenarbeit und sind daher ebenfalls keine Spiele in diesem Sinne.

6. Der Anwendungsbereich des zwingenden *ordentlichen* Kündigungsrechts in Personengesellschaften lässt sich durch befristende Maßnahmen in rechtlich zulässiger Weise so weit zurückdrängen, dass dadurch der Vorrang der vereinbarten Klausel gesichert werden kann. So lässt sich vermeiden, dass ein Gesellschafter während eines laufenden Preisermittlungsverfahrens seine ordentliche Kündigung erklärt, um einem für ihn absehbaren ungünstigen Ausgang des Verfahrens zu „entkommen".

7. Deutlich schwieriger und mit erheblichen Unsicherheiten behaftet ist es dagegen, die Vorrangstellung der Klausel auch gegenüber dem *außerordentlichen* Kündigungs- und Austrittsrecht zu garantieren. Nach hier vertretener Auffassung ist ein „folgenorientierter" Ansatz zulässig, nach dem die Vereinbarung der Parteien allein als Rechtsfolge einer außerordentlichen Kündigungs- oder Austrittserklärung angeordnet wird. Unzulässig sind dagegen Gestaltungen, durch die einzelne wichtige Gründe konsequent aus dem Katalog aller wichtigen Gründe herausgenommen oder pauschal ersetzt werden. Weil zu dieser Frage mangels gerichtlicher Entscheidungen erhebliche Rechtsunsicherheit herrscht, kann der Rechtspraxis (leider) nur empfohlen werden, die konkurrierende Anwendung von außerordentlichem Kündigungs- bzw. Austrittsrecht und der vereinbarten Klausel zu akzeptieren und vorsichtshalber ausdrücklich festzuhalten.

8. Russian Roulette- und Texas Shoot Out-Klauseln stellen keine unangemessene Beschränkung des gesellschaftsrechtlichen Abfindungsanspruchs dar. Sie lassen die konkrete Abfindungshöhe nicht nur im Voraus vollkommen offen, sondern führen sogar in vielen Fällen zu einem hohen Maß an Preisgerechtigkeit und damit einer Abfindung nahe am Verkehrswert. Möglichen Zweifeln für den Fall des Deterrent Approach lässt sich dadurch entgegenwirken, dass der dort vereinbarte Auf- bzw. Abschlag nicht unangemessen hoch ausfällt.

9. Das Risiko eines missbräuchlich herbeigeführten Bedingungseintritts lässt sich in der Praxis durch eine sorgfältige Gestaltung, insbesondere eine klare Eingrenzung des Trigger Events, zwar nicht vermeiden, jedoch erheblich einschränken. Das verbleibende Restrisiko muss akzeptiert werden, fällt aber aus den genannten relativierenden Gründen rechtspraktisch nur bedingt ins Gewicht.

10. Russian Roulette, Texas Shoot Out und Co. sind in aller Regel nicht nach § 138 Abs. 1 BGB wegen Sittenwidrigkeit nichtig. Zum einen führen sie, wie

bereits im Rahmen der gesellschaftsrechtlichen Abfindungsregelungen, auch im Kontext der Sittenwidrigkeitskontrolle nicht zu einer unangemessen niedrigen Abfindungszahlung. Zum anderen entsteht selbst bei voraussetzungslos ausübbaren Klauseln aufgrund der vielfältigen, teils unkontrollierbaren Einflussfaktoren grundsätzlich kein so eindeutiges Machtgefälle, dass die entstehende Situation mit der einer typischen Hinauskündigungsklausel vergleichbar ist. Selbst Ausnahmefällen lässt sich entgegen der (noch) vorherrschenden Auffassung der höchstinstanzlichen Rechtsprechung zu Hinauskündigungsklauseln besser mit einer differenzierten Ausübungskontrolle nach § 242 BGB statt dem insoweit unverhältnismäßigen Nichtigkeitsverdikt des § 138 Abs. 1 BGB begegnen.

11. Das Urteil des Oberlandesgerichts Nürnberg[1] schafft in dieser Hinsicht ein Minimum an Rechtssicherheit für Russian Roulette, Texas Shoot Out und Co. Der erkennende zwölfte Senat geht grundsätzlich von der Zulässigkeit solcher Vereinbarungen aus, seine Entscheidung ist deshalb aus rechtspraktischer Perspektive zu begrüßen. Bei genauerem Hinsehen sind die Ausführungen des Gerichts aber argumentativ in mehrfacher Hinsicht wenig überzeugend und werfen aufgrund dieser Schwächen weitere Fragen auf, insbesondere mit Blick auf das Kriterium der Rechtfertigung vor dem Hintergrund der Rechtsprechung zu Hinauskündigungsklauseln.

12. Eine nachgeschaltete, ausübungsbezogene Korrektur nach § 242 BGB ist unerlässlich, um Fälle einer unangemessen niedrigen Abfindungszahlung oder eines erheblichen Machtungleichgewichts einzufangen. Der generalklauselartige Charakter der Norm entzieht die rechtliche Beurteilung allerdings sowohl für die Korrektur der Abfindungshöhe als auch für die Kontrolle hinauskündigungsähnlicher Situationen klaren Kriterien. Eine einzelfallgerechte Lösung lässt sich allein durch sorgfältige Abwägung sämtlicher individueller Umstände erzielen.

13. Die Vor- und Nachteile von Russian Roulette, Texas Shoot Out und Co. halten sich grob die Waage. Die Entscheidung für oder gegen die Vereinbarung hängt maßgeblich von der konkreten Beratungssituation und der Gewichtung der einzelnen Faktoren durch die Parteien ab. Weil die Klauseln, wie mehrfach angedeutet, in der Praxis so selten ausgelöst werden, bietet es sich bei der Abwägung regelmäßig an, denjenigen Vor- und Nachteilen besondere Bedeutung beizumessen, die bereits im Vorfeld der Initiierung des Verfahrens greifen.

14. Unter ökonomischen Gesichtspunkten führen Russian Roulette-Klauseln nicht immer zu *ex post* effizienten und auch nicht immer zu fairen Ergebnissen – ein Befund, der sich im Kern und mit der gebotenen Zurückhaltung auf

---

[1] OLG Nürnberg, Urteil v. 20.12.2013 – Az. 12 U 49/13, NJW-RR 2014, 418 ff.

die anderen hier diskutierten Spielarten übertragen lassen dürfte. Einzelheiten hängen stark von der gewählten mathematischen Modellierung und diversen Umständen des konkreten Falls ab, zu Problemen kann es aber immer dann kommen, wenn die Informationsgrundlage der Gesellschafter unvollständig ist. Eine der wesentlichen Bestrebungen des Schrifttums besteht darin, die Effizienz und Fairness des Preisermittlungsverfahrens wiederherzustellen, insbesondere für den Fall asymmetrischer Informationsverteilung. Es bleibt zu wünschen, dass sich die Kautelarpraxis diesen ökonomischen Erkenntnissen für die Zukunft nicht vollständig verschließt, zumal sie bei vorausschauendem Einsatz auch einen positiven Effekt auf einige der erläuterten rechtlichen Probleme haben können.

15. Die „richtige", im Einzelfall am besten geeignete Spielart lässt sich nicht abstrakt-generell, sondern nur unter Berücksichtigung der Parteiinteressen bestimmen. Ist beispielsweise die Angst vor einem Machtmissbrauch besonders groß, bietet sich insbesondere ein Verfahren mit objektivierter Kaufpreisfindung wie der Deterrent Approach an. Geht es dagegen vor allem darum, das Verfahren im Ernstfall möglichst zügig abzuschließen, spricht das tendenziell gegen eine Kaufpreisermittlung über mehrere Runden, wie sie bei einem Texas Shoot Out typisch ist. Rechtstatsächlich scheint sich das Russian Roulette zumindest im deutschsprachigen Raum als am häufigsten vereinbarte Variante durchgesetzt zu haben.

16. Mit Blick auf die kautelarjuristische Umsetzung der hier diskutierten Mechanismen ist zunächst die Vereinbarung einer Abkühlungsphase vor der möglichen Initiierung des Verfahrens zu empfehlen. Sie vermag angesichts der häufig emotional aufgeladenen Konfliktsituation die Gemüter zu beruhigen, letztmalig eine Gelegenheit zur einvernehmlichen Lösung zu eröffnen und so insgesamt einem voreiligen Auslösen der Klausel entgegenzuwirken.

17. Aus ähnlichen Gründen ist zu raten, den Anwendungsbereich von Russian Roulette, Texas Shoot Out und Co. durch ein geeignetes Trigger Event einzuschränken und so ihrem *ultima ratio*-Charakter gerecht zu werden. Hier bietet sich vor allem der intensiv diskutierte Deadlock als auslösender Umstand an. Ein solcher Trigger hat gleichzeitig den Effekt, dass er positiv auf einige rechtliche Unsicherheitsfaktoren einwirkt und so einer eventuellen Unwirksamkeit der Klausel vorbeugt. Von der Vereinbarung voraussetzungslos anwendbarer Klauseln ist dagegen abzuraten, insbesondere wegen ihres gesteigerten Missbrauchsrisikos.

18. Das Trigger Event sollte möglichst detailliert im Text der Klausel definiert werden, für den Fall des Deadlocks beispielsweise durch Begrenzung auf eine Pattsituation in wichtigen Angelegenheiten und/oder numerische Schwellenwerte für die wirtschaftliche Relevanz der Konfliktsituationen.

19. Das Preisermittlungsverfahren sollte als „Vollzugsautomatismus"[2] ausgestaltet sein, also nach seiner Initiierung auch komplett ohne Mitwirkung des Mitgesellschafters ablaufen können. Ist das nicht der Fall, wird das Verfahren anfällig für Manipulationsversuche und Verzögerungstaktiken durch einen Angebotsempfänger, der sich der Wirkung der Klausel entziehen möchte.

20. Als bevorzugtes Einsatzgebiet von Russian Roulette, Texas Shoot Out und Co. bieten sich Zweipersonengesellschaften an, insbesondere solche mit paritätischer Beteiligungsstruktur. Die Gründe dafür liegen neben einem überschaubareren Missbrauchsrisiko in der einfacheren rechtlichen Handhabung, sowohl bei der Bestimmung eines eventuellen Entscheidungspatts als auch bei der Gestaltung des Preisermittlungsverfahrens. Von der Verwendung in nicht-paritätischen Zweipersonengesellschaften ist daher im Zweifel, von der in (nicht-zweigliedrigen) Mehrpersonengesellschaften in aller Regel abzuraten.

21. In zeitlicher Hinsicht sollten die hier diskutierten Mechanismen schon *vor* Eintritt des Trigger Events vereinbart werden. Die so erzeugte Sicherheit eines klaren Beendigungsmechanismus für den Ernstfall überwiegt nicht nur den möglichen Mehrwert an Verhandlungs- und Einigungsdruck, der dadurch entsteht, dass sich die Gesellschafter in einer Konfliktsituation gänzlich ohne fixiertes Verfahren für deren Lösung wiederfinden, sondern auch den Vorteil der *ad hoc*-Variante, Machtgefälle jeglicher Art besser berücksichtigen zu können.

22. Ob die Klausel besser im Gesellschaftsvertrag der Projektgesellschaft oder in einer schuldrechtlichen Nebenabrede geregelt werden sollte, lässt sich kaum pauschal beantworten. Die geeignete Gestaltung hängt maßgeblich von den Präferenzen der Parteien und den spezifischen Umständen der Zusammenarbeit ab. Rechtspraktisch scheint sich die Vereinbarung (allein) in einer Nebenabrede überwiegend durchgesetzt zu haben.

23. Der Einsatz von Russian Roulette-Klauseln zur Gesellschaftertrennung nach angloamerikanischem Vorbild weist erhebliche Vorteile auf und überzeugt insbesondere durch den erleichterten Umgang mit Machtungleichgewichten, seien sie rechtlicher, wirtschaftlicher oder informationeller Natur. Zumindest für eine GmbH bietet das derzeit geltende deutsche Recht jedoch keine Möglichkeit für eine solche richterliche Anordnung. Angesichts der noch offenen rechtlichen Fragen und fehlenden Erfahrung im Umgang mit den hier diskutierten Mechanismen bestehen zum jetzigen Zeitpunkt allerdings ohnehin gewisse Zweifel daran, dass deutsche Gerichte den Anforderungen an eine umsichtige Steuerung und Gestaltung des Preisermittlungsverfahrens in allen Einzelheiten gewachsen sind.

---

[2] Siehe zu diesem Begriff schon oben S. 93, 18 f.

Literaturverzeichnis

Aderhold, Lutz/Koch, Raphael/Lenkaitis, Karlheinz: Vertragsgestaltung, 3. Auflage, Baden-Baden 2018.

Altmeppen, Holger: Die Dogmatik des Abfindungsanspruchs und die offenen Fragen zum Ausscheiden aus der GmbH (Nachlese zu BGH v. 24.1.2012 – II ZR 109/11, ZIP 2012, 422), ZIP 2012, 1685–1695.

ders.: Gesetz betreffend die Gesellschaften mit beschränkter Haftung (Kommentar), 9. Auflage, München 2019.

Ammann, Matthias: Die Reform des schweizerischen GmbH-Rechts, RIW 2007, 735–742.

Andrae, Johannes: Entscheidungssammlung in Firmenbuchsachen, NZ 2009, 287–288.

Armbrüster, Christian: Zur Beurkundungsbedürftigkeit von Treuhandabreden über GmbH-Anteile – Zugleich ein Beitrag zu den Formzwecken des § 15 Abs. 4 Satz 1 GmbHG –, DNotZ 1997, 762–786.

Athanassoglou, Stergios/Brams, Steven J./Sethuraman, Jay: A note on the inefficiency of bidding over the price of a share, 60 Math. Soc. Sci. 191–195 (2010).

Austin, A. K.: Sharing a cake, 66 Math. Gaz. 212–215 (1982).

Ayres, Ian/Talley, Eric: Solomonic Bargaining: Dividing a Legal Entitlement To Facilitate Coasean Trade, 104 Yale L.J. 1027–1117 (1995).

Aziz, Haris/Mackenzie, Simon: A Discrete and Bounded Envy-free Cake Cutting Protocol for Any Number of Agents, August 2017 (https://arxiv.org/pdf/1604.03655.pdf, zuletzt abgerufen am 30.04.2020).

Bachmann, Gregor: Private Ordnung (Grundlagen ziviler Regelsetzung), Tübingen 2006.

Bachmann, Gregor/Eidenmüller, Horst/Engert, Andreas/Fleischer, Holger/Schön, Wolfgang: Rechtsregeln für die geschlossene Kapitalgesellschaft, Berlin/Boston 2012.

Bainbridge, Stephen: Corporation Law and Economics, New York 2002.

Balotti, R. Franklin/Finkelstein, Jesse A.: The Delaware Law of Corporations and Business Organizations, Band 1: Text, Loseblattsammlung, 3. Auflage, New York (Stand: 2020-2 supplement).

Balz, Gerhard K.: Rechtstatsachen zur Ausschließung und zum Austritt von Gesellschaftern aus der GmbH, GmbHR 1983, 185–193.

Bamberger, Heinz Georg/Roth, Herbert/Hau, Wolfgang/Poseck, Roman (Hrsg.): Beck'scher Online-Kommentar BGB, 53. Edition, München 2020 (Stand: 01.02.2020).

Barbanel, Julius B./Brams, Steven J.: Cake division with minimal cuts: envy-free procedures for three persons, four persons, and beyond, 48 Math. Soc. Sci. 251–269 (2004).

dies.: Two-Person Cake Cutting: The Optimal Number of Cuts, 36 Math. Intell. 23–35 (Sept. 2014).

Barbier, Hugo: Obligations en général, RTD civ. 2016, 98–129.

Bastuck, Burkhard/von Schönfeld, Ulrich/Schütte, Michael: Joint ventures in Germany, in: Julian Ellison/Edward Kling (Hrsg.), Joint Ventures in Europe, 2. Auflage, London u. a. 1997, S. 109–162.

Baumann, Roland: Abfindungsregelungen für ausscheidende Gesellschafter von Personenhandelsgesellschaften (– Eine empirische Untersuchung –), Diss. rer. pol. Stuttgart 1987.

Baumbach, Adolf (Begr.)/*Hopt, Klaus J./Kumpan, Christoph/Merkt, Hanno/Roth, Markus:* Handelsgesetzbuch (mit GmbH & Co., Handelsklauseln, Bank- und Kapitalmarktrecht, Transportrecht [ohne Seerecht]), 39. Auflage, München 2020.

Baumbach, Adolf (Begr.)/*Hueck, Alfred:* Gesetz betreffend die Gesellschaften mit beschränkter Haftung, 22. Auflage, München 2019.

Bayer, Walter/Hommelhoff, Peter/Kleindiek, Detlef: Lutter/Hommelhoff GmbH-Gesetz (Kommentar), 20. Auflage, Köln 2020.

Beane, Leona: The Fiduciary Relationship of a Partner, 5 J. Corp. L. 483–516 (1980).

Becker, Benjamin: Die Zulässigkeit von Hinauskündigungsklauseln nach freiem Ermessen im Gesellschaftsvertrag (Zugleich eine Besprechung von Russian Roulette-, Texan Shoot Out- und Drag-along-Klauseln), Frankfurt am Main 2010.

Becker, Michael: Der Austritt aus der GmbH (Durchsetzung eines unentziehbaren Individualrechts im Interesse effektiven Minderheitenschutzes), Kehl/Straßburg/Arlington 1985.

Behrens, Peter: Die ökonomischen Grundlagen des Rechts (Politische Ökonomie als rationale Jurisprudenz), Tübingen 1986.

Behrens, Richard J.: Joint Venturing in Real Estate, in: John D. Carter/Robert F. Cushman/C. Scott Hartz (Hrsg.), The Handbook of Joint Venturing, Homewood 1988, S. 97–111.

Beisel, Wilhelm/Klumpp, Hans-Hermann (Begr.): Der Unternehmenskauf (Gesamtdarstellung der zivil- und steuerrechtlichen Vorgänge einschließlich gesellschafts-, arbeits- und kartellrechtlicher Fragen bei der Übertragung eines Unternehmens), 7. Auflage, München 2016.

Bénabent, Alain: Droit des contrats spéciaux civils et commerciaux, 13. Auflage, Issy-les-Moulineaux 2019.

ders.: Droit des obligations, 18. Auflage, Issy-les-Moulineaux 2019.

Benecke, Martina: Inhaltskontrolle im Gesellschaftsrecht oder: „Hinauskündigung" und das Anstandsgefühl aller billig und gerecht Denkenden, ZIP 2005, 1437–1442.

Berens, Mark H.: Foreign Ventures – A Legal Anatomy, 26 Bus. Law. 1527–1550 (1971).

Berger, Klaus Peter/Bernhardt, Madeleine/Bernhardt, Andreas: Umgang mit Emotionen in Verhandlungen (– Teil 1 –), ZKM 2011, 40–44.

dies.: Umgang mit Emotionen in Verhandlungen (– Teil 2 –), ZKM 2011, 68–71.

Berninghaus, Siegfried K./Ehrhart, Karl-Martin/Güth, Werner: Strategische Spiele (Eine Einführung in die Spieltheorie), 3. Auflage, Heidelberg u. a. 2010.

Binnewies, Burkhard/Wollweber, Markus: Der Gesellschafterstreit (GmbH/GmbH & Co. KG – Vertragsgestaltung, Lösungsstrategien, Steuerfolgen, Prozesstaktik), Köln 2017.

Binz, Mark K.: Rien ne va plus (Wie Auktionsverfahren zur Trennung zerstrittener Familienstämme beitragen können – Frühzeitig Rahmenbedingungen festlegen), Börsen-Zeitung 250/2009, 30.12.2009, S. 2.

Binz, Mark K./Mayer, Gerd: Beurkundungspflichten bei der GmbH & Co. KG, NJW 2002, 3054–3062.

dies.: Anteilsvinkulierung bei Familienunternehmen, NZG 2012, 201–212.

Binz, Mark K./Rosenbauer, Iris: Beurkundungspflicht bei der Veräußerung von Anteilen an einer GmbH & Co. KG?, NZG 2015, 1136–1142.

Binz, Mark K./Sorg, Martin H.: Die GmbH & Co. KG (im Gesellschafts- und Steuerrecht – Handbuch für Familienunternehmen), 12. Auflage, München 2018.

Blank, Hubert: Mietrechtsreform im Rechtsausschuss, NZM 2001, 167–170.

ders. (Hrsg.): Schmidt-Futterer Mietrecht (Großkommentar des Wohn- und Gewerberaummietrechts – Bürgerliches Gesetzbuch [§§ 535–580a, 138, 1568a BGB], Verordnung über die verbrauchsabhängige Abrechnung der Heiz- und Warmwasserkosten, Wirtschaftsstrafgesetz [§§ 4, 5 WiStG] und Zivilprozessordnung [§§ 283a, 712, 721, 765a, 794a, 885, 885a, 940a ZPO]), 14. Auflage, München 2019.

Böckli, Peter: Das neue schweizerische GmbH-Recht – was ist wirklich neu? Eine Übersicht, in: Peter Böckli/Peter Forstmoser (Hrsg.), Das neue schweizerische GmbH-Recht, Zürich/Basel/Genf 2006, S. 1–43.

Böhm, Nicolas: Konfliktbeilegung in personalistischen Gesellschaften, Köln 2000.

Böhm, Nicolas/Burmeister, Frank (Hrsg.): Münchener Vertragshandbuch, Band 1: Gesellschaftsrecht, 8. Auflage, München 2018.

Bömeke, Patrick M: Joint ventures in Germany, in: Martin Mankabady (Hrsg.), Joint Ventures in Europe, 3. Auflage, Haywards Heath 2008, S. 247–316.

Börgers, Christoph: Mathematics of Social Choice (Voting, Compensation, and Division), Philadelphia 2010.

Bösiger, Markus: Bedeutung und Grenzen des Aktionärbindungsvertrages bei personenbezogenen Aktiengesellschaften, REPRAX 1/2003, 1–17.

Böttcher, Lars: Managementbeteiligungen im Spiegel der aktuellen BGH-Rechtsprechung, NZG 2005, 992–995.

Boizard, Martine/Raimbourg, Philippe (Hrsg.): Ingénierie financière, fiscale et juridique, 3. Auflage, Paris 2015.

Borga, Nicolas: Clause buy or sell, in: Frédéric Buy/Marie Lamoureux/Jacques Mestre/ Jean-Christophe Roda (Hrsg.), Les principales clauses des contrats d'affaires, 2. Auflage, Paris 2018, S. 97–103.

Bork, Reinhard/Roth, Herbert (Hrsg.): Stein/Jonas Kommentar zur Zivilprozessordnung, Band 8: §§ 802a–915h, 23. Auflage, Tübingen 2017.

Boujong, Karlheinz/Ebenroth, Carsten Thomas (Begr.)/*Joost, Detlev* (Begr., Hrsg.)/ *Strohn, Lutz* (Hrsg.): Handelsgesetzbuch, Band 1: §§ 1–342e, 4. Auflage, München 2020.

Brams, Steven J./Jones, Michael A./Klamler, Christian: N-Person Cake-Cutting: There May Be No Perfect Division, 120 Am. Math. Monthly 35–47 (2013).

Brams, Steven J./Taylor, Alan D.: An Envy-Free Cake Division Protocol, 102 Am. Math. Monthly 9–18 (1995).

dies.: Fair division (From cake-cutting to dispute resolution), Cambridge/New York/Melbourne 1996.

dies.: The Win-Win Solution (Guaranteeing Fair Shares to Everybody), New York/London 1999.

Brandenburger, Adam M./Nalebuff, Barry J.: Co-opetition, New York u. a. 1996.

Brechbühl, Beat/Emch, Daniel: Die neue GmbH als massgeschneidertes Rechtskleid für Joint Ventures, SZW/RSDA 2007, 271–281.

Brignon, Bastien: Clause buy or sell, in: Jacques Mestre/Jean-Christophe Roda (Hrsg.), Les principales clauses des contrats d'affaires, Paris 2011, S. 139–145.

ders.: La «vitalité» du droit des sociétés: clauses de good/bad leaver, clauses de buy or sell et SELAS de pharmacies, Dr. sociétés 2015, n° 7, 8–11, étude 11.

ders.: Clause buy or sell, Dr. sociétés 2015, n° 10, 43–44, formule 9.

Brockmann, Alexander: Shoot-Out-Klauseln (Radikale Trennungsverfahren im Gesellschaftsrecht), Frankfurt am Main 2017.

Brooks, Richard R. W./Landeo, Claudia M./Spier, Kathryn E.: Trigger happy or gun shy? Dissolving common-value partnerships with Texas shootouts, 41 RAND J. Econ. 649–673 (2010).

Brückner, Volker: Die Kontrolle von Abfindungsklauseln in Personengesellschafts- und GmbH-Verträgen, Berlin 1995.

Brulard, Yves/Sabatier, Romain: Exit Clauses Applicable to Joint Ventures under Belgian Law, in: Dennis Campbell (Hrsg.), Comp. L. Y.B. Int'l Bus., Band 28, Alphen aan den Rijn 2006, S. 131–145.

Bub, Wolf-Rüdiger: Das vertragliche Vorkaufsrecht des Mieters, NZM 2000, 1092–1098.

Buchanan, James M./Tullock, Gordon: The Calculus of Consent (Logical Foundations of Constitutional Democracy), Ann Arbor 1971.

Buchholz, Jörg: Rechtsnachfolge in GmbH-Geschäftsanteile, MittRhNotK 1991, 1–9.

Büttner, Hermann: Flexible Grenzen der Durchsetzbarkeit von Abfindungsbeschränkungen in Personengesellschaftsverträgen, in: Karl Bruchhausen/Wolfgang Hefermehl/Peter Hommelhoff/Herbert Messer (Hrsg.), Festschrift für Rudolf Nirk zum 70. Geburtstag (am 11. Oktober 1992), München 1992, S. 119–138.

Bungert, Hartwin: Die GmbH im US-amerikanischen Recht – Close Corporation, Köln 1993.

Burkhardt, C. A. H. [Carl August Hugo] (Hrsg.): Goethes Unterhaltungen mit dem Kanzler Friedrich v. Müller, Stuttgart 1870.

Burnett, Robin/Bath, Vivienne: Law of International Business in Australasia, Annandale/Leichhardt 2009.

Burnham, William: Introduction to the Law and Legal System of the United States, 6. Auflage, St. Paul 2016.

Carey, Stevens A.: Buy/Sell Provisions in Real Estate Joint Venture Agreements, 39 Real Prop. Prob. & Tr. J. 651–709 (2005).

Cartwright, John: Contract Law (An Introduction to the English Law of Contract for the Civil Lawyer), 3. Auflage, Oxford/Portland 2016.

Casper, Matthias: Der Optionsvertrag, Tübingen 2005.

Centrale für GmbH Dr. Otto Schmidt (Hrsg.): GmbH-Handbuch (Gesellschaftsrecht, Bilanzrecht, Steuerrecht, Arbeitsrecht, Sozialversicherungsrecht, Verträge und Formulare), Loseblattsammlung, Köln (Stand: 171. Lieferung, Januar 2020).

Chantepie, Gaël/Latina, Mathias: Le nouveau droit des obligations (Commentaire théorique et pratique dans l'ordre du Code civil), 2. Auflage, Paris 2018.

Charvériat, Anne/Couret, Alain: Société par actions simplifiée (Nouveaux atouts après la loi « Nouvelles régulations économiques »), 3. Auflage, Levallois 2001.

Charvériat, Anne/Couret, Alain/Sébire, Marc-Etienne/Zabala, Bruno: Sociétés commerciales, 49. Auflage, Levallois-Peret 2018.

Charvériat, Anne/Dondero, Bruno/Sébire, Marc-Étienne/Gilbert, François: Sociétés commerciales, [51. Auflage], Levallois-Perret 2020.

Chen, Yiling/Lai, John K./Parkes, David C./Procaccia, Ariel D.: Truth, justice, and cake cutting, 77 Games & Econ. Behav. 284–297 (2013).

Clemens, Philipp: Wirksamkeit von "Shoot-Out"-Klauseln im Gesellschafterstreit, Juli 2014 (https://www.twobirds.com/de/news/articles/2014/germany/juli/wirksamkeit-von-shoot-out-klauseln-im-gesellschafterstreit, zuletzt abgerufen am 30.04.2020).

Clopath, Gion: Wie können Pattsituationen bei Zweimanngesellschaften behoben werden?, SJZ 1993, 157.

Cloutier, John/Nyman, Kathryn L./Su, Francis Edward: Two-player envy-free multi-cake division, 59 Math. Soc. Sci. 26–37 (2010).

CMS Hasche Sigle: Rechtsratgeber Joint Venture, Wiesbaden 2013.

Coase, Ronald: The Nature of the Firm, 4 Economica 386–405 (1937).

Coibion, Arnaud: Les conventions d'actionnaires en pratique, Bruxelles 2010.

Comino, Stefano/Nicolò, Antonio/Tedeschi, Piero: Termination clauses in partnerships, 54 Eur. Econ. Rev. 718–732 (2010).

Constantin, Alexis: Sociétés commerciales (Illustration de la résiliation unilatérale d'un pacte d'actionnaires en raison de sa durée indéterminée) (Note – La délicate question de la durée des pactes d'actionnaires), JCP E 2008, n° 25, 33–36, 1829.

Corporate Laws Committee of the Business Law Section (American Bar Association): Model Business Corporation Act Annotated, Band 3, Loseblattsammlung, 4. Auflage, Chicago (Stand: 2013 supplement).

Costantini, Jean: L'offre alternative croisée, voie de sortie d'une filiale commune (Alternative Mutual Offer [Russian Roulette] – A Way to End a Joint Venture), RDAI/Int'l Bus. L.J. 1997, 419–442.

Couret, Alain/Jacomet, Thierry: Les pièges des pactes d'actionnaires: questions récurrentes et interrogations à partir de la jurisprudence récente, RJDA 10/2008, 951–959.

Cox, James D./Hazen, Thomas Lee: The Law of Corporations, Band 3: Chapters 14–21, 3. Auflage, St. Paul 2010 (Stand: December 2017 update).

dies.: Business Organizations Law, 4. Auflage, St. Paul 2016.

Cramton, Peter/Gibbons, Robert/Klemperer, Paul: Dissolving a Partnership Efficiently, 55 Econometrica 615–632 (1987).

Crawford, Vincent P.: A Game of Fair Division, 44 Rev. Econ. Stud. 235–247 (1977).

ders.: A Procedure for Generating Pareto-Efficient Egalitarian-Equivalent Allocations, 47 Econometrica 49–60 (1979).

ders.: A Self-administered Solution of the Bargaining Problem, 47 Rev. Econ. Stud. 385–392 (1980).

von der Crone, Hans Caspar: Lösung von Pattsituationen bei Zweimanngesellschaften, SJZ 1993, 37–44.

Dalley, Paula J.: The Law of Partner Expulsions: Fiduciary Duty and Good Faith, 21 Cardozo L. Rev. 181–210 (1999).

Dariosecq, Sylvie/Métais, Nathalie: Les clauses d'exclusion, solution à la mésentente entre associés, Bull. Joly Sociétés 1998, n° 8–9, 908–916, § 286.

Dauner-Lieb, Barbara: Abfindungsklauseln bei Personengesellschaften (Methodische Anmerkungen zum Urteil des BGH vom 20.9.1993), ZHR 158 (1994), 271–291.

Dauner-Lieb, Barbara/Heidel, Thomas/Ring, Gerhard (Hrsg.): BGB, Band 2/1: Schuldrecht (§§ 241–610), 3. Auflage, Baden-Baden 2016, Band 2/2: Schuldrecht (§§ 611–853), 3. Auflage, Baden-Baden 2016.

Dauner-Lieb, Barbara/Winnen, Armin: Konflikte in der GmbH – Möglichkeiten zur Streitbeilegung und Auflösung von Pattsituationen durch effektive Vertragsgestaltung, in: Rheinische Notarkammer (Hrsg.), Festschrift für Günter Brambring zum 70.Geburtstag, München 2012, S. 45–71.

de Frutos, María-Angeles/Kittsteiner, Thomas: Efficient partnership dissolution under buy-sell clauses, 39 RAND J. Econ. 184–198 (2008).

De Ly, Filip: Les clauses de divorce dans les contrats de groupement d'entreprises internationaux (Divorce Clauses in International Joint Venture Contracts), RDAI/Int'l Bus. L.J. 1995, 279–315.

Dondero, Bruno: De la condition potestative licite, RTD civ. 2007, 677–700.

ders.: De la durée des pactes d'actionnaires (Note), D. 2008, 1024–1028.

ders.: La clause de « Mexican shoot-out » devant la Cour de cassation (Note), Bull. Joly Sociétés 2016, 20–22, 114p2.

Draxler, Jürgen: Private Equity EXIT – Strategie und Vertragsgestaltung, Wien/New York 2010.

Dreher, Meinrad: Die gesellschaftsrechtliche Treuepflicht bei der GmbH, DStR 1993, 1632–1636.

Drinkuth, Henrik: Hinauskündigungsregeln unter dem Damoklesschwert der Rechtsprechung, NJW 2006, 410–413.

Dross, William: Clausier (Dictionnaire des clauses ordinaires et extraordinaires des contrats de droit privé interne), 3. Auflage, Paris 2016.

Dubins, L. E./Spanier, E. H.: How to Cut a Cake Fairly, 68 Am. Math. Monthly 1–17 (1961).

Dupuis, Laurence/Husson, Catherine: Formules commentées de clauses de pactes d'actionnaires, Gaz. Pal. 2004, 26 et 27 mai, 1664–1668, F3394.

Duve, Christian: Vermeidung und Beilegung von Gesellschafterstreitigkeiten, AnwBl 2007, 389–395.

Ebenroth, Carsten Thomas: Das Verhältnis zwischen joint venture-Vertrag, Gesellschaftssatzung und Investitionsvertrag, JZ 1987, 265–271.

Eckhardt, Dirk: Rechtssichere Abfindungsvereinbarungen in Gesellschaftsverträgen: ein unlösbares Problem für die Gestaltungspraxis?, notar 2015, 347–355.

Eckhardt, Dirk/Hermanns, Marc (Hrsg.): Kölner Handbuch Gesellschaftsrecht, 3. Auflage, Köln 2017.

Ehlgen, Christopher Bodo: Probabilistische Proportionalhaftung und Haftung für den Verlust von Chancen, Tübingen 2013.

Eidenmüller, Horst: Effizienz als Rechtsprinzip (Möglichkeiten und Grenzen der ökonomischen Analyse des Rechts), 4. Auflage, Tübingen 2015.

Einsele, Dorothee: Formerfordernisse bei mehraktigen Rechtsgeschäften, DNotZ 1996, 835–866.

Elfring, Claus: „Deadlock" beim paritätischen Equity Joint Venture, NZG 2012, 895–900.

Enderlein, Wolfgang: Rechtspaternalismus und Vertragsrecht, München 1996.

Engel, Christoph: Abfindungsklauseln – eine systematische Übersicht, NJW 1986, 345–350.

Eschenlohr, Harald: Beschränkungen der Austritts- und Kündigungsmöglichkeiten des Gesellschafters einer Familien-GmbH, in: Peter Hommelhoff/Rolf Schmidt-Diemitz/ Axel Sigle (Hrsg.), Familiengesellschaften (Festschrift für Walter Sigle zum 70. Geburtstag), Köln 2000, S. 131–143.

Ewasiuk, Ricky W.: Drafting Shareholder Agreements, 2. Auflage, Toronto 2012.

Fabis, Felix Georg: Gesellschafterkonflikte in Familienunternehmen (Vermeidungs- und Lösungsstrategien auf gesellschaftsvertraglicher und individualvertraglicher Ebene), Berlin 2007.

Fages, Bertrand: L'efficacité de la clause buy or sell, RTD civ. 2009, 525–527.

ders.: Ramassage des actions en vue de leur cession et mise en œuvre d'une clause buy or sell (Note), Rev. sociétés 2012, 81–84.

ders.: Droit des obligations, 9. Auflage, Issy-les-Moulineaux 2019.

Fantur, Lukas: Deadlock-Vereinbarung im GmbH-Gesellschaftsvertrag, 07.11.2009 (http://www.gmbhrecht.at/gmbh-anteile/dead-lock-gesellschaftsvertrag/, zuletzt abgerufen am 30.04.2020).

Feldman, Allan/Kirman, Alan: Fairness and Envy, 64 Am. Econ. Rev. 995–1005 (1974).

Fennell, Lee Anne: Revealing Options, 118 Harv. L. Rev. 1399–1488 (2005).

Fett, Torsten/Spiering, Christoph (Hrsg.): Handbuch Joint Venture, 2. Auflage, Heidelberg 2015.

Field, Jr., Harold D.: Resolving Shareholder Disputes and Breaking Deadlocks in the Close Corporation, 58 Minn. L. Rev. 985–1007 (1974).

Fieseler, Karsten/Kittsteiner, Thomas/Moldovanu, Benny: Partnerships, lemons, and efficient trade, 113 J. Econ. Theory 223–234 (2003).

Fischer, Thomas: Strafgesetzbuch (mit Nebengesetzen), 65. Auflage, München 2018.

Fischerlehner, Caroline: Abfindungsklauseln im Gesellschaftsrecht (unter Berücksichtigung der österreichischen und deutschen Literatur und Rechtsprechung), Wien 2016.

Fisher, Roger/Shapiro, Daniel: Beyond Reason (Using Emotions as You Negotiate), New York u. a. 2005.

FitzGerald, Sean/Caulfield, Geraldine: Shareholders' Agreements, 7. Auflage, London 2017.

Fleischer, Holger: Informationsasymmetrie im Vertragsrecht (Eine rechtsvergleichende und interdisziplinäre Abhandlung zu Reichweite und Grenzen vertragsschlußbezogener Aufklärungspflichten), München 2001.

Fleischer, Holger/Bong, Sebastian: Gradmesser gesellschaftsvertraglicher Gestaltungsfreiheit: Abfindungsklauseln in Personengesellschaft und GmbH, WM 2017, 1957–1968.

Fleischer, Holger/Goette, Wulf (Hrsg.): Münchener Kommentar zum GmbHG, Band 1: §§ 1–34, 3. Auflage, München 2018, Band 2: §§ 35–52, 3. Auflage, München 2019, Band 3: §§ 53–88, 3. Auflage, München 2018.

Fleischer, Holger/Schneider, Stephan: Zulässigkeit und Grenzen von Shoot-Out-Klauseln im Personengesellschafts- und GmbH-Recht, DB 2010, 2713–2719.

dies.: Tag along- und Drag along-Klauseln in geschlossenen Kapitalgesellschaften, DB 2012, 961–968.

dies.: Shoot-Out Clauses in Partnerships and Close Corporations (– An Approach from comparative Law and Economic Theory –), 9 Eur. Company & Fin. L. Rev. 35–50 (2012).

Flume, Werner: „Hinauskündigung" aus der Personengesellschaft und Abfindung (– Zur Rechtsprechung des Zweiten Zivilsenats des BGH –), DB 1986, 629–636.

Foster, Dean P./Vohra, Rakesh V.: A Study of the Buy-Sell Shotgun Clause, Ohio State University (College of Business) Working Paper Series 93-58, 1–12 (1993).

Frenz, Norbert: Einige Anmerkungen zum Verhältnis von Formzweck, Beurkundungsverfahren und Berufsrecht, in: Walter Schmitz-Valckenberg/Norbert Frenz/Hanns-Jakob Pützer (Hrsg.), Beiträge zum Gesellschafts- und Notarrecht (Freundesgabe für Willi Weichler zum 70. Geburtstag), Köln u. a. 1997, S. 175–189.

Fuhrmann, Lambertus J./Wälzholz, Eckhard (Hrsg.): Formularbuch Gesellschaftsrecht (Muster und Erläuterungen für alle Rechtsformen, Konzerne und Umwandlungen mit Steuer- und Kostenanmerkungen), 3. Auflage, Köln 2018.

Galavotti, Stefano/Muto, Nozomu/Oyama, Daisuke: On efficient partnership dissolution under ex post individual rationality, 48 Econ. Theory 87–123 (2012).

Gansweid, Wolfgang: Gemeinsame Tochtergesellschaften im deutschen Konzern- und Wettbewerbsrecht, Baden-Baden 1976.

Garner, Bryan A. (Hrsg.): Black's Law Dictionary, 11. Auflage, St. Paul 2019.

Gebhardt, Ulrich: Herabsetzung der Gegenleistung nach culpa in contrahendo, Berlin 2001.

Gehrlein, Markus: Neue Tendenzen zum Verbot der freien Hinauskündigung eines Gesellschafters, NJW 2005, 1969–1973.

Gerchak, Yigal/Fuller, J. David: Optimal Value Declarations in "Buy-Sell" Situations, 38 Mgmt. Sci. 48–56 (1992).

Gericke, Dieter/Dalla Torre, Luca: Joint Ventures – Wirtschaftsformen im Spannungsfeld zwischen Kooperation und Transaktion, in: Peter V. Kunz/Florian S. Jörg/Oliver Arter (Hrsg.), Entwicklungen im Gesellschaftsrecht VII, Bern 2012, S. 19–75.

Germain, Michel (Hrsg.): Traité de droit des affaires, Band 2: Les sociétés commerciales, 22. Auflage, Issy-les-Moulineaux 2017.

Germain, Michel/Périn, Pierre-Louis: SAS – La Société pas actions simplifiée (Études – Formules), 6. Auflage, Issy-les-Moulineaux 2016.

Gevurtz, Franklin A.: Corporation Law, 2. Auflage, St. Paul 2010.

Ghestin, Jacques: La notion de condition potestative au sens de l'article 1174 du Code civil, in: o. V., Études dédiées à Alex Weill, S. 243–258, Paris 1983.

Glasl, Friedrich: Konfliktmanagement (Ein Handbuch für Führungskräfte, Beraterinnen und Berater), 11. Auflage, Stuttgart 2013.

Goeree, Jacob K./Offerman, Theo: Efficiency in Auctions with Private and Common Values: An Experimental Study, 92 Am. Econ. Rev. 625–643 (2002).

dies.: Competitive Bidding in Auctions with Private and Common Values, 113 Econ. J. 598–613 (2003).

Göthel, Stephan R.: Joint Ventures im Internationalen Privatrecht (Ein Vergleich der Rechte Deutschlands und der USA), Diss. jur. Münster 1999.

ders.: Vertragsgestaltung bei internationalen Joint Ventures, BB 2014, 1475–1479.

ders. (Hrsg.): Grenzüberschreitende M&A-Transaktionen, 4. Auflage, Köln 2015.

Goette, Maximilian: Der Exit der Minderheit aus der GmbH, Köln 2014.

Goette, Wulf: Ausschließung und Austritt aus der GmbH in der Rechtsprechung des Bundesgerichtshofs, DStR 2001, 533–542.

ders.: Gesellschaftsrechtliche Grundfragen im Spiegel der Rechtsprechung, ZGR 2008, 436–453.

Goette, Wulf/Habersack, Mathias (Hrsg.): Münchener Kommentar zum Aktiengesetz, Band 1: §§ 1–75, 5. Auflage, München 2019.

Gomtsian, Suren: Private Ordering of Exit in Limited Liability Companies: Theory and Evidence from Business Organization Contracts, 53 Am. Bus. L.J. 644–744 (2016).

Gosch, Dietmar/Schwedhelm, Rolf/Spiegelberger, Sebastian (Hrsg.): GmbH-Beratung (Gesellschaftsrecht und Steuerrecht), Loseblattsammlung, Köln (Stand: 57. Lieferung, Februar 2020).

Goulding, George/Boxell, Tim/Costelloe, Bonnie/Hellwig, Hans-Jürgen: Termination of the Joint Venture, in: Eva Micheler/D. D. Prentice (Hrsg.), Joint Ventures in English and German law (Papers presented to the first Oxford Anglo-German Law Conference, Autumn 1999), Oxford/Portland 2000, S. 151–181.

Grau, Tobias: Mechanismen zur Lösung von Gesellschafterkonflikten in Joint Ventures, CF 2015, 39–46.

Gregory, William A.: The Law of Agency and Partnership, 3. Auflage, St. Paul 2001.

Groß, Joachim: Gesellschaftervereinbarungen als Gestaltungsinstrument (Nutzen, Gestaltungshinweise, Musterformulierungen – Teil I), ErbStb 2014, 284–287.

Großerichter, Helge: Hypothetischer Geschehensverlauf und Schadensfeststellung (Eine rechtsvergleichende Untersuchung vor dem Hintergrund der perte d'une chance), München 2001.

Großfeld, Bernhard (Begr.)*/Egger, Ulrich/Tönnes, Wolf Achim:* Recht der Unternehmensbewertung, 8. Auflage, Köln 2016.

Grotheer, Marco: Satzungsänderungsbeschlüsse in der GmbH und besondere Formvorschriften, RNotZ 2015, 4–9.

Grunewald, Barbara: Der Ausschluß aus Gesellschaft und Verein, Köln u. a. 1987.

dies.: Ausschluss aus Freiberuflersozietäten und Mitunternehmergesellschaften ohne besonderen Anlass, DStR 2004, 1750–1751.

Grunewald, Barbara/Maier-Reimer, Georg/Westermann, Harm Peter (Hrsg.): Erman Bürgerliches Gesetzbuch (Handkommentar mit AGG, EGBGB [Auszug], ErbbauRG, LPartG, ProdHaftG, VBVG, VersAusglG und WEG), Band I, 15. Auflage, Köln 2017.

Gsell, Beate/Krüger, Wolfgang/Lorenz, Stephan/Reymann, Christoph (Hrsg.): beck-online.GROSSKOMMENTAR BGB, München 2020.

Güth, Werner/Schmittberger, Rolf/Schwarze, Bernd: An Experimental Analysis of Ultimatum Bargaining, 3 J. Econ. Behav. & Org. 367–388 (1982).

Gummert, Hans (Hrsg.): Münchener Anwaltshandbuch Personengesellschaftsrecht, 3. Auflage, München 2019.

Gummert, Hans/Weipert, Lutz (Hrsg.): Münchener Handbuch des Gesellschaftsrechts, Band 1: BGB-Gesellschaft, Offene Handelsgesellschaft, Partnerschaftsgesellschaft, Partenreederei, EWIV, 5. Auflage, München 2019.

Guyon, Yves: Les sociétés (Aménagements statutaires et conventions entre associés), 5. Auflage, Paris 2002.

ders.: Droit des affaires, Band 1: Droit commercial général et Sociétés, 12. Auflage, Paris 2003.

Haar, Brigitte: Die Personengesellschaft im Konzern, Tübingen 2006.

Habersack, Mathias/Casper, Matthias/Löbbe, Marc (Hrsg.): Gesetz betreffend die Gesellschaften mit beschränkter Haftung (GmbHG) – Großkommentar, Band I: Einleitung; §§ 1 bis 28, 3. Auflage, Tübingen 2019.

Hamann, Hartmut/Sigle, Axel (Hrsg.): Vertragsbuch Gesellschaftsrecht (Gestaltung, Finanzierung, Internationalisierung, Mergers & Acquisitions und Nachfolge), 2. Auflage, München 2012.

Hamilton, Robert W./Booth, Richard A.: Corporations, 5. Auflage, St. Paul 2006.

Hammen, Horst: Ist die Ausübung des Vorkaufsrechts aus § 570b BGB formbedürftig?, DNotZ 1997, 543–552.

Hartung, Joachim/Elpelt, Bärbel/Klösener, Karl-Heinz: Statistik (Lehr- und Handbuch der angewandten Statistik), 15. Auflage, München 2009.

Hauschild, Armin/Kallrath, Jürgen/Wachter, Thomas (Hrsg.): Notarhandbuch Gesellschafts- und Unternehmensrecht, 2. Auflage, München 2017.

Haynsworth, Harry J.: The Effectiveness of Involuntary Dissolution Suits as a Remedy for Close Corporation Dissension, 35 Clev. St. L. Rev. 25–93 (1987).

Heckschen, Rudolf Heribert: Die Formbedürftigkeit mittelbarer Grundstücksgeschäfte, Baden-Baden 1987.

Heckschen, Heribert/Heidinger, Andreas (Hrsg.): Die GmbH in der Gestaltungs- und Beratungspraxis, 4. Auflage, Köln 2018.

Hedge, John: Resources Joint Ventures, in: W D Duncan (Hrsg.), Joint Ventures Law in Australia, 3. Auflage, Annandale/Leichhardt 2012, S. 398–437.

Heeg, Volker: Shoot-Out als wirksamer Mechanismus zur Auflösung eines Deadlock – Missbrauch nicht ausgeschlossen(?), BB 2014, 470.

Heidenhain, Martin: Zum Umfang der notariellen Beurkundung bei der Veräußerung von Geschäftsanteilen, NJW 1999, 3073–3077.

ders.: Aufgabe des Beurkundungserfordernisses beim Verkauf und der Abtretung von GmbH-Geschäftsanteilen, ZIP 2001, 721–725.

Heinich, Julia: Le sort du pacte extrastatutaire d'associés lors d'un événement affectant l'un de ses signataires, Rev. sociétés 2014, 475–486.

Heintz, Innozenz: Vorkaufsrecht des Mieters, München 1998.

Henssler, Martin: Risiko als Vertragsgegenstand, Tübingen 1994.

ders.: Material Adverse Change-Klauseln in deutschen Unternehmenskaufverträgen – (r)eine Modeerscheinung?, in: Theodor Baums/Johannes Wertenbruch/Marcus Lutter/Karsten Schmidt (Hrsg.), Festschrift für Ulrich Huber (zum siebzigsten Geburtstag), Tübingen 2006, S. 739–756.

ders.: Hinauskündigung und Austritt von Gesellschaftern in personalistisch strukturierten Gesellschaften, in: Barbara Dauner-Lieb/Peter Hommelhoff/Matthias Jacobs/ Dagmar Kaiser/Christoph Weber (Hrsg.), Festschrift für Horst Konzen (zum siebzigsten Geburtstag), Tübingen 2006, S. 267–285.

Henssler, Martin/Strohn, Lutz (Hrsg.): Gesellschaftsrecht (BGB, HGB, PartGG, GmbHG, AktG, GenG, UmwG, InsO, AnfG, IntGesR), 4. Auflage, München 2019.

Herberger, Maximilian/Martinek, Michael/Rüßmann, Helmut/Weth, Stephan/Würdinger, Markus (Hrsg.): juris Praxiskommentar BGB, Band 2: Schuldrecht, 9. Auflage, Saarbrücken 2020 (Stand: 01.02.2020).

Herrler, Sebastian: Gesellschaftsrecht in der Notar- und Gestaltungspraxis, München 2017.

Herzfeld, Edgar: Joint Ventures, Bristol 1983.

ders.: Typical Areas of Conflicts of Interests in Joint Ventures, in: Fritz Nicklisch (Hrsg.), Der komplexe Langzeitvertrag/The Complex Long-Term Contract (Strukturen und Internationale Schiedsgerichtsbarkeit/Structures and International Arbitration), Heidelberg 1987, S. 199–206.

Heusel, Matthias/Goette, Maximilian: Zum Gewinnausschüttungsanspruch bei Pattsituationen in der GmbH, GmbHR 2017, 385–392.

Heussen, Benno/Hamm, Christoph (Hrsg.): Beck'sches Rechtsanwalts-Handbuch, 11. Auflage, München 2016.

Heussen, Benno/Pischel, Gerhard (Hrsg.): Handbuch Vertragsverhandlung und Vertragsmanagement (Planung, Verhandlung, Design und Durchführung von Verträgen), 4. Auflage, Köln 2014.

Hewitt, Ian/Howley, Simon/Parkes, James (Hrsg.): Hewitt on Joint Ventures, 6. Auflage, London 2016.

Hilgard, Mark C.: Earn-Out-Klauseln beim Unternehmenskauf, BB 2010, 2912–2919.

Hill, Theodore P./Morrison, Kent E.: Cutting Cakes Carefully, 41 College Math. J. 281–288 (2010).

Hirte, Heribert: Die Entwicklung des Unternehmens- und Gesellschaftsrechts im Jahr 2014, NJW 2015, 1219–1225.

Hoberman, Jason M.: Practical Considerations for Drafting and Utilizing Deadlock Solutions for Non-Corporate Business Entities, 2001 Colum. Bus. L. Rev. 231–255.

Hoffmann-Becking, Michael/Gebele, Alexander (Hrsg.): Beck'sches Formularbuch Bürgerliches, Handels- und Wirtschaftsrecht, 13. Auflage, München 2019.

Hofmann, Christian: Der Minderheitsschutz im Gesellschaftsrecht, Berlin/New York 2011.

Hohmuth, Markus: Wirtschaftliche Betätigung im Rahmen von Joint Ventures, ZIP 2016, 658–662.

Holler, Lorenz/Frese, Yorck: Pattsituationen in Gemeinschaftsunternehmen – Vereinbarung von Pattauflösungsmechanismen am Maßstab des § 723 Abs. 3 BGB, BB 2014, 1479–1482.

Holler, Manfred J./Illing, Gerhard: Einführung in die Spieltheorie, 7. Auflage, Berlin/Heidelberg 2009.

Holzapfel, Hans-Joachim/Pöllath, Reinhard (Begr.): Unternehmenskauf in Recht und Praxis (Rechtliche und steuerliche Aspekte), 15. Auflage, Köln 2017.

Honsell, Heinrich/Vogt, Nedim Peter/Watter, Ralf (Hrsg.): Obligationenrecht II (Art. 530–964 OR, Art. 1–6 SchlT AG, Art. 1–11 ÜBest [GmbH], Art. 1–2 ÜBest [Rechnungslegung 2011], Art. 1–3 ÜBest [GAFI 2014]), 5. Auflage, Basel 2016.

Hoppenot, M. Francis: La filiale commune et le droit français des sociétés, in: o. V., La filiale commune (moyen de collaboration entre sociétés et groupes de sociétés) – colloque de Paris 20-21-22 février 1975, Paris 1975, S. 6–19.

Hopt, Klaus J. (Hrsg.): Vertrags- und Formularbuch (zum Handels-, Gesellschafts- und Bankrecht), 4. Auflage, München 2013.

Hornung, Christian: Leaver-, Vesting und Shoot-Out-Klauseln (Eine Untersuchung zu den rechtlichen Grenzen privatautonomer Abfindungsbeschränkungs- und Ausschlussklauseln), Berlin 2018.

Hovasse, Henri: Validité, durée et mise en œuvre d'un pacte extra-statutaire d'exclusion (Note), Dr. sociétés 2007, n° 7, 27–29, comm. 137.

ders.: La durée des pactes extrastatutaires (Note), Dr. sociétés 2008, n° 1, 24–25, comm. 10.

ders.: Convention buy or sell et condition suspensive (Note), Dr. sociétés 2009, n° 7, 20–21, comm. 136.

Hovasse, H./Deslandes, M./Gentilhomme, R.: La séparation d'associés, Actes prat. ing. sociétaire 1997, n° 36, 4–30.

Howe, Lawrence: Corporate Divorce: Deadlocks in the Close Corporation, 22 Bus. Law. 469–477 (1967).

Huber, Lucius: Vertragsgestaltung: Grundstruktur, Gründung, Willensbildung und Auflösung, in: Christian J. Meier-Schatz (Hrsg.), Kooperations- und Joint-Venture-Verträge, Bern/Stuttgart/Wien 1994, S. 9–60.

Huber, Ulrich: Der Ausschluß des Personengesellschafters ohne wichtigen Grund, ZGR 1980, 177–213.

Jäger, Axel: Schuldrechtliche Nebenabreden zum Gesellschaftsvertrag der GmbH, DStR 1996, 1935–1940.

Jakobs, Hans-Jürgen: Wer zieht zuerst?, Der Spiegel 50/1999, 108–110.

Jehiel, Philippe/Pauzner, Ady: Partnership dissolution with interdependent values, 37 RAND J. Econ. 1–22 (2006).

Joecks, Wolfgang/Miebach, Klaus (Hrsg.): Münchener Kommentar zum StGB, Band 1: §§ 1–37, 3. Auflage, München 2017, Band 5: §§ 263–358 StGB, 3. Auflage, München 2019.

Joint Task Force of Committee on LLCs, Partnerships and Unincorporated Entities and the Committee on Taxation, ABA Section of Business Law: Model Real Estate Development Operating Agreement with Commentary, 63 Bus. Law. 385–510 (2008).

Jones, Michael A.: Equitable, Envy-free, and Efficient Cake Cutting for Two People and Its Application to Divisible Goods, 75 Math. Mag. 275–283 (2002).

Jonet, Jean-Matthieu/Evrard, Marie: Joint ventures: des noces au divorce (Droit des sociétés, résolution des différends et arbitrage), Bruxelles 2006.

Joussen, Edgar: Gesellschafterabsprachen neben Satzung und Gesellschaftsvertrag, Köln 1995.

Kahneman, Daniel/Tversky, Amos: Conflict Resolution: A Cognitive Perspective, in: Kenneth J. Arrow/Robert H. Mnookin/Lee Ross/Amos Tversky/Robert B. Wilson (Hrsg.), Barriers to Conflict Resolution, New York/London 1995, S. 44–60.

Kallrath, Jürgen: Pattsituationen unter Gesellschaftern – mögliche Lösungswege, notar 2014, 75–83.

Kalss, Susanne (Hrsg.): Die Übertragung von GmbH-Geschäftsanteilen (in 14 Rechtsordnungen Europas), Wien 2003.

Kamanabrou, Sudabeh: Vertragsgestaltung (Ein Studienbuch), 5. Auflage, München 2019.

Kanzleiter, Rainer: Der Umfang der Beurkundungsbedürftigkeit bei verbundenen Rechtsgeschäften, DNotZ 1994, 275–284.

ders.: Der Zweck der Beurkundungspflicht für Veräußerungsverträge über GmbH-Geschäftsanteile (Entgegnung zu Heidenhain, Aufgabe des Beurkundungserfordernisses bei Verkauf und Abtretung von GmbH-Geschäftsanteilen, ZIP 2001, 721), ZIP 2001, 2105–2114.

Karalis, John P.: International Joint Ventures, St. Paul 1992.

Kerebel, Fabienne: La SAS sous forme de liste à la Prévert: de quelques pièges à déjouer …, Bull. Joly Sociétés 2014, 463–472, 112s4.

Kershaw, David/Witz, Wolfgang: Protecting the Various Interests in the Joint Venture, in: Eva Micheler/D. D. Prentice (Hrsg.), Joint Ventures in English and German law (Papers presented to the first Oxford Anglo-German Law Conference, Autumn 1999), Oxford/Portland 2000, S. 43–113.

Khalilzadeh, Rassul: Zum Verhältnis von Joint Venture-Vertrag und Gesellschaftsvertrag im Equity Joint Venture, GmbHR 2013, 232–239.

Kilian, Matthias: Die Trennung vom „missliebigen" Personengesellschafter, WM 2006, 1567–1576.

Kindt, Anne/Stanek, Dennis: MAC-Klauseln in der Krise, BB 2010, 1490–1495.

Kittsteiner, Thomas: Partnerships and double auctions with interdependent valuations, 44 Games & Econ. Behav. 54–76 (2003).

Kittsteiner, Thomas/Ockenfels, Axel: Market Design: A selective Review, in: Oliver Fabel/Egon Franck (Hrsg.), Governance Innovations and Strategies, ZfB Special Issue 5/2006, Wiesbaden 2006, S. 121–143.

Kittsteiner, Thomas/Ockenfels, Axel/Trhal, Nadja: Partnership dissolution mechanisms in the laboratory, 114 Econ. Lett. 394–396 (2012).

Klamler, Christian: Fair Division, in: D. Marc Kilgour/Colin Eden (Hrsg.), Handbook of Group Decision and Negotiation, Dordrecht u. a. 2010, S. 183–202.

Klarreich, Erica: How to Cut Cake Fairly and Finally Eat It Too, 06.10.2016 (https://www.quantamagazine.org/new-algorithm-solves-cake-cutting-problem-20161006, zuletzt abgerufen am 30.04.2020).

Klenke, Achim: Wahrscheinlichkeitstheorie, 3. Auflage, Berlin/Heidelberg 2013.

Knies, Harald: Das Patt zwischen den Gesellschaftern der zweigliedrigen GmbH, Frankfurt am Main 2005.

Knobloch, Stefan: Joint Ventures: Vertrags- und gesellschaftsrechtliche Gestaltungsmöglichkeiten, in: Hans-Ueli Vogt/Holger Fleischer/Susanne Kalss (Hrsg.), Gesellschafts- und Kapitalmarktrecht in Deutschland, Österreich und der Schweiz 2014, Tübingen 2014, S. 137–175.

Kocher, Martin G./Sutter, Matthias: Time is money – Time pressure, incentives, and the quality of decision-making, 61 J. Econ. Behav. & Org. 375–392 (2006).

König, Wolfgang: Zur notariellen Beurkundung der Abtretung von GmbH-Geschäftsanteilen – Ein Vorschlag zur Einschränkung des § 15 Abs. 3 und 4 GmbHG, ZIP 2004, 1838–1842.

Kopp, Vera: Kontrollierte Auktionen (Eine Analyse privater Unternehmensverkäufe aus Perspektive des Veräußerers), Lohmar 2010.

Kormann, Hermut/Schmeing, Thomas: Der Ausstieg von Gesellschaftern aus Familienunternehmen (Verschiedene Bewertungsverfahren im Überblick), FuS 2016, 13–19.

Kornblum, Udo/Hampf, Thorsten/Naß, Nicole: Neue württembergische Rechtstatsachen zum Unternehmens- und Gesellschaftsrecht, GmbHR 2000, 1240–1251.

Korte, Heinz: Handbuch der Beurkundung von Grundstücksgeschäften (Eine systematische Darstellung der Voraussetzungen und der Reichweite des § 313 BGB), München 1990.

von Kottwitz, Henning: Konfliktaustragung in der Zwei-Personen-GmbH, Frankfurt am Main 2003.

Kozyris, Ph. John: Equal Joint-Venture Corporations in France (Problems of Control and Resolution of Deadlocks), 17 Am. J. Comp. L. 503–528 (1969).

Kraft, Walter: La clause dite de «divorce» en droit allemand, RDAI/Int'l Bus. L.J. 1995, 322–326.

Krauß, Hans-Frieder: Immobilienkaufverträge in der Praxis (Gestaltung, Besteuerung, Muster), 8. Auflage, Köln 2017.

Kreße, Bernhard: Die Auktion als Wettbewerbsverfahren, Tübingen 2014.

Kreutz, Peter: Hinauskündigungsklauseln im Recht der Personengesellschaften (– Besprechung der Entscheidung BGHZ 81, 263 –), ZGR 1983, 109–122.

Krishna, Vijay: Auction Theory, 2. Auflage, Burlington/San Diego/London 2010.

Kronke, Herbert/Melis, Werner/Kuhn, Hans (Hrsg.): Handbuch Internationales Wirtschaftsrecht, 2. Auflage, Köln 2017.

Kusolitsch, Norbert: Maß- und Wahrscheinlichkeitstheorie, 2. Auflage, Berlin/Heidelberg 2014.

Landeo, Claudia M./Spier, Kathryn E.: Shotgun mechanisms for common-value partnerships: The unassigned-offeror problem, 121 Econ. Lett. 390–394 (2013).

dies.: Irreconcilable Differences: Judicial Resolution of Business Deadlock, 81 U. Chi. L. Rev. 203–227 (2014).

dies.: Shotguns and Deadlocks, 31 Yale J. on Reg. 143–187 (2014).

Landon II, Robert D. W.: Franco-American Joint Ventures in France: Some Problems and Solutions (The Compagnie des Machines Bull – General Electric Venture as an Illustrative Example), 7 Harv. Int'l L. Club J. 238–285 (1966).

Lange, Christoph: „Material Adverse Effect" und „Material Adverse Change"-Klauseln in amerikanischen Unternehmenskaufverträgen, NZG 2005, 454–458.

Lange, Knut Werner/Sabel, Simon: Steuerung der Gesellschafterstellung in Familienunternehmen, NZG 2015, 1249–1254.

Langefeld-Wirth, Klaus (Hrsg.): Joint Ventures im internationalen Wirtschaftsverkehr (Praktiken und Vertragstechniken internationaler Gemeinschaftsunternehmen), Heidelberg 1990.

ders.: Rechtsfragen des internationalen Gemeinschaftsunternehmens – Joint Venture, RIW 1990, 1–6.

Langenfeld, Gerrit (Begr.)/*Miras, Antonio:* GmbH-Vertragspraxis (Gestaltung, Beratung, Muster zur GmbH und GmbH & Co. KG), 7. Auflage, Köln 2015.

LaRose, Christopher R./Nelson, Daniel: A Practical Guide to Shareholder Disputes Involving Closely Held Companies, 72 J. Mo. B. 130–134 (2016).

Larroumet, Christian (Hrsg.): Traité de droit civil, Band 5: Les obligations – La responsabilité civile extracontractuelle, 3. Auflage, Paris 2016.

Laurence, Bethany K./Mancuso, Anthony: Business Buyout Agreements (Plan Now for Retirement, Death, Divorce or Owner Disagreements), 6. Auflage, Berkeley 2013.

Le Cannu, Paul: Validation de la clause buy or sell, et durée des pactes d'actionnaires, RTD com. 2007, 169–174.

Le Cannu, Paul/Dondero, Bruno: Droit des sociétés, 8. Auflage, Issy-les-Moulineaux 2019.

Le Fichant, Françoise: Typologie et validité des clauses de sortie dans les sociétés de capitaux, in: Thierry Bonneau/Erik Le Dolley/Hervé Le Nabasque (Hrsg.), La sortie de l'investisseur, Paris 2007, S. 153–166.

Legros, Jean-Pierre: Incessibilité des titres (Note), Dr. sociétés 2015, n° 7, 35–37, comm. 135.

Le Nabasque, Hervé: Pacte d'actionnaires (Note – Exécution forcée en nature d'un pacte d'actionnaires), Bull. Joly Sociétés 2002, 509–515, § 110.

ders.: Les instruments sociétaires de séparation des entreprises, in: Éric Loquin (Hrsg.), Les séparations internationales d'entreprises, Dijon 2004, S. 149–167.

Le Nabasque, Hervé/Dunaud, Patrick/Elsen, Patricia: Les clauses de sortie dans les pactes d'actionnaires, Dr. sociétés, actes prat. 1992, n° 5, 2–18.

Le Nabasque, Hervé/Terrier, Georges: L'exécution forcée des pactes d'actionnaires, Dr. sociétés, actes prat. 1994, n° 14, 2–28.

Levmore, Saul: Self-Assessed Valuation Systems for Tort and Other Law, 68 Va. L. Rev. 771–861 (1982).

Li, Jianpei/Wolfstetter, Elmar: Partnership dissolution, complementarity, and investment incentives, 62 Oxf. Econ. Pap. 529–552 (2010).

Libchaber, Rémy: Un étrange avant-contrat: la convention de buy or sell, Defrénois 2009, 2324–2329, 39040.

Lieder, Jan: Anmerkung [zu OLG Nürnberg, Urteil vom 20. Dezember 2013 (12 U 49/13) – WM 2014, 706], WuB II A. § 84 AktG 1.14, 340–342.

Lieder, Jan/Hoffmann, Thomas: Die paritätische Zweipersonen-GmbH – Rechtstatsachen und Satzungsanalyse, GmbHR 2017, 1233–1245.

Lieder, Jan/Ringlage, Philipp: Kein Sonderrecht der zweigliedrigen GmbH!, GmbHR 2017, 1065–1074.

Lohr, Martin: Austrittsrecht des Gesellschafters (Formulierungsvorschläge zur Gestaltung der Satzung), GmbH-StB 2004, 347–348.

ders.: „Russian-Roulette-Klauseln" in Gesellschaftsverträgen (Gestaltungshinweise zum Ausstiegsverfahren in Patt-Situationen), GmbH-StB 2014, 93–94.

Lorz, Rainer: Zur Zulässigkeit gesellschaftsvertraglicher „Russian Roulette"-Klauseln, FuS 2014, 125–126.

Lorz, Rainer/Pfisterer, Benedikt/Gerber, Olaf (Hrsg.): Beck'sches Formularbuch GmbH-Recht, München 2010.

Louit, Jean-François/Marty, Natacha: De l'efficacité des pactes d'actionnaires, RTDF 2007, n° 1, 84–87.

Lucas, François-Xavier: Exécution forcée d'un pacte d'actionnaires, RDC 2003, 165–169.

ders.: Pacte d'actionnaires (Note – Validité et efficacité d'un pacte d'actionnaires), Bull. Joly Sociétés 2007, 72–84, § 7.

ders.: Pacte d'actionnaires (Note – Possibilité de résilier de manière unilatérale un pacte d'actionnaires stipulé sans précision de durée), Bull. Joly Sociétés 2007, 479–485, § 124.

Lutter, Marcus/Hommelhoff, Peter: GmbH-Gesetz (Kommentar), 15. Auflage, Köln 2000.

Lutz, Reinhard: Der Gesellschafterstreit (in der GbR, PartG, OHG, KG, GmbH & Co. KG und GmbH – Mit Mustern und Checklisten), 5. Auflage, München 2017.

Mäsch, Gerald: Chance und Schaden (Zur Dienstleisterhaftung bei unaufklärbaren Kausalverläufen), Tübingen 2004.

Maier-Reimer, Georg: Zwangsabtretung von GmbH-Anteilen durch die Satzung?, GmbHR 2017, 1325–1334.

Makoff, Roxanne: Judicial Dissolution Under New York's Limited Liability Company Law: Should Breaking Up Be this Hard to Do?, 38 Cardozo L. Rev. 1541–1577 (2017).

Malaurie, Philippe/Aynès, Laurent/Gautier, Pierre-Yves: Droit des contrats spéciaux, 10. Auflage, Issy-les-Moulineaux 2018.

Malaurie, Philippe/Aynès, Laurent/Stoffel-Munck, Philippe: Droit des obligations, 10. Auflage, Issy-les-Moulineaux 2018.

Marchand, Sylvain: Clauses contractuelles (Du bon usage de la liberté contractuelle), Bâle 2008.

Marcheteau, Denis/Chammas, Lola: Clauses utilisées dans le cadre d'un LBO, JCP E 2008, n° 35, 31–36, 2027.

Markesinis, Sir Basil/Unberath, Hannes/Johnston, Angus: The German Law of Contract (A Comparative Treatise), 2. Auflage, Oxford/Portland 2006.

Marpeau, Benoît/Dietrich, François: Validité du mécanisme d'enchère dans une convention de buy or sell, RLDC 2016, n° 135, 8–10.

Martinek, Michael: Moderne Vertragstypen, Band III: Computerverträge, Kreditkartenverträge sowie sonstige moderne Vertragstypen, München 1993.

Massart, Thibaut: La mise en œuvre d'une clause buy or sell (Note), Bull. Joly Sociétés 2012, 198–200, § 131.

Maule, A. John/Hockey, G. Robert J./Bdzola, L.: Effects of time-pressure on decision-making under uncertainty: changes in affective state and information processing strategy, 104 Acta Psychol. 283–301 (2000).

McAfee, R. Preston: Amicable Divorce: Dissolving a Partnership with Simple Mechanisms, 56 J. Econ. Theory 266–293 (1992).

McAfee, R. Preston/McMillan, John: Auctions and Bidding, 25 J. Econ. Lit. 699–738 (1987).

McCahery, Joseph A./Vermeulen, Erik P. M.: Corporate Governance of Non-listed Companies, Oxford 2008.

Medicus, Dieter: „Geld muß man haben" (Unvermögen und Schuldnerverzug bei Geldmangel), AcP 188 (1988), 498–510.

Medicus, Dieter (Begr.)/*Lorenz, Stephan:* Schuldrecht I – Allgemeiner Teil (Ein Studienbuch), 20. Auflage, München 2012.

dies.: Schuldrecht II – Besonderer Teil (Ein Studienbuch), 18. Auflage, München 2018.

Mehrbrey, Kim Lars (Hrsg.): Handbuch Gesellschaftsrechtliche Streitigkeiten, 3. Auflage, Köln 2019.

Meier, Robert: Die Aktiengesellschaft (Ein Rechtshandbuch für die praktische Arbeit in der schweizerischen Aktiengesellschaft), 3. Auflage, Zürich/Basel/Genf 2005.

Mekki, Mustapha: Les incidences de la réforme du droit des obligations sur le droit des sociétés: rupture ou continuité? (Les clauses), Rev. sociétés 2016, 563–571.

Mercadal, Barthélemy: Réforme du droit des contrats (Ordonnance du 10 février 2016), Levallois 2016.

Merkt, Hanno: US-amerikanisches Gesellschaftsrecht, 3. Auflage, Frankfurt am Main 2013.

Mestmäcker, Ernst-Joachim: Gemeinschaftsunternehmen im deutschen und europäischen Konzern- und Kartellrecht, in: Ernst-Joachim Mestmäcker/Jean-Bernard Blaise/David T. Donaldson, Gemeinschaftsunternehmen (Joint venture – Filiale commune) im Konzern- und Kartellrecht, Frankfurt am Main 1979, S. 9–45.

Mestre, Jacques/Mestre-Chami, Anne-Sophie: Prévention et règlement des différends économiques, RLDA 2016, n° 115, 39–50.

Meyer-Sparenberg, Wolfgang/Jäckle, Christof (Hrsg.): Beck'sches M&A-Handbuch (Planung, Gestaltung, Sonderformen, regulatorische Rahmenbedingungen und Streitbeilegung bei Mergers & Acquisitions), München 2017.

Michalski, Lutz (Begr.)/*Heidinger, Andreas/Leible, Stefan/Schmidt, Jessica* (Hrsg.): Kommentar zum Gesetz betreffend die Gesellschaften mit beschränkter Haftung (GmbH-Gesetz), Band I: Systematische Darstellungen, §§ 1–34 GmbHG, 3. Auflage, München 2017, Band II: §§ 35–88 GmbHG, EGGmbHG, 3. Auflage, München 2017.

Miesen, Sebastian: Gesellschaftsrechtliche Hinauskündigungsklauseln in der Rechtsprechung des Bundesgerichtshofs, RNotZ 2006, 522–538.

Milgrom, Paul: Putting Auction Theory to Work, Cambridge u. a. 2004.

Milgrom, Paul R./Weber, Robert J.: A Theory of Auctions and Competitive Bidding, 50 Econometrica 1089–1122 (1982).

Minehart, Deborah/Neeman, Zvika: Termination and Coordination in Partnerships, 8 J. Econ. & Mgmt. Strategy 191–221 (1999).

Moldovanu, Benny: How to Dissolve a Partnership, 158 J. Inst. & Theor. Econ. 66–80 (2002).

Monnet, Jean/Vidal, Dominique: Inexécution d'un pacte d'actionnaires (Note), Dr. sociétés, n° 7, 18–21, comm. 137.

Morgan, John: Dissolving a partnership (un)fairly, 23 Econ. Theory 909–923 (2004).

Mortier, Renaud: Mise en œuvre d'une clause de buy or sell (Note), Dr. sociétés 2012, n° 6, 12–14, comm. 97.

ders.: Validation d'une cousine du «buy or sell»: la clause d'offres concurrentes ou d'enchères (Note), Dr. sociétés 2016, n° 1, 10–11, comm. 1.

Mosler, Karl/Schmid, Friedrich: Wahrscheinlichkeitsrechnung und schließende Statistik, 4. Auflage, Heidelberg u. a. 2011.

Mosser, Laurent: La prévision en droit des sociétés, Gaz. Pal. 2010, 29 et 30 déc., 3885–3886, I4011.

Moury, Jacques: Remarques sur la qualification, quant à leur durée, des pactes d'associés, D. 2007, 2045–2048.

Moury, Jacques/François, Bénédicte: Un avant-contrat singulier: la convention portant acceptation alternative de vente ou d'achat de biens distincts au prix offert le plus élevé (Note), D. 2016, 407–411.

Mousseron, Pierre: Les conventions sociétaires, 2. Auflage, Issy-les-Moulineaux 2014.

Müller, Hans-Friedrich: Das Austrittsrecht des GmbH-Gesellschafters, Köln u. a. 1996.

Mülsch, Hanns-William/Penzel, Cornelia: Optionen auf Beteiligungen an Personenhandelsgesellschaften und GmbH, ZIP 2004, 1987–1996.

Mugdan, B. [Benno] (Hrsg.): Die gesammten Materialien zum Bürgerlichen Gesetzbuch für das Deutsche Reich, II. Band: Recht der Schuldverhältnisse, Berlin 1899.

Nanda, Ashish/Williamson, Peter J.: Use Joint Ventures to Ease the Pain of Restructuring, 73 Harv. Bus. Rev. 119–128 (Nov./Dec. 1995).

Nassall, Wendt: Fort und Hinaus – Zur Zulässigkeit von Hinauskündigungsklauseln in Gesellschaftsverträgen von Personengesellschaften und Satzungen von GmbH, NZG 2008, 851–855.

Nater, Christoph: Die Willensbildung in der GmbH, Zürich/St. Gallen 2010.

Neus, Werner: Einführung in die Betriebswirtschaftslehre aus institutionenökonomischer Sicht, 9. Auflage, Tübingen 2015.

Neuser, Claus/Stadtmann, Georg: Texas Shoot Out, WISU 2007, 195.

Niewiarra, Manfred: Unternehmenskauf, 3. Auflage, Berlin 2006.

Noack, Ulrich: Gesellschaftervereinbarungen bei Kapitalgesellschaften, Tübingen 1994.

Oertle, Matthias: Das Gemeinschaftsunternehmen (Joint Venture) im schweizerischen Recht, Zürich 1990.

O'Neal, F. Hodge: Preventive Law: Tailoring the Corporate Form of Business to Ensure Fair Treatment of All, 49 Miss. L.J. 529–587 (1978).

Oppenheim, Robert: Abfindungsklauseln in Personengesellschaftsverträgen (Plädoyer für eine Verhandlungsklausel), Baden-Baden 2011.

Oppenländer, Frank: Von der Rechtsprechung entwickelte Sonderregeln für die Zweipersonen-GmbH, DStR 1996, 922–929.

Oppenländer, Frank/Trölitzsch, Thomas (Hrsg.): Praxishandbuch der GmbH-Geschäftsführung, 2. Auflage, München 2011.

Ornelas, Emanuel/Turner, John L.: Efficient dissolution of partnerships and the structure of control, 60 Games & Econ. Behav. 187–199 (2007).

Otte, Daniel: Konfliktmanagement im GmbH-Gesellschaftsvertrag, ZKM 2018, 126–130.

Otto, Hans-Jochen: Gesellschafterstreit und Anteilsfungibilität in der gesellschaftsrechtlichen Vertragspraxis, GmbHR 1996, 16–22.

o. V.: Report of the Washington Meeting (September 6–18, 1947), 16 Econometrica 33–111 (1948).

o. V.: Notes (Joint Venture Corporations: Drafting the Corporate Papers), 78 Harv. L. Rev. 393–425 (1964).

o. V.: [Anmerkung zu] OLG Nürnberg, Urt. vom 20.12.2013, NZG 2014, 222 ff., LJ 2014, 29.

Pace, H. Justin: Contracting Out of Fiduciary Duties in LLCs: Delaware Will Lead, but Will Anyone Follow?, 16 Nev. L.J. 1085–1143 (2016).

Palandt[, Otto] (Begr.): Bürgerliches Gesetzbuch (mit Nebengesetzen – insbesondere mit Einführungsgesetz [Auszug] einschließlich Rom I-, Rom II- und Rom III-Verordnungen sowie EU-Güterrechtsverordnungen, Haager Unterhaltsprotokoll und EU-Erbrechtsverordnung, Allgemeines Gleichbehandlungsgesetz [Auszug], Wohn- und Betreuungsvertragsgesetz, BGB-Informationspflichten-Verordnung, Unterlassungsklagengesetz [PalHome], Produkthaftungsgesetz, Erbbaurechtsgesetz, Wohnungseigentumsgesetz, Versorgungsausgleichsgesetz, Lebenspartnerschaftsgesetz [PalHome], Gewaltschutzgesetz), 79. Auflage, München 2020.

Palgrave Macmillan (Hrsg.): The New Palgrave Dictionary of Economics, 3. Auflage, Basingstoke/New York 2018.

Parléani, Gilbert: Les pactes d'actionnaires, Rev. sociétés 1991, 1–44.

Pauli, Michael: Russian-Roulette-Klauseln grundsätzlich wirksam, GWR 2014, 86.

Peltzer, Martin: „Hinauskündigungsklauseln", Privatautonomie, Sittenwidrigkeit und Folgerungen für die Praxis (Zugleich eine Besprechung der Entscheidungen BGH NJW 2005, 3641 und NJW 2005, 3644), ZGR 2006, 702–721.

Picot, Gerhard/Duggal, Raoul: Unternehmenskauf: Schutz vor wesentlich nachteiligen Veränderungen der Grundlagen der Transaktion durch sog. MAC-Klauseln, DB 2003, 2635–2642.

Pindyck, Robert S./Rubinfeld, Daniel L.: Microeconomics, 9. Auflage, New York 2017.

Pironon, Valérie: Les joint ventures (Contribution à l'étude juridique d'un instrument de coopération internationale), Paris 2004.

Plantin, Sybille: Prévenir les situations de blocage entre associés, JCP E 2000, n° 42, 1646–1647.

Pohlmann, Petra: GmbH-Anteilsverkauf: Formzwang für Nebenabreden und Vertragsübernahme; Heilung bei Veräußerungskette (Zugleich Besprechung von BGH v. 27.6.2001 – VIII ZR 329/99, GmbHR 2001, 815), GmbHR 2002, 41–47.

Poracchia, Didier: Florilege sur les pactes extrastatutaires, RTDF 2012, n° 2, 109–111.

Posner, Richard A.: Economic Analysis of Law, 9. Auflage, New York 2014.

Prat, Sébastien: Les pactes d'actionnaires relatifs au transfert de valeurs mobilières, Paris 1992.

Preisser, Simone: Risikoverteilung im Unternehmenskaufvertrag (Zur Bedeutung einer Material Adverse Change-Klausel nach deutschem Recht), Baden-Baden 2015.

Priester, Hans-Joachim: Nichtkorporative Satzungsbestimmungen bei Kapitalgesellschaften (– Begriff, Abgrenzung, Behandlung –), DB 1979, 681–687.

ders.: Rechtskontrolle und Registerpublizität als Schranken satzungsgleicher Gesellschaftervereinbarungen bei der GmbH?, in: Klaus-Peter Martens/Harm Peter Westermann/Wolfgang Zöllner (Hrsg.), Festschrift für Carsten Peter Claussen (Zum 70. Geburtstag), Köln u. a. 1997, S. 319–335.

ders.: Drag along- und Call-Option-Klauseln in der GmbH-Satzung, in: Stefan Grundmann/Brigitte Haar/Hanno Merkt/Peter O. Mülbert/Marina Wellenhofer sowie Harald Baum/Jan von Hein/Thomas von Hippel/Katharina Pistor/Markus Roth/Heike Schweitzer (Hrsg.), Festschrift für Klaus J. Hopt zum 70. Geburtstag am 24. August 2010 (Unternehmen, Markt und Verantwortung), Band 1, Berlin/New York 2010, S. 1139–1151.

Prieur, Jean: Les PME et le capital-risque, Bull. Joly Sociétés 1998, 1033–1049, § 321.

Prinz, Ulrich/Kahle, Holger (Hrsg.): Beck'sches Handbuch der Personengesellschaften (Gesellschaftsrecht – Steuerrecht), 5. Auflage, München 2020.

Prinz, Ulrich/Winkeljohann, Norbert (Hrsg.): Beck'sches Handbuch der GmbH (Gesellschaftsrecht – Steuerrecht), 5. Auflage, München 2014.

Raiser, Thomas/Veil, Rüdiger: Recht der Kapitalgesellschaften (Ein Handbuch für Praxis und Wissenschaft), 6. Auflage, München 2015.

Rauscher, Thomas/Krüger, Wolfgang (Hrsg.): Münchener Kommentar zur Zivilprozessordnung mit Gerichtsverfassungsgesetz und Nebengesetzen, Band 2: §§ 355–945b, 5. Auflage, München 2016.

Rebmann, Kurt/Säcker, Franz Jürgen (Hrsg.): Münchener Kommentar zum Bürgerlichen Gesetzbuch, Band 3: Schuldrecht Besonderer Teil I (§§ 433–306), Finanzierungsleasing, Verbraucherkreditgesetz, Haustürwiderrufsgesetz, Erbschaft- und Schenkungsteuergesetz, Gesetz zur Regelung der Miethöhe, Heizkostenverordnung, 3. Auflage, München 1995.

Rebmann, Kurt/Säcker, Franz Jürgen/Rixecker, Roland (Hrsg.): Münchener Kommentar zum Bürgerlichen Gesetzbuch, Band 2: Schuldrecht Allgemeiner Teil (§§ 241–432), FernAbsG, 4. Auflage, München 2001.

von Rechenberg, Wolf-Georg Freiherr/Ludwig, Rüdiger (Hrsg.): Kölner Handbuch Handels- und Gesellschaftsrecht, 4. Auflage, Köln 2017.

Reece Thomas, Katherine/Ryan, Christopher: The Law and Practice of Shareholders' Agreements, 4. Auflage, London u. a. 2014.

Reher, Roman: Die Zweipersonen-GmbH – Notwendigkeit eines Sonderrechts?, Köln 2003.

Reichert, Jochem (Hrsg.): GmbH & Co. KG, 7. Auflage, München 2015.

Reuter, Dieter: Privatrechtliche Schranken der Perpetuierung von Unternehmen (Ein Beitrag zum Problem der Gestaltungsfreiheit im Recht der Unternehmensformen), Frankfurt am Main 1973.

Ribstein, Larry E.: Law Partner Expulsion, 55 Bus. Law. 845–881 (2000).

Risse, Jörg: Disputes arising from joint venture agreements, in: Edward Poulton (Hrsg.), Arbitration of M&A Transactions, London 2014.

Ritz, Philipp: Der Joint-Venture-Vertrag (Kommentierter Mustervertrag eines korporativen 50:50-Joint-Ventures), Zürich/Basel/Genf 2010.

Robles y Zepf, Carlos/Girnth, Kirsten/Stumm, Sven: Der Deadlock beim Equity Joint Venture – Lösungsansätze aus der Sicht der Praxis, BB 2016, 2947–2952.

Rochfeld, Judith: Les droits potestatifs accordés par le contrat, in: o. V., Études offertes à Jacques Ghestin (Le contrat au début du XXIᵉ siècle), Issy-les-Moulineaux 2015, S. 747–768.

Rode, Paul: „Deadlock" – Gesellschaftsrecht meets Death Metal, 26.08.2016 (https://www.cmshs-bloggt.de/gesellschaftsrecht/deadlock-gesellschaftsrecht-meets-death-metal/, zuletzt abgerufen am 30.04.2020).

Rodewald, Jörg/Eckert, Jan: Satzungsbestimmungen zur Abfindung im aktuellen Niedrigzinsumfeld, GmbHR 2017, 329–333.

Röhricht, Volker: Zum Austritt des Gesellschafters aus der GmbH, in: Reinhard Goerdeler/Peter Hommelhoff/Marcus Lutter/Walter Odersky/Herbert Wiedemann (Hrsg.), Festschrift für Alfred Kellermann (zum 70. Geburtstag am 29. November 1990), Berlin/New York 1991, S. 361–388.

Römermann, Volker (Hrsg.): Münchener Anwaltshandbuch GmbH-Recht, 4. Auflage, München 2018.

Rohs[, Günther]/Wedewer[, Paul] (Begr.): Textsynopse KostO – GnotKG (Mit einer Einführung und Kurzerläuterungen), Heidelberg u. a. 2013.

Rontchevsky, Nicolas: Avant-contrats et cessions de droits sociaux, Rev. sociétés 2018, 151–155.

Rossig, Kai: Gesellschafterabsprachen bei GmbH und Close Corporation (Eine vergleichende Untersuchung zum Recht der satzungsergänzenden Nebenverträge in den USA und Deutschland), Berlin 2003.

Rowedder, Heinz (Begr.)/*Schmidt-Leithoff, Christian* (Hrsg.): Gesetz betreffend die Gesellschaften mit beschränkter Haftung (Kommentar), 6. Auflage, München 2017.

Rübenstahl, Markus/Loy, Daniel: Strafbarkeit wegen Betrugs (§ 263 StGB) bei dem Erwerb von Gesellschaftsanteilen, NZG 2018, 528–535.

Säcker, Franz Jürgen/Rixecker, Roland/Oetker, Hartmut/Limperg, Bettina (Hrsg.): Münchener Kommentar zum Bürgerlichen Gesetzbuch, Band 1: Allgemeiner Teil (§§ 1–240, AllgPersönlR, ProstG, AGG), 8. Auflage, München 2018, Band 2: Schuldrecht – Allgemeiner Teil, 7. Auflage, München 2016, Band 2: Schuldrecht – Allgemeiner Teil I, 8. Auflage, München 2019, Band 3: Schuldrecht – Allgemeiner Teil II, 8. Auflage, München 2019, Band 4: Schuldrecht – Besonderer Teil I (§§ 433–534, Finanzierungsleasing, CISG), 8. Auflage, München 2019, Band 6: Schuldrecht – Besonderer Teil IV (§§ 705–853, Partnerschaftsgesellschaftsgesetz, Produkthaftungsgesetz), 7. Auflage, München 2017.

Saenger, Ingo: Gesellschaftsrecht, 4. Auflage, München 2018.

ders. (Hrsg.): Zivilprozessordnung (Familienverfahren, Gerichtsverfassung, Europäisches Verfahrensrecht – Handkommentar), 8. Auflage, Baden-Baden 2019.

Saenger, Ingo/Inhester, Michael (Hrsg.): GmbHG (Handkommentar), 4. Auflage, Baden-Baden 2020.

von Salis-Lütolf, Ulysses: Private Equity Finanzierungsverträge (Funktion, Recht, Steuern), Zürich/Basel/Genf 2002.

Sanders, Anne: Statischer Vertrag und dynamische Vertragsbeziehung (– Wirksamkeits- und Ausübungskontrolle von Gesellschafts- und Eheverträgen –), Bielefeld 2008.

Sanwald, Reto: Austritt und Ausschluss aus AG und GmbH, Zürich 2009.

Schäfer, Hans-Bernd/Ott, Claus: Lehrbuch der ökonomischen Analyse des Zivilrechts, 5. Auflage, Berlin/Heidelberg 2012.

Schalkowski, Henrik: Vertraglich fixierte Einflussnahme von Private-Equity-Gesellschaften auf die Corporate Governance ihrer Beteiligungsgesellschaften (Eine ökonomische Analyse im Zweiländervergleich Deutschland – Großbritannien), Lohmar 2013.

Schaper, Martin: Russian-Roulette: Möglichkeiten und Grenzen von Beendigungsklauseln in Gesellschaftsverträgen (– Zugleich Besprechung von OLG Nürnberg, Urteil vom 20.12.2013 – 12 U 49/13, DB 2014 S. 709 –), DB 2014, 821–824.

Schiller, Sophie/Diener, Hugo: Les clauses d'offre alternative, Actes prat. ing. sociétaire 2002, sept./oct., 32–37.

Schindler, Hendrik: Das Austrittsrecht in Kapitalgesellschaften (– Eine rechtsvergleichende Untersuchung zum Austrittsrecht als Mittel des Individual- und Minderheitenschutzes im deutschen und französischen Kapitalgesellschaftsrecht –), München 1999.

Schira, Josef: Statistische Methoden der VWL und BWL (Theorie und Praxis), 5. Auflage, Hallbergmoos 2016.

Schlumberger, Edmond: Les contrats préparatoires à l'acquisition de droits sociaux, Paris 2013.

Schmidt, Damian/Wittig, Henning: Poker: Alles nur Glück?, JR 2009, 45–49.

Schmidt, Friedrich: Das neue Vorkaufsrecht bei der Umwandlung, MittBayNot 1994, 285–294.

Schmidt, Karsten (Hrsg.): Münchener Kommentar zum Handelsgesetzbuch, Band 1: Erstes Buch. Handelsstand (§§ 1–104a), 4. Auflage, München 2016, Band 2: Zweites Buch. Handelsgesellschaften und stille Gesellschaft, Erster Abschnitt. Offene Handelsgesellschaft (§§ 105–160), 4. Auflage, München 2016.

Schmolke, Klaus Ulrich: Grenzen der Selbstbindung im Privatrecht (Rechtspaternalismus und Verhaltensökonomik im Familien-, Gesellschafts- und Verbraucherrecht), Tübingen 2014.

ders.: „Shoot out"-Klauseln und Verpflichtung des Vorstands zur Amtsniederlegung (Zugleich Besprechung OLG Nürnberg v. 20.12.2013 – 12 U 49/13, ZIP 2014, 171), ZIP 2014, 897–905.

ders.: Joint Ventures: Vertrags- und gesellschaftsrechtliche Gestaltungsmöglichkeiten, in: Hans-Ueli Vogt/Holger Fleischer/Susanne Kalss (Hrsg.), Gesellschafts- und Kapitalmarktrecht in Deutschland, Österreich und der Schweiz 2014, Tübingen 2014, S. 107–136.

Schnabel, Jacques A.: The shotgun clause, 15 J. Small Bus. & Enterprise Dev. 164–201 (2008).

Schnapp, Friedrich E.: Logik für Juristen (Die Grundlagen der Denklehre und der Rechtsanwendung), 7. Auflage, München 2016.

Schneider, Uwe H.: Die Zweimann-GmbH, in: Reinhard Goerdeler/Peter Hommelhoff/ Marcus Lutter/Walter Odersky/Herbert Wiedemann (Hrsg.), Festschrift für Alfred Kellermann zum 70. Geburtstag am 29. November 1990, Berlin/New York 1991, S. 403–422.

Scholz[, Franz] (Begr.): Kommentar zum GmbH-Gesetz (mit Anhang Konzernrecht), I. Band: §§ 1–34, Anh. § 13 Konzernrecht, Anh. § 34 Austritt und Ausschließung eines Gesellschafters, 12. Auflage, Köln 2018, III. Band: §§ 53–85, 11. Auflage, Köln 2015.

Schroeder, Ulrich: Shoot Out-Klauseln sind wirksam, März 2014 (http://www.gvw.com/ aktuelles/newsletter/gvw-newsletter/maerz-2014/shoot-out-klauseln-sind-wirksam. html, zuletzt abgerufen am 30.04.2020).

Schroeder, Hans-Patrick/Welpot, Eva Christina: High Noon in Nürnberg (Neues zum Texan Shoot-out, zum Russian Roulette und zu anderen Klauseln der alternativen Streitbeilegung im Gesellschaftsrecht), NZG 2014, 609–616.

Schulte, Knut/Schwindt, Karl-Heinz/Kuhn, Christian: Joint Ventures (Nationale und internationale Gemeinschaftsunternehmen), München 2009.

Schulte, Norbert/Pohl, Dirk: Joint-Venture-Gesellschaften, 4. Auflage, Köln 2015.

Schulte, Norbert/Sieger, Jürgen J.: „Russian Roulette" und „Texan Shoot Out" (Zur Gestaltung von radikalen Ausstiegsklauseln in Gesellschaftsverträgen von Joint-Venture-Gesellschaften [GmbH und GmbH & Co. KG]), NZG 2005, 24–31.

Schulze, Reiner (Schriftltg.)/*Dörner, Heinrich/Ebert, Ina/Hoeren, Thomas/Kemper, Rainer/Saenger, Ingo/Scheuch, Alexander/Schreiber, Klaus/Schulte-Nölke, Hans/Stau-*

dinger, Ansgar/Wiese, Volker: Bürgerliches Gesetzbuch (Handkommentar), 10. Auflage, Baden-Baden 2019.

Schumann, Jochen/Meyer, Ulrich/Ströbele, Wolfgang: Grundzüge der mikroökonomischen Theorie, 9. Auflage, Heidelberg u. a. 2011.

Seel, Christoph: Joint Ventures in der Konzernrechnungslegung nach IFRS und HGB (Organisation, bilanzrechtliche Abgrenzung und Abbildung), Berlin 2013.

Seibt, Christoph H. (Hrsg.): Beck'sches Formularbuch Mergers & Acquisitions, 2. Auflage, München 2011.

ders.: Sittenwidrigkeit eines Abfindungsausschlusses bei der Einziehung eines Geschäftsanteils aus wichtigem Grund und dessen Unzulässigkeit als Vertragsstrafe, EWiR 2014, 509–510.

ders. (Hrsg.): Beck'sches Formularbuch Mergers & Acquisitions, 3. Auflage, München 2018.

Semler, Johannes/Volhard, Rüdiger (Hrsg.): Arbeitshandbuch für Unternehmensübernahmen, Band 1: Unternehmensübernahme, Vorbereitung – Durchführung – Folgen, Ausgewählte Drittländer, München 2001.

Shapiro, Linda L.: Involuntary Dissolution of Close Corporations for Mistreatment of Minority Shareholders, 60 Wash. U.L. Rev. 1119–1153 (1982).

Shubik, Martin: Strategy and Market Structure (Competition, Oligopoly, and the Theory of Games), o. O. 1959.

Siegel, Mary: Fiduciary Duty Myths in Close Corporate Law, 29 Del. J. Corp. L. 377–489 (2004).

Sigle, Walter: Gedanken zur Wirksamkeit von Abfindungsklauseln in Gesellschaftsverträgen, ZGR 1999, 659–681.

ders.: Hinauskündigungsklauseln, in: Karlmann Geiss/Klaus-A. Gerstenmaier/Rolf M. Winkler/Peter Mailänder (Hrsg.), Festschrift für Karl Peter Mailänder zum 70. Geburtstag am 23. Oktober 2006, Berlin 2006, S. 365–379.

Siguier, Vincent/Casal, Guillaume: Esprit et efficacité de la clause de «buy or sell»: dans quels cas peuvent-ils être mis à mal?, Dr. sociétés 2016, n° 4, 53–54, pratique 1.

Sikora, Markus: Hinauskündigungsklauseln in GmbH-Satzungen – zugleich Besprechung der Urteile des BGH vom 19.9.2005, II ZR 342/03 und II ZR 173/04, MittBayNot 2006, 292–295.

ders.: Das GNotKG in der notariellen Praxis (Teil II), MittBayNot 2013, 446–456.

Sikora, Markus/Tiedtke, Werner: Grundlegende Änderungen durch das Gerichts- und Notarkostengesetz, NJW 2013, 2310–2316.

Silberberger, Christina: Die Unternehmensbeteiligungsgesellschaft als Finanzintermediär (Anlagebeschränkungen und optimale Gestaltung der gesellschaftsrechtlichen Beteiligungsverträge), Baden-Baden 2010.

Singleton, Susan: Joint Ventures & Shareholders' Agreements, 5. Auflage, Haywards Heath/London 2017.

Skusa, Nico R./Thürauf, Andreas G.: Die Wirksamkeit von Abfindungsregelungen bei Gesellschaften bürgerlichen Rechts, NJW 2015, 3478–3481.

Sommer, Michael/Weitbrecht, Cornelius: Salvatorische Klauseln in GmbH-Verträgen, GmbHR 1991, 449–454.

Sonnenberger, Hans Jürgen: Treu und Glauben – ein supranationaler Grundsatz? (Deutsch-französische Schwierigkeiten der Annäherung), in: Reinhard Böttcher/Götz Hueck/Burkhard Jähnke (Hrsg.), Festschrift für Walter Odersky zum 65. Geburtstag am 17. Juli 1996, Berlin/New York 1996, S. 703–721.

Sosnitza, Olaf: Manager- und Mitarbeitermodelle im Recht der GmbH – Zur aktuellen Rechtsprechung im Zusammenhang mit Hinauskündigungsklauseln, DStR 2006, 99–103.

von Staudinger, J. [Julius] (Begr.): Kommentar zum Bürgerlichen Gesetzbuch mit Einführungsgesetz und Nebengesetzen, Buch 1: Allgemeiner Teil, §§ 90–124; 130–133 (Sachen und Tiere, Geschäftsfähigkeit, Willenserklärung), Neubearbeitung 2017, Berlin 2017, Allgemeiner Teil, §§ 134–138; ProstG (Gesetzliches Verbot, Verfügungsverbot, Sittenwidrigkeit), Neubearbeitung 2017, Berlin 2017, Allgemeiner Teil, §§ 139–163 (Allgemeiner Teil 4 b), Neubearbeitung 2015, Berlin 2015, Buch 2: Recht der Schuldverhältnisse, §§ 311, 311a–c (Vertragsschluss), Neubearbeitung 2018, Berlin 2018, Recht der Schuldverhältnisse, §§ 433–480 (Kaufrecht), Neubearbeitung 2014, Berlin 2014, Recht der Schuldverhältnisse, §§ 705–740 (Gesellschaftsrecht), Bearbeitung 2003, Berlin 2003, Recht der Schuldverhältnisse, §§ 741–764 (Gemeinschaft, Leibrente, Spiel), Neubearbeitung 2015, Berlin 2015.

Stephan, Klaus-Dieter: Vertragsgestaltung bei Internationalen Joint Ventures, in: Harald Schaumburg (Hrsg.), Internationale Joint Ventures (Management – Besteuerung – Vertragsgestaltung), Stuttgart 1999, S. 97–130.

Stodolkowitz, Stefan Andreas: Die außerordentliche Gesellschafterkündigung in der Personenhandelsgesellschaft, NZG 2011, 1327–1333.

Stoppel, Jan: Reichweite der Heilung bei fehlender Beurkundung von Anteilsverkäufen, GmbHR 2010, 225–230.

Storck, Michel/Fagot, Stéphane/de Ravel d'Esclapon, Thibault: Les sociétés civiles immobilières, 2. Auflage, Issy-les-Moulineaux 2019.

Straffin, Philip D.: Game Theory and Strategy, Washington 1993.

Svernlov, Carl: Multinational Joint Venturing in the United States, 1991 J. Bus. L. 601–623.

Tannenbaum, Fredric D.: What Every Business Lawyer and Business Owner Should Know About Buy-Sell Agreements (Part 2), 45 Prac. Law. 55–72 (1999).

Thaler, Richard H.: Anomalies (The Ultimatum Game), 2 J. Econ. Persp. 195–206 (Fall 1988).

ders.: Misbehaving (The Making of Behavioral Economics), New York/London 2015.

Theisen, Frank: Rechtsfolgen eines Schadensersatzanspruchs aus culpa in contrahendo, NJW 2006, 3102–3105.

Thomson, William/Varian, Hal R.: Theories of justice based on symmetry, in: Leonid Hurwicz/David Schmeidler/Hugo Sonnenschein (Hrsg.), Social goals and social organization (Essays in memory of Elisha Pazner), Cambridge/New York/Melbourne 1985, S. 107–129.

Towfigh, Emanuel V./Petersen, Niels: Ökonomische Methoden im Recht, 2. Auflage, Tübingen 2017.

Trautmann, Matthias/von der Crone, Hans Caspar: Organisationsmängel und Pattsituationen in der Aktiengesellschaft (Entscheid des Schweizerischen Bundesgerichts 4A_412/2011 vom 4. Mai 2012 [BGE 138 III 294] i. S. X-AG [Beschwerdeführerin] und B [Nebenintervenient 2] gegen das Handelsregisteramt des Kantons St. Gallen [Beschwerdegegner] und AX [Nebenintervenient 1]), SZW/RSDA 2012, 461–476.

Trenczek, Thomas/Berning, Detlev/Lenz, Cristina/Will, Hans-Dieter (Hrsg.): Mediation und Konfliktmanagement (Handbuch), 2. Auflage, Baden-Baden 2017.

Trhal, Nadja: Experimental Studies on Partnership Dissolution, R&D Investment, and Gift Giving, Köln 2009.

Tschäni, Rudolf: Joint Ventures – zivilrechtliche Probleme, in: Rudolf Tschäni (Hrsg.), Mergers & Acquisitions III, Zürich 2001, S. 51–92.

Tschäni, Rudolf/Diem, Hans-Jakob/Wolf, Matthias: M&A-Transaktionen nach Schweizer Recht, 2. Auflage, Zürich/Basel/Genf 2013.

Turner, John L.: Dissolving (in)effective partnerships, 41 Soc. Choice & Welfare 321–335 (2013).

U., Q. [Urban, Quentin]: o. T., Banque & Droit 2007, n° 113, 71–73.

Uettwiller, Jean-Jacques/Prieur, Charles-Emmanuel: Comment organiser efficacement la liberté contractuelle statutaire de la SAS?, RLDA 2003, supplément au n° 57, 13–23.

Ulmer, Peter: Begründung von Rechten für Dritte in der Satzung einer GmbH?, in: Walther Hadding/Ulrich Immenga/Hans-Joachim Mertens/Klemens Pleyer/Uwe H. Schneider (Hrsg.), Festschrift für Winfried Werner zum 65. Geburtstag am 17. Oktober 1984 (Handelsrecht und Wirtschaftsrecht in der Bankpraxis), Berlin/New York 1984, S. 911–931.

Ulmer, Peter/Habersack, Mathias/Löbbe, Marc (Hrsg.): Gesetz betreffend die Gesellschaften mit beschränkter Haftung (GmbHG) – Großkommentar, Band II: §§ 29 bis 52, 2. Auflage, Tübingen 2014, Band III: §§ 53 bis 88 (sowie EGGmbHG), 2. Auflage, Tübingen 2016.

Ulmer, Peter/Schäfer, Carsten: Die rechtliche Beurteilung vertraglicher Abfindungsbeschränkungen bei nachträglich eintretendem grobem Mißverhältnis (– Besprechung der Entscheidung BGHZ 123, 281 –), ZGR 1995, 134–155.

Valdini, Daniel/Koch, Malte: Die missbräuchliche Verwendung von Russian-Roulette-Klauseln, GWR 2016, 179–182.

Vamparys, Xavier: Validité et efficacité des clauses d'entraînement et de sortie conjointe dans les pactes d'actionnaires, Bull. Joly Sociétés 2005, 821–838, § 188.

ders.: Pacte d'actionnaires (Note – Retour sur la détermination de la durée d'un pacte d'actionnaires), Bull. Joly Sociétés 2008, 125–129, § 31.

van Damme, Eric: Stability and Perfection of Nash Equilibria, 2. Auflage, Berlin u. a. 1996.

Van Gils, Maarten R.: Interorganizational Networks, in: Pieter J.D. Drenth/Henk Thierry/Charles J. de Wolff (Hrsg.), Handbook of Work and Organizational Psychology, Band 4: Organizational Psychology, 2. Auflage, Hove 1998, S. 89–111.

Varian, Hal R.: Equity, Envy, and Efficiency, 9 J. Econ. Theory 63–91 (1974).

Velardocchio-Flores, Dominique: Les accords extra-statutaires entre associés, Aix-en-Provence 1993.

Verse, Dirk: Inhaltskontrolle von „Hinauskündigungsklauseln" – eine korrekturbedürftige Rechtsprechung (Zugleich Besprechung von BGH v. 19.3.2007, II ZR 300/05, DStR 2007, 914 und v. 7.5.2007, II ZR 281/05, DStR 2007, 1216), DStR 2007, 1822–1829.

Vestal, Allan W.: The Disclosure Obligations of Partners Inter Se Under the Revised Uniform Partnership Act of 1994: Is the Contractarian Revolution Failing?, 36 Wm. & Mary L. Rev. 1559–1631 (1995).

Vogt, Hans-Ueli: Diskussion (zu den Referaten von Klaus Ulrich Schmolke und Stefan Knobloch), in: Hans-Ueli Vogt/Holger Fleischer/Susanne Kalss, Gesellschafts- und Kapitalmarktrecht in Deutschland, Österreich und der Schweiz 2014, Tübingen 2014, S. 177–180.

Wachter, Thomas: Wirksamkeit einer „Russian-Roulette-Klausel" zur Auflösung einer Pattsituation in einer zweigliedrigen Gesellschaft, EWiR 2014, 139–140.

ders. (Hrsg.): Praxis des Handels- und Gesellschaftsrechts, 4. Auflage, Bonn 2018.

Wackerbeck, Matthias: Die Grenzen der Zulässigkeit des Gesellschafterausschlusses unter besonderer Berücksichtigung freier Hinauskündigungsklauseln, Hamburg 2010.

Wälzholz, Eckhard: Alternative Regelungstypen zum Gesellschafterausschluss (Texan Shoot out, Tag along, Drag along, Russian Roulette, Bieterverfahren), GmbH-StB 2007, 84–89.

ders.: Gesellschaftervereinbarungen (side-letters) neben der GmbH-Satzung (Chancen – Risiken – Zweifelsfragen), GmbHR 2009, 1020–1027.

ders.: „Deadlock" – die Achillesferse des Gesellschaftsrechts (Herausforderungen durch Pattsituationen in Gesellschaften zielorientiert bewältigen), NWB 2018, 190–198.

Wais, Hannes: Form und Vorkaufsrecht, NJW 2017, 1569–1573.

Walz, Robert (Hrsg.): Das ADR-Formularbuch, 2. Auflage, Köln 2017.

ders. (Hrsg.): Beck'sches Formularbuch Zivil-, Wirtschafts- und Unternehmensrecht Deutsch – Englisch, 4. Auflage, München 2018.

Walz, Robert/Fembacher, Tobias: Zweck und Umfang der Beurkundung nach § 15 GmbHG, NZG 2003, 1134–1143.

Wangler, Clemens: Abfindungsregelungen in Gesellschaftsverträgen: Zum aktuellen Stand in Literatur, Rechtsprechung und Vertragspraxis, DB 2001, 1763–1768.

ders.: Abfindungsregelungen in Gesellschaftsverträgen (Rechtsgrundlagen, Ökonomische Einflüsse, Steuerliche Einflüsse), 2. Auflage, Bielefeld 2003.

Weber, Martin: Rechtsprobleme bei Private-Equity-Transaktionen, in: Rolf H. Weber (Hrsg.), Neuere Entwicklungen im Kapitalmarktrecht, Zürich 2000, S. 21–70.

Wedemann, Frauke: Gesellschafterkonflikte in geschlossenen Kapitalgesellschaften, Tübingen 2013.

Weidmann, Matthias: Beilegung von Gesellschafterstreitigkeiten bei zweigliedrigen Gesellschaften mit identischen Beteiligungsverhältnissen (Unter besonderer Berücksichtigung des Urteils des OLG Nürnberg vom 20.12.2013, 12 U 49/13), DStR 2014, 1500–1505.

Weidner, Donald J.: Cadwalader, RUPA and Fiduciary Duty, 54 Wash. & Lee L. Rev. 877–921 (1997).

Weiler, Simon: Gesellschaftsrecht (Aktuelle Entwicklungen), notar 2014, 406–421.

Weise, Stefan/Krauß, Hans-Frieder (Hrsg.): Beck'sche Online-Formulare Vertrag, 52. Edition, München 2020.

Weitnauer, Wolfgang: Handbuch Venture Capital (Von der Innovation zum Börsengang), 6. Auflage, München 2019.

Weitzmann, Jörn/Kupsch, Silvio: 6. Praktikerseminar auf dem Österberg (Eine Arbeitstagung für Berater und Entscheider zu aktuellen Fragen des Wirtschaftsrechts), NZG 2015, 340–349.

Werner, Rüdiger: Kautelarjuristische Strategien zur Trennung zerstrittener Gesellschafter, GmbHR 2005, 1554–1558.

ders.: Shotgun-Klauseln (Auktionsverfahren als alternatives Instrument zur Lösung von Gesellschafterkonflikten), NWB 2011, 1551–1559.

ders.: Earn-Out-Klauseln – Kaufpreisanpassung beim Unternehmenskauf, DStR 2012, 1662–1667.

ders.: O. T. [Anmerkung zu OLG Nürnberg, Urt. v. 20.12.2013 – 12 U 49/13], GmbHR 2014, 315–317.

ders.: Und raus bist du … Ausschluss eines Gesellschafters aus einer GmbH (Zwangsein-
ziehung oder -abtretung von Geschäftsanteilen im Vergleich), NWB 2018, 645–652.

Wertenbruch, Johannes: Formfreie Veräußerung von GbR-Anteilen bei Halten von
GmbH-Anteilen oder Grundstücken, NZG 2008, 454–456.

Westermann[, Harm Peter]/Wertenbruch[, Johannes] (Hrsg.): Handbuch Personengesellschaften (Gesellschaftsrecht, Steuerrecht, Sozialversicherungsrecht, Verträge und
Formulare), Loseblattsammlung, Köln (Stand: 76. Lieferung, Februar 2020).

von Westphalen, Friedrich Graf/Thüsing, Gregor (Hrsg.): Vertragsrecht und AGB-Klau-
selwerke, Loseblattsammlung, München (Stand: 44. Lieferung, November 2019).

Wicke, Hartmut: Echte und unechte Bestandteile im Gesellschaftsvertrag der GmbH,
DNotZ 2006, 419–437.

ders.: Schuldrechtliche Nebenvereinbarungen bei der GmbH – Motive, rechtliche Behandlung, Verhältnis zum Gesellschaftsvertrag, DStR 2006, 1137–1144.

ders.: Gesetz betreffend die Gesellschaften mit beschränkter Haftung (GmbHG) – Kommentar, 3. Auflage, München 2016.

Wieczorek, Bernhard (Begr.)/*Schütze, Rolf A.:* Zivilprozessordnung und Nebengesetze,
Band 10/2: §§ 864–915h, 4. Auflage, Berlin/Boston 2015.

Wiedemann, Herbert: Rechtsethische Maßstäbe im Unternehmensrecht, ZGR 1980, 147–
176.

ders.: Erfahrungen mit der Gestaltungsfreiheit im Gesellschaftsrecht, in: Marcus Lutter/
Herbert Wiedemann (Hrsg.), Gestaltungsfreiheit im Gesellschaftsrecht (Deutschland,
Europa und USA – 11. ZGR-Symposion „25 Jahre ZGR"), Berlin/New York 1998,
S. 5–32.

Williamson, Oliver E.: The Economics of Organization: The Transaction Cost Approach,
87 Am. J. Soc. 548–577 (1981).

Willms, Nicole/Bicker, Eike: Shoot-Out – der wirksame Ausstieg aus einem paritätischen
Joint Venture (Anmerkung zu OLG Nürnberg, 20.12.2013 – 12 U 49/13, BB 2014,
467), BB 2014, 1347–1352.

dies.: Joint Venture und Russian Roulette, CF 2014, 237–240.

Winkler, Nina: Private Ordering: Harmonisierung des Unternehmensvertragsrechts ohne
Europäischen Regelgeber? – Eine Analyse am Beispiel von Joint Venture-Verträgen
–, in: Karl Riesenhuber (Hrsg.), Perspektiven des Europäischen Schuldvertragsrechts,
Berlin 2008, S. 44–69.

Winkler, Sylvio: Gesellschafterausschluss und Geschäftsführer-Abberufung in der Zweipersonen-GmbH, GmbHR 2017, 334–341.

Wolf, Peter: Abfindungsbeschränkungen bei Familiengesellschaften, MittBayNot 2013,
9–16.

Wolf, Ronald Charles: The Complete Guide to International Joint Ventures with Sample
Clauses and Contracts, 3. Auflage, Alphen aan den Rijn 2011.

Wolfram, Jens: US-amerikanischer Deadlock und Selbstblockade der GmbH-Organe
(Eine rechtsvergleichende Untersuchung zu Patt- und Blockade-Situationen in der
Gesellschaft mit beschränkter Haftung und der Close Corporation unter besonderer
Berücksichtigung treupflichtgebundener Steuerungsmechanismen zur Stimmrechts-
ausübung), Diss. jur. Hamburg 1999.

Wolfstetter, Elmar: How to Dissolve a Partnership (Comment), 158 J. Inst. & Theor.
Econ. 86–90 (2002).

Wufka, Eduard: Formfreiheit oder Formbedürftigkeit der Genehmigung von Grundstücksverträgen, der Ausübung von Wiederkaufs-, Vorkaufs- und Optionsrechten sowie der Anfechtung, des Rücktritts und der Wandelung?, DNotZ 1990, 339–355.

Wurm[, Carl]/Wagner[, Hermann]/Zartmann[, Hugo] (Begr.): Das Rechtsformularbuch (Praktische Erläuterungen für das Bürgerliche Recht, Wirtschafts-, Arbeits-, Handels- und Gesellschaftsrecht mit steuer- und kostenrechtlichen Hinweisen), 17. Auflage, Köln 2015.

Young, H. Peyton: Equity (in Theory and Practice), Princeton 1995.

Zattara-Gros, Anne-Françoise: Clarifier, simplifier l'article 1843-4 du Code civil dans sa globalité: supplique au législateur, Gaz. Pal. 2014, 4 au 6 mai, 1611–1616, 177d4.

Ziemons, Hildegard/Jaeger, Carsten/Pöschke, Moritz (Hrsg.): Beck'scher Online-Kommentar GmbHG, 43. Edition, München 2020 (Stand: 01.04.2020).

Zweigert, Konrad/Kötz, Hein: Einführung in die Rechtsvergleichung (auf dem Gebiete des Privatrechts), 3. Auflage, Tübingen 1996.

Sachregister

Schriften zum Unternehmens- und Kapitalmarktrecht

herausgegeben von
Jörn Axel Kämmerer, Karsten Schmidt und Rüdiger Veil

Die Schriftenreihe *Schriften zum Unternehmens- und Kapitalmarktrecht (SchrUKmR)* wurde 2012 gegründet. Sie reflektiert die Tatsache, dass das Unternehmens- und Kapitalmarktrecht in besonderer Weise von der internationalen Wirtschaftspraxis und Erkenntnissen anderer Disziplinen, insbesondere der Wirtschaftswissenschaften, beeinflusst wird. Die Globalität der Finanzmärkte spiegelt sich in einem hohen Grad internationaler Rechtsvereinheitlichung wider und bei der Fortbildung des Rechts sind Gesetzgeber und Gerichte auf Erkenntnisse der Rechtsvergleichung angewiesen. Die Reihe *SchrUKmR* verfolgt das Ziel, zur Diskussion über grundlegende Themen des Gesellschafts-, Kapitalmarkt- und Bankrechts, insbesondere an der Schnittstelle zu anderen Gebieten des Wirtschaftsrechts oder des Verfassungs- und Europarechts, beizutragen. Die Reihe ist offen für Habilitationsschriften, herausragende Dissertationen und vergleichbare Monographien.

ISSN: 2193-7273
Zitiervorschlag: SchrUKmR

Alle lieferbaren Bände finden Sie unter *www.mohrsiebeck.com/schrukmr*

Mohr Siebeck
www.mohrsiebeck.com